Genom att välja en klimatsmart pocket från Månpocket bidrar du till vårt arbete för att göra produktionen av pocketböcker miljövänligare.

Vår vision är att ge ut böcker där man tagit hänsyn till miljön i varje steg av produktionen – och vi strävar efter att bli ännu bättre.

- Vi har valt miljöbättre material när vi trycker våra böcker och trycker alla våra böcker på FSC-märkt papper. FSC står för Forest Stewardship Council och verkar för ett ansvarsfullt skogsbruk.
- Vi trycker våra böcker i Sverige för att undvika långa transporter.
- Vi klimatkompenserar för de utsläpp som inte går att undvika i bokproduktionen genom Climate Friendly.
- Genom klimatsmart pocket väljer du ett miljöbättre alternativ och stöder samtidigt Världsnaturfonden WWFs klimatarbete.

Vill du veta mer? Besök **www.manpocket.se/klimatsmartpocket**

FSC

Märket för ansvarsfullt skogsbruk
FSC-SWE-0061
®1996 Forest Stewarship Council A. C

klimatsmart pocket

Månpocket

Fakta

Johan Hakelius

LADIES

Denna Månpocket är utgiven enligt överenskommelse med
Bokförlaget Atlantis, Stockholm

MIX
Papper från ansvarsfulla källor
FSC® C007584

Omslagsdesign: Annika Lyth

Omslagsfoto: Anna Klint

Tryckt hos ScandBook AB, Falun 2011

ISBN 978-91-7232-230-1

Till Susanna

You're the top [. . .]
You're the nimble tread
Of the feet of Fred Astaire,
You're Mussolini,
You're Mrs Sweeny,
You're Camembert.

Cole Porter/P. G. Wodehouse

TACK

»Det enda som räknas«, sade en av de mer lindrigt förryckta personerna i min förra bok, »är vänlighet, gott uppförande och humor.«

Tack vare den boken blev jag föremål för ett övermått av alla tre av dessa dygder. Den här boken är mitt sätt att tacka för detta.

INNEHÅLL

FÖRORD

DEN VANLIGASTE frågan man får när man skrivit en bok är varför man inte har skrivit en annan bok. Varför just det ämnet? Varför just de personerna? Och varför just på det sättet? Varför inte ...

Och så vidare.

Det är inte nödvändigtvis en elak fråga. Inte ens en dum fråga. Det finns trots allt ett mått av arrogans i att drista sig till att skriva en enda bok på ett visst sätt, av alla de böcker som skulle kunna skrivas på alla möjliga sätt.

Jag har några svar på frågan. Jag skriver om England, för England är vad jag råkar vara besatt av. Jag skriver om damer, för min förra bok handlade om herrar. Jag skriver om en hel del hertiginnor, för det är inte bara roligare att gråta i en Rolls-Royce än i en Folkvagn, det är roligare att skratta i en Rolls-Royce än i en Folkvagn också. Att jag skriver på det sätt jag gör beror på att jag inte kan bättre.

Engelska damer, eller brittiska för att vara petig, är dessutom värda att uppmärksammas. Alla som har sett *Te med Mussolini*, *Kalenderflickorna*, den fantastiska TV-versionen av Elizabeth Gaskells *Cranford* eller helt enkelt stött på Mary Poppins vet hur det ligger till: England vore ingenting utan sina damer. Vid sidan av att de slår in landet i chintz och ser till att grädden är tillräckligt »clotty« utgör de nationens själva ryggrad – eller åtminstone dess stela överläpp.

Alla som har hört en lokalavdelning av Women's Institute

i sång vädja om pilbågar i brinnande guld, pilar av längtan och spjut och vagnar av eld – med William Blakes ord i dikten »Jerusalem« – vet vad jag menar. Man vill inte i onödan bli ovän med en engelsk dam. Under deras beskydd har England blivit vad det är. Det är antagligen ingen slump att såväl Shakespeare som Sherlock Holmes, såväl sir Walter Raleigh som David Livingstone hoppades att Gud skulle bevara drottningen, inte kungen.

Den engelska damens betydelse spänner över det stora och det lilla. Utan nannies skulle antagligen Englands barnkammare ha stått tomma för länge sedan, så central är nannyn för denna arts häckning. Utan memsahibs skulle imperiet aldrig ha blivit mer än en ostädad ungkarlslya med märklig planlösning.

Det är något alldeles särskilt med de engelska damerna. Något metodiskt envist, självklart behärskat, lätt prilligt.

Det märkliga är att de, trots att de på ytan sinsemellan kan verka helt oförenliga, ändå har något ogripbart gemensamt. Ni kan pröva själva. Tag fram ett fotografi som föreställer drottning Victoria. Till exempel när hon sitter i sitt indiska tält iförd högknäppt klänning i sorgens svart och undertecknar statspapper. Tag sedan fram en bild på Vivienne Westwood från något cocktailparty iförd en helt genomskinlig klänning och inget därunder. Lägg bilderna bredvid varandra och ta ett steg tillbaka.

Visst är det märkligt? Det finns något viktorianskt över Vivienne Westwood. Och det finns något punkigt över drottning Victoria. De kommer alldeles uppenbart från samma familj. Om det funnits några fotografier av drottning Boadicea, som några år efter Kristi födelse gav sig på de ockuperande romarna, är jag övertygad om att likheten skulle sträcka sig ända dit.

De damer som ryms i den här boken har – inte särskilt ladylikt – fått slåss för sitt utrymme. Om ni undrar varför det blev just dessa damer är svaret att var och en av dem, under någon dag av mitt skrivande, knackade på med sådan kraft att jag inte kunde säga nej.

Men varför valde jag inte ...?

Därför att det vore en annan bok. Tyst nu. Häll upp en kopp te. Läs.

JENNIFER PATERSON (1928–1999) CLARISSA DICKSON WRIGHT (1947–)

JENNIFER PATERSON skulle i jorden, Brompton Oratory var överfullt och pressfotograferna fick vänta utanför. De väntade inte förgäves, även om den avlidnas planer på att hämtas av en hästdragen katafalk med svarta plymer hade avstyrts av spartanska släktingar.

Bland de sörjande i den katolska helgedomens nybarocka kyrkorum fanns mängder av kända ansikten från det litterära, mediala, akademiska och kulinariska England. De hade hört en mässa helt på latin, utan några nymodigheter som kunde påminna om det andra vatikankonciliet. Gregoriansk sång hade avlöst Mozarts *Requiem*, eftersom Jennifer Patersons förstahandsval, Verdis *Requiem*, inte är liturgiskt erkänt. De hade, efter förmåga, mumlat med i bönen om Guds nåd över sin kamrat: »Requiem æternam dona eis, Domine«, Giv henne evig frid, O Gud. De hade sett ett imponerande följe officianter, i svarta mantlar med eklövsbroderier i guldtråd, leda ceremonin. De hade också sett alla blomsterkransar. En särskilt iögonfallande var formad som en jättelik whiskyflaska som bar röd etikett med texten »Jennifer«.

Kamerorna började surra så snart dörrarna slogs upp. Men fotografernas verkliga kap var inte kändisarna, inte blomsterhyllningarna, inte de guldskimrande officianterna, nu i sina birettahattar. Det var en annan huvudbonad som alla objektiv riktades mot: hjälmen.

Störtkrukan var av samma typ som den tusentals mopedister burit och bär världen över. Det enda som gjorde den unik var dekoren. Grälla färger i mönster som förde tankarna till det fornnordiska täckte varje yta. På hjälmens vänstra sida fanns ett rödskäggigt, bevingat vikingahuvud med ett T i pannan. På framsidan stod det textat »Born wild« och på baksidan förklarades T:et – där stod det Triumph, i den brittiska motorcykeltillverkarens sirligt gotiska typsnitt.

Det var avgjort bisarrt att se en ung men professionellt lugubert begravningsentreprenör, iförd den klassiska jacketten, högtidligt bära hjälmen i båda händer som vore den en kunglig krona. Men det var inte märkligare än det hade varit att se hjälmen bäras av en överviktig, sjuttioårig dam när hon i rasande fart körde sin skoter, ofta åt fel håll på Londons enkelriktade gator.

Döden hade kommit plötsligt till Jennifer Paterson. Bara en dryg månad före begravningen, i början av juli 1999, hade hon fått diagnosen lungcancer i ett så framskridet skede att inget kunde göras. »Finns det något du vill ha?« frågade läkaren som hade den otacksamma uppgiften att förmedla dödsdomen. Patienten hade funderat några sekunder och sedan svarat: »Ja. Det skulle vara gott med en cigarett.« Hon var inte likgiltig inför döden, men hon var fast besluten att dö med värdighet och stil. Och hennes enkla tro hjälpte henne. Jennifer Paterson tvivlade inte ett ögonblick på att det verkligen fanns ett helvete, en himmel och en skärseld. Hon räknade med att hamna i den sistnämnda, förhoppningsvis högst tillfälligt.

Under de få veckor hon hade kvar höll hon salong från sin sjukbädd, inte sällan på bättre humör än besökarna. Särskilt upplyft blev hon av att, under en tillfällig svacka, få ta emot den sista smörjelsen. Det fick henne att kvickna till, och med sin syrligt fruktiga barytonröst hälsade hon därefter glatt alla besökare med orden: »Jag lever i Guds nåd, älskling.«

Alla besökare var inte lika uppskattade. När en viss tråkmåns var i antågande sjasade Paterson det lilla entourage som redan var på plats in på toaletten och äskade tystnad. Gästerna kunde sedan höra henne vrida sig i sängen och snörvla, jämra sig och tala osammanhängande tills den oönskade besökaren fått nog och gått. Då fortsatte festen.

Det fanns gott om delikatesser. De som var dumma nog att dyka upp med blommor i handen uppmanades genast att vända om, köpa en burk belugakaviar och sedan komma tillbaka. I en liten kyl, som sjukhuset låtit installera, fanns bland mycket annat mascarponeost, champagne till vänner och vodka till henne själv. En särskilt uppskattad gåva kom från Charles, prins av Wales, som lät skicka hemlagad ekologisk tomatsoppa och vaniljglass till sjukbädden. Jennifer Paterson gladde sig mycket åt det men var osäker på vad hon skulle göra med tupperwarebyttorna som maten kommit i. Borde hon skicka tillbaka dessa till prinsens hem i York House, St James's Palace? Kunde hon behålla burkarna? Vad passade det sig i så fall att hon fyllde dem med?

Det var på sätt och vis en god tidpunkt att dö. Hade sjukdomen kommit fyra år tidigare, skulle knappast någon kronprinslig soppa varit att vänta. Vänner skulle säkert ha vakat, men Brompton Oratory skulle svårligen ha fyllts och inga pressfotografer hade väntat utanför. Men efter att slumpen, i form av ett TV-program, ingripit 1996 var Jennifer Paterson en älskad kändis. Som den mörka och bakom ugglelika glasögon lätt vindögda halvan av kockduon *Two Fat Ladies* hade hon kört en gammal motorcykel med sidovagn rakt in i britternas hjärtan. Alla som såg programmet – med tiden över 70 miljoner människor världen över – gladdes eller förfasades över att se henne stoppa sina lindrigt rena fingrar med de långa, ilsket röda naglarna i ännu en bytta köttfärs. Många rös av förbjuden lust när ytterligare ett halvkilo smör eller en halvliter vispgrädde hälldes ned i veckans kaloriexplosion. En del kippade efter andan när ännu en politisk inkorrekthet bollades mellan de två tjocka damerna, med orubblig självklarhet.

Jennifer Patersons korta sjukdom blev förstasidesstoff. När döden väl kom till henne, som i livet alltid hade ett katolskt helgon på lut för varje problem, gjorde den det på Sankt Lars dag. Det var svårt att tro att det var en slump: Sankt Lars stektes till döds på ett järnhalster och som tack för besväret blev han kockarnas skyddshelgon.

Med bland de sörjande i Brompton Oratory fanns förstås den andra halvan av *Two Fat Ladies*. Få visste att Jennifer Paterson och hennes kockkamrat i själva verket bara hade träffats en gång, i fem minuter vid en pizzaugn i Toscana, innan de började spela in sin TV-serie. De flesta antog att de måste ha varit vänner livet igenom.

Men Clarissa Dickson Wright, den rödlätta damen som påminde om en hjälpligt dresserad slagbjörn där hon satt i sidovagnen bredvid Jennifer Paterson, hade en alldeles egen historia.

Att bära vad engelsmän kallar ett »dubbelpipigt« efternamn är inte längre en klassmarkör. Det kan lika gärna vara ett försök att markera ett jämställt förhållande eller en önskan om att barn från ett tidigare äktenskap ska se sitt eget efternamn i sin mors. Men begreppet dubbelpipigt, som för tankarna till elegantare jakt, skvallrar om att det inte alltid varit så. Dubbelnamn i England har historiskt hört hemma i de övre klasskikten.

För Clarissa Dickson Wrights familj var det dubbelpipiga efternamnet en statusmarkör. Hennes far var berömd kirurg som opererade på samhällets absoluta toppar, inklusive kungligheter. Hennes mor var arvtagerska med rötter i Australien och Singapore. Det fanns visserligen inga tjusigare titlar i den omedelbara familjen, men man kan ana en sorts omvänd snobbighet: Arthur Dickson Wright, Clarissas far, tackade nej till att kallas sir med motiveringen att vilken företagsledare som helst kan bli sir men att han hade fått arbeta hårt för att kunna kalla sig mr.

Att detta inte var ett uttryck för återhållsam anspråkslöshet vittnar Dickson Wrights yngsta dotters fullständiga namn om. Hennes dubbla efternamn framstår som ganska modesta i jämförelse med hennes förnamn: Clarissa Theresa Philomena Aileen Mary Josephine Agnes Elsie Trilby Louise Esmeralda. Enligt henne själv är hennes tilltalsnamn resultatet av att hennes föräldrar lät slumpen avgöra. Clarissas mor gavs en ögonbindel och skickades in i biblioteket, där den första bok hon tog fram var Samuel Richardsons roman *Clarissa.* Det får anses lyckosamt, med tanke på att såväl *Encyclopædia Britannica* som Thomas Paines *Birth of a Nation* stod i närheten. De många mellannamnen har skäl som spänner från det religiösa till det absurda, men mängden är svårare att förklara:

> När de väl valt mitt första namn kan jag bara anta att de söp till för att fira detta, eftersom de till Clarissa lade Theresa (som i helgonet från Ávila), Philomena (min mors favorithelgon), Aileen (efter min mor), Mary (eftersom jag var ett katolskt barn), Josephine Agnes (två rika släktingar som inte mindes mig i sina testamenten), Elsie Trilby (efter min mormor), Louise (efter vår hushållerska) och Esmeralda (efter min fars favoritgris och eftersom jag föddes i det djurets år enligt den kinesiska kalendern).

Enligt den gregorianska kalendern var året 1947, men på många sätt framstår Clarissa Dickson Wrights barndom som hämtad ur tidigare decennier. Hon var inte ett planerat barn, även om hennes mor, som vanligen kallades Molly, vänligt brukade säga: »Jag behövde verkligen någon som kunde servera saker på cocktailpartyn, älskling.« Clarissa lär ha kommit till av misstag i ett badkar i Norfolk hösten 1946, vilket förklarades med »att alla var ganska utmattade efter kriget och att det fanns få lämpliga tillfällen«. Clarissas mor var 39 och hennes far 50 när hon föddes, och hon var definitivt ett sladdbarn. Närmast i ålder var en bror, tretton år äldre. Hennes två systrar var nitton och sjutton år när hon föddes.

Förutom att ha betydligt äldre föräldrar än de flesta av sina jämnåriga hade hon en familjehistoria som ytterligare fick henne att verka otidsenlig. På hennes fars sida fanns en relativt framstående familj med rötter i Yorkshire. I mitten av 1600-talet hette överhuvudet sir Edmund Wright, en stark anhängare av Oliver Cromwell som sände sin son för att tjänstgöra i lordprotektorns New Model Army. Sonen sparkades ut ur armén på grund av supande, något han antagligen lärt av sin mor, som en gång, styrkt av vin, stoppade en svart page i en bakugn då den lille gossen klagat på att England var för kallt. Pagen dog. Familjen Wright hade dessförinnan finansierat den katolske terroristen Guy Fawkes i dennes försök att spränga parlamentet. Med århundradena svängde pendeln, och Clarissas farföräldrar var istället engagerade i den starkt antikatolska Plymouthrörelsen.

Clarissas farmor styrde familjen med järnhand, och efter att Clarissas farfar dött av lunginflammation – farmodern hade skickat sin man till Cromer vid Nordsjökusten i Norfolk, för att »stärka sig« – flyttade hon in i ett hus i Little Venice i Maida Vale i London. Där bodde hon i ett tält i sitt eget vardagsrum, för att återuppleva safariresor hon aldrig gjort men velat göra.

Ett stort mysterium när farmodern hälsade på var att hon inte hade någon packning men ändå tillgång till flera ombyten. Förklaringen visade sig vara att farmodern klädde sig i lager på lager när hon reste, för att slippa lägga ut pengar på väskor. Hon var spiritist och hade varit god vän med författaren sir Arthur Conan Doyle, som delat hennes övertygelse. Clarissas farfar, som var läkare, skrev ut det kokain Conan Doyle, precis som sin skapelse Sherlock Holmes, använde, och Conan Doyle och Clarissas farmor hade en överenskommelse om att den som först »gick över till andra sidan« skulle berätta hur det var för den andra. Farmodern var ytterst ilsken över att Conan Doyle, trots att han dog redan 1930, aldrig hörde av sig.

På mödernet återfanns Clarissas morfar som reste över världen, främst i Asien och Australien, i jakt på tennfyndigheter. Han var blygsamt framgångsrik och ett typiskt exempel på det senviktorianska Englands imperieentreprenörer. Han talade ett flertal kinesiska dialekter men klädde också om till frack och stärkskjorta när han skulle äta middag ensam i någon bungalow i den asiatiska djungeln. Han gifte sig med en lika typisk, hårdhudad imperiedam: Clarissas mormor jagade gärna vildsvin med lans, ridande i damsadel. Äktenskapet varade bara i sex år innan Clarissas morfar söp ihjäl sig. Hennes mormor bosatte sig då i Singapore och inledde ett förhållande – senare gifte de sig – med en rik judisk affärsman. När japanerna invaderade Singapore under andra världskriget gick affärsmannen under i fångläger, men Clarissas mormor lyckades ta sig ut och ärvde efter kriget sin andre mans förmögenhet. Den bestod mestadels av fastigheter i Singapore, som räddats genom att ägarhandlingarna gömts under ett stycke kött i ett trasigt kylrum. De japanska ockupationsstyrkorna letade efter papperen, men stanken av ruttet kött från kylrummet fick soldaterna att vända i dörren.

Molly, Clarissas mor, växte mestadels upp på en klosterskola i Australien, men i tonåren i mitten av tjugotalet kom hon till sin mor, Clarissas mormor, i Singapore. Där träffade hon Arthur Dickson Wright, som tjänstgjorde som läkare på sjukhuset. Han hade ont om pengar men hade redan gjort sig ett namn inom skrået. Det påstods att han i skyttegravarna under första världskriget framgångsrikt genomfört en blindtarmsoperation med bara fickkniv och sked. I Singapore utvecklade han en ny metod för att behandla åderbråck; det fanns gott om patienter att öva sig på eftersom åderbråck var en av rickshawförarnas främsta yrkeskrämpor. Molly träffade han när han kallades till Eden House, det eleganta hus där Clarissas mormor bodde, för att inspektera de medicinska följderna av en motorcykelolycka.

Ingen av de inblandade familjerna var för ett äktenskap mellan de två. Clarissas mormor tog med sig sin dotter till England för att bryta uppvaktningen, men Arthur sade då upp sig från sin tjänst och reste efter. Clarissas starkt antikatolska farmor meddelade när hon fick höra talas om Molly att hon »hellre skulle se att hon var en svart, naken hednahora än en papist«. Men det blev ändå bröllop, till och med ett katolskt sådant, och brevet från svärmodern där den starka frasen förekom ramades in och sattes upp av Molly på en av det nygifta parets toaletter. Året var 1927, Arthur Dickson Wrights karriär som kirurg började ta sig och London blev deras hem.

När Clarissa föddes, tjugo år senare, var den värld som format hennes föräldrar borta, men deras erfarenheter hade format dem och skulle också forma Clarissa. I såväl tal som värderingar, för att inte tala om kokkonst, finns något imperienostalgiskt över Clarissa Dickson Wright. Hon skulle med tiden bli en energisk försvarare av traditionellt engelskt lantliv och jakt. Hon skulle också med tiden bli nästa led i en släkttradition som återfanns på såväl hennes fars som hennes mors sida: alkoholismen.

Jennifer Paterson hävdade alltid att den moderna sjåpigheten vad gäller hygien var löjlig, till och med skadlig. Själv, brukade hon förklara, var hon uppfödd på vatten direkt ur Yangzi Jiang, och det hade gjort henne immun mot alla tänkbara bakterier.

Att familjen Paterson verkligen drack kinesiskt flodvatten är svårt att tro, men det är inte omöjligt. Jennifer Paterson föddes visserligen på Redcliffe Gardens i Kensington, men hon blev till i Kina och levde sina första år där. Hennes far, som var officer i Seaforth Highlanders, återfanns under tjugo- och trettiotalen i det civila livet, som representant för ett oljebolag i Tsingtao och Tientsin. Där växte Jennifer upp under överinseende av kinesiska nannies, *amahs*.

Patersons far, Robert, kom från en välbärgad familj med skotska rötter och hade inte haft några krav på sig att åstadkomma något särskilt med sitt liv. Vad som kunde ha blivit en livslång drönartillvaro – eller möjligen ett liv som amatörmusiker, för Robert spelade cello och komponerade konserter som aldrig uppfördes – bröts av första världskriget. När Robert demobiliserades gjorde han det som dekorerad officer, men han var också sårad och hade svaga nerver. Han mötte sin blivande fru, Josephine Bartlett, efter att ha fått sitt arbete i Kina. De gifte sig i Hong Kong 1924. Att Josephine var katolik ledde till att Robert Patersons far gjorde honom arvlös.

Familjen Bartlett var konstnärligt anstruken och hade sina rötter i Birmingham men hade flyttat till London och tillhörde där de mest ansedda katolska familjerna. Josephine hade elva syskon, varav flera skulle väva sina liv kring Westminster Cathedral. Kyrkan, som byggdes vid förra sekelskiftet, är en imponerande tegelhög vid Victoria Street i bysantinsk stil med en vit- och rödrandig kampanil. Den är moderkyrka för Englands och Wales katoliker och ska inte förväxlas med den närliggande anglikanska Westminster Abbey. Det första barn som döptes i katedralens magnifika marmordopfunt var en av Josephines bröder, Henry. En annan av hennes bröder, Anthony, tog över familjens affär, som sålde religiöst konsthantverk, antikviteter och inredde kyrkor. Affären låg mitt emot Westminster Cathedrals huvudingång men är i dag riven för att ge plats åt en piazza. Anthony blev också den siste *gentiluomon*, en sorts ceremoniell livvakt, åt den katolske ärkebiskopen i Westminster. En tredje bror, Francis, prästvigdes och blev med tiden förvaltare av katedralen. En fjärde, med det saxiska namnet Ælred, var konstnär och bidrog i mosaik och marmor till katedralens inre utsmyckning.

Jennifer Paterson såg inte mycket av den delen av sin släkthistoria under sina tidiga, kinesiska år. Större delen av dagarna tillbringade hon med sin två år äldre bror – en fyra år yngre bror anslöt senare – och den amah som för tillfället hade ansvar för dem. Deras amahs verkar ha fostrat dem mer i kinesiska kretsar än i europeiska, för redan mycket unga talade båda barnen flytande mandarin. Tack vare sina amahs fick barnen pröva all möjlig exotisk kinesisk mat, och även om de inte hjälpte till i matlagningen kunde de till exempel gå längs stranden med en skottkärra och samla in maneter, som en av deras amahs – »den galna amahn« – ansåg vara en delikatess.

I början av trettiotalet återvände familjen till England och slog sig ned i Rye. Det var något av en kulturchock för barnen, kanske särskilt för Jennifer som snart skulle fylla fem. Vissa nya upplevelser var odelat positiva, till exempel att äta kippers, böckling, på tåget från Harwich till London. Andra var mer komplicerade. Jennifer hade vant sig vid att få små presenter då hon besökte en butik, för sådan var den kinesiska traditionen. Att hon av sina föräldrar tvingades återvända till butiker hon besökt i England och återlämna »presenter« som hon där plockat på sig gjorde henne så ursinnig att hon skällde ut affärsidkarna med de grövsta förolämpningar hon lärt sig på mandarin. Som tur var falnade såväl kunskaperna i mandarin som okunnigheten om brittiska seder relativt snabbt. Jennifers kulinariska intresse utvecklades däremot. Hon var stolt över att hon lyckats mata sin då tvåårige lillebror med en trädgårdssnigel och vidhöll livet ut att »han verkade tycka om den«.

Strax innan hon fyllt tio skickades Jennifer på katolsk internatskola i ett nunnekloster i Ramsgate. Det fanns all anledning att anta att det skulle gå bra, för abbedissan, moder Rita, hade själv gått i skola med Jennifers mor. Det gick inte bra. Jennifers präst skulle senare karaktärisera skoltiden som »en katastrof för båda parter«. Man kan nästan ana varför bara genom att studera fotografier från Jennifers år i Ramsgate. Hon finns nästan undantagslöst i förgrunden och ser alltid ut att vara i någon form av illavarslande rörelse. Hennes ansikte är ofta förvridet i en uppspelt grimas. Alla som någon gång haft att göra med ostyriga barn förstår precis vad det handlar om och blir matta av bara tanken. Efter några år tog till och med nunnornas tålamod slut. Ett brev skickades till Jennifers föräldrar där abbedissan förklarade att de visserligen älskade Jennifer men att hennes närvaro »störde skolans jämna lunk«. Det bästa, för alla inblandade, vore att hon fick åka hem.

Exakt vad som föranledde tålamodet att ta slut är höljt i dunkel. Jennifer var inte särskilt förtjust i skolan, men livet igenom prisade hon skolmaten: Några av nunnorna var fransyskor och visste hur de magra ingredienser som stod till buds under krigsåren kunde förvandlas till läckerheter. Å andra sidan tvingades Jennifer vanligtvis att äta sin mat i avskildhet, bakom en skärm, eftersom hennes blotta närvaro bland de andra flickorna alltid tycktes sluta i allmän anarki. Skärmen var förstås inget oöverstigligt hinder. Jennifer ställde sig på sin stol och åt med näsan över barriären och sin uppviglande blick på klasskamraterna. Enligt en version var droppen som fick bägaren att rinna över att hon drev en lönsam beskyddarverksamhet av maffiasnitt bland sina kamrater. Enligt en annan version återfanns hon med en rullskridsko i handen i misstänkt närhet av en flicka som just hade fått en tand utslagen. Oavsett hur det förhöll sig med detta skickades hon hem.

Under kriget återgick Jennifers far i militärtjänst, och familjen flyttade flera gånger. De bodde några år i ett vackert hus på stranden till floden Mole i närheten av Hampton Court. Här utspelade sig ett drama som krävde en del diplomati när en grupp äldre turister lojt stakade sig runt flodkröken i några flatbottnade båtar och fick se en hiskelig scen. En ung kvinna slängdes skrikande i vattnet av en upphetsad folkmassa, varav en, av huvudbonaden att döma, var biskop. Biskopen, som var Jennifers morbror Anthony i lånad skrud, tvingades förklara att de hade återskapat en klassisk häxdränkning i rent undervisningssyfte, och den våta häxan, Jennifer, återuppstod och intygade sanningen i påståendet.

Under en period bodde familjen i en husbåt på Themsen, och trots blitzen och senare de förarlösa V1- och V2-bomberna var det aldrig frågan om att söka skydd under jord. Jennifers mor hade en fatalistisk syn på det hela och brukade säga: »Äsch, jag längtar efter döden.« Möjligen hade uppgivenheten att göra med att hon tvingades ta hand om sin svärmor, en lätt senil änka som avskydde sin svärdotter och försökte spola ned hennes smycken i toaletten. En gång var husbåten nära att träffas av en bomb, och en annan gång slog faktiskt bomben ned i fören. Som tur var rörde det sig om en blindgångare. Jennifer skulle själv sammanfatta de tyska bombningarna av London med viss entusiasm: »Fyrverkerier varje kväll, min kära!«

Senare i livet skulle Jennifer påstå att hennes två bröder kostades på var sin utbildning men att hon blev utan. Det är inte alldeles rättvist, för hennes föräldrar gav inte upp efter att hon blivit relegerad från sin klosterskola. Hon kom tillbaka till London och fick börja på Kingston Art School. Antagligen närde föräldrarna förhoppningen att en betydligt liberalare miljö skulle passa hennes temperament bättre. Hon hade konstnärlig talang men ingen talang för att sitta still och koncentrera sig, så det blev en mycket kort sejour. I efterhand framstår det som att den sista riktigt fasta struktur hon hade i sitt liv var just klosterskolan och att det skulle ha varit svårt att tänka sig något annat, med hennes personlighet.

Om Jennifer hade någon dröm om vad hon skulle göra med sitt liv var den antagligen att bli skådespelerska. Kanske var det med den baktanken hon 1944 sökte sig till Theatre Royal i Windsor och fick arbete som biträdande inspicient. Det var rimligen en relativt god början, Theatre Royal ansågs vid den tiden som en av Englands bästa repertoarteatrar och dess läge, mitt emot Windsor Castle, gjorde att kungligheter ofta besökte den. Pjäsen hon arbetade med var Arnold Ridleys *Ghost Train*, men av den erfarenheten blev inget bestående, utom möjligen att Jennifer lärde sig uppskatta alkohol och Woodbines, de starka filterlösa cigaretter som hon förblev trogen intill den död som dessa cigaretter orsakade.

Kärleken till alkohol och tobak behövde Jennifer inte hålla tillbaka när hon som artonåring 1946 bosatte sig i Berlin. Hennes far hade då stationerats där med ett aningen luddigt ansvar för att arrangera musikunderhållning i den ockuperade staden. För militär personal var just cigaretter och sprit billigt, och Jennifer kombinerade detta faktum med sin fars musikaliska engagemang till att skapa en mer eller mindre permanent fest. Hon flirtade vilt och hade åtminstone en allvarlig kavaljer, men av detta blev inget. Många som sett *Two Fat Ladies* har skapat sig intrycket att Jennifer var lesbisk, kanske därför att de förutsatte att hon och Clarissa Dickson Wright var ett par. Men det intrycket är falskt. Däremot var Jennifer en udda fågel på äktenskapsmarknaden. Vid det här laget hade hon lagt sig till med det högljudda sätt och den bryska direkthet som hon senare skulle bli känd och tidvis fruktad för. I Berlins ockupationskretsar var sådant uppförande inte ett hinder för att flirta, för det var ont om unga, engelskspråkiga kvinnor. Men det var kanske inte det alla sökte i en blivande hustru. Att den seriöse friare Jennifer ådrog sig inte blev hennes make hade enklare skäl. Jennifer erkände att hon oundvikligen drabbades av »fnitteranfall« om en ung man böjde knä och friade.

Som en äldre släkting till Jennifer riktigt påpekade: »En del människor är så känsliga. Särkilt unga män.«

Trots sin allmänt anarkistiska hållning och besvikelsen över klosterskolan var Jennifer redan från början en starkt troende katolik. Hennes syn på synd var av ett inte ovanligt slag bland katoliker: tillåtande vad gällde sprit och tobak men ytterst restriktiv vad gällde sex. Möjligen spelade också det viss roll för tilltänkta friare.

När Jennifers far 1948 pensionerade sig ur armén och flyttade med sin hustru till Taormina på Sicilien, av såväl musikaliska som skatteskäl, gjorde han samtidigt klart för Jennifer att det var dags för henne att klara sig själv. Med en högtidlighet värdig en större förmögenhet återbetalade han 100 pund som han hade lånat av Jennifer när hon fått ett mindre arv och uppmanade henne att finna sin egen väg. Den vägen visade sig leda till Portugal, där hon lyckades få en tjänst som kombinerad hushållerska och nanny i en av de brittiska familjer som sedan länge står för världens portvinsproduktion.

Det var ett vågat steg, särskilt av arbetsgivaren, eftersom

Jennifer inte hade någon erfarenhet av barnskötsel och aldrig egentligen lärt sig att laga mat. Men intresset fanns där, åtminstone för maten. Mötet med oliver, vitlök, kraftigt rödvin och allehanda skaldjur skulle för evigt sätta tonen för Jennifers kokkonst. Nästan alla hennes recept – eller *receipts*, kvitton, som hon envisades med att uttala det – innehöll ansjovis eller någon annan stark smaksättare som i dåtidens England ansågs mycket exotisk. Kort sagt, det var i Portugal som Jennifer »upptäckte medelhavskulturens förkärlek för mat med smak«, som en av hennes engelska vänner torrt uttryckte saken.

Liksom i stort sett alla Jennifer Patersons nedslag blev det i Portugal kortvarigt, och 1952 återfanns hon, antagligen till sin fars stora besvikelse, i hans hushåll i Taormina. På kort tid återskapade hon där rollen från Berlin som alla festers medelpunkt. Hennes livfulla och högljudda person – hon brast ut i sång vid de märkligaste tillfällen och var särskilt förtjust i Bessie Smiths repertoar – gjorde den knubbiga men ännu inte feta tjugofyraåringen till en maskot i de eleganta gaykretsar som var ett påtagligt inslag i turistortens liv. Hennes främsta beskyddare var, osannolikt nog, hälsokostpionjären Gayelord Hauser som ett par år tidigare publicerat bästsäljaren *Look Younger, Live Longer*. Han blev så förtjust i Jennifer att han till och med tackade nej till en inbjudan från Greta Garbo för att istället kunna umgås med den livliga flicka som när som helst kunde bryta ut i en rytande version av »Gimme a pig's foot and a bottle of beer«. Jennifer bekantade sig också med Truman Capote, som var på besök för att vila upp sig efter att ha skrivit *The Grass Harp* och ägnade förmiddagarna åt att arbeta med musikalversionen av *House of Flowers* och eftermiddagarna åt undervattensfiske. »Du skulle älska mig i mitt cyklop och med min harpun. Väldigt *butch*«, skrev Capote till sin gode vän *Condé Nast*-redaktören Leo Lerman.

Det var framför allt i vattnet Capote och Jennifer umgicks, för i Taormina plockade hon upp ännu en vana: att simma. Gayelord Hauser döpte henne till »Taorminas sjöjungfru«, och resten av livet simmade hon nästan dagligen långa sträckor. Men det kanske mest karaktäristiska fenomen som blommade upp under vistelsen på Sicilien var hennes ikonstatus bland homosexuella. En försvarlig del av hennes umgänge skulle genom åren hämtas ur gayvärlden, inte sällan bland dess mer spektakulära yttringar, som till exempel den utstuderat fjolliga levnadskonstnären Quentin Crisp. Jennifer Paterson var vad som på engelska brukar kallas en *fag hag.* »Darling, I've had more faggots at my feet than Joan of Arc«, konstaterade hon sent i livet i en oöversättlig ordlek som spelar på att det gamla slangordet för homosexuell också kan betyda ett knippe torr ved. Ikonstatusen gjorde henne inte mindre frispråkig om just homosexualitet. »Glamouren har försvunnit sedan de legaliserade det«, kunde hon säga, och när en präst under en predikan spände ögonen i församlingen och förmanade: »Jag vill vara alldeles klar beträffande detta: *all* form av sex utanför äktenskapet är en dödssynd!« körde hon in en vass armbåge i sidan på en av sina gaykamrater och ropade: »Hear, hear!«

Men det ljuva livet i Taormina kunde, till Jennifers föräldrars lättnad, inte fortsätta för evigt. En släkting inom armén hade givits befäl över ett regemente i Tunisien, och Jennifer kallades in för att sköta hushållet. Det blev som alltid kortvarigt men gav henne ytterligare exotiska kulinariska impulser. Ibland oväntat exotiska: Vid en måltid serverade hon fårtestiklar i tron att hon hade köpt lammbräss.

Lagom till Elizabeth II:s kröning, sommaren 1953, var Jennifer tillbaka i London och tycktes tröska igenom småjobb i rasande fart. Under några månader arbetade hon på tidskriften *Courier*, med kontor vid Piccadilly Circus. Hon trivdes men struntade i att dyka upp när hon hade andra planer och fick sparken. Lika tillfälligt arbetade hon på Harrods reklamationsavdelning, något som rimligen måste ha gjort redan ilskna kunder ursinniga. Ett arbete hon lyckades behålla något längre, kanske tack vare att arbetsgivaren för en gångs skull var mer udda än arbetstagaren, var det som assistent till skulptrisen Fiore de Henriquez.

de Henriquez, född 1921 i Trieste, var hermafrodit. Hon uppfostrades som flicka, men när puberteten kom fick hon dubbel utdelning: menstruation och manligt könsorgan. Många legender, en del sanna, berättas om de Henriquez. Hon var ledare för fascisternas flickgymnastgrupp. Hennes första offentliga utsmyckning, en staty på torget i Salerno, ska ha sprängts i luften av avundsjuka manliga konkurrenter. Under kriget påstås hon på ryggen ha burit två judiska flyktingar i säkerhet över Alperna och ha flytt från ett Gestapoförhör genom ett toalettfönster. I början av femtiotalet kom hon till London, togs under beskydd av den etablerade skulptören Jacob Epstein och slog snabbt igenom. På fyra år lär hon ha gjort hela 500 porträttbyster, inklusive en av Laurence Olivier, en av Igor Stravinskij och en av drottningmodern. I mitten på sextiotalet skulle hon till slut genomgå en operation för att avlägsna sitt manliga könsorgan. Operationen var medicinskt en framgång men prövade de Henriquez svårt mentalt. Med tiden hämtade hon sig efter sin kastration, och för att fira byggde hon – möjligen en aning väl symboliskt – ett högt torn i den toskanska byn Peralta, vilken hon i slutet av sextiotalet köpt och renoverat till en fristad för konstnärer.

Jennifer och de Henriquez trivdes bra ihop. De hade inte ett kärleksförhållande – de Henriquez hade redan en älskarinna – men blev goda kamrater och liknade varandra i vissa avseenden. Man kan utgå ifrån att de väckte viss uppmärksamhet, något Jennifers yngre bror antyder efter att ha suttit bredvid dem under en begravning i Westminster Cathedral: »Fiore bar en svart Homburghatt, Jennifer någon sorts svart modistexotism. Båda sjöng med lödiga barytonröster, i betydligt lägre tonläge än jag själv.«

Jennifer uppskattade särskilt sin arbetsgivares orädda förmåga att ställa till bråk. de Henriquez bar bara kjol när hon skulle träffa en ny klient, eftersom det »lugnade dem«. Annars bar hon alltid byxor. Kanske berodde det på att hon hade burit kjol då hennes första offentliga skulptur avtäcktes och att hon påstod att detta klädesplagg var den utlösande faktorn för det senare attentatet mot hennes konstverk. Hennes byxor föranledde under alla omständigheter täta teatraliska utbrott, då de Henriquez inte blev insläppt i den klädseln på många av Londons bättre restauranger.

Men inte heller arbetet hos de Henriquez varade särskilt länge, och i mitten av femtiotalet sökte och fick Jennifer arbetet som elevhemsföreståndare på en internatskola för flickor, Padworth College. Tanken att anförtro Jennifer tonårsflickors uppfostran var originell, och hennes sätt att sköta arbetet var det också. Hon tog som vana att vid läggdags servera flickorna en rejäl dos gin eller explosivt stark cider utrörd i hallonsylt, med det glada tillropet: »Det går rakt till livmodern.« Idén var att spriten skulle göra dem dåsiga, vilket skulle minimera onödigt spring och olovliga nattliga utflykter.

Padworth College var i och för sig ingen vanlig internatskola. Eleverna i åldrar mellan femton och nitton kom mestadels från utländska familjer, och regimen på skolan var avgjort tillåtande eller kanske snarare likgiltigt bohemisk. Skolans rektor påstås ha vandrat genom rena backanaler av sprit, marijuana, sex och allmän ungdomlig förtappelse utan att lyfta ett ögonbryn. En munk var anställd med enda egentliga uppgift att skriva poesi, och manliga lärare drog nytta av en modern form av *droit de seigneur* bland skolans elever. I någon mening passade därför Jennifer in, även om hon, som en vän påpekade, i grund och botten var lika lite intresserad av ungdomar som företeelse som hon var av »apor, soldater eller cirkusclowner«.

Det tog inte särskilt lång tid innan det stod klart att, som moder Rita tidigare uttryckt det, »det vore bäst för alla inblandade« om Jennifer sökte sig någon annanstans. Hon återvände till London, köpte en skoter och var inom kort kock på den ugandiska legationen.

Under tiden och inte långt från Jennifer Patersons senaste arbetsplats började Clarissa Dickson Wright närma sig tonåren. Hon var ett plågat barn. Det var tidigt tydligt att hon var ovanligt intelligent, och när hon väl gjorde ett intelligenstest blev resultatet en IQ på 196. Lewis Terman, en av pionjärerna inom intelligensforskningen, satte gränsen för genier vid en IQ på 164.

Många har vittnat om att exceptionellt hög intelligens i sig kan skapa alienation från omvärlden, men Clarissas problem var ett lätt identifierat utsnitt av denna omvärld, nämligen hennes far.

Arthur Dickson Wright var alkoholist. Han var dessutom våldsam. Clarissa var sex år när hon första gången såg sin far slå sin mor. Utbrotten var oförutsägbara och hämningslösa. Han slog Clarissas brors skalle i en vägg så hårt att han åstadkom en spricka i skallbenet och kunde när han kom hem efter att ha druckit utan förvarning rusa in i Clarissas rum, dra henne ur sängen och kasta henne i väggen.

De fysiska smärtorna var svåra nog, men det värsta för

Clarissa, precis som för de flesta andra offer för misshandlande föräldrar, var den ständiga osäkerheten:

> Det är som att ha ett vilt djur i huset: Man vet aldrig när det ska ryta. Det är väldigt ansträngande att vänta på att något ska hända, och den enda gång jag och min mor verkligen kände oss säkra var när min far var utomlands.

Clarissa formade ett mycket starkt band till sin mor, delvis på grund av den misshandlande pappan men också därför att hon delade vissa, aningen udda drag med sin mor. I likhet med hennes farmor var hennes mor övertygad om att det fanns en andevärld och såg spöken både här och där. Det skrämde varken henne eller Clarissa, som själv säger sig kunna se spöken och gjorde sin andeskådardebut vid Winchester Cathedral då hon som sextonåring såg tre män kasta en boll mot kyrkväggen. Ingen annan såg dem, och när Clarissa gick fram till männen upplöstes de i tomma intet. »Om du inte tror på spöken har du all rätt att låta bli, men det beror antagligen på att du inte sett några«, har hon konstaterat.

Odramatiskt var också ett möte med en pedofil när Clarissa var i sjuårsåldern. Det skedde på ett kryssningsfartyg där en steward gav henne serietidningar i utbyte mot att hon masturberade åt honom. Clarissa fann den märkliga kroppsdel hon fick göra bekantskap med så fascinerande att hon tog med sig en jämnårig kamrat för att demonstrera sin upptäckt. Det gladde förstås stewarden men inte kamratens mor, som snart fick reda på saken. Mannen greps, men Clarissas mor nöjde sig med att lugnt förklara för sin dotter att vissa saker var förbehållna vuxna. Enligt Clarissa var hennes mors totala avsaknad av hysteri antagligen skälet till att hon själv inte tog någon skada av det som skett.

Faderns våldsamhet och allmänna sadism mildrades inte, snarare tvärtom. Han fann särskilt nöje i att förstöra jular. Han läste i flera år Dickens *A Christmas Carol* för sin dotter men avbröt läsningen innan han kom till det lyckliga slutet. En jul avslutade han alla sina konton i Londons affärer bara för att kunna gotta sig åt att hans fru inte kunde köpa julklappar till Clarissa. Clarissa insåg att han med säkerhet inte hade sagt upp kontot hos John Bell and Croyden, som sålde sjukvårdsartiklar, och tog med sig sin mor dit för att handla tvål och parfym. När Arthur Dickson Wright fick reda på saken närmade han sig hotfullt sin fru, och Clarissa invände att det var hennes idé. Det resulterade i att han slog ned sin fjortonåriga dotter och sparkade henne i revbenen.

Till slut skulle Clarissas föräldrar skiljas, men även den processen inleddes på ett ovanligt obehagligt sätt. En morgon vid frukost öppnade Clarissas mor ett brev. Det visade sig komma från hennes mans advokater, som uppmanade henne att lämna huset inom två veckor. Hennes make satt mitt emot henne och åt lugnt sitt rostade bröd.

När Clarissa Dickson Wright väl berättade om sin uppväxt, för bara några år sedan, gick hennes äldsta syster Heather Stretton ut och förnekade alltsammans. Enligt systern är berättelserna en fantasiprodukt, men dementin klingar falsk. Möjligen var Arthur Dickson Wright mindre våldsam när den 19 år äldre systern växte upp.

För Clarissa blev internatskolan Sacred Heart i Hove en fristad. Hon började där när hon var 11, och även om både reglerna och straffen på skolan kunde vara hårda var de alltid förutsägbara och därmed väsensskilda från den outhärdliga terror som rådde i hemmet. Tiden på internatskolan slutade ändå inte lyckligt, för Clarissa berättade för skolans rektor, moder Joan, om sin fars supande och misshandlande. Rektorn, som inte kunde föreställa sig att en så framstående man betedde sig så illa, rapporterade utsagorna till Clarissas föräldrar. Det resulterade förstås i ytterligare misshandel.

En följd av uppväxten var att Clarissa Dickson Wright tidigt beslutade sig för att bli jurist. På så sätt, tänkte hon, skulle hon kunna skydda sin mor och straffa sin far. Hennes far, som hade bestämt att hon skulle läsa medicin, vägrade att hjälpa henne, men med stöd från vänner kunde hon inleda sina studier – och vid 21 års ålder blev hon medlem av the Honourable Society of Gray's Inn och därmed den yngsta kvinnliga advokaten någonsin i Storbritannien.

Mot fadern var hennes nyvunna juridiska kunskaper inte nödvändigtvis till någon större nytta. Han hade, med okaraktäristisk generositet, frågat henne om hon ville ha en 21-årsfest. Clarissa svarade ja men anade oråd och bad därför sin mor att inte sköta beställningen av den mat, champagne och annat som behövdes. Istället gjorde hon det själv. Festen, som hölls en vecka före själva födelsedagen, blev en stor succé, och morgonen efter tackade Clarissa sin far när han stod vid brasan med en eldgaffel i handen. Han log och sade: »Tacka inte mig. Tacka din mor. Hon beställde allt, så hon kan betala också.« Clarissa, som hade misstänkt något sådant, svarade att det var hon som hade skött beställningarna. »Då kan du betala«, snäste hennes far. »Nej, pappa«, svarade Clarissa som hade förutsett även detta när hon bestämt datumet för festen: »Jag fyller inte 21 förrän på onsdag, och eftersom jag inte var myndig när jag beställde har jag inte själv ansvar för mina skulder.«

Det vattentäta juridiska resonemanget besvarades med ett slag i ansiktet av den heta eldgaffeln.

En intressant bieffekt av Clarissas juridikstudier var att hon tidigt träffade och lärde känna en stor del av den grupp som senare skulle bilda New Labour, inklusive Tony Blair, eftersom de alla studerade juridik. Blair gick under smeknamnet Miranda, en anspelning på Prosperos undersköna men hårresande naiva dotter i Shakespeares *Stormen*. Han ansågs en aning fjollig och ivrig att ställa sig in hos sina kamrater. Blairs blivande fru, Cherie Booth, var »slipad, med en hunger efter framgång och kärlek« och »mycket nära« sin handledare Derry Irvine, som av Blair skulle utnämnas till lordkansler, det näst högsta av de brittiska statsämbetena. Peter Hain, en annan framträdande representant för New Labour, var »illa omtyckt« och uppvisade »rå ärelystnad« utan »matchande talang«. Jack Straw, senare bland annat utrikesminister och justitieminister, var en av få i denna krets som Clarissa gillade. När hon efter *Two Fat Ladies* fick tillfälle att tala med Tony Blair igen beskrev hon honom som en »psykopat« som hela tiden försökte lista ut vad han skulle säga för att få maximalt gillande.

Clarissa verkade ha en lysande karriär framför sig, men 1975, några få år efter att hon tagit sin examen, vändes allting. Clarissa kom hem från en hästkapplöpning till den bostad hon delade med sin numera skilda mor och fann henne död i sängen. Hon hade fått en hjärtattack. Clarissas första åtgärd var att ta sig till en vän och sätta i sig ett stort glas whisky. Fram till dess hade hon knappt druckit, även om hon i åttaårsåldern på besök hos mormor i Singapore tillfälligt hade lagt sig till med vanan att varje dag snatta en mindre mängd crème de menthe. Det hade lett till att en tjänare, som misstänktes för snatteriet, fått sparken men fick annars inga påföljder. Den ödesdigra whiskyn gav däremot alkoholen en huvudroll i Clarissas liv. När hennes far strax därefter dog av en serie slaganfall blev hennes drickande än mer intensivt. Hon hade valt sitt yrke för att skydda sin mor och straffa sin far, nu när de båda var borta hade hon inte längre någon aning om varför hon skulle fortsätta.

Modern hade lämnat henne ett arv på nästan tre miljoner

pund, något som delvis låg bakom de senare stridigheterna med den äldre systern, som blev utan pengar. Arvet skulle ha kunnat vara till hjälp för att finna en ny livsuppgift men blev istället en ursäkt för att inte göra det. Hon lämnade sitt arbete, flyttade ut på landet och gjorde drickandet till sin huvudsyssla. Ren nonchalans ledde till slut till att hon uteslöts ur advokatsamfundet, och då började hon göra av med pengar på ett mer målmedvetet om än planlöst sätt. Hon hyrde lyxjakter för bruk i Medelhavet och privatplan för att flyga till hästkapplöpningar i Frankrike, hon samlade hotellräkningar från Europas bästa hotell som filatelister samlar frimärken.

Under en period av sin tolvåriga fylla fann hon en sann kärlek. Skälet till att det fungerade var att även han var alkoholist, och redan efter något år var han död. Clarissa lade då in ytterligare en växel, började varje dag med en halv flaska vodka och brände de sista resterna av arvet. Till det kom anonyma sexuella eskapader som antagligen kunde ha slutat illa. Av någon anledning hade hon en förkärlek för att ta med sig militanta republikanska irländare hem över natten, detta under en period när IRA var särskilt missnöjt med den brittiska staten i synnerhet och britter i allmänhet. Det hindrade henne inte från att då och då tillfredsställa andra smakimpulser. Clarissa Dickson Wright tillhör den exklusiva minoritet som haft samlag med en parlamentsledamot – icke-namngiven sådan – bakom talmannens stol i underhuset.

Till slut var hon pank, hemlös, gravt nedsupen och beroende av vänner. Det var då hon bestämde sig för att börja laga mat. Matlagning hade alltid intresserat henne, och hon hade tillsammans med sin mor hållit många middagar, även om hon inte ägnat sig åt det professionellt. När en annons dök upp i tidningen *Lady* om ett ledigt arbete som hushållerska hos ett välbeställt par i Sussex sökte hon arbetet och fick det. Liksom många hängivna alkoholister var Clarissa förmögen att uträtta förvånansvärt avancerade saker på fyllan. Under sin tid i Sussex lärde hon sig inte bara att bli en riktigt bra kock utan lyckades till och med vid ett tillfälle laga en tiorätters middag för tio gäster utan att i efterhand ha en aning om hur det gick till eller vad hon bjudit på:

> Allt jag minns är att jag plockade fram de första kastrullerna vid tvåtiden på eftermiddagen, och sedan vaknade jag i min säng morgonen efter i panik. Jag rusade ned och fick se ett underbart rent kök, som såg ut som om ingen hade lagat mat i det på flera dagar. Jag hörde [frun i familjen] Rebecka komma i riktning mot köket och stelnade som en kanin i strålkastarljus. Hon svepte in. »Clarissa! Vilken triumf! Hela bygden kommer att tala om det, grön av avund.« [...] Jag kunde knappast be om att få se menyn.

Sex år senare träffade Clarissa en av gästerna på middagen. Han kom ihåg den som en kulinarisk höjdpunkt i sitt liv. Den visade sig bland annat ha innehållit hare med konjaksflamberad svamp, laxfiléer virade kring en mousse av forell och rökt forell på en spegel av champagnesås.

Men ett annat typiskt drag för hängivna alkoholister är att de förr eller senare ställer till det. Clarissa gjorde det genom att upprepade gånger välta sin arbetsgivares bil upp och ned i närliggande diken. Hon skadade sig inte och hade vanligen med sig en flaska gin och en bok och satt kvar i bilen till dess att antingen boken eller ginflaskan tog slut. Då kröp hon ut och letade upp en telefon. Men upprepningarna av detta blev efter ett par år så tjatiga för arbetsgivarna att de bad henne sluta.

Ytterligare ett par anställningar av samma sort passerade revy innan Clarissa, efter tolv år med flaskan, bröt sitt beroende.

Det skedde på ett oväntat sätt. Hon höll på att koka jordgubbssylt, men sylten kokade över och rann ned på golvet. Olyckan skedde i det idylliska Wotton Underwood i Buckinghamshire, där Clarissa arbetade för författaren Graham Greenes brorson, som hade samma namn som sin farbror. Närmaste granne var sir John Gielgud, vars hus numera är Tony Blairs hem. Clarissa låg på knä på köksgolvet och försökte skrapa sylten från stenplattorna när hon insåg att det var flera år sedan hon senast befunnit sig i den positionen.

Varför inte passa på att be?

Det gjorde hon, och något svarade. Inte på så sätt att hon blev frälst, men plötsligt fanns en övertygelse om att hon inte bara måste utan också kunde sluta dricka. Hon inledde försiktigt med några möten hos Anonyma Alkoholister, lade in sig på avgiftning och sökte rådgivning. Det var en början, men hon drack fortfarande. Till slut, 1987, skrev hon in sig på en missbruksklinik i Kent. Som sällskap hade hon bland andra en sextonårig limsniffare och en saudisk prins som hade utvecklat en kärlek till heroin, men behandlingen fungerade. Efter tio veckor kunde Clarissa lämna kliniken som nykter alkoholist. Det avgörande steget var att hon äntligen hade gjort upp med hatet mot sin far.

Jennifer Patersons arbete som kock på den ugandiska legationen varade, förstås, inte särskilt länge. Orsaken var den ugandiske kommissionärens vana att släpa med sig »vitt patrask«, som Jennifer kallade dem, till sin sängkammare. Hon vägrade att bära upp två frukostar till en ungkarl och på så sätt göra sig medskyldig till det uppenbara syndandet. Istället ställde hon kommissionärens frukostbricka utanför sovrumsdörren och röt med ett ogillande dån: »Era äggisar är färdiga nu, mr Ruanda.« Legationspersonalen vädjade till henne att visa förståelse för kommissionärens »behov«. De fick till svar att »behov« var något djur hade, varpå Jennifer släppte frukostbrickan i golvet och klev ut för att aldrig återvända.

Men på något sätt måste hon ändå försörja sig, och att laga mat var trots allt en av få saker hon kunde. Den enda andra egentliga tillgång hon hade var talangen att vara sig själv och därigenom fascinera människor med smak för det udda. Hon kombinerade nu dessa två tillgångar och lyckades få ett antal familjer på bättre adresser i London att hyra in henne, främst för att laga mat. Bland klienterna fanns miljonärsfamiljen Spiller som tjänat sin förmögenhet på hundkex och hade »ett trevligt litet hus« mitt emot Harrods. En annan familj hade ett galleri på Bond Street och en samling bortskämda barn. Jennifers roll var sällan alldeles klar. En son i en av de familjer hon arbetade för beskrev henne senare som »en sorts nanny/faster/värdinna/kock/andlig lärarinna/rådgivare i etikettsfrågor«. Hon lagade alltid mat, men på vissa ställen tog hon också ett visst ansvar för barnen, på andra förväntades hon sköta hela hushållet.

Att överenskommelserna var en aning luddiga spelade antagligen inte så stor roll, för oavsett vilka förväntningar som till en början funnits på Jennifer skapade hon alltid sin egen roll utan större hänsyn till de önskningar som fanns i det aktuella hushållet. Vissa klienter uppskattade just detta överraskningsmoment. Andra gjorde det inte och drog sig tillbaka. Oberörd av sådana trivialiteter seglade Jennifer på sin lilla Hondaskoter mellan adresserna. Hon hade en medalj med Sankt Kristoffer – idrottares, förares, resenärers och surfares skyddshelgon – på styret, och i den lilla korgen på pakethållaren tycktes Londons alla delikatesser rymmas. Vissa av hennes klienter fick intrycket att hon var i ständig rörelse mellan de olika hushållen för att fastställa vilket som för tillfället hade det bäst utrustade skafferiet och barskåpet.

Nu upptäckte och utvecklade hon en annan talang, som av en välformulerad vän beskrevs som en enastående färdighet i »konsten att med behag ta emot gåvor«. Jennifer var fattig som en kyrkråtta och lärde sig aldrig riktigt att ta betalt för sitt arbete, förmodligen för att hon aldrig tänkte på det som något så vulgärt som arbete. Ändå återfanns hon ofta på Londons lyxkrogar men aldrig på något av stadens många billiga hak. Förvånansvärt ofta åkte hon, trots en fullständigt tom kassa, på semester, och det fanns alltid en bostad, som inte sällan låg i trevligare delar av London.

Några av dessa gåvor kom från familjer hon arbetade för. Andra från vänner. En sådan vän var Violet, hertiginna av Westminster. Hon hade varit gift med den andre hertigen av Westminster, Hugh Grosvenor. Westminster var högerman med antisemitisk anstrykning, hade försökt lägga an på Coco Chanel i mitten av tjugotalet och avslöjade sin svåger William Lygon, earl av Beauchamp, som homosexuell. Beauchamp tvingades lämna landet och blev förebild för Evelyn Waughs exilädling, lord Marchmain, i *Brideshead Revisited*. Violet behandlades inte nämnvärt mildare av sin make: Efter sex års äktenskap under tjugotalet tvingade Hugh Grosvenor fram en skilsmässa eftersom Violet inte lyckats producera en arvinge.

Jennifer högaktade hertiginnan av Westminster, inte minst därför att hon hade för vana att på välartikulerad överklassengelska häva ur sig precis vad som rörde sig i hennes huvud. En dag när hertiginnan i sin bil tvingats att väja för en cyklist på Kings Road funderade hon högt i Jennifers riktning: »Tiderna har förändrats. Kör du på en neger på cykel i din Bentley har du satt din sista potatis.« Jennifer blev i praktiken hertiginnans sällskapsdam under en period och bodde i hennes eleganta våning vid Eaton Square, där ett monumentalt porträtt av värdinnan till häst minde om svunna glansdagar.

En av de tidigaste bilderna av Jennifer i dekorerad mopedhjälm kommer från denna tid. Just den hjälmen pryds av en stor, påklistrad rosett i glimrande strass. En av Jennifers mer berömda hjälmar hade istället två förvånade och gnistrande ögonbryn, som hon hade tillverkat av bijouterier uppsnappade ur hertiginnans djupa smyckeskrin.

En annan förmögen vän var den holländska Shellarvtagerskan Olga Deterding. I Deterdings stora våning med utsikt över Green Park agerade Jennifer ofta ceremonimästare under eleganta bjudningar. Vid ett sådant tillfälle föreslog hon att de skulle flytta ihop och bli »det mest berömda lesbiska paret i London«. Det var förstås bara ett försök att lätta upp stämningen. Den sortens skämt kunde ibland vara påfrestande för Jennifers vänner, men hon var under den ibland råbarkade ytan obrottsligt lojal. Deterding dog senare när hon satte en munsbit i halsen. Jennifer var en av få som var bjudna till den i grunden olyckliga och skygga arvtagerskans begravning.

Vid sidan av karriären som hustomte – i brist på bättre ord – gjorde Jennifer ett par ytterligare försök inom underhållningsbranschen. TV-producenten Jonathan Routh var under en period Olga Deterdings pojkvän, och Jennifer arbetade också för hans familj. När Routh introducerade dolda kameran i brittisk TV hyrde han in Jennifer eftersom han behövde någon som efter de dolda inspelningarna kunde övertyga dem som filmats om att de skulle skriva under de nödvändiga juridiska dokumenten för att tillåta sändning. Snart gjorde hon även andra saker i programmet, både framför och bakom kameran. Hon dök också upp i en biroll i komikern Spike Milligans kortfilm *Fish and Milligan*, ett slags sextiotalsversion av gammal stumfilm. Hennes uppdrag var att stå nedanför en avsats i en dräktjacka och få en fisk tappad i urringningen. Det utförde hon med stor inlevelse. Men ingen av dessa insatser ledde vidare.

Hur disparat Jennifers umgänge nu var illustreras av ett födelsedagskalas hon höll hemma hos just Jonathan Routh på Sloane Street i början av sjuttiotalet. Polisen fick klagomål på ljudnivån och knackade på dörren. Den slogs upp av en alltid lika entusiastisk Jennifer som, med de välfunna slangtermerna för polis och champagne, ropade: »Here's the fuzz, have some fizz!« Poliserna klev på. De blev ställda när de såg sig omkring. Vid sidan av Routh och Olga Deterding bestod en betydande del av sällskapet av katolska präster i varierande grad av ceremoniell utstyrsel. Men det fanns också en försvarlig del hippies, och i ett hörn rullade en alldeles vanlig medelålders kvinna en cigarett som med säkerhet inte innehöll tobak. The Doors dånade ur högtalare, samtidigt som en gäst gjorde sitt bästa för att hänga med på en elorgel. Poliserna drack varsitt glas – nattvardsvin, inte champagne – och försvann sedan, lätt omtumlade, utan att ha utfört sitt uppdrag. Jennifer ledde ut dem med avskedsfrasen: »Såja, var snälla och gå ut och gör något vettigt nu.«

Vid det här laget hade Jennifer blivit något av en attraktion i konstnärligare Londonkretsar, men det verkliga genombrottet som original kom när tidskriften *Spectator* skulle hålla middag på våren 1977. Chefredaktören Alexander Chancellor letade efter en lämplig kock och fick tips om Jennifer. Han hyrde in henne, och hon blev kvar.

Spectator har flyttat sitt kontor sedan dess, men då hade tidskriften ännu ett litet hus på 55 Doughty Street i Holborn, inte långt från British Museum. Det var egentligen inte ett kontorshus utan ett vanligt bostadshus av det gamla engelska snitt som innebär branta trappor, obegripliga nivåskillnader och smala korridorer. Inredningen bestod av spruckna läderfåtöljer och luggslitna mattor, och överallt låg papper, böcker och tidningar.

Det fanns en matsal i något bättre ordning, dit prominenta gäster bjöds på lunch. Det fanns också, högst upp under taknocken, ett litet kök. Där bodde Jennifer in sig med uppdrag att laga luncherna. Hon erbjöd sig också att agera kurir på sin skoter, förutsatt att det inte regnade.

Att ha henne anställd var inte oproblematiskt. Som en senare chefredaktör påpekade var hon inte en idealanställd för en arbetsgivare som »värderade sin privatsfär«. Hon stormade in i vilket kontorsrum som helst när det passade henne och sade precis vad hon råkade ha i huvudet för stunden. När en chefredaktör satt i sitt första telefonsamtal med några australiensare som just köpt tidskriften kom hon infarande, rufsade till hans hår, ropade »älskade lille redaktör« och överöste honom med blöta pussar.

Att hennes huvudsakliga uppgift var att laga mat till de långa luncher tidskriften höll för specialinbjudna hedersgäster gjorde på inget sätt att hon försvann i köket. En rysk attaché som allvarligt berättade om sina erfarenheter från Mongoliet avbröts plötsligt av Jennifer som kommit in för att servera efterrätten: »Såg du mycket av min bror?« Attachén stirrade förvirrat på henne, lika oförmögen att förstå varför serveringspersonalen talade till honom som vad den talade om. Han hade förstås ingen aning om att en av Jennifers bröder nyligen hade varit brittisk ambassadör i Mongoliet. När Kingsley Amis var på besök och inte åt upp den kaninstuvning Jennifer lagat tittade hon förebrående på honom och röt: »Varför gillar du inte min harpalt, Kingsley?« Den ytterst allvarlige och klassiskt bildade politikern Enoch Powell var mitt i en utläggning om de transatlantiska relationerna när Jennifer passerade bakom honom med ett fat i handen, stannade till, rufsade om hans hår och ropade: »Coochie-coohcie-coo!« Ibland uppstod särskilt svårartade situationer, som när Jennifer serverade fläskkotletter då den israeliske ambassadören var lunchgäst.

»Hur skulle jag kunna veta det?« var Jennifers enda kommentar.

Verkligt orolig var redaktionen när prins Charles tackade ja till en lunch. Under mycket handvridande fördes samtal med Jennifer i förväg i syfte att förmedla hovets besked att prinsen inte uppskattade rött kött. »Den där förbannade gnällspiken till prins äter det jag ger honom«, dånade Jennifer och erbjöd sig att visa det utslag hon fått över hela benet på grund av all uppståndelse kring prinsens besök. När prins Charles väl kom serverades han en rätt på gravad lax, och allt avlöpte så väl att prinsen tog trappan upp till köket för att få en pratstund med Jennifer.

Det är, med tanke på hennes totala oförmåga att göra sig osynlig, inte särskilt överraskande att Jennifer flera gånger fick sparken från *Spectator*. Men hon gillade arbetet och hade uppfunnit det perfekta sättet att hantera uppsägningar: Hon dök helt enkelt upp som vanligt dagen efter. Det fungerade. Inte bara det, efter en tid bidrog hon också till tidskriftens innehåll. Den politiske tänkaren och prästen Digby Anderson hade givits i uppdrag att skriva en kolumn om mat. När den första hade publicerats satt *Spectators* chefredaktör i trädgården på Doughty Street. Plötsligt drogs fönstret upp på översta våningen, och en djup röst krävde besked: »Vem är den här Digby Anderson?« Chefredaktören försökte förklara men blev avbruten: »Om han får göra det, varför får inte jag?« På det hittades inget omedelbart svar, och strax därefter publicerades Jennifer Patersons första recept i *Spectator*. Det hade rubriken »Ugnsbakad igelkott«.

Känsliga läsare blev lättade av att upplysas om att »igelkott« var en traditionell benämning på köttfärslimpa.

Ingen kan påstå att Jennifer Paterson var en lysande stilist. Hon skrev på ett sätt som påminde om hur hon talade: i utrop.

Men hon var originell. De små texterna innehöll ofta miniporträtt av helgon för dagen och då och då en inblick i Jennifers vardag. Ett recept på en efterrätt med bananer började: »För att bota mina fotvårtor tvingas jag slå in varje tå i färska bananskal varje dag, så jag har försökt hitta sätt som jag kan använda själva frukten på ...« Ett annat inslag av originalitet var att recepten ibland bjöd på oväntade överraskningar. Ett krävde att man skulle »koka en burk kondenserad mjölk«. Flera läsare hörde av sig och meddelade att de hade skadat sig vid den explosion som blir resultatet av ett sådant tilltag. Ett annat gällde en kaffe- och valnötskaka och inleddes med orden: »Det här är en härlig och märklig kaka ...« Hur märkligt kakreceptet var stod klart i nästa nummer av *Spectator*, där en notis löd: »Miss Paterson utelämnade av misstag valnötterna i sitt recept på valnötskaka och föreslår att ni använder fyra ounces.«

Det var en försmak av vad som väntade i den kokbok som följde efter framgången med *Two Fat Ladies*. När *New York Times* provlagade sex recept blev inget av resultaten vad som utlovades i boken. Hennes recept, som för övrigt ofta var lätt modifierat stöldgods ur andras kokböcker, var närmast att betrakta som fantasifullt skönlitterära.

Jennifer fortsatte i många år som matskribent i *Spectator* och senare även i tidskriften *Oldie*. Men hennes arbete som kock på *Spectator* tog definitivt slut 1988. Charles Moore, den dåvarande chefredaktören, fick nog när hans redaktion kom springande ned för husets trappor med skräck i blicken. Det visade sig att Jennifer hade hittat smutsiga koppar i sitt heliga kök. Dessa hade lämnats där av den förhatliga annonsavdelningen, närmare bestämt av två personer. För att lära dem en läxa hivade hon med imponerande rytanden ut all smutsdisk genom fönstret in i den intilliggande begravningsentreprenörens trädgård. Det var ett påhitt för mycket.

Morgonen efter det kom inte Jennifer tillbaka. Men veckan efter kom hon glatt förbi på sin skoter och lämnade sitt recept för publicering, som vanligt.

Det skilde 20 år mellan Jennifer Paterson och Clarissa Dickson Wright. På många sätt såg deras liv olika ut, men det fanns också stora likheter. De kom båda från familjer präglade av det brittiska imperiets koloniala erfarenhet och från ungefär samma skikt av samhället. De uppfostrades båda som katoliker, och Jennifer liksom Clarissa drack sedan unga år för mycket. De hankade sig båda fram på ströarbeten kopplade till matlagning. I dessa likheter finns en nyckel till deras sena popularitet.

Jennifer Paterson bar alltid med sig en påse särskilt starka halstabletter från Boots. Efter fester, middagar och restaurangbesök stoppade hon en halstablett i munnen innan hon klev på sin skoter, för man visste aldrig var polisen kunde dyka upp. Hon körde genom åren åtskilliga hundra mil med hög promillehalt i blodet genom Londons gator. Det hände aldrig några allvarligare olyckor, och märkligt nog blev hon nästan aldrig stoppad, inte ens när hon som vanligt körde mot enkelriktat utanför den lokala polisstationen. Poliserna bara vinkade glatt för att hälsa.

En av de få gånger hon blev stoppad – efter att ha kört mot rött – och uppmanad att identifiera sig spände hon sina lätt vinda ögon i konstapeln ifråga och meddelade med sin djupaste stämma: »Jag är en ungmö av Westminsters församling.«

Vill man sätta fingret på det spår av gamla England som finns hos såväl Jennifer Paterson som Clarissa Dickson Wright är det på dylikt man ska peka. Skribenten Jonathan Meades har uttryckt det väl i en minnestext över Jennifer Paterson. »Socioekonomiskt var hon en sort, nästan den sista av sorten«, skriver han och syftar på de ungmör som på många sätt bar upp stora delar av det viktorianska och edvardianska England:

> De hade kraftfulla personligheter, var födda medel- eller överklass, intelligenta, frispråkiga, trotsigt omaka, mestadels i avsaknad av formell utbildning, i de flesta fall otränade för något annat än den hushållsskötsel som de hade snappat upp. Trots att de befann sig i kulisserna till välbärgade och ofta ganska tjusiga släktingar var de för evigt utblottade.

Jennifer Paterson skulle i en intervju efter TV-framgångarna säga: »Hela mitt liv var en enda räcka av misstag, eftersom jag var helt utan kvalifikationer. Jag tog mig an vad som helst som dök upp.« Clarissa Dickson Wright kunde knappast säga samma sak, med tanke på sin korta men anmärkningsvärt lovande juristkarriär, men omständigheterna försatte henne i samma situation. Det var i den livserfarenheten Clarissa Dickson Wright och Jennifer Paterson kunde mötas, tack vare en producent som såg likheterna, förde dem samman och förmådde göra två ungmör till underhållande TV. Här ligger också en förklaring till TV-seriens enorma framgång: De två feta damerna var inte bara två individer utan representanter för en utrotningshotad samhällsgrupp som många kände igen och kanske började sakna.

När TV-bolaget väl tagit fram den stora, antika motorcykeln med sidovagn som skulle spela en viktig biroll i *Two Fat Ladies* var Jennifer Patersons första åtgärd att ta den till Brompton Oratory för att få den välsignad. Det skulle göras enligt alla konstens regler. Prästen skulle bära biretta och stola och maskinen bestänkas med heligt vatten. Kanske var det bra att så skedde, för motorcykeln var av ett helt annat format än den skoter Jennifer var van vid. När provavsnittet spelades in höll hon på att köra över kameramannen och stannade först när sidovagnen slog i en flaggstång. Hon kunde stärka sig med en whisky och gå vidare. Clarissa, som suttit i sidovagnen, hade förstås inte den möjligheten. Hon fick nöja sig med en kopp te och en bön.

Både Jennifer och Clarissa hade till en början varit skeptiska till idén. De hade ju trots allt bara stött på varandra en gång, flera år tidigare och då bara bytt ett par ord. Efter att på nytt ha träffats ville de ändå prova men hade inga förväntningar. Att provavsnittet skulle förvandlas till en serie ansåg de båda ytterst osannolikt. Än mer så efter att det spelats in, för det som fastnade på film verkade vara rent kaos. Men till bådas stora förvåning beställde BBC en hel säsong.

Clarissa hade, sedan hon blivit nykter, bland annat förestått en kokboksaffär, först i London och sedan i Edinburgh. Livet hade fått en sorts ordning. Märkligt nog hade hennes enorma alkoholintag inte fått några medicinska konsekvenser. Att hon, som en gång varit smal, nu släpade på en kroppshydda av det mer imponerande slaget hade visserligen en orsak som var knuten till hennes drickande men som var oberoende av själva alkoholen.

Ett blodprov hade visat märkliga egenskaper, och läkaren frågade om Clarissa någonsin levt i malariabältet. Det hade hon inte, hurså? Jo, hennes binjure läckte konstant adrenalin. Det är något som brukar drabba personer som har ätit alltför många malariatabletter med kinin. Ett resultat är att kroppen är i ständig flyktberedskap och därför försöker konservera energi.

Clarissa funderade på hur hon kunde ha fått i sig så mycket kinin och började ana hur det gått till. »Hur är det med tonic?«

frågade hon läkaren, väl medveten om att riktig tonic innehåller ett mått kinin för att ge den bittra smaken. Läkaren drog överseende på munnen: »Kära ni, man måste dricka en väldig massa tonic under väldigt lång tid för att få en effekt av det här slaget.«

»Och om man har druckit tre fyra liter om dagen i tolv år?« sade Clarissa. Den lätt chockerade läkaren tvingades erkänna att ett sådant intag nog skulle räcka till. Det var alltså Clarissas vana under alkoholåren att åtminstone hälla tonic efter ginet som lämnade fysiska skador.

Jennifer Paterson hade under det dryga decenniet innan *Two Fat Ladies* började spelas in fortsatt sitt liv ungefär på samma sätt som hon levt det decennierna dessförinnan. Hon åkte runt på sin lilla skoter mellan olika hushåll, lagade mat och var till allmänt men ofta uppskattat besvär. Sedan början av åttiotalet delade hon en dammigt dyster våning med sin morbror Anthony, som bodde i skuggan av Westminster Cathedral. Anthony Bartlett betraktades allmänt som ett helgon och inte utan anledning. Han hade vigt sitt liv åt goda gärningar, välgörenhet och kyrkan. Jennifer förnekade inte att hennes morbror var helgonlik, tvärtom, men deras förhållande var för den skull inte särskilt kärleksfullt. Anthony Bartlett skulle beskriva det som en form av »väpnad neutralitet«. De levde i praktiken separata liv i våningen, som de i egentlig mening inte delade på, för det var morbror Anthony som stod för fiolerna.

Jennifers mor bodde också i våningen fram till sin död. Inte heller hon och Jennifer hade ett gott förhållande. Tvärtom var modern egentligen den enda person Jennifer verkade avsky. Hon gratulerade alltid med översvallande glädje vänner som berättade att deras mödrar hade dött. Vad denna aversion mot modern bottnade i är oklart, men Jennifer påstod att hennes mor tagit henne till en affär när hon var mycket ung, pekat på henne och frågat expediten vad man bör klä en elefantbaby i. Jennifers lösning på just det problemet var i mogen ålder tältlika, färgglada skynken med gott om utrymme att dölja cigaretter och helst någon form av drink. På fötterna bar hon alltid enkla espadriller, även vintertid när det snöade. Hon kunde kommentera folks skor med ett tonfall som antydde att det var något djupt excentriskt med att klä in fötterna i läder och att trampa på en riktig sula eller till och med en klack. Läpparna målade hon med läppstift från Boots i favoritfärgen »Gay Geranium«.

En vanlig dag för Jennifer bestod av en inledande simtur – 34 längder – i bassängen på Queen Mothers Sports Centre i Westminster. Hon svepte vanligen in i omklädningsrummet ljudligt sjungande på något av Cole Porter, till de badande skolflickornas förtjusning. Därefter var det dags för drinkar, sedan lunch, sedan en liten siesta, nya drinkar och sist en fest, en middag eller, om inget för tillfället erbjöds av det slaget, en TV-kväll hemma. Jennifer satt rakryggad på en hård stol framför TV:n med volymen på skränande hög nivå. Det var prövande för morbror Anthony, men han hade turen att med åren bli allt dövare.

Förmågan att bli bjuden på bättre restauranger hade inte övergivit Jennifer. Hon åt vanligen ute och inledde alltid middagarna – enligt henne själv på läkares inrådan – med att äta sex sockerbitar. Runt sig hade hon skapat ett nätverk av vänliga själar som sörjde för henne på det sätt man gör för en aningen prillig gammal faster. Även mer prövande sidor möttes med jämnmod av vännerna. En sådan udda sida var att Jennifers förmåga att ta emot gåvor med behag inte utsträckte sig till faktiska presenter. Vid jultid ambulerade hon mellan vännerna, åt upp all mat hon kom över och tog emot presenter. De presenter hon fått på en adress tog hon sedan med sig till nästa, där hon åt den mat som serverades och gav bort presenterna hon fått på den tidigare adressen. De enda presenter hon behöll var whisky och cigaretter.

Vissa vänner var särskilt förtjusta i henne, och ett sådant par bad henne att bli gudmor åt deras nyfödda dotter Lucy Sophie. Hon höll barnet, och när prästen frågade vilket namn det skulle få svarade Jennifer rappt: »Hilaria Munga«, en feminiserad version av det helgon på vars dag den lilla flickan fötts. Det hela kunde dock redas ut innan det stackars barnet for illa. Jennifers impulsiva frispråkighet skapade ofta penibla situationer. När hon delade hiss med två tonårssöner från en av de familjer som adopterat henne inledde hon en konversation genom att fråga de två pojkarna vem av dem som hade den »ökänt stora penisen«. Men hon visade också på sitt robusta sätt stor medkänsla. Sjuka vänner fick ofta besök av Jennifer som bar med sig olika rätter hon lagat med särskild tanke på den åkomma som sjuklingen led av. När den notoriske rucklaren Jeffrey Bernard var inlagd på en av sina många sjukhusvistelser kom hon på besök med is till hans vodka. Hon mindes också allas födelsedagar och ringde ofelbart för att gratulera med dundrande sång. Å andra sidan lagade hon aldrig mat till morbror Anthony. När han kom hem, ofta sent på kvällarna efter något välgörenhetsarbete, fick han nöja sig med att äta rester från den utspisning för hemlösa som han var engagerad i.

Religionen och kyrkan spelade alltid en betydande roll i hennes liv, och hennes kontakter med den katolska kyrkan i England var nära och förtroliga tack vare släkten. På tåget till Carlisle fann hon sig dela kupé med den nyutnämnde ärkebiskopen Hume och erbjöd honom en gin och tonic ur sitt mobila förråd. De hade så trevligt att konduktören stack in huvudet, granskade paret och frågade: »Är ni tillsammans?« Hon var en oreserverad traditionalist. Trots att Jennifer bodde precis bredvid Westminster Cathedral valde hon att åka tvärs över London till Brompton Oratory för att gå i mässa. Skälet var att Westminster Cathedral efter det andra vatikankonciliet moderniserade sina ritualer och gjorde sig av med mycket av det som för Jennifer var väsentliga delar av hennes trosutövning. Hon var i grunden en mycket konservativ person och ogillade egentligen all form av förändring. Bland prästerna på Bromton Oratory blev hon ett slags institution. Hon lagade ofta mat till dem, och när hon var på väg till köket och vänliga präster frågade henne om det var något hon behövde svarade hon alltid: »En flaska vodka och en snygg ung man.« Prästerna kunde ge henne det förstnämnda, och snart hörde de henne slamra i köket och högljutt gasta något gammalt örhänge.

Prästernas julmiddag var något Jennifer lade ned särskild omsorg på, om än på sitt eget sätt. En kamrat som besökte Jennifer inför jul klev in på hennes toalett och fick en chock. I badkaret låg blekt blodiga kroppsdelar, och under ett ögonblick misstänkte kamraten att Jennifer till slut blivit galen på riktigt och styckat sin morbror. Vid närmare undersökning visade det sig att badkaret innehöll de kalkoner med fyllning som Jennifer skulle laga till Brompton Oratorys präster.

En av poängerna med *Two Fat Ladies* var att damerna tog med sig sina erfarenheter och vanor till programmet. Till en början fanns ett manus, men det var såväl Clarissa som Jennifer oförmögna att följa. De talade istället fritt och utbytte anekdoter och mer eller mindre förgripliga åsikter, vilka de fick tillfälle att utveckla i intervjuer. »Vegetarianer är fascister«, kunde Clarissa slå fast. »Varför är de alltid så sura?« kunde Jennifer fylla i: »Det beror på att de äter fel saker. De ser förskräckliga ut. Oftast har de en gulaktig färg. Går man in i en hälsokostaffär ser alla så deprimerade ut. De behöver muntras upp, stackarna. Rakiten börjar komma tillbaka i Hampstead på grund av ren undernäring.«

»Vårt program har fått en del amerikaner att känna att det är OK att äta rött kött och laga mat med smör igen«, kunde Clarissa glatt konstatera, för att genast se den tråkigare sidan av saken: »Inte vet jag varför de tror att de behöver få tillstånd för att göra det.«

De tog också med sig en vana de båda odlat genom åren: att laga mat åt andra människor i den miljö där dessa befann sig. Det fanns ingen studio och inget återkommande kök, istället reste de runt och lånade kök i olika, ofta gravt engelska miljöer. Många av dessa miljöer var också valda med tanke på damernas egna erfarenheter: I det tredje programmet i den första säsongen av *Two Fat Ladies* lagade de mat i Westminster Cathedral. Till efterrätt serverades prästerna »Peaches Cardinal Hume«.

Under de tre och en halv säsonger de spelade in lagade de bland annat mat åt ett lacrosselag på en flickinternatskola, ett kompani gurkhasoldater, ett cricketlag, Brasiliens ambassad, Cambridges roddlag och skotska skogshuggare. Inom kort hade de blivit kändisar, och dessutom hade Jennifer för första gången i sitt liv gott om pengar. Hon hade ingen aning om vad hon skulle göra med dem. Av ren vana, snarare än av snålhet, fortsatte hon att låta sig bjudas av sina vänner. De betalade men noterade häpet att checker på 50 000 pund numera kunde ramla ur hennes handväska.

Häpna var även damerna själva. De befann sig plötsligt i en helt annan värld. Serien blev en stor framgång i Australien och Amerika, och 1998 reste damerna till Los Angeles för att marknadsföra den. De hade ingen större respekt för amerikaner, som de båda tyckte var hälsofanatiska och politiskt korrekta. En vanlig fråga i USA var varför de kallade serien *Two Fat Ladies*, med den tydliga undertonen att »fat« var ett ord som avskaffats i USA. Det roade Clarissa Dickson Wright, som ägnade betydande tid av en presskonferens åt att tvinga en amerikansk journalist att ta ordet i sin mun.

Hur udda de var i den här miljön förstod deras producent först när hon fick se Clarissa ligga vid poolen på det exklusiva och kändistäta Hollywoodhotellet Chateau Marmont och samtala med en person som Clarissa senare oskyldigt skulle beskriva som »en gullig, stilig ung man«. Producenten kunde knappt tala av upphetsning när hon försökte förklara att det hade varit skådespelaren Keanu Reeves. På en bättre restaurang hade deras bokning slarvats bort, och Clarissa plockade fram sitt mest högdragna engelska uttal för att få fart på personalen. Då kom en »orakad man med rufsigt hår« fram och erbjöd henne sitt bord. Hon tackade, och de satte sig. När producenten frågade hur hon burit sig åt pekade hon ut mannen som varit så vänlig. Åter förlorade producenten talförmågan. Det var Robert De Niro.

Det är ingen tvekan om att Jennifer Paterson uppskattade sin framgång. För Jonathan Routh, som anställt henne för att arbeta med dolda kameran, förklarade hon: »Ditt program gjorde dig bara till en TV-personlighet. Men mitt, mitt har gjort mig till en kultfigur – vad det nu är. Och du kan vara säker på att det inte finns särskilt många av oss. Du borde vara mycket hedrad av att en av oss talar med dig just nu.«

Till Clarissa sade hon att hon kände sig som en »korsning mellan drottningmodern och Beatles«. Men hon tog ändå sin nya status med en nypa salt. När damerna fick delta i en parad genom London, körda i en gammal Bentley, granskade hon kritiskt de jublande folkmassorna och konstaterade: »Nu vet jag hur Hitler kände sig.«

Den oväntade framgången tycktes aldrig ta slut. Då, mitt i inspelningen av den fjärde säsongen, fick Jennifer sin diagnos.

Ett brev anlände till Jennifer Paterson på sjukbädden. Det kom från en hälsofanatiker som skrev till henne för att tala om att hennes lungcancer var hennes eget fel, eftersom hon hade rökt.

Jennifer skrev ett kort svar: »Jag är 71, och du är en fjant.«

Inte långt därefter kom hennes vän A. N. Wilson på besök. »Hur mår du?« undrade han. »Tja – som en döende«, svarade hon. De samtalade ett tag, sedan gick hon på toaletten. Strax efter att dörren stängts bakom henne hörde han Jennifer Patersons karaktäristiska stämma glatt dåna.

Hon sjöng Cole Porters »Another Opening to Another Show«.

Two Fat Ladies blev en stor framgång också i Japan. Där dubbades damernas röster av två män för att inte bli alltför pipiga. Enligt en japansk TV-chef lockade programmet japaner därför att det uppfattades »som ett slags skräckfilm«.

Jennifer Paterson testamenterade sin Hondaskoter till en av prästerna i Brompton Oratory, sin nyvunna förmögenhet till kyrkans kör och sin »Born wild«-hjälm till en vän.

Clarissa Dickson Wright blev den första kvinna som gavs hederstiteln *rector* vid Aberdeens universitet. I början av 2000-talet reste hon runt och presenterade den engelska landsbygden i ett annat TV-program, *Clarissa and the Countryman*. Hon spelade också skogvaktare i ett avsnitt av komediserien *Helt hysteriskt*. Hon bor strax utanför Edinburgh och förklarade sig nyligen i rätten skyldig till att ha jagat hare med hund.

Det bästa råd Clarissa Dickson Wright fick av sin mor var: »När du är osäker tag alltid taxi.« Det bästa råd hon fick av sin gudfar var: »Ät aldrig margarin.«

Clarissa Dickson Wrights näst äldsta syster gifte sig med den amerikanske konsertpianisten Byron Janis, som 1960 blev den förste amerikanske artist som skickades till Sovjetunionen i syfte att åstadkomma töväder i kalla kriget. Paret skilde sig 1965, varpå Janis gifte om sig med Gary Coopers dotter, konstnären Maria Cooper. Gary Cooper var ofta gäst på det exklusiva Sagamore Camp i Adirondackbergen i norra New York. Värdinna var Margaret Emerson, änka efter Alfred Gwyne Vanderbilt I, som omkom då Lusitania *gick under. Alfred Gwynes kusin hette Consuelo Vanderbilt.*

CONSUELO, HERTIGINNA AV MARLBOROUGH (1877–1964)

MIDDAGSKUVERTET för Gladys, den nionde hertigens av Marlborough andra hertiginna, hade i slutet av tjugotalet fått ett originellt tillägg. Bredvid det utsökta porslinet, kristallglasen, silverbesticken och linneservetten låg en laddad revolver av amerikanskt märke.

Att vara gäst i Marlboroughs storslagna Blenheim Palace utanför Oxford kräver redan i sig en viss självsäkerhet. Rummen är så magnifika att de får besökare att huka sig. Matsalens väggar pryds av fresker som föreställer en folkhop, nyfiket stirrande på de ätande. Den laddade revolvern gjorde inte gästerna mindre besvärade. En av dem repade mod och frågade Gladys vad handeldvapnet var till för. »Å jag vet inte så noga«, svarade den en gång undersköna Gladys, »men det är möjligt att jag skjuter Marlborough.«

Det skulle ha kunnat avfärdas som ett drastiskt skämt om det inte vore för att Gladys far 35 år tidigare hade skjutit och dödat hennes mors franske älskare på Hotel Splendide i Cannes. Efter en tid i fängelse hade han släppts, inom några år förklarats kliniskt galen och därefter dött. Det vore dumdristigt att bortse från risken att det rörde sig om ett familjedrag.

Gladys bakgrund var okonventionell även i andra avseenden. Hon föddes som Gladys Marie Deacon 1881 i Paris av amerikanska föräldrar, som var goda vänner med författaren Henry James. Som ung blev hon själv god vän med Edgar Degas, Marcel Proust, symbolistpoeten och dandyn Robert de Montesquiou och andra i Paris kulturella elit. Det berodde på hennes ovanligt skarpa intellekt och hennes beläsenhet men också på att hon var så vacker att de parisiska sprättarna tappade andan. Proust skrev: »Jag har aldrig träffat en flicka med sådan skönhet, en så enastående intelligens, sådan godhet och charm.«

Det var naturligt att erbjudandena om äktenskap strömmade in, inte bara från fransmän. I det svärmande molnet kunde man bland andra urskilja hertigen av Norfolk, hertigen av Connaught, en bror till Edvard VII och den preussiske kronprinsen Vilhelm, av Gladys kallad »lille Willie«. Ingen av dem vann henne, åtminstone inte permanent. Redan som fjortonåring hade hon läst de omfattande skriverierna om den nionde hertigens av Marlborough bröllop med sin första hertiginna, född Consuelo Vanderbilt, och beklagat att hon var för ung för att snärja honom.

Fyrtio år gammal hade hon till sist lyckats med just det.

Charles Spencer-Churchill, den nionde hertigen av Marlborough, gick under smeknamnet Sunny. Inte därför att han var särskilt gladlynt utan därför att en av hans många mindre titlar var earl av Sunderland. Han var ende son – inom äktenskapet, för att vara precis – till George, den åttonde hertigen, och hans farbror hette Randolph, i sin tur far till Sunnys kusin Winston Churchill.

Det var med alla mått mätt en intressant släkt. Dess huvudsäte, Blenheim Palace, är Storbritanniens enda icke-kungliga palats. Det byggdes i början av 1700-talet, mycket tack vare den förste hertigens driftiga – näst intill näriga – hustru Sarah, som hade blivit god vän till drottning Anne. Marken fick hertigparet av kronan som tack för den förste hertigens insatser i slaget vid Blenheim 1704, under spanska tronföljdskriget. Staten skulle också stå för uppförandet av ett ståndsmässigt slott, och John Vanbrugh ritade det. Byggnationen av det jättelika palatset drog ut på tiden, inte minst därför att Sarah hade synpunkter på i stort sett allt. Till slut sade Vanbrugh upp sig. Sarah kontrade med att förbjuda honom att beträda Marlboroughs marker. Han fick aldrig se sitt palats färdigt.

Vanbrughs medarbetare Nicholas Hawksmoor slutförde bygget, men en betydande del av det fick bekostas av Marlborough själv, eftersom de goda relationerna med kronan hade vänts i sin motsats. Det var ett dåligt omen. Kommande generationer av hertigar skulle slita sitt hår i förtvivlan över de enorma summor palatset slukade i underhåll. Fönstren är så många att det tar en man ett helt år att putsa allihop. Bara det blytäckta takets yta är 14 tunnland, motsvarande ett svenskt småbruk. Att flera av hertigarna hade en fallenhet för ett sätt att leva som matchade deras hem i extravagans gjorde inte uppgiften enklare.

Sunnys farfar, den sjunde hertigen, var en ovanligt respektabel hertig, som försökte få rätsida på ekonomin. För att få tillgång till kontanter sålde han mark. Det räckte inte. Då drev han som parlamentsledamot igenom en lag som upphävde det skydd kulturskatterna inom Blenheims väggar hade. Därefter sålde han raskt *The Marlborough Gems*, 730 vackert arbetade ädel- och halvädelstenar som den fjärde hertigen samlat på sig, 18 000 titlar ur det unika Sunderlandbiblioteket, som hade varit i familjens ägo sedan palatset byggdes, och de berömda *Blenheim Enamels*, små intrikata konstverk i emalj. När han dog uppgick ändå hans arv, vid sidan av Blenheim, till så lite som 7 000 pund.

Sunnys far, George, fortsatte därför på samma väg, men han var allt annat än respektabel. Den brittiske historikern David Cannadine har karaktäriserat George som »en av de mest illa beryktade män som har degraderat de högsta skikten av brittisk adel«. Hårda ord och inte lätta att förtjäna, med tanke på konkurrensen, men Cannadine är en framstående expert på området och hans omdöme inte gripet ur luften. Redan på Eton blev George utsparkad. Han hade talang för att dras in i sexuella skandaler, varav en ledde till en konflikt med prinsen av Wales som tvingade familjen Marlborough att under några år lämna England. Georges första äktenskap slutade i skilsmässa, när sådana ännu var ytterst ovanliga, och hans huvudsakliga intressen, vid sidan av de köttsliga, var att odla orkidéer och göra vetenskapliga och tekniska experiment. För att bekosta sina hobbies sålde han i mitten av 1800-talet 227 av de bästa konstverken i Blenheim, inklusive två målningar av Tizian, två av Rembrandt och 18 av Rubens, resterna av biblioteket samt en stor mängd värdefullt porslin.

Det var en plundring som inte bättrade på hans redan dåliga rykte.

Men oavsett vilka brister George hade i övrigt fanns en betydande enighet om att han faktiskt var begåvad. Han tillhörde en generation adelsmän som lockades av vetenskap och ingenjörskonst. Hans experiment var inte sällan framgångsrika och hade nästan alltid ett praktiskt syfte. I efterhand framstår det som ett slående sammanträffande att Edison, en vecka efter att George föddes 1844, skickade det första telegrammet från Washington D.C. till Baltimore. Just att med elektricitetens hjälp överföra information från en plats till en annan fascinerade George, och han konstruerade ett eget telefonsystem, ett av Englands första, i Blenheim Palace. Han installerade också gas och centralvärme.

Vänliga själar, för sådana fanns, kallade därför George »den praktiske hertigen«. Fler kallade honom, på grund av alla skandaler, »den stygge hertigen«. När han 1888 anlände relativt nyskild till New York med 35 koffertar och väskor – enligt uppgift i syfte att köpa en metod att förvandla vanlig metall till guld – föranledde det kommentaren att »allt Hans nåd hade med sig var rent, förutom hans rykte«. En träffande lustighet, men faktum är att resan till New York på sätt och vis blev en framgång i precis det avseende som Sunnys far hade hoppats på. Och det var tur, för återigen hade enkel plundring visat sig otillräcklig. Blenheim hungrade efter nytt guld.

Det George fann var inte De vises sten men väl ett bra substitut: änkan och arvtagerskan Lillian Warren Hammersley. »Hon har utan tvivel en hel del plåt«, skrev en av Georges medföljande vänner i ett brev apropå Georges idé om att förvandla vanlig metall till guld. Hammersley och den åttonde hertigen av Marlborough gifte sig när de äntligen funnit en pastor – han råkade vara baptist – som var villig att viga en skild hertig. George var uppenbarligen rädd för att äktenskapet inte skulle vara giltigt för allt som allt gifte sig paret faktiskt tre gånger: först i New Yorks stadshus, där borgmästaren vigde dem, sedan av baptistpastorn enligt den anglikanska ceremonin och till sist på ett registratorskontor i Mayfair i London. Brittiska, gifta kvinnor erkändes visserligen sedan 1882 som ägare av enskild egendom, men den brittiska traditionen var att mannen hade full beslutsrätt över sin frus förmögenhet. Ett ogiltigt äktenskap kunde ställa hinder i vägen. Med tre vigselbevis på fickan kände sig George under alla omständigheter tillräckligt säker för att raskt göra av med 40 000 pund – drygt 4 miljoner pund i dagens penningvärde – av sin nya frus förmögenhet på att laga palatsets tak, att utvidga centralvärmen till stallen och mejeriet samt på en stor orgel till det länsade biblioteket. En betydande del av summan användes också till resor, så att George kunde kuttra med sin älskarinna, lady Colin Campbell.

Det blev ett kort äktenskap. Den stygge hertigen dog i sitt laboratorium 1892. Sunnys styvmor lady Lily – hon hade kortat sitt namn eftersom »Lillian« genant nog kunde fås att rimma på »million« – tog genast ned det Whistlerporträtt av lady Colin Campbell som hade varit Georges mest älskade ägodel, skar det i strimlor och postade det till Venedig där älskarinnan befann sig.

George var inte den förste engelske adelsmannen som gifte sig med en rik amerikanska, ens i sin egen familj. Hans lillebror Randolph hade redan 1874, på den brittiska ambassaden i Paris med prinsen av Wales privatsekreterare som marskalk, gift sig med dottern till en amerikansk affärsman. Hon hette Jennie Jerome, ryktades vara delvis irokesindian, och hennes far, Leonard, som hade en jättelik mustasch av Wyatt Earpmodell och var en stor entusiast både vad gällde opera och operasångerskor, påstods ha döpt henne efter Jenny Lind. Jennie Jerome förde med sig 50 000 pund – motsvarande ungefär 4,5 miljoner pund i dag – i boet. Det stred mot Leonard Jeromes mer demokratiska sinnelag att Randolph ensam fick full kontroll över medlen, men detta var innan gifta kvinnor hade rätt till egen egendom och lagen såg ut som den gjorde. När Randolph 20 år senare dog – efter tilltagande vansinne och stora plågor orsakade av syfilis, hans försvarare hävdar med emfas att det rörde sig om en hjärntumör – lämnade han 75 000 pund i skulder efter sig.

Pengarullningen till trots fanns en avgörande skillnad mellan Georges och Randolphs äktenskap: Randolphs och Jennies förening byggde på kärlek. I Georges och Lilys fall handlade det om en affärstransaktion. Nu, när Georges son och Randolphs brorson Sunny satt i Blenheims matsal med sin amerikanska fru och hennes amerikanska revolver, kan man undra vilken modell han föredrog. Han hade erfarenhet av båda. Sin nuvarande hustru Gladys hade han valt av något som, i brist på bättre ord, måste kallas kärlek, eller åtminstone passion. Sin första amerikanska hertiginna, Consuelo Vanderbilt, valde han efter att ha tagit sig en ordentlig titt i den portmonnä hon bar med sig. Den innehöll, översatt i dagens penningvärde, nästan 60 miljoner dollar i järnvägsaktier, med en årlig avkastning på två och en halv miljoner.

Det var inte en excentrisk kärlek till kolonierna som fick familjen Marlboroughs män att gå över havet efter fruar. De var inte heller ensamma om att ha kostnader utan täckning i motsvarande inkomster. Deras äktenskap var tvärtom typiska svar på genomgripande samhällsförändringar på båda sidor om Atlanten. Hur typiska illustreras av en annons i *Daily Telegraph* i februari 1901. Den riktade sig till jurister i kontakt med amerikanska arvtagerskor:

> En engelsk pär med en mycket gammal titel har intresse av att omedelbart gifta sig med en mycket förmögen dam. [...] Om ni bland era klienter har en sådan dam som är villig att köpa en titel för 65 000 pund sterling, att betalas kontant till hennes blivande make, och som har tillräcklig förmögenhet i övrigt för att upprätthålla en adlig titel skulle jag uppskatta om ni satte er i kontakt med mig.

Till och med för transatlantiska frierier var annonsen en aning hårdkokt men inte häpnadsväckande. Mellan 1870 och 1914 ingicks mer än 100 äktenskap mellan betitlade brittiska landägare och amerikanskor. Annonsen klargör varför: På ena sidan Atlanten fanns barskrapade jordägare med mycket hög status, på den andra enormt rika amerikanskor med besvärande låg status. Det var en situation som hade uppkommit på bara några decennier.

De brittiska jordägarna hade under århundradena lyckats

hålla samman och utvidga sina egendomar genom principen om *primogenitur* – att gods och titlar ärvdes av den äldste sonen – och *entailment* – på ett ungefär motsvarande de svenska fideikommissen. I slutet av 1800-talet ägdes 80 procent av all mark i Storbritannien av bara sjutusen familjer. Den uppgiften överdriver ändå ägarspridningen, för av de sjutusen var ungefär sextusen jämförelsevis små markägare, med mellan 1 000 och 10 000 tunnland (eller det något mindre brittiska acres). Cirka 750 av de sjutusen utgjorde en sorts godsägarnas medelklass och ägde mellan 10 000 och 30 000 tunnland. Här fanns familjen Marlborough med 24 000 tunnland. I toppen fanns 250 familjer med över 30 000 tunnland i sin ägo. Hertigen av Sutherland ägde ensam 1 348 545 tunnland eller drygt tre procent av all mark i England och Skottland.

Men i mitten av 1870-talet tog den internationella handeln med jordbruksprodukter fart, och marknaden översvämmades av spannmål från den amerikanska prärien. Kylbåtar kunde transportera kött från en kontinent till en annan, och billigt smör skeppades från Holland. På några år mer än halverades priset på vete, och köttpriserna sjönk kraftigt. Inflyttningen till städerna pressade samtidigt ned de hyror som kunde tas ut på landsbygden. Kostnaderna för de brittiska jordägarna minskade däremot inte. Många gods var belånade, och räntebetalningarna fanns kvar. Underhållet av godsen och paradhusen i Londons Mayfair och Belgravia, där balsäsongen firades, blev inte billigare. Fasta åtaganden gentemot änkehertiginnor, fastrar, farbröder och syskon kunde inte rivas upp hur som helst. Därtill kom ny beskattning: 1894 infördes en åttaprocentig arvsskatt. Den höjdes först till 15, sedan 40, sedan 50 och var, då andra världskriget bröt ut, närmast konfiskatoriska 60 procent.

Sedan blev det värre, innan det blev bättre.

En av de största markägarna, hertigen av Devonshire, hade

1874 lagt 17 procent av sin disponibla inkomst på att betala räntor. Bara sex år senare kunde han konstatera att andelen vuxit till 60 procent. Markens värde föll samtidigt med 30 procent, och många markägare hamnade i samma situation som överbelånade bostadsrättsinnehavare i dag: lånen hade blivit större än säkerheten. Resultatet blev en omfördelning av mark som strax efter första världskriget hade gått så långt att det bara fanns två motsvarigheter i brittisk historia under hela millenniet: normandernas erövring 1066 och Henrik VIII:s upplösning av klostrens egendomar på 1530-talet. Från och med 1880 byggdes i stort sett inga nya lantgods eller imponerande privathus i London. Mark, hus och inventarier gick under klubban. Pärer förklarades i personlig konkurs. En del egendomar gick inte ens att sälja: Mellan 1870 och 1919 revs 79 historiska herresäten i England, Wales och Skottland. De tjugo åren som kom därefter såg 221 herresäten jämnas med marken. Ibland tog den ekonomiska omvälvningen bisarra uttryck: Sudbrooke Holme i Lincolnshire såldes till ett filmbolag som brände ned huset för att kunna använda eldsvådan som dramatisk scen i en ny film. I London såldes lantadelns stadspalats ett efter ett. Köpare var byggfirmor som behöll de historiskt klingande namnen men slog ned de vackra byggnaderna, ofta ritade av Englands bästa arkitekter, och ersatte dem med moderna bostadshus. De godsägare som hade råd förhandlade till sig en liten lägenhet på översta våningen.

I New York var utvecklingen den motsatta. Ordet »miljonär« hade uppfunnits så sent som 1843, när tobakskungen – komplett med ordningsnummer – Pierre Lorillard II dog och efterlämnade en stadig förmögenhet. Men efter inbördeskriget verkade miljonärerna ha blivit tillräckligt många för att utgöra en folkrörelse. Kriget, fortfarande det blodigaste USA upplevt med 620 000 militära dödsoffer, var början på massproduktion och massmarknad och därmed på massförmögenheterna. Synen på rikedom var också en annan i den nya världen. I Amerika ansågs det inte nödvändigtvis vulgärt att ägna sig åt affärer. Inte heller fanns någon opinion för att beröva de framgångsrika sin belöning. Arvsskatt och inkomstskatt hade av nödtvång införts under inbördeskriget men avskaffades i början av 1870-talet. Någon skatt på företagsvinster fanns inte. Under 1800-talets sista decennier var redan de stora förmögna familjerna på plats i New York: Astor, Stuyvesant, Rockefeller, Morgan, Fishe och Vanderbilt. De var rika på ett sätt som saknade motsvarighet i Europa och snarare förde tankarna till Midas och österlandets moguler.

Det enda de amerikanska miljonärsfamiljerna saknade var en passande bakgrund. Det gällde i dubbelt hänseende. Bakom en liten remsa av relativ sofistikation på östkusten fanns en jättelik, provinsiell kontinent och ett kulturellt bakvatten. Och bara ett par generationer bakåt i tiden stötte de flesta av de rika amerikanerna på genant enkla förfäder. John D. Rockefellers far var en luffarlik varelse som försörjde sig som skogshuggare, handelsresande och kvacksalvare. Grundaren av Astorförmögenheten, död så sent som 1848, var en enkel tysk flöjtmakare och pälsjägare som aldrig blev av med sin tungrotstjocka tyska brytning. Vanderbiltförmögenhetens grundare, Cornelius »the Commodore«, började sin karriär som kapten på en flatbottnad liten färja innan han blev en av järnvägens rövarbaroner och byggde Grand Central Depot, där Grand Central Terminal står idag. Cornelius far hade nätt och jämnt klarat av att försörja sin familj genom att sälja grönsaker.

Som medborgare i en republik, utan kungahus och adel, fanns inga gamla titlar att stoltsera med. Som så ofta när formella ordningar för status saknas och självförtroendet är nyköpt blev resultatet ohejdad snobbism.

Ward McAllister, en sirlig, självgod liten advokat från Savannah som etablerat sig i New York, kläckte 1872 idén om »patriarkerna«. McAllister var i socialt hänseende som en dåtida Truman Capote, fast utan den litterära briljansen och med pipskägg och mustasch som han tvinnade tills de stod som rökpelare från hans ansikte. Han skulle dö utstött, efter att ha skrivit en skvallrig bok om de upphöjda kretsar han rörde sig i.

Problemet som krävde en lösning var just den våg av nyrika affärsmän som slog över New York efter inbördeskriget. Fram till dess hade New York varit ett slags borgerligt Edens lustgård, utan lusten, socialt helt dominerat av ett fåtal familjer med rötter tillbaka till de holländska grundarna av New Amsterdam. De kallades »the Knickerbockers«, efter den holländska kolonisatören Harmen Jansen Knickerbocker. Inget av betydelse skedde utan att the Knickerbockers ville det, och de ville väldigt sällan att något av betydelse skulle ske. Men nu vällde de nyrika in, och hela den stränga sociala ordningen hotades.

Ward McAllisters lösning var att 25 utvalda New Yorkbor av god familj – patriarkerna – skulle anordna tre baler varje säsong. Till dessa baler fick varje patriark bjuda in fyra damer och fem herrar, vars karaktär de gick i god för. Denna lilla grupp skulle därmed bli New Yorks självklara elit. Det var en förslagen idé, förslagen på så sätt att McAllister inte hämtade de 25 patriarkerna bara ur the Knickerbockers. Tvärtom var en betydande del av dem representanter för de nyrika inflyttare som utgjorde hotet. Genom att erkänna vissa nyrika, som verkade möjliga att ha i möblerade rum, var förhoppningen att de skulle civiliseras och utgöra ett effektivt bålverk mot andra nyrika, utan sådan färdighet.

Det fungerade förvånansvärt bra förvånansvärt länge. Ett av skälen var att Ward McAllister stöttades av New Yorks societetsdrottning Caroline Astor.

The mrs Astor, som hon kallades i kraft av sin ställning, var född Caroline Schermerhorn och kom från en skeppsredarfamilj. Hon gifte sig med arvtagaren William Backhouse Astor jr, fick honom att stryka sitt »vulgära mellannamn« och ägnade resten av sitt liv och sin makes pengar åt att försvara New Yorks traditionella kastsystem. Hennes hem på 5th Avenue – som inte blev en affärsgata förrän Benjamin Altman 1896 köpte konkurrenten A. T. Stewarts palats och ersatte det med ett varuhus – hade en av New Yorks få privata balsalar. En måndag i januari varje år höll hon sin stora bal. Salen rymde 400 noggrant utvalda gäster, inte fler. Att inte vara bjuden var en social nesa. Alla som räknades tillhörde »de 400«, som New Yorkeliten kom att kallas.

Men i längden var mrs Astors snobbism svår att upprätthålla, med eller utan patriarkerna. Det fanns helt enkelt för mycket pengar utom kontroll. Längs 5th Avenue började skrytbyggena skjuta upp, strax innan de började rivas i London. Traditionellt hade New Yorks elit bott i strikta och jämförelsevis puritanskt utsmyckade »brownstones«, men med nya pengar kom nya ideal. Jennie Jeromes far och Winston Churchills morfar, Leonard, var en av de första att bryta mönstret, om än inte på 5th Avenue. I korsningen Madison Avenue och 26:e gatan byggde han strax efter inbördeskriget en kubbformad milt jordgubbsröd läckerhet inspirerad av det franska andra kejsardömet och med stora, utanpåliggande terrasser. Privatpalatset hade sin egen teater så att Leonard inte behövde gå hemifrån för att njuta av opera eller operasångerskor. Och det var inte bara på Manhattan som fantasifulla lyxhem byggdes. I Newport på Rhode Island, där de bästa familjerna firade sin sommar, byggdes det sommarslott i fransk nyklassicism, italiensk renässans, nygotik och beaux-arts. De hade alla balsalar, ingen sparade på marmorn och slotten kallades nonchalant för »cottages«, stugor. Det Mark Twain kallade »den förgyllda tiden« var här.

Familjen Vanderbilt stod mitt i den.

En skillnad mellan det sociala livet i England och New York var att det i New York nästan helt låg i kvinnornas händer. Amerikanska män var inte stolta amatörer som såg arbete som en beklaglig och vulgär sysselsättning för den som saknade arv. De verkade tvärtom leva för arbete, affärsverksamhet och framför allt pengar. Det gjorde livet mycket allvarligt. En engelsk earl på besök i New York frågade efter några dagar: »Jag antar att de aldrig spelar spel som *bara* är spel i Amerika?« Det gjorde också männen osedvanligt tråkiga när de väl tvingades från sina kontor till ett middagsbord. En av alla amerikanskor som gifte sig till brittiskt medborgarskap mindes männen på middagarna i New York i slutet av 1800-talet: »[De] talade antingen om affärer eller satt tysta och apatiska genom rätt efter rätt, alltför utslitna av anspänningen att skapa sig en förmögenhet för att kunna slappna av.«

Släkten Vanderbilts män avvek inte från normen. Familjeförmögenhetens grundare, the Commodore, engagerade sig inte i socialt och kulturellt liv om det inte direkt kunde kopplas till ekonomisk vinst. Han visade prov på anmärkningsvärd hänsynslöshet även mot egna familjemedlemmar. The Commodore påstås med inlevelse ha sjungit psalmer på sin dödsbädd, men en präst påpekade med rätta att det hade gjort större nytta om han hade sjungit psalmerna trettio år tidigare. Hans fru ansåg å andra sidan att han visat prov på stor självbehärskning när han låg för döden eftersom han gjorde sig av med en skränande positivhalare som placerat sig utanför sovrumsfönstret genom att betala fridstöraren istället för att skjuta honom.

Att växa upp i the Commodores påtagliga skugga var inte lätt. Sönerna försökte vara sin far till lags men möttes av förakt och cigarrök i ansiktet. Hans äldste son, William Henry, vann sin fars respekt först när han lurade honom. William Henry hade köpt gödsel från sin fars stall för 4 dollar lasset, lastade en pråm med så många vagnslaster den tålde och hävdade sedan att det rörde sig om ett lass, eftersom allt rymdes på samma pråm.

Det uppskattade the Commodore.

Bland the Knickerbockers, med mrs Astor i spetsen, ansågs det stå en stank av just dynga kring familjen Vanderbilt. Att the Commodores barn och barnbarn visade betydligt mer civiliserade kvaliteter spelade ingen roll. Det var en fråga om arvsynd. Det fanns pengar, väldigt mycket pengar. När the Commodore lämnade jordelivet 1877 lämnade han också en förmögenhet på 100 miljoner dollar, drygt 2 miljarder i dag justerat för inflation, vilket då gjorde honom till Amerikas i särklass rikaste man. Hans son William Henry dog i sin tur i förtid 1885, och till allmänhetens förvåning hade han lyckats fördubbla the Commodores förmögenhet på åtta år. Men för mrs Astor gjorde bara sådana summor familjen Vanderbilt till exempel på den absurt rika underklass som skulle stängas ute.

William Kissam Vanderbilt, son till William Henry och far till Consuelo, skulle ärva ungefär 1 miljard dollar av förmögenheten i dagens penningvärde. Det i sig förbättrade inte hans sociala ställning. Det gjorde, till en början, inte heller äktenskapet med Alva Erskine Smith.

Alva Erskine Smith påstod att hon hade släktrötter tillbaka till earlerna av Stirling, men hennes mor var av plantageägarstam och hennes far handlade i bomull. De levde i relativt välstånd i

Mobile, Alabama. Strax före inbördeskriget flyttade familjen till New York och tog med sig sina slavar, som Alvas mor fått av sin far som hemgift. Alva var redan som barn våldsam och ostyrig. Hennes sätt att hantera mänskliga relationer verkar ha varit modellerat på hur hon vant sig vid att behandla familjens slavar. När hon inte fick som hon ville var det aldrig långt till knytnävarna.

Att komma från Södern var i allmänhet en bättre utgångspunkt bland New Yorks 400 än att till exempel komma från Mellanvästern. Familjen Smith verkade också till en början smälta in relativt väl. De köpte ett av de dyrare husen på 5th Avenue, och Alvas far valdes in i ett par viktiga klubbar. Men inbördeskriget förändrade inställningen till sydstatare i New York, och Alvas far såg sig tvingad att flytta huvudkontoret för sin bomullshandel till Liverpool i England. Alvas mor tog med sig barnen och bosatte sig i en lägenhet på Champs-Élysées i Paris. Där bodde de under slutet av 1860-talet och umgicks med gräddan av stadens elit under Napoleon III:s livfulla andra kejsardöme. Arkitekturen men också de överdådiga festerna gjorde ett bestående intryck på Alva. Ett tillfälle hon särskilt mindes var då festdeltagarna medverkade i *tableaux vivants* som skulle representera de olika kontinenterna:

> En procession med fyra krokodiler och tio hänförande orientaliska tjänarinnor, täckta av juveler, kom in framför en triumfvagn där en av de engelska gästerna såg att prinsessan Korsakov satt *en sauvage*.

Mademoiselle de Sevres illustrerade Afrika uppflugen på en levande kamel, och Amerika var »en förtjusande blondin, vilande i en hängmatta mellan två bananträd som bars av negrer och eskorterades av indianer och deras squawer«.

När familjen återvände till New York 1869 reste den då sextonåriga Alva med sorg i hjärtat. Den sippa och puritanska New Yorksocieteten var inte ens en blek avbild av det hon fått uppleva i Paris. Bara något år senare dog Alvas mor, och samtidigt gick botten ur hennes fars affärer. Familjen tvingades lämna 5th Avenue och flyttade till en betydligt billigare adress på Manhattan. Det skulle bland de 400 ryktas att Alvas far hamnat i sådant beråd att han tvingades öppna sitt hus som pensionat. Det är antagligen inte sant, men utom tvivel är att Alva fann New Yorks elit än mer svåruthärdlig när hon inte längre hade en plats i den. Hon blev fast besluten att skapa sig en sådan.

Giftermålet mellan Alva och William K. Vanderbilt skulle antagligen aldrig ha blivit av om Vanderbilts hade varit accepterade av mrs Astor. Nu tillhörde de båda de utstötta, men William K. var åtminstone inte utblottad. Med de medel som stod till förfogande inledde Alva en kampanj för att etablera sig och sin man inom New Yorks elit. Det krävde en listig plan, för mrs Astors makt var obruten, och hon släppte inte ens in sin granne på 5th Avenue, varuhusägaren A. T. Stewart, trots att han hade ett av gatans elegantaste hem. »Jag köper mina mattor av dem, men är det ett skäl att bjuda in dem att gå på mattorna?« frågade hon med retorisk högfärdighet.

Alva visade sig ha verklig talang för att ta sig fram. Hon använde alla de kontakter hon hade men insåg också tidigt värdet av publicitet. Hon såg till att hennes bröllop blev en stor begivenhet i den populära pressen och var först med att utfärda inträdesbiljetter till bröllopsgästerna, för att skapa en känsla av exklusivitet. Det drog horder av nyfikna, och själv behövde hon eskort av fyra polismän för att ta sig in i kyrkan. Alva såg till att hennes man blev invald i de klubbar som tog emot honom och lade upp taktiken för att överlista de klubbar som inte gjorde det. Paret byggde ett stort fritidshus på Long Island, »Idle hour«, för att imponera på de 400. Men hennes verkliga genombrott skedde då parets nya hus på 5th Avenue stod klart.

Alva och William K. flyttade in i ett av tre Vanderbilthus på den bästa sträckan av 5th Avenue. Det var inte störst, även om det nästan täckte ett helt kvarter, men det var ett djärvt brott med den traditionellt strikta arkitekturen. Stilen var överdådig, eklektisk beaux-arts. Resultatet var ett franskt drömslott med tinnar och torn, »medeltida« vattenkastare och strävbågar, klätt i ljus kalksten från Indiana. Entréhallen mätte 20 meter från vägg till vägg, var klädd med skulpterat trä och gobelänger och hade en paradtrappa till övervåningen i krämigt ljusgul kalksten. Matsalen var 25 meter lång och hade tio meters takhöjd för att göra rättvisa åt två jättelika eldstäder i renässansstil och ett färgat glasfönster som visade hur Henrik VIII och Frans I möttes på Camp du Drap d'Or. Mycket kom från franska slott, vars fattiga adelsmän sålde såväl inredning som byggnadsdetaljer. En sekretär hade tillhört Marie Antoinette, och i Alvas sängkammare hängde rokokomästaren Bouchers *Venus toalett*, som i dag finns på Metropolitan Museum of Art. Den hade en gång hängt i Madame de Pompadours boudoir. Där fanns också en Rembrandt och en Gainsborough.

New Yorks societet var nyfiken till bristningsgränsen när huset stod färdigt, och Alva gjorde det mesta av saken. Hon lät meddela att en invigningsmaskerad skulle hållas den 26 mars 1883. Datumet var välvalt, för det skulle bli den första större festen efter sex veckors stillhet i samband med påsken. 1 600, snarare än 400, inbjudningskort skickades ut, för här fanns utrymme.

Inget av inbjudningskorten var adresserat till mrs Astor.

Hur förslagen Alva i själva verket var är svårt att veta, men resultatet blev i alla fall att mrs Astor till slut tvingades kapitulera. Alva hade rätten på sin sida. Det ansågs höra till god ton att man inte inledde kontakt med någon som var högre på den sociala stegen utan att först själv ha blivit kontaktad av denna någon. Eftersom mrs Astor systematiskt undvikit paret Vanderbilt, även om hon stött på Alva i olika välgörenhetssammanhang, fanns ingen sådan formell första kontakt. Därför, kunde Alva hävda, var det omöjligt för henne att bjuda in mrs Astor hur gärna hon än ville. Att maskeraden skulle bli inte bara årets utan kanske till och med hela epokens höjdpunkt verkade sannolikt. New Yorks societet gick med liv och lust in för festen, och 140 sömmerskor arbetade heltid med att sy de dräkter som inte beställdes direkt från Paris. En stor mängd gäster övade långt i förväg för att kunna uppträda i särskilt koreograferade kadriljer, och en av flickorna som deltog i de övningarna råkade vara mrs Astors unga dotter Carrie.

Om mrs Astor inte erkände Alva Vanderbilt skulle Carrie Astor inte kunna gå på festen.

En morgon ringde det på dörren hemma hos Alva och William K. Vanderbilt. Utanför stod en lakej i blå livré. Han överlämnade ett visitkort med mrs Astors namn, för ett personligt besök var inte nödvändigt för att räknas som visit enligt etiketten. Strax därefter ringde det på hemma hos familjen Astor några kvarter längre upp på 5th Avenue. Det var en lakej i rödbrun livré som överlämnade en invitation till maskeraden.

Alva hade inte bara lyckats ta sig själv till New Yorks sociala topp utan dessutom tagit den dittills svartlistade familjen Vanderbilt med sig. Nu gällde det att gifta bort dottern Consuelo med en man som levde upp till den nya statusen.

Två personer betydde mer än andra för att främja de transatlantiska äktenskapen. Mrs Astor gjorde det utan avsikt, genom att så länge stänga New Yorks societet för så många. Vad kunde en rik flicka med ambitioner göra? Den brittiska kronprinsen, senare Edvard VII, gjorde det målmedvetet, som ett sätt att lätta upp sin viktorianska samtid.

Prinsens av Wales kärleksaffär med Amerika började redan hösten 1860, några månader före det amerikanska inbördeskriget, då han inte var mer än 18 år gammal. Som förste brittiske kronprins gjorde han statsbesök i Amerika, och Broadway kantades av 300 000 personer, hälften av stadens dåvarande befolkning, när hans öppna paradvagn rullade förbi. Edvard bodde tre dagar i Vita huset som president James Buchanans gäst, besökte George Washingtons grav vid Mount Vernon, såg den store Blondin gå på lina över Niagarafallet och förärades en bal i New York, där en flock monarkisvultna kvinnor från stadens bästa familjer behandlade honom som en rockstjärna. Det satte outplånliga spår.

Edvards mor, drottning Victoria, höll ett strikt hov inte olikt mrs Astors vad gällde sedlighet och rang men också tråkighet. Edvards far, prins Albert, var fast besluten att tronarvingen inte skulle släppa på formerna. Det ansågs särskilt olämpligt att Edvard umgicks med nöjeslysten adel, så han tilläts inte gå på Eton och läste bara några månader vid Christ Church i Oxford, som var det naturliga valet för högadelns söner. Kronprinsen svarade med att göra det till en livsuppgift att roa sig.

Det blev enklare året efter resan till Amerika, då prins Albert hastigt dog. Den ökade friheten var inte gratis för den unge kronprinsen. Drottning Victoria klandrade sin son för sin älskade Alberts död. Prins Albert hade nämligen två veckor före sin död, trots att han plågades av något som visade sig vara tyfus, ansett sig tvingad att göra ett personligt besök hos Edvard, som för tillfället läste i Cambridge. Skälet var att kronprinsen fortfarande hade en kärleksaffär med »skådespelerskan« Nellie Clifton, trots att Albert redan förbjudit saken efter att Clifton upptäckts i kronprinsens tält under en militärmanöver på Irland. Albert läxade upp sin son, återvände hem och dog.

Victoria förlät aldrig Edvard. Men kronprinsen verkade inte lida nämnvärt av det. Han satte upp sitt eget hushåll i Marlborough House i Westminster. Det ståtliga huset var ett av Sarah Marlboroughs byggprojekt, denna gång tillsammans med Christopher Wren, men hade 1817 skänkts av familjen Spencer-Churchill till kronan. Edvard köpte Sandringham House i Norfolk som sitt lantställe, och att han 1863 gifte sig med den danska prinsessan Alexandra hindrade inte att han kring sig samlade ett sällskap av lika nöjeslystna personer som han själv. De kom att kallas »the Marlborough House set«.

Edvards livslust ledde till en del pinsamheter, varav en av de värsta var när kronprinsen 1870 tvingades uppträda som vittne i ett skilsmässofall. Den bedragne äkta mannen, parlamentsledamoten sir Charles Mordaunt, anklagade aldrig kronprinsen formellt för del i äktenskapsbrott, men alla förstod vad som inte sades. Något liknande hade aldrig skett tidigare. När kronprinsen några år senare klandrade George, den stygge hertigen av Marlborough, för att ha utnyttjat en adelsmans resa till Indien till att förföra dennes hustru grävde George fram några gravt indiskreta brev från kronprinsen till samma kvinna. Det var det utpressningsförsöket som under några år förpassade familjen Marlborough ur England.

Men kronprinsens goda humör och allmänna lust gjorde honom också omåttligt populär. Precis som lord Nelson före honom och Edvard VIII efter honom blev kronprinsen en trendsättare. När han accepterade cigaretter, snarare än cigarrer, blev cigaretter högsta mode. Hans kläder, hattar och skägg kopierades till den grad att Londons gator ibland såg ut att bestå helt av prinsens dubbelgångare. Det gick så långt att kvinnor började halta när prinsessan Alexandra gjorde det efter att ha skadat ett knä. Och Edvards uppskattning av amerikanska kvinnor, som enligt prinsen »kunde berätta en bra historia och var födda kortspelare«, spred sig också.

De första uppmärksammade bröllopen mellan framstående britter och amerikanska kvinnor hämtade brudarna bland unga damer i just de familjer som mrs Astor vägrade att släppa in i sin balsal. För brittiska adelsmän betydde mrs Astors snobbism ingenting – hennes skiljelinje var obegriplig för dem, eftersom alla på båda sidor skiljelinjen var amerikaner och följaktligen lika lågt stående. Det var en stor fördel för de unga kvinnor som ratades av de 400: Ett giftermål med en engelsk adelsman kortslöt mrs Astors universum och avslöjade hennes regelverk som provinsiell humbug. Jennie Jeromes äktenskap med Randolph Churchill var ett gott exempel.

Leonard Jerome passerade kanske inte genom mrs Astors nålsöga, från början inte heller genom familjen Marlboroughs, som ansåg att en man som körde sex- eller till och med åttaspann i New York måste vara en vulgär varelse. Men här kom kronprins Edvard in. Han hade träffat Jennie och blivit mycket förtjust, som han ju ofta blev i amerikanskor. Han ingrep till parets fördel. Randolphs föräldrar, det sjunde hertigparet, fick veta att prinsen av Wales stod bakom partiet, och efter lite undvikande manövrer, som tvingade Randolph att skaffa sig en plats i underhuset, stod bröllopet.

Prinsen var inblandad även i nästa stora transatlantiska förening. På den brittiska sidan fanns hertiginnans av Manchester slyngelartade äldste son, viscount Mandeville. Hertiginnan själv var en del av »the Marlborough set« och illa sedd av drottning Victoria. Det påstods att hon slog följe med prinsen till music halls där hon, när stämningen var rätt, dansade cancan. På den amerikanska sidan fanns den livfulla arvtagerskan Consuelo Yznaga. Hon var god vän med Alva Vanderbilt och gudmor till hennes dotter. Det var skälet till att Consuelo Vanderbilt fått sitt ovanliga namn. Consuelo Yznagas bror, Fernando, gifte sig dessutom med Alva Vanderbilts syster.

Familjen Yznaga hade kubanskt påbrå, vilket räckte för att de skulle ratas av mrs Astor. Men det fanns fler skäl. Consuelo Yznagas mor, som i och för sig hade sina rötter i respektabla New England, ansågs i New York vara »lättsinnig«. Riktigt vad det innebar är svårt att veta, men som måttstock kan nämnas att Fernando Yznagas äktenskap med Alva Vanderbilts syster upplöstes delvis på grund av att Fernando »aldrig bar strumpor«. Det ansågs i New York som något så obegripligt excentriskt att det måste tas som ett säkert tecken på galenskap. Consuelo Yznaga själv hade rykte om sig att spela banjo på fester. Det var definitivt över gränsen för det acceptabla. Det ansåg även viscount Mandevilles levnadsglada mor, hertiginnan av Manchester, men hennes son hade redan skämt ut sig så pass att varje lämpligt engelskt äktenskap var uteslutet. Hertiginnans egna förlustelser med kronprinsen, som inte hade några invändningar mot detta äktenskap heller, gjorde dessutom hennes position svag. Som en författare skriver: »En kvinna som dansade cancan kunde inte vara särskilt framgångsrik i sitt ogillande av en annan kvinna som spelade banjo.« Consuelo Yznaga gifte sig med viscount Mandeville i New York 1876, och när Alva Vanderbilt sex år senare höll den maskeradbal som tvingade mrs Astor att erkänna Vanderbilts var den äldre Consuelo, blivande hertiginna, hedersgäst och hjärtligt välkommen till det New York som tidigare förbisett henne.

Men det verkliga genombrottet för det transatlantiska äktenskapet skedde våren 1895 när George Curzon, äldste son till baron Scarsdale på slottet Kedlestone, gifte sig med Mary Leither, arvtagerska till varuhusmagnaten Levi Ziegler Leither från Chicago. Återigen spelade kronprins Edvard en avgörande roll: Curzon såg Leither dansa med prinsen av Wales på en bal och blev förälskad. Känslorna djupnade när grundliga undersökningar visade att Mary Leither hade ett avsevärt arv att vänta. Curzon var en välkänd snobb som ansåg att amerikaner i allmänhet var »den minst attraktiva arten av det mänskliga släktet«, men han var också i penganöd som så många andra adelssöner. Hans ambition var att bli vicekung av Indien, något som var omöjligt utan en privatförmögenhet. Giftermålet löste alla problem. Marys far ställde ut ett årligt underhåll på 6 000 pund, köpte paret ett hus i ett av Londons mest populära områden och lade undan ett kapital någonstans i närheten av 1 miljon pund. Han gjorde dessutom avsättningar som skulle gå till eventuella barn.

Förmögenhetsöverföringarna var välkomna men garanterade förstås inte lycka. Consuelo Yznagas man viscount Mandeville lät varken äktenskap eller tre barn påverka sin välkänt vidlyftiga livsstil. Consuelo visste sällan var han befann sig och fick ställa brev till bekanta där han kunde tänkas dyka upp. Mandeville hade en indiskret romans med music hallsångerskan Bessie Bellwood. Den ledde till att han tvingades vittna i rätten efter att Bellwood placerat en knytnäve i ansiktet på en ohövlig droskkusk som krävde att Mandeville skulle betala det han var skyldig. Den obetalde droskkusken hade många olycksbröder: 1889, ett år innan viscount Mandeville ärvde sin hertigtitel, förklarades han i personlig konkurs. Två år efter att han blivit den åttonde hertigen av Manchester, och den äldre Consuelo äntligen blivit hertiginna, föll Mandeville död ned, bara 39 år gammal.

George Curzons och Mary Leiters äktenskap blev tvärtom

mycket lyckligt. De fick tre döttrar, varav en blev fascistledaren Oswald Mosleys första fru och en annan gifte sig med Edward »Fruity« Metcalf, Edvard VIII:s bäste vän. Men tragiken stod på lur. Mary Leither dog i förtid 1906, och George Curzon blev förkrossad. I resten av sitt liv kunde han inte se en bild av Mary utan att falla i gråt. Ändå gifte han om sig 1917, också då med en amerikanska, född Grace Elvina Hinds i Alabama. Likheten med det första äktenskapet sträckte sig så långt att även hans andra fru, en änka, hade betydande förmögenhet. Den använde sig Curzon av för att finansiera sin hobby: att renovera slott och herresäten runtom i landet. År 1923 gjorde han ett försök att bli premiärminister. När det gick i stöpet påpekade den förre premiärministern Arthur Balfour med en oöversättlig vits att »even if he has lost the hope of glory, he still has the means of Grace«.

Men det var George Curzons första äktenskap 1895 som sände något av en chockvåg över stränderna på båda sidor Atlanten. I England stod det klart att om en så uttalad snobb som Curzon kunde gifta sig med en okänd amerikanska, med god förtjänst och bibehållet anseende, var det en väg som var öppen för fler. I New York var det faktum att en av Englands elegantaste adelsmän kunde äkta en varuhusägares dotter från Chicago ett fasansfullt grundskott mot den ordning mrs Astor arbetat så hårt för att upprätthålla.

Vad skulle ske härnäst?

Alva Vanderbilt hade svaret. Knappt hade musiken från Curzons och Leithers vigselceremoni i Washington D.C. i mars 1895 klingat ut förrän Sunny Marlborough i sin fars fotspår steg i land från en ångare i New Yorks hamn och upptakten till det som i pressen skulle kallas »århundradets äktenskap« inleddes. Alva hade planerat det noggrant.

I oktober 1895 fick konstapel Sweeny vid New Yorkpolisen se något som både gjorde honom häpen och indignerad. Nedför Block House Hill i Central Park, i en rasande hastighet som helt klart översteg 30 kilometer i timmen, kom en cykel körd av en spenslig man med välansad mustasch. »Körd« var förresten överord: Mannen hade lagt upp fötterna på styret, helt obekymrad om att han därigenom förlorat all kontroll över tramporna. Konstapel Sweeny kände igen honom. Det var samme man som han tidigare på dagen hade schasat iväg från en gräsmatta på vilken det fanns tydliga anslag om att tillträde var förbjudet. Konstapel Sweeny fumlade ilsket efter sin visselpipa.

Det var först på polisstationen det uppdagades att den anhållne var Charles »Sunny« Spencer-Churchill, nionde hertig av Marlborough. Hertigen och hans cykel släpptes efter att ha erhållit en varning.

Hade konstapel Sweeny varit en flitigare läsare av den populära pressen skulle han antagligen ha känt igen Sunny för den han var, inte bara som en olovlig grästrampare. Hertigen hade anlänt till New York den 23 augusti och hade till sin egen förvåning från första dagen ansetts som högvilt för journalistkåren, även om han vid själva landgången hade viss konkurrens av medpassageraren Keir Hardie, ledare för det nybildade brittiska Independent Labour Party. Syftet med hertigens besök i New York stod snart klart: Han skulle hämta sig en hertiginna. Av allt att döma var den lyckliga flickan Consuelo Vanderbilt.

Sommaren 1895 var Consuelo Vanderbilt 18 år. Hon var lång, smal och mörk, och att döma av uttrycket i hennes ansikte blickade hennes stora bruna ögon ut över världen och såg en tragedi. Hennes graciösa svanhals ansågs särskilt vacker, och i allt var hennes utseende som själva modellen för det som skulle bli edvardianernas kvinnliga ideal. I jämförelse med Alva, vars knubbigt fyrkantiga ansikte och robusta figur hade en omisskännlig bondsk anstrykning, dröp Consuelo av aristokratisk elegans. De många fotografier som finns av henne är påfallande ofta tagna för att göra rättvisa åt hennes rena profil med sin nätta haka och lätta uppnäsa. I dag anar vi möjligen ett drag av näpen Disneymus i den där profilen, men för samtiden fanns inga sådana reservationer.

I sina memoarer, *The Glitter and the Gold*, berättar Consuelo Vanderbilt om hur hon träffade Sunny första gången. Det skedde i London, hos ännu en av alla de amerikanskor som gift in sig i brittisk överklass, Minnie Paget. Hon skulle tids nog bli lady Paget, när hennes man adlades, men hon var född Mary Stevens, dotter till ägaren av det berömda Fifth Avenue Hotel i New York. Precis som Alva Vanderbilt hade Minnie Pagets mor försökt att slå sig in i New Yorksocieteten. Hennes metod hade varit att bjuda på musikunderhållning i hotellet på söndagskvällar. Det hade fungerat till en början, men kvinnorna i bättre familjer vägrade ägna sig åt nöjen på söndagar. Att deras män slank iväg till mrs Stevens sågs inte med blida ögon. Minnies mor blev utstött och ryktet gick att hon från början hade varit städerska på sin mans hotell. Mrs Stevens gjorde som många andra: Hon tog sin dotter till Europa för att gifta henne fint och på så sätt gå förbi mrs Astors sociala diktatur.

Minnie var en framgång i Europa, men hennes mor var kräsen och tackade nej till flera giftermålserbjudanden för sin dotters räkning. Till slut ingicks en förlovning med en fransk hertig, men den slogs upp när fransosen låtit undersöka vilket arv Minnie hade att vänta och upptäckte att det var mindre än vad mrs Stevens givit sken av. Minnie var nästan 25 vid det laget, och det brådskade. En av de tidigare försmådda friarna, Arthur Paget, fick en ny chans. Arthur Paget var sonson till markisen av Anglesey men hade själv ingen titel. Det var en besvikelse för mrs Stevens, men besvikelsen avtog när prinsen av Wales bevärdigade mrs Stevens och det unga paret med ett besök för att önska dem lycka till.

Att den blivande kungen av England hälsade på hemma hos en hotellägares fru skulle utan tvivel skaka de 400 i grunden.

Minnie var snart en del av kretsen kring kronprins Edvard, tillsammans med Consuelo Manchester och Jennie Churchill. Hon agerade i sin blivande regents anda genom att målmedvetet tjänstgöra som kopplerska mellan amerikanska flickor och brittiska adelsmän. Det var inte alltid angenämt för flickorna, som Consuelo Vanderbilt berättar:

> När vi väl hälsat på varandra insåg jag med en känsla av påtagligt obehag att jag var i färd att bli oömt värderad av ett par kalla, gröna ögon. [...] »Om jag ska introducera henne«, sade hon till min mor, »måste hon åtminstone kunna tävla vad gäller kläder med avsevärt vackrare flickor.«

Alva justerade sin dotters garderob, och strax därefter höll Minnie Paget en mindre middag i sitt hem. På sin högra sida placerade hon Sunny Marlborough och på hans högra sida – »ett ganska onödigt erkännande av hennes avsikter«, konstaterar Consuelo – den tilltänkta bruden.

Känslan att vara föremål för vit slavhandel var inte ny för Consuelo. Försommaren 1894, någon månad innan mötet med Marlborough, hade Alva och hennes dotter gästat Paris. Där fick Consuelo motta fem frierier:

> När jag säger att jag fick [motta frierierna] menar jag att min mor upplyste mig om att fem män hade bett om min hand. [...] Hon hade, som vore det en självklarhet, tackat nej, eftersom

hon inte ansåg att någon av dem var tillräckligt högt uppsatt. Det var bara en, en tysk prins, vars fall jag var tillåten att överväga.

Den tyske prinsen var Frans Josef, yngst av de fyra Battenberg-prinsarna. Han försökte förföra Consuelo genom att berätta om planerna att göra honom till kung av Bulgarien – något som aldrig blev av – vilket skulle göra Consuelo till drottning. Hon avskydde honom genast.

Consuelos intryck av Sunny Marlborough var betydligt bättre. Men middagsbjudningen hos Minnie Paget verkade inte resultera i något, och Consuelo trodde att saken var utagerad. Hon underskattade Alvas beslutsamhet. Alva, å sin sida, överskattade Minnie Pagets diskretion. Snart var skvallret så spritt och övertygande att till och med Sunnys farmor, den respektingivande änkehertiginnan av Marlborough, i ett brev till Jennie Churchill häpnade över ett frieri som hon trodde redan var ett faktum.

Våren 1895, samtidigt som George Curzon gifte sig, satte Alva andra delen av sin plan i verket. Under en ny resa till England hade hon lyckats utverka en helg på Blenheim Palace. Sunny tog emot som det anstår en hertig, från en grindvakt i givakt, iklädd livré och med en ceremonistav krönt av en stor silverkula och purpurröda tofsar, till visning av palatsets imponerande takmålningar av den förste hertigen som färdas i romersk stridsvagn bland molnen. »Inte ens Napoleon, tänkte jag, skulle ha kunnat föreställa sig en skönare himlafärd«, skriver Consuelo syrligt i sina memoarer, där hon märkligt nog placerar takmålningen i palatsets hall och inte i matsalen, där den faktiskt sitter.

Besöket blev på det stora hela trevligt. De lyssnade på biblioteksorgeln som Sunnys far låtit bygga, och Sunny tog med sig Consuelo på en tur i vagnen för att titta på ägorna. Barnen och kvinnorna hovneg och männen tog av sig sina mössor då hertigen åkte förbi. Consuelo, som alltid läst mycket och hade hoppats att få studera vid Oxford, snarare än att bli hertiginna strax utanför staden, kunde inte låta bli att hålla en liten föreläsning i liberalism när hon mötte resterna av feodalism. Det roade Sunny, men när helgen var över hade Consuelo »med bestämdhet« beslutat sig för att inte gifta sig med Marlborough.

Alva visste inte om det, men det främsta skälet var att Consuelo redan i hemlighet hade en fästman som bar det rustikt romantiska namnet Winthrop Rutherfurd. Det var inget dåligt val. Rutherfurds far var en av de ursprungliga patriarkerna, och hans rötter gick odiskutabelt direkt tillbaka till Peter Stuyvesant, Nya Nederländernas guvernör. Eftersom Alva redan hade orkestrerat den tredje och avgörande delen av planen – Sunnys besök i New York under sensommaren – insåg Consuelo att det brådskade. Hon konfronterade sin mor:

> Jag sade henne att jag hade för avsikt att gifta mig med X [Rutherfurd] och lade till att jag ansåg att jag hade rätt att välja min egen make. Dessa ord, de modigaste jag någonsin yppat, utlöste en ryslig storm av protester.

Det är inga överord, för enligt Consuelo påstod Alva inte bara att Rutherfurd var promiskuös, steril och att hans familj bar på anlag för ärftlig sinnessjukdom, hon hotade dessutom med att skjuta Rutherfurd om han inte klev ur vägen. Consuelo gav sig ändå inte och isolerades på sitt rum. Senare samma dag meddelade en vän till familjen att Alva drabbats av en hjärtattack på grund av Consuelos »förhärdade likgiltighet för hennes känslor«. Ytterligare bråk kunde mycket väl döda henne.

Consuelo veknade. Alva tillfrisknade mirakulöst. Saken var avgjord.

Alva Vanderbilts tjurskallighet framstår som fullständigt orimlig. Hon var numera en accepterad del av det fina New York, inte undanskuffad som familjerna Jerome, Yznaga och Stevens. Varför skulle Consuelo inte få gifta sig med en så respektabel kandidat som Winthrop Rutherfurd?

Ett skäl kan ha varit att Alva såg det gamla New York som förlegat, rent av dödsdömt. Hon ville ta nästa steg på den sociala karriärstegen, och då fanns två alternativ: en gammal titel eller en ny jätteförmögenhet att slå samman med den vanderbiltska. Rutherfurd hade ingetdera. Ett annat skäl kan ha varit att ryktena om Sunny Marlborough blivit så spridda att ett uteblivet bröllop skulle ha generat Alva. Ett tredje helt enkelt hennes personlighet.

Alva Vanderbilt berömde sig av att själv ha uppfostrat sina barn. Det stämde i viss bemärkelse: Många av Alvas jämlikar lämnade barnens uppväxt helt och hållet till nannies, sköterskor och guvernanter. Alva hade givetvis allt sådant tjänstefolk men var ändå ofta närvarande i barnens liv. Inte nödvändigtvis på ett sätt de uppskattade. Enligt Consuelo utdelade Alva rutinmässigt straff för mindre förseelser med hjälp av ett ridspö. Hon recenserade sin dotters utseende utan hänsyn och inför andra. När den relativt vuxna Consuelo hade synpunkter på vilka kläder hennes mor valde åt henne fick hon veta att hon inte hade någon smak och att hennes synpunkter därför inte var värda att beakta. Ansatt av kritik för någon marginell överträdelse försvarade sig Consuelo med att hon verkligen hade tänkt efter och gjort vad hon trodde var det rätta. Hon fick till svar: »Jag ber inte *dig* att tänka. *Jag* sköter tänkandet, du gör som du är tillsagd.« Consuelos sammanfattning av sin mor lämnar litet utrymme för tolkning, även om vi har att göra med en annan tid än vår egen:

Hennes stridslystna natur fröjdades av erövringar. Hon älskade strid. Född diktator härskade hon över allt omkring sig lika fullständigt som hon till slut härskade över sin man och sina barn.

Det fanns utan tvivel något av slavägaren kvar i Alva sedan barndomen. Antingen gjorde man som hon sade eller så väntade gruvliga straff. Den regeln gällde även hennes man. William K. Vanderbilt framstår i Consuelos memoarer som en mild och vänlig person. Det säger antagligen inte särskilt mycket om honom eftersom han liksom de flesta fäder på 1800-talet inte var särskilt närvarande. Det vi vet med säkerhet är att William K. Vanderbilt tidigt fann kärlek utanför äktenskapet. Det tog nästan 20 år för Alva att upptäcka den saken, men när hon gjorde det, på båten tillbaka till New York efter besöket på Blenheim, tog hon sig an äktenskapsbrytaren med sedvanlig oförsonlighet. Alva begärde skilsmässa och bannlyste alla som inte utan förbehåll ställde sig på hennes sida. Det innebar i praktiken att hennes kontakter med familjen Vanderbilt upphörde. För Consuelo innebar det en period av isolering just när hon skulle göra sin debut i New Yorks societet. Alva förbjöd henne att ha något att göra med någon som kunde misstänkas hysa minsta sympati för William K.. *New York World* frossade i processen och förklarade med sjungande skadeglädje att det var »det största skilsmässofallet som Amerika någonsin upplevt. Det är, faktiskt, det största någonsin i *världen*.«

Ekonomiskt fick skilsmässan inga allvarliga konsekvenser för Alva. Hon erbjöds både huset på 5th Avenue och sommarhuset på Long Island men tackade nej eftersom husen väckte »obehagliga minnen«. En »cottage« som Alva låtit bygga i Newport på Rhode Island och insisterat på att få i 39-årspresent förblev förstås hennes. Som stuga betraktad var den inte alltför spartansk. Byggnadens namn var Marble House, och den gjorde skäl för namnet: 14 000 kubikmeter marmor till en kostnad av en dryg halv miljard dollar i dagens penningvärde hade gått åt. Det var i själva verket ett slott, med en entréport i brons som vägde 10 ton. Många av husets rum var väl genomförda pastischer på salarna i Versailles. Det gotiska rummet innehöll diverse konstskatter. I skilsmässouppgörelsen lades till denna stuga ungefär 55 miljoner dollar i kapital och knappt 2,5 miljoner dollar i årligt underhåll, räknat i dagens penningvärde.

I Alvas och William K.:s skilsmässa fanns möjligen ytterligare ett skäl till att Alva propsade på Sunny Marlborough som svärson. Det hade trots allt blivit en skandal, och Alva kände ett behov av att åter säkra sin ställning.

Saken var alltså avgjord, förutom en detalj: Sunny Marlborough måste fria. Alva hade goda skäl att räkna med att så skulle ske, men hon kunde knappast vara alldeles säker. Uppgjorda äktenskap hade fallit på tröskeln tidigare. Sunny hade, till skillnad från prinsen av Wales, aldrig uttryckt någon fascination eller ens anmärkningsvärd tolerans för Amerika och dess befolkning. Han påstod dessutom att också han skulle tvingas ge upp en älskad, även om någon sådan inte var känd, för att Vanderbiltpartiet skulle kunna bli av.

Alva tog till tre vapen hon använt med framgång tidigare: övervakning, en bal och publicitet. Redan ett dygn efter att Sunny beträtt New Yorks mark satt han på ett tåg till Newport för att levereras till Alvas hägn. Det fashionabla kotteriet i den lilla staden visste att han var på väg och spanade från sina slottstak. På söndagen, när Alva alltid öppnade portarna till Marble House för spontana besök, dök i stort sett hela kolonin upp – utom de bannlysta Vanderbilts – för att beglo hertigen.

På måndagen spelade Sunny tennis någon timme på Newports country club The Casino. På tisdagen uppenbarade sig 5 000 personer, som hört att han hade varit där, på The Casino för att själva få en skymt av honom, men han kom aldrig. Det gjorde inget, för på onsdagen var det dags för Alvas stora bal. Temat var, passande nog i Marble Houses Versaillesmiljö, Ludvig XIV, även om det inte var en maskeradbal.

Nio franska kockar stod för maten, och hela parken var belyst av vackra papperslyktor. Betjänterna bar kläder i Ludvig XIV-stil och värdinnan en vit sidenklänning med släp och diamanter. I hallen fanns en fontän där vattenhyacinter flöt i upplysta kulor, och varje bord hade obeskrivligt vackra blomsteruppsättningar. Till gästernas förtjusning pilade riktiga kolibrier mellan blommorna för att samla nektar. Det fanns specialimporterade smakfulla presenter från Paris till alla, och alla var verkligen alla, för om skilsmässan åter hade gett Alvas namn en fläck var den bortvättad i och med denna kväll.

Med en riktig hertig som gäst var sådana småsaker glömda.

Det som oroade var att hertigen verkade ha glömt varför han var där. Det var inget fel på den tilltänkta bruden, det kunde alla se: Consuelo var förtjusande, också hon i vit sidenklänning, kantad med ärvd spets. Alva hade dessutom gjort allt hon kunnat för att påminna hertigen. I den »gyllene balsalen«, bredvid den gigantiska eldstaden i marmor med två svarta mansstatyer i naturlig storlek som håller var sin femtonarmad kandelaber, hängde ett porträtt av Consuelo, målat av Carolus-Duran. Han var känd för sina porträtt av aristokrater. Alva hade beställt porträttet året innan i Paris och särskilt bett om att bakgrunden skulle vara »ett klassiskt landskap i engelsk 1700-talsstil«.

Det var alldeles uppenbart ett porträtt av en hertiginna, antagligen av Marlborough, men trots att hertigen stod strax bredvid det verkade han inte förstå piken. Inget frieri kom.

Dagarna gick, och i mitten av september meddelade Sunny att han inom en vecka tänkte ge sig av på en tur genom Amerika. Alva insåg att det var dags att höja insatserna och slipade det tredje vapnet: pressen. Den 18 september gav hon en officiell dementi av att miss Vanderbilt och hertigen av Marlborough var förlovade och beklagade all ryktesspridning. Det tvingade Sunny till beslut. Den 19 gjorde Alva en hastig resa från Newport till New York. Uppenbarligen hade något hänt som behövde hanteras. Och den 20 kunde samma tidningar som två dagar tidigare burit dementin publicera det officiella beskedet om förlovning.

Frieriet skedde, skriver Consuelo, »i det gotiska rummet, vars atmosfär var så gynnsam för uppoffringar [...] Nästa dag var nyheten ute, och några dagar senare gav sig Marlborough iväg för att se något av det land som han redan då deklarerade att han aldrig skulle återbesöka.«

Bröllopsdagen var först satt till den femte november. Men det var Guy Fawkes Night, och Marlborough ville inte gifta sig på en dag när ett försök hade gjorts att spränga överhuset. Så datumet ändrades till den sjätte. Pressen, som väntat nästan lika otåligt som Alva på att Sunny skulle komma till skott, firade genom att ägna förberedelserna och paret självt uppmärksamhet som rörde det ett kungligt bröllop. Söndagsupplagan av *New York World* – ägd av Joseph Pulitzer och med den legendariska Nellie Bly i sitt stall – publicerade till och med varje vecka en kolumn under rubriken »Dagbok om det mest intressanta paret i Amerika«, där varje detalj i det blivande hertigparets vardag skildrades minutiöst. Knäppena på de strumpebandshållare Consuelo Vanderbilt skulle bära under ceremonin rapporterades vara av rent guld, hennes underkläder täckta av broderade rosenknoppar och hennes linnen försedda med hennes egen broderade autograf. Det var de här skriverierna som fångade den då fjortonåriga Gladys Deacon.

Bröllopspresenter strömmade in. Alva tvingade Consuelo att skicka tillbaka allt som kom från släkten Vanderbilt, utan tack eller ursäkt. Och så skulle det olyckliga paret träda fram till altaret i den anglikanska kyrkan St Thomas på 5th Avenue.

På själva bröllopsdagen kantades vägen mellan Consuelos föräldrahem och kyrkan av 2 000 nyfikna redan en och en halv timme innan själva akten började. Utanför kyrkan utspelade sig scener som påminde om upplopp, bortsett från att de inblandade i huvudsak var uppklädda kvinnor. Poliserna hade stora svårigheter att skapa tillräckligt utrymme för att gästerna skulle kunna ta sig in. De kunde inte gärna använda sina batonger. Den grädda av New York som bjudits till själva kyrkorummet fick, när den väl tog sig fram, känslan av att kliva in i en trädgård. Kyrkan, i dag ersatt av en liknande, var en utförlig övning i nygotik, översållad av spetsbågar och med ett högt, spettekaksliknande klocktorn. Var man än såg fanns fantastiska uppsättningar av vita och rosa rosor, orkidéer, liljor, vildvin, murgröna och palmblad. Gästerna stod i kontrast till dem som varit närvarande på Alvas eget bröllop. Då hade klientelet till större delen bestått av socialt tvivelaktiga Vanderbilts. Nu var verkligen alla de bättre familjerna på plats, utom Vanderbilts, som portförbjudits av Alva. En symfoniorkester bestående av sextio musiker och en femtiomannakör med fyra solister stod för musiken. Kostnaden, ryktades det, uppgick till en miljon dollar, en ofantlig summa år 1895.

Musikerna fick arbeta, för även om brudgummen anlände genom en sidodörr saknades bruden. Det dröjde mer än tjugo minuter över tiden innan symfoniorkestern kunde ta upp bröllopsmarschen från *Lohengrin*. De flesta av gästerna antog att folkmassan utanför var anledningen till förseningen, men Consuelo ger en annan förklaring:

> På min bröllopsdags förmiddag satt jag ensam och i tårar; ingen kom i närheten av mig. En lakej stod på vakt utanför min dörr, och inte ens min guvernant släpptes in. [...] Vi blev tjugo minuter sena, för mina ögon, som var svullna av alla tårar jag fällt, krävde mycket baddande innan jag kunde möta det nyfikna stirrande som alltid välkomnar en brud.

Consuelos klänning i krämvitt siden med brysselspets, hög hals och smala, långa ärmar hade fem meters släp, broderat med silvertråd och pärlor. En dyrbar spetsslöja räckte henne till knäna och hölls fast vid hennes huvud av en krona av apelsinblommor. Hennes brudbukett av orkidéer från Blenheim hade inte hunnit fram, så en ersättningsbukett hade skaffats. Hennes far var tillsagd att leda henne till altaret och sedan försvinna.

Det blev en storslagen, vacker ceremoni. Så var verkligen saken klar. Bröllopsparet och deras gäster samlades hos den brittiske ambassadören för att äta lunch, sedan gav sig de nygifta av mot Long Island och »Idle Hour«, som de fått låna som inledning på smekmånaden. Consuelo såg sin mor stå i fönstret när de åkte. Alva grät, och hennes dotter undrade varför när allt nu blivit som hon ville.

De nygifta skulle ägna de närmaste drygt fem månaderna åt att resa runt i Europa och Nordafrika och inte komma till Blenheim förrän den 31 mars 1896. Det berodde inte på att Sunny ville lära känna sin unga hustru. Hemgiften var redan intecknad och eftersatta, kostsamma renoveringar hade inletts i Blenheim.

De förgyllda dekorationerna i taket på Consuelos nyrenoverade sovrum i Blenheim bestod av keruber som mellan sig höll blomsterfestonger, men det första hon såg då hon vaknade på morgnarna var en magnifik eldstad i marmor med den muntra inskriptionen: »Damm Aska Intet«. Det var ett arv efter den stygge hertigen, som på en annan eldstad låtit måla en besvärjelse mot sina belackare: »De säger. Vad säger de? Låt dem säga.«

Blenheim Palace gjorde inget för att muntra upp Consuelo. »Vi sov i små sovrum med högt i tak; vi åt i mörka rum med högt i tak; vi klädde på oss i garderober utan ventilation; vi satt i långsträckta gallerier och målade salonger«, minns hon dystert och citerar Alexander Popes omdöme om palatset: »Jag har aldrig sett en så stor skapelse med så mycket småttighet i sig.«

Den långa resan i Europa hade inte varit utan höjdpunkter. I Madrid träffade hon lord Rosebery, som något år tidigare avgått efter ett misslyckat drygt år som premiärminister. Han verkade ändå på gott humör. Det berodde på att han förverkligat sin högsta önskan: att en av hans hästar skulle vinna Epsomderbyt samtidigt som han själv var premiärminister. Hertigparet fick också audiens vid spanska hovet. I Paris blev Consuelo vittne till den underhållande rivaliteten mellan samtidens två vackraste mätresser: den passionerade La Belle Otero och den distingerade Liane de Pougy, som senare gifte sig med en rumänsk prins. Men på det stora hela var resan inte ett nöje. Till sjöss blev Sunny sjösjuk och stum. När han hade hälsan hade han inget av vikt att säga. Vad som verkade som timmar ägnades åt att diskutera maträtter och vin. Sunny hade lättare att konversera med deras *maître d'hôtel* än med sin hustru under måltiderna.

I Rom insisterade Sunny på att ta ut en livförsäkring på Consuelo. Läkaren som genomförde den obligatoriska undersökningen meddelade utan ceremonier sin patient att hon antagligen bara hade sex månader kvar i livet. Det visade sig vara ett helt ogrundat påstående men gjorde inte stämningen lättare. Under tiden ägnade sig Sunny mestadels åt att köpa konst och antikviteter med sin nyvunna förmögenhet. Consuelo fick inte följa med. Hennes man förklarade att åsynen av hennes pälsar och volanger fick priserna att skjuta i höjden. Mer pälsar och volanger blev det ändå i Paris, men inte heller det roade Consuelo. När hon äntligen hade blivit av med Alva som smakdomare tog hennes man snabbt moderns roll. Huset Worth, haute couturens berömda vagga, stod för sömnaden, som bland annat bestod i en havsblå sidenklänning med släp och kantningar av strutsfjädrar samt en kreation i rosa sammet, klädd med sobelpäls. »Hans smak verkade snarare bestämmas av en lust efter det magnifika än av någon önskan om att framhäva min skönhet«, skriver Consuelo besviket. Marlboroughs familjejuveler var sålda, så även den detaljen behövde åtgärdas. Consuelo tyckte att det nittonradiga pärlhalsband hon fick var överdrivet. Dessutom skavde diamantknäppena. En diamanttiara gav henne huvudvärk. Ett diamantbesatt bälte var visserligen vackert, men Consuelo suckar att »juveler aldrig har skänkt mig något nöje«.

Till slut blev det ändå dags att med tillbörlig pompa angöra England. Consuelo insåg att det innebar en prövning för henne, och hon hade försökt att förbereda sig så gott hon kunde. Redan på eftermiddagen efter själva bröllopet hade Sunny förklarat att hon måste lära sig 200 familjers titlar, släktband och ursprung för att kunna bli en fungerande hertiginna bland andra. Till det kom alla de undersåtar som levde i och omkring Blenheim och som alla hade sin särskilda plats i ordningen. Just ordningen var av största vikt, något som framgick redan när Sunny läste gratulationstelegrammen på tåget till Long Island direkt efter bröllopslunchen:

> Marlborough [...] skickade dem vidare till mig med passande gester av aktning eller likgiltighet, beroende på vilka känslor avsändarna gav upphov till. Således kunde jag bedöma vikten av varje person och erhöll min första lektion i klassmedvetenhet. Tyvärr fanns ingen silverbricka på vilken Hennes Majestät drottning Victorias missiv kunde räckas fram, men det lästes med tillbörlig respekt, och en aning av hennes skrämmande närvaro kröp in till och med i denna avlägsna tågvagn.

När tåget från kontinenten rullade in i London var den skrämmande närvaron mer påtaglig, för en liten välkomstkommitté bestående av bland andra Consuelos svärmor, den stygge hertigens första fru lady Blandford, Jennie Churchill och hennes unge son Winston väntade på perrongen. De talade alla med mjuka röster och en främmande brytning som Consuelo insåg att hon snabbt måste lära sig att imitera. De närmaste dagarna gick åt till att formellt introduceras för Sunnys släkt, Spencer-Churchills på hans fars sida och Hamiltons på hans mors. Den visade sig vara en egenartad blandning.

Sunnys mormor, änkehertiginnan av Abercorn, hade förbjudit sina sex döttrar att gifta sig med någon som var mindre än greve och hade aldrig tidigare nedlåtit sig till att ta emot en amerikanska men gjorde till släktens förvåning ett undantag för Consuelo.

Sunnys farmor, änkehertiginnan av Marlborough, tog också emot. Hon var ännu sexton år efter den sjunde hertigens död klädd i svarta sorgkläder, hade en liten spetsmössa på huvudet och en stor hörlur i handen. Hon gav Consuelo en välkomstkyss »på det sätt en avsatt härskarinna hälsar sin efterträdare«. »Din första plikt«, slog hon fast med ögonen fästade vid det centrala, »är att föda ett barn, och det måste vara en son, för det vore outhärdligt om den där lille uppkomlingen Winston blev hertig. Är du i välsignat tillstånd?«

Hamiltonfamiljens regerande överhuvud, Sunnys morbror hertigen av Abercorn, blev mest fascinerad av Consuelos gröna sammetsjacka, som var fodrad med sobelskinn. »Vilken underbar jacka, vilken oskattbar päls!« ropade han entusiastiskt och lät skicka efter sin egen sobelpäls för att jämföra. Till hans besvikelse höll den inte samma kvalitet.

Consuelos svärmor, lady Blandford, som hade skilt sig från Sunnys far innan han blev hertig, tycktes tro att alla amerikaner bodde på plantager med negerslavar och att det alltid fanns skalperingssugna indianer i närheten, men Consuelo kom bra överens med henne. Hon kallades allmänt för »Goosey«, vilket ansågs belysa hennes begränsade intelligens. Jennie Churchill, som var vågad och glad, var en annan person Consuelo snart fick ett vänskapsband till. Att hon var amerikanska spelade säkert också roll. Den lille rödhårige uppkomlingen Winston blev en förtrogen.

Ytterligare en kort resa med tåg, denna gång ett specialbeställt sådant, tog äntligen det nya hertigparet till Woodstock, den lilla byn direkt utanför Blenheims park. Om Consuelo vid sitt tidigare besök hade fått en liten försmak av det feodala gällde nu hela programmet.

När tåget närmade sig sköts salut i Blenheims park. Stationen var utsmyckad med vimplar, en röd matta väntade på att betrampas och skolbarn var nyskrubbade och uppställda med flaggor i händerna. Byns samtliga dignitärer, borgmästaren iklädd en purpurröd mantel särskilt beställd för tillfället, hälsade sin herre och hans fru. Minst två buketter trycktes i händerna på Consuelo av särkilt utvalda, välartade barn. Sunny lyfte värdigt på sin hatt. En paradvagn var framställd från vilken hästarna spändes loss, sedan drog anställda från godset vagnen genom för detta tillfälle snickrade triumfbågar, klädda med blommor. Men ännu var det inte dags att träda in i själva palatset. Färden gick till en plattform utanför byns rådhus där en frivilligorkester spelade upp och tal hölls. Brandkåren såg till att folkets hyllningar inte övergick i kaos.

Woodstock, berättade den ceremoniellt purpurmantlade borgmästaren stolt i sitt tal, »var en självstyrande enhet fyrtio år innan Amerika upptäcktes och 200 år innan den första nybyggaren satte sin fot i New York«. Först därefter spändes de anställda åter framför vagnen och drog den till palatset under orkesterns glada spelande av »Welcome Home« och »Home, Sweet Home«.

Det var ståtligt, men också en tydlig uppvisning av den ständigt närvarande rangordningen. Var amerikaner fanns i den hade borgmästaren antytt. Men Consuelo insåg snart att alla visste sin plats och ogärna lämnade den: En av de första kvällarna på Blenheim bad Consuelo butlern att tända den brasa en tjänsteflicka redan ställt i ordning. Butlern bugade sig värdigt, sade: »Jag ska meddela betjänten, Ers nåd!« och lämnade rummet.

Consuelo hade kommit hem. Det var bara det att det inte var hennes hem.

Det unga paret intog sina middagar, dag efter dag, i den ståtliga matsalen och enligt etikettens alla regler. En nymodighet hade införts: Sunny och Consuelo satt inte, som tidigare varit brukligt, vid var sin kortände av det långa bordet. I ett tappert försök till intimitet satt de istället mitt emot varandra på var sin långsida. Det gjorde det inte nämnvärt enklare att få kontakt.

Mitt emellan dem stod en gigantisk skulptur i rent silver som föreställer den förste hertigen till häst. Han är fångad i det ögonblick då han, enligt legenden, på baksidan av en krognota skriver till sin hustru Sarah att hon kan informera drottningen om att den brittiska armén vunnit en seger i Blenheim. När Consuelo skymtade Sunny bakom silverpjäsen kunde hon tydligt se att han inte var tillfreds.

Sunny staplade högar av mat på sin tallrik, skickade ut betjänterna men verkade tappa aptiten så snart Consuelo och han blev ensamma. Han sköt tallriken, besticken och glasen ifrån sig, stolen från bordet, lade det ena benet över det andra och började tankfullt och plågat vrida på sin sigillring.

Så kunde han bli sittande i en kvart, varje kväll, innan han vaknade till och började äta, vanligen följt av klagomål på att maten var kall. Därefter serverades nästa rätt, och alltihop upprepades.

Consuelo började ta med sig sin stickning till middagen för att få tiden att gå. Butlern, som satt i hallen utanför matsalen, försökte fördriva den depressiva stämningen med att läsa detektivromaner.

Det är lätt att förstå att den ännu inte tjugoåriga Consuelo fick kämpa för att finna sin roll som ny hertiginna på Blenheim. Kadrer av tjänstefolk förväntade sig att hon skulle leda dem och lösa ständiga konflikter dem emellan. Hon skulle sätta sitt märke men på ett sätt som inte ändrade det som sedan länge var givet. Det var en svår kombination, men hon lyckades ibland. En tidig triumf var när hon beslutade sig för en förändring av hanteringen av matrester. Av tradition stod en korg med burkar på ett sidobord i matsalen. Till hertiginnans plikter hörde att i dessa burkar lägga resterna efter lunchen och se till att burkarna bars ut till godsets fattiga. Lika traditionsenligt var att grönsaker, kött och efterrätt, varmt som kallt, trycktes ned i samma kärl, utan åtskillnad.

»Trots att jag ansågs oförsynt« och »till mottagarnas förvåning och förtjusning«, berättar Consuelo stolt som en liberal reformpolitiker, började hon skilja en rätt från en annan i olika burkar.

En del problem tycktes specialtillverkade för henne. En hushållerska kom gråtande och ansåg sig ha blivit skylld för stöld när ett prydnadsskrin saknades. Consuelo undersökte saken och upptäckte att det var Sunny som själv lagt beslag på skrinet, för att se om någon i tjänstestaben skulle lägga märke till att det saknades. Han betraktade det som ett lyckat practical joke. Möjligen rörde det sig om ett släktdrag. Consuelos svärmor, lady Blandford, hade en livslång kärlek till handfasta skämt av det slaget, antagligen som ett sätt att kanalisera uppdämd aggression. Frågade Consuelo henne om vilken ost som går bäst till portvin, kunde hon som svar få en förtjust utläggning om när hennes svärmor lade tvålbitar bland osten och betraktade sina gäster, alltför artiga för att spotta ut, när de långsamt sjönk in i kraftfullt illamående. När lady Blandfords man, den stygge hertigen, hade blivit far tillsammans med sin dåvarande älskarinna roade hans hustru sig genom att lägga en liten leksaksbebis på ett fat under en silverkupa, som han lyfte i tron att han skulle finna sin frukost. Ibland var skämten enklare, som ett bläckhorn balanserande på en dörr.

Att Consuelo ansågs ha en åtråvärd position påmindes hon ständigt om. När hon ramlade av en häst och tidningarna dramatiserade händelsen anlände ett antal telegram till Sunny från »olika mammor vars döttrar var redo att fylla min plats«. Att skapa sig ett privatliv var inte alldeles enkelt, särskilt som Sunny vid ett strandhugg i Egypten under deras smekmånad hade tagit med sig en pojke hem som levande souvenir. »Mike« vandrade ständigt bakom Consuelo, som page i orientalisk kostym och turban. Till en början talade han ingen engelska alls, men efter sex månader kunde han svära som en borstbindare. När han drog kniv mot en gammal dam som ägde Woodstocks leksaksaffär skickades han tillbaka till Egypten till Consuelos lättnad. En liten elbil som hennes mor hade köpt till henne skapade viss frihet. Den kunde hon köra själv, utan uppvaktning eller kusk.

Sin vantrivsel till trots var Consuelo en framgång som hertiginna. Ganska snart hade hennes jämförelsevis informella sätt och amerikanska direkthet gjort henne populär bland tjänstefolket på Blenheim och fattiga i Woodstock. Även i högre kretsar växte gillandet. Consuelos första säsong i London, 1896, blev ett triumftåg som kröntes av en inbjudning till Windsor, där hon presenterades för drottning Victoria, och ett besök till Blenheim av prinsen av Wales och prinsessan Alexandra. Kronprins Edvard var inte långsint: Sunnys fars indiskretioner var glömda, och prinsens ständiga intresse för amerikanskor omfattade även Consuelo. Hon och Sunny räknades snart till prinsens glada gäng, även om de deltog mer av artighet än av lust.

På sensommaren 1897 uppfyllde Consuelo också sin viktigaste uppgift. En arvinge, John Albert William Spencer-Churchill, föddes, petade ned Winston Churchill i successionsordningen och fick prinsen av Wales som gudfar. Han sov i en förgylld barockvagga med ben i form av jättelika fiskar och sidenhimmel. Ett år senare föddes arvingens bror Ivor Charles Spencer-Churchill, och Consuelo myntade uttrycket att hon givit sin man »an heir and a spare«, en arvinge och en i reserv.

När drottning Victoria dog 1901, efter att ha överlevt tjugo regeringar med tio olika premiärministrar, tre av sina nio barn och elva av fyrtiotvå barnbarn, fick Consuelo hedersuppdraget att bära drottning Alexandras baldakin vid Edvard VII:s kröning. Det var det slutliga beviset på att hon klarat provet att bli en mönsterhertiginna. Året efter reste Consuelo och Sunny till Indien för att delta i den storslagna *durbar*, en feodal hovceremoni, som George Curzon, nu vid sina drömmars mål som vicekung av Indien, hade anordnat för att de indiska prinsarna skulle kunna erkänna sin nya kungs överhöghet.

I allt yttre hade Consuelo lyckats. Hon kunde kosta på sig ett och annat eget practical joke, som när hon lät tillverka två reliefer, en av den förste hertigen av Marlborough och en av sin egen farfar, den oborstade »the Commodore«, och hängde dessa i var sin ände av det långa galleriet i Blenheim. De engelska högdjuren ryste av obehag. Men för Consuelo var livet som hertiginna, trots åren som gick och de söner hon älskade, lika tomt som när hon först anlände. Hennes förhållande till Sunny hade inte växt sig starkare, tvärtom. Hon fyllde sin tid med välgörenhetsarbete och intresserade sig för politik, men det räckte inte. »Från mitt fönster«, skriver hon i sina memoarer, »såg jag ned på en damm i vilken en tidigare butler hade dränkt sig. En dyster dag följdes av nästa, och jag började känna djup förståelse för honom.«

Det var när hon befann sig i den sinnesstämningen en man med det imponerande namnet Charles Stewart Henry Vane-Tempest-Stewart, viscount Castlereagh för den som har ont om tid, gjorde sin entré och såg till att Consuelo kunde göra sorti.

Viscount Castlereagh var den sjätte markisens av Londonderry äldste son. Som så ofta i de trånga kretsarna av brittisk adel fanns en familjekoppling till Blenheim: Castlereaghs farfar var bror till Sunnys farmor, änkehertiginnan av Marlborough. Han var gift men hade rykte om sig att vara en kvinnokarl. Han var stilig och lång, något den kortväxte Sunny inte kunde leva upp till. När målaren John Singer Sargent 1905 skulle föreviga familjen Marlborough på ett storslaget porträtt placerade han den i en trappa så att Consuelo kunde stå på ett annat trappsteg än sin man och på så sätt maskera det faktum att hon var längre än Sunny. Därtill var Castlereagh medkännande och förstående. Det sistnämnda skulle till slut bli hans fall. Som sjunde markis av Londonderry försökte han få till stånd ett fredligt samförstånd med Nazityskland, bland annat genom att 1936 bjuda in Joachim von Ribbentrop till sitt gods Mount Stewart. Han är förlagan till den vänlige men aningslöse adelsmannen lord Darlington i Kazuo Ishiguros roman *Återstoden av dagen*. Men i skiftet mellan 1905 och 1906 låg hans misslyckande i storpolitiken i framtiden. För stunden misslyckades han istället i mindre skala.

Huruvida Consuelo och Castlereagh faktiskt hann rymma till Paris – den stad både Consuelo och hennes mor Alva älskade – eller om de blev avslöjade redan på planeringsstadiet är oklart, men att de hade bestämt sig står utom tvivel. Det påstås att Sunny skickade ett telegram till sin hustru och uppmanade henne att inte komma tillbaka. Consuelo själv går helt förbi episoden i sina memoarer. Hon skriver bara: »1906 verkade en separation vara den enda lösningen.« Under alla omständigheter lät Castlereaghs föräldrar – han var trots allt bara 27 och dessutom arvinge – inte sin son smita så lätt. De kallade in det tunga kavalleriet: Kung Edvard och drottning Alexandra lät den unge ädlingen förstå att han gått för långt, och rymningen eller planerna på den blåstes av.

I maj 1906 åkte Castlereagh och hans fru på en försoningsresa till Spanien, där de samtidigt bevittnade kung Alfons XIII:s bröllop. På Blenheim fanns däremot ingen antydan om försoning. När hösten närmade sig stod det klart att allt hopp om att rädda äktenskapet var förbi. Consuelos far, William K., kom till London för att stötta sin dotter, och Winston Churchill, som hade ett gott förhållande till äktenskapets båda parter, gjorde sitt bästa för att medla. Det var ett styvt arbete. Sunny kallade Consuelo »haggan« och drog sig inte för att då och då använda anatomiska kraftord. Dessutom kom Alva ångande över Atlanten, som vanligt i hopp om ett rejält råkurr.

En uppgörelse nåddes till slut, utan otillbörlig skandal. En juridisk separation skedde, ingen anklagade den andre offentligt för äktenskapsbrott, sönerna skulle leva halva året på Blenheim och andra halvan av året med Consuelo i Sunderland house, Marlboroughs Londonpalats på Curzon Street, som Consuelo kunde nyttja som bostad och som trots allt hade byggts med Vanderbiltpengar. De pengar som Sunny fått genom äktenskapet fick han behålla, något som fick en och annan att ta bladet från munnen, däribland den amerikanske presidenten Theodore Roosevelt i ett brev till en vän:

> *Jag tycker verkligen illa om [...] de här internationella äktenskapen [...] men den lägsta kretsen av skändlighet når varelser som den här Marlborough, som avser att skilja sig från kvinnan när han inte har råd att ens kasta en enda sten på henne men ändå avser att behålla och leva på pengarna som hon gav honom, ni kan ändå inte, min bäste herre, [...] ha något att invända emot att jag anser att hertigen av Marlborough är en tölp.*

Separationen blev på sätt och vis en sista bekräftelse på att Consuelo lyckats över förväntan i sitt nya hemland. Som separerade var visserligen paret Marlborough inte längre välkomna i sammanhang där kungahuset var gäster, men det var en ringa uppoffring för Consuelo, som ansåg Edvard VII:s umgänge trist. Viktigare var att resten av Londons eleganta liv på intet sätt sade upp bekantskapen med henne. Att hon hade varit på väg att orsaka en stor skandal med en känd kvinnokarl som viscount Castlereagh och att hon redan tidigare antagligen haft små flirter höll få emot henne. Inte ens att hon nu inledde en kärleksaffär med Sunnys kusin, den knappt mer än tjugoårige Reginald Fellowes, tycktes spela någon roll. Det var fler som såg snett på Sunny, på grund av hans ilskna bitterhet men kanske också därför att tillräckligt många mindes hans stygge far. Alldeles rättvist var det inte. Sunny hade skött sig förhållandevis bra och var mer lik sin farfar än sin far. Hans mission var att återställa Blenheim till dess forna prakt, även om det krävde att han offrade sin egen och andras lycka.

Consuelo var bara 29 år gammal. Hon hade inga ekonomiska problem och bodde i ett av Londons elegantaste och modernaste privatpalats. Hon hade sin titel, två söner samt ett stort och spännande umgänge. Hon behövde inte längre ägna sig åt gamla traditioner utan kunde helt och fullt gå in för det välgörenhetsarbete och den politik som alltmer hade fångat hennes intresse. Hon engagerade sig för liberalerna, som nyligen hade givit de konservativa – inklusive Sunny, som inlett en kort politisk karriär – ordentligt på huden. I sitt hem höll hon populär salong. Förhållandet till Fellowes blev kortvarigt, eftersom hans familj ansåg att det förhindrade Reginald att finna sig ett bra parti. Snart såg Sunny till att hans kusin drog sig tillbaka. Trogen familjeseden gifte sig Fellowes senare med en arvtagerska till symaskinstillverkaren Singers förmögenhet.

Consuelos största problem var att hennes hörsel började bli dålig, och hon tvingades skaffa en hörapparat, vilken hon gömde under sin hatt. Fler år gick, och hon lyckades inte driva känslan av tomhet på flykten. Hon var ännu inte hemma.

I augusti 1939 pågick ett märkligt skådespel på det lilla sagoslottet St Georges-Motel fyra mil väster om Paris. Två trädgårdsmästare satt i en eka i vallgraven. De verkade fullkomligt oförmögna att ro. Årorna slog på vattnet, men båten stod still. En rund figur i sextioårsåldern hetsade dem att slå hårdare, och en fotograf sprang runt och fotograferade plasket ur olika vinklar. Inom nio månader skulle den runde mannen vara Storbritanniens premiärminister. Det var Winston Churchills sista utlandsresa före kriget, som skulle börja om mindre än två veckor. Han hade bestämt sig för att han ville måla vallgraven och att den var vackrare när vattnet inte låg blankt. Till sist var han nöjd med de fotografier han behövde som förlagor, och den inhyrda fotografen mumlade andfått: »*Mais ces Anglais sont donc tous maniacs.*«

Churchill hade redan lett ett kollektivt avmålande av parken på slottets framsida: Fyra konstnärer som råkade vara bjudna på lunch hade raskt satts i arbete av honom och tillsammans slutfört ett verk som fick bära alla fems signaturer. Det var en idyll, men när Churchill satt i bilen på väg därifrån såg han sorgset ut över fälten vars säd redan var mogen och sade: »Innan skörden är bärgad kommer vi att ha krig.«

Värdparet hette Jacques och Consuelo Balsan. Jacques Balsan kom från en familj av rika textilproducenter. Han hade satt världsrekord i höjdflygning med ballong 1900, hade arbetat med bröderna Wright och fick 1909 det tjugoandra flygcertifikatet i Frankrike. Hans bror, Etienne, var kavalleriofficer och hästuppfödare men blev känd som Coco Chanels älskare och förste välgörare. Balsan hade först sett Consuelo då hon ännu hette Vanderbilt, var sjutton år och gjorde sin baldebut i Paris. Han påstod att det var kärlek vid första ögonkastet, och kanske stämde det, för han ingick bara vad som antagligen var ett kort borgerligt skenäktenskap för att ge ett barn en legitim fader i början av seklet. Inte förrän han var 53 år gammal och Consuelo var fri fick han en verklig hustru.

De hade träffats igen 1917, då Balsan hade ett militärt uppdrag i London. Vid världskrigets slut var de ett par. Ett giftermål krävde en regelrätt skilsmässa från Sunny, inte bara en praktisk och juridisk separation, och i slutet av 1920 kom hertigen och hertiginnan, som Consuelo ännu var, överens om att ta det steget. Det krävde ett betydande skådespel. Enligt engelsk lag måste paret först göra troligt att de åter levde ihop, sedan måste Sunny lämna Consuelo, som i sin tur måste begära att han återvände. Sunny måste då skriftligen vägra. Först därefter kunde Consuelo gå till rätten och begära att hennes äktenskapliga rättigheter åter uppfylldes. Sunny skulle då formellt neka henne det, varpå en begäran om skilsmässa kunde lämnas in – tillsammans med bevis för att Sunny begått äktenskapsbrott. Charaden sattes igång, advokater skrev de nödvändiga breven, och Sunny observerades då han natten mellan den 28 och 29 februari 1920 delade rum 193 på Claridges Hotel i London med en »okänd kvinna«. I maj 1921 vann skilsmässan laga kraft. Den 4 juli gifte sig Consuelo och Jacques i Savoy Chapel vid the Strand, ett kapell som Evelyn Waugh i *Brideshead Revisited* beskriver som »stället där skilda par gifte sig på den tiden – ett sjaskigt litet ställe«.

För Consuelo fanns inget sjaskigt över det nya äktenskapet. Om Blenheim och Sunny hade varit glittret i hennes memoartitel, var Jacques Balsan det äkta guldet. Hon hade, till sist, hittat hem. Men för Sunny hade livet tagit en mindre tillfredsställande vändning. Även han hade anledning att vilja ha en skilsmässa och visade varför, till och med snabbare än Consuelo: Redan den 25 juni 1921 gifte han sig med sin nya hertiginna, Gladys.

Gladys Deacons roll hör till de märkligaste inslagen i Sunnys och Consuelos gemensamma historia. Hon hade kommit in i Sunnys värld redan 1897, när Consuelo hämtade sig efter förlossningen av sin första son. Gladys var då bara sexton och blev inte hans älskarinna, men Sunny hade som så många helt enkelt fängslats av hennes sprudlande intellekt och skönhet. Consuelo kände likadant, och Gladys blev snart en integrerad tredje part i hertigparets äktenskap. Sunny gjorde verkligen skäl för sitt smeknamn, idel leenden när Gladys fanns i närheten, men hon var lika viktig för Consuelo, som ett motgift mot Blenheims kvävande dysterhet. Ingen tycktes kunna stå emot Gladys charm. Det var under ett besök på Blenheim som den preussiske kronprinsen, »lille Willie«, gav henne en ärvd ring, något som nästan utlöste en diplomatisk kris då kejsar Vilhelm II upptäckte att hans son saknade ringen och ursinnig krävde den åter. Consuelo lyckades släta över det hela och diskret återbörda ringen.

Consuelo och Gladys reste tillsammans, och när de var på olika håll brevväxlade de. »Kära lilla Gladischen«, var en vanlig inledning på Consuelos brev. »Käraste Coon«, kontrade Gladys på det puttriga barnkammarspråk som edvardianer tycks ha haft en sådan förkärlek för. Trots att Gladys var fyra år yngre än Consuelo – ingen obetydlighet när Consuelo bara var strax över tjugo år gammal – var det uppenbart att Gladys var den som ledde och lärde sin kamrat. Hennes liv i betydligt mer bohemiska miljöer än Blenheim och mrs Astors New York gjorde henne både frispråkig och vågad i handling. Hon gick som en lustfylld slåttermaskin genom Blenheims manliga invånare och gäster, även om det är oklart i vilken utsträckning hon verkligen lät romanserna ta fysisk form. I vilket skede Sunny blev hennes älskare vet ingen, även om hon i klartext påstod att hon och hertigen hade vilda kärleksnätter redan 1902. Det är möjligt att inget skedde förrän 1906, då Sunnys och Consuelos äktenskap redan var bortom all räddning.

Under all den charm och livfullhet Gladys utstrålade kunde ett spår av lätt vansinne anas. Redan 1903 lät hon injicera paraffin i sin näsa för att göra den nästan perfekt klassiska profilen helt perfekt. Vaxet vandrade i hennes ansikte och förvandlade det till ett allt märkligare konstverk, inte alldeles olikt en kubistisk målning av Picasso. Det verkade inte störa henne. Inte heller påverkade det Sunnys känslor för henne. Deras giftermål gjorde henne till hertiginna, men från hovet till lokala lantjunkare visade snart sagt alla en demonstrativ skepsis. Gladys gjorde inget för att mildra den. När hon väl lyckades bli introducerad vid hovet kommenterade hon ljudligt andra gästers slafsiga klädsel och illa genomförda hovnigningar. Hon blev inte bjuden igen. Det fanns de som verkligen uppskattade henne. Gladys kom väl överens med sin svärmor, lady Blandford, och mecenaten lady Ottoline Morrell, som bodde i närheten, deklarerade att Gladys var »den enda intelligenta kvinnan i Oxfordshire«.

Sunny gjorde allt han kunde för att göra livet så intressant som möjligt för sin nya fru. Han försvarade henne och stod vid hennes sida när omgivningen rynkade på näsan. Han engagerade sig i att bjuda in författare och konstnärer till Blenheim, snarare än de traditionella kretsar som tidigare varit gäster. Lytton Strachey, Douglas Fairbanks sr och Vita Sackville-West var några typiska gäster. Sunny försökte till och med locka den evigt sängliggande hypokondrikern Proust till Blenheim: »Du kan gå till sängs omedelbart vid Gare du Nord. Du kan ligga till sängs på båten, och du kan stanna i sängen när du är på Blenheim.« Trots det lockande erbjudandet misslyckades Sunny med just den inbjudan. Men Sunnys avgudande av sin fru höll i sig. Han lät tillverka två sfinxer i bly som bar Gladys vackra, oförstörda ansikte. De står än i dag i Blenheims vattenpark. Gladys själv lät måla av sina slående blågröna ögon i jätteformat på innertaket av portalen vid huvudentrén till Blenheim.

Redan vid frieriet hade Gladys å sin sida börjat tvivla på sin flickdröm att gifta sig med hertigen av Marlborough. När Sunny äntligen, efter år av uppvaktning, var skild och kunde fria vägrade Gladys att ge svar direkt. »Har du inte haft tid nog att bestämma dig?« kved en förtvivlad Sunny. Och när hon väl accepterade var det inte med oreserverad glädje. Annonsen om deras förlovning i *Daily Mail* fick henne att känna »en rysning av skräck«. När en fotograf efter bröllopet bad Sunny att posera på ett kärleksfullt sätt tog han, efter viss tvekan, sin nya hertiginnas hand och blev stående. »Det är som en ko som tittar på ett förbirusande tåg«, sade Gladys i väntan på att exponeringen skulle bli klar.

Bara månader efter ceremonin klagade Gladys över att Sunny var »oförskämd« mot henne. Gräl utbröt, som ibland slutade i handgemäng. Det var så Gladys fick idén att duka med laddad revolver. Hennes idéer blev över huvud taget alltmer udda. Hon började föda upp Blenheim spaniels i själva slottet. De sprang lösa, tuggade på gobelängerna och uträttade sina behov där det passade. Men Gladys var avgjort starkast av de två, och det var Sunny som gav upp 1931, lämnade Blenheim och bosatte sig i London. När han hade ärenden till Blenheim bodde han på hotell i Woodstock. Två år senare stängde han palatset. Gladys hade vid det laget förvandlats till en »vandrande matta av spanielhundar« som rörde sig genom de storslagna salarna i smutsiga kläder. Hon flydde till Marlboroughs Londonhem, men Sunny lät stänga av gas och vatten. Gladys sägs ha eldat tidningspapper och levt på mat som vänner smugglade in, men inom några månader hade Sunny fått henne vräkt. Sommaren 1934 dog Sunny, 62 år gammal, av levercancer. Gladys var fortfarande formellt hans fru och nu änkehertiginna av Marlborough.

En sista akt utspelades mellan Sunny och Consuelo innan

han dog. Sunny hade utestängts från den anglikanska kyrkans stiftsstyrelse i Oxford efter att ha skilt sig och gift sig på nytt. Utestängningen var antagligen inte det enda skälet till att han sökte kristen hemhörighet utanför den anglikanska kyrkan. År 1926 ansökte han hur som helst om inträde i den katolska kyrkan. Sunny fick svaret att han för att bli insläppt måste avlägsna den fläck hans skilsmässa från Consuelo innebar: »Inget mer kan göras för en hertig än för en luffare.« Consuelos nye man Jacques Balsan kom, å sin sida, från en starkt katolsk familj, som inte ansåg sig kunna välkomna Consuelo så länge hon i deras ögon var gift med en annan. Alltså hade båda parter ett intresse av att komplettera skilsmässan med en annullering av äktenskapet av den katolska kyrkan.

Om skilsmässan hade varit en svår nöt att knäcka var annulleringen än värre. Det fanns egentligen bara en möjlig utväg: att visa att äktenskapet hade ingåtts under tvång. Här kommer en vändning som plötsligt får beskrivningen av Sunnys och Consuelos äktenskap, som av nödvändighet nästan helt bygger på Consuelos memoarer, att vila på gungfly. Ingen tvivlar på att deras äktenskap var arrangerat, inte heller på att det var olyckligt, men vad kan vi lita på i övrigt? Beskrivningarna av Alvas måttlösa utpressning av Consuelo för att få äktenskapet till stånd är nästan undantagslöst berättade efter annulleringsprocessen. Hur vet vi att de inte är fabrikationer eller åtminstone grova överdrifter ämnade för den katolska stiftsdomstolen i Southwark?

Fakta är, under alla omständigheter, att stiftsdomstolen – som för övrigt låg i samma stadsdel där Consuelo haft politiska uppdrag och fortfarande hade goda kontakter – fick lyssna till ett antal mycket övertygande vittnesmål. Consuelos moster hade rest dit från Amerika och vittnade om Alvas utpressning och om hur modern satt en vakt utanför Consuelos dörr så att dottern inte kunde smita. Trettio år gamla kärleksbrev mellan

Consuelo och Winthrop Rutherfurd, som måste ha överlevt konfiskation och förgörelse som genom ett mirakel, grävdes fram. Consuelo vittnade känslosamt om att hennes hjärta tillhört Winthrop men att Alva slet henne från hennes älskade. Sunny lämnade ett skriftligt uttalande där han intygade att Consuelo kommit sent till ceremonin och »verkat mycket bekymrad«. Som kronan på verket dök Alva själv upp och styrkte hela berättelsen i otvetydig klartext:

> Jag tvingade min dotter att gifta sig med hertigen. Jag har alltid haft villkorslös makt över min dotter, eftersom mina barn helt och hållet anförtrotts mig efter min skilsmässa. Jag hade ensam ansvar för deras utbildning. När jag utfärdade en order ifrågasatte ingen den. Av det följer att jag inte bad utan beordrade henne att gifta sig med hertigen.

Alvas förmåga att få sina order åtlydda verkade obruten, för stiftsdomstolen ansåg sig inte kunna finna annat än att Sunnys och Consuelos äktenskap var ogiltigt på grund av att bruden tvingats in i det.

Det kan verka en aning förvånande att Alva var villig att vittna så ofördelaktigt, sant eller ej, om sig själv. Men hon hade under åren efter Consuelos äktenskap genomgått en betydande förändring. Från att ägna all sin kraft och list åt att erövra New Yorks eleganta elit hade hon bytt mål till att göra kvinnosaken till sin egen. Hon hade blivit en stridbar suffragett, feminist och ordförande i National Women's Party. Med den övertygelsen kom en omprövning av hennes tidigare liv, inklusive medverkan till vit slavhandel med unga kvinnor. Till saken hör också att stiftsdomstolens överläggningar inte var offentliga. Det fanns en rimlig chans att det som sades där inte i detalj skulle sippra ut.

Den chansen visade sig vara en fåfäng förhoppning. Vad som hade sagts blev känt, och det som följde därpå är intressant. Consuelo trädde fram i en intervju och förnekade att hon blivit tvingad, helt i motsats till vad hon sagt inför stiftsdomstolen och vad hon senare lät skriva i sina memoarer. Den anglikanske biskopen i New York, William Thomas Manning, citerade därefter flera församlingsmedlemmar som varit närvarande före och under bröllopet och som bestämt hävdade att Consuelo inte alls varit bedrövad, snarare tvärtom. Dessutom: Av Consuelos egna memoarer, hur tillrättalagda de än är, framgår det att förhandlingarna om den enorma hemgiften mellan Vanderbilts och Sunny var problematiska. Frågan var hur pengarna skulle förvaltas. Detta var inte en struntsak i ett transatlantiskt äktenskap. Förlovningar hade slagits upp för mindre. Men Consuelo gör klart att det var hon som kom med det förslag som löste tvisten. För en ovillig brud som tvingas till altaret tyder det på en helgonlik självförsakelse.

Consuelos memoarer, spökskrivna av en amerikansk konstkritiker vid namn Stuart Preston, är fascinerande och roliga, trots en bitter underton. Men läsaren bör vara en aning försiktig med att lita på det som står i boken. När alla trådar samlas är det lätt att se en annan Consuelo än den stackars flicka som säljs till en engelsk hertig. Kanske är förklaringen till Alvas obegripligt tjurskalliga krav på att Consuelo skulle gifta sig med Sunny att kravet aldrig fanns i en så tvingande form. Det är möjligt att i Consuelo se en ung, ärelysten dam som inte var alltför olik sin mor i strävan att ständigt nå högre i den sociala rangordningen och som 1896 inte hade särskilt mycket emot att bli hertiginna. Och vem kan klandra henne? Hon var trots allt ett barn av det New York *The* mrs Astor skapade.

De transatlantiska äktenskapen började inte med Consuelo Vanderbilt. De slutade inte heller med henne eller med hennes skilsmässa. Tanken med den amerikanska invasionen, eller omvänt importen, av rika arvtagerskor var på den engelska sidan att stötta upp och rädda det gamla England som var på väg att gå i konkurs. I viss mån lyckades det. Många av de inflyttade amerikanskorna blev mer engelska än sina män. Consuelo Vanderbilts gudmor, Consuelo Yznaga, hertiginna av Manchester, blev bestört när hon fick reda på att hennes son, 24 år efter hennes eget äktenskap, i hemlighet hade gift sig med en »okänd amerikanska«, arvtagerskan Helena Zimmerman.

Med sedvanlig självöverskattning trodde många i den engelska lantadeln att det gick att importera dollar utan att importera det som följer med dollar. Men med amerikanskorna kom också en amerikansk syn på arbete och jämlikhet, en avdramatisering av skilsmässor, krav på praktiska nyordningar och ett framhävande av individuella val framför traditioner. Strömmen av amerikanskor förändrade obönhörligt den brittiska överklassens levnadsmönster. Ibland till dess fördel, ibland inte. Under såväl första som andra världskriget blev de många släktband som knutits mellan Amerika och Storbritannien viktiga för att stärka den gemensamma insatsen mot fienden. De brittifierade amerikanska kvinnornas initiativförmåga gjorde också mycket för arbetet med skadade soldater, för att hålla produktionen igång hemma och för återuppbyggnaden. På många andra sätt bidrog de positivt till Storbritannien. Men det fanns också en baksida.

De problem amerikaniseringen kunde leda till ställdes på sin spets strax före andra världskriget, då nästa amerikaälskande kung Edvard, den åttonde i ordningen, tvingades abdikera till följd av sin kärlek till en amerikanska som skilt sig två gånger. Runt sig hade han då en förvånansvärd mängd amerikaner som sporrade honom att ställa kungamakten mot parlamentet och därmed utlösa en konstitutionell kris. Men även på lägre, om än ädla, nivåer uppstod liknande situationer – och effekterna blev bestående. I 2010 års januarinummer av tidskriften *Vanity Fair* berättar lady Diana Spencers bror, den nionde earlen Spencer, om vad som händer när de stora godsen drabbas av amerikansk skilsmässosyn och konsumtions- snarare än förvaltartankar. Charles Spencer konstaterar under rubriken »Enemies of the Estate« att bara 229 skilsmässor passerade den anglikanska kyrkans nålsöga mellan 1669 och 1850. I Amerika skedde 53 574 skilsmässor bara mellan 1867 och 1871, när de transatlantiska äktenskapen började ta fart. I dag är det regel snarare än undantag att engelsk lantadel är gift och skild, ofta mer än en gång. Vid varje skilsmässa utarmas godset, och bland styvmödrarna är amerikanskorna fortfarande vanliga och kräver inte sällan att släktklenoder säljs ut för att bekosta ett spa, ett nytt kök eller ett privatgym. Spencer sammanfattar: »Krig, hungersnöd, pest och ekonomiska depressioner – de kvarvarande godsen i Storbritannien har överlevt allt detta. Men styvmödrar som plundrar tillgångarna? [. . .] Detta kan mycket väl vara de sista dagarna för många av familjerna i Storbritanniens historiska lantadel.«

En pikant detalj – möjligen gör den Charles Spencer, det imponerande godset Althorps ägare, till en expert i ämnet – är att han själv just är i färd med att gifta sig för tredje gången.

Efter att ha slängts ut ur Marlboroughs Londonhus bosatte sig Gladys, hertiginna av Marlborough, i Chacombe, nära Banbury. Hon vände på dygnet och hade som enda sällskap en stor mängd katter. Såväl Gladys som katterna blev till slut i så dåligt skick att hon 1962 hämtades för tvångsvård. Resten av sitt liv tillbringade hon på St Andrews Hospital i Northampton där hon dog i sömnen i oktober 1977.

Consuelo Balsan, som hon blev efter att ha gift sig med Jacques, tvingades fly med sin man från St Georges-Motel när de tyska trupperna 1940 rullade in i Nordfrankrike. Via Spanien och Portugal tog de sig till USA. Resten av sitt liv levde Consuelo mestadels i Florida tillsammans med Jacques, som dog 1956. Hon besökte Blenheim flera gånger efter att hennes son blivit hertig. När hon dog 1964 förvånade hon många genom att inte låta sig begravas i USA eller ens i det Frankrike hon älskade, trots att Jacques Balsan var begravd i Paris, utan i England och därtill på det ställe som hon ansåg aldrig blev hennes hem. Hon vilar idag på Bladons kyrkogård, precis utanför Blenheims park, i närheten av gravarna efter sin yngste son Ivor och Winston Churchill. När kistan kom till England krävde tullen att den skulle öppnas i jakt på narkotika.

Författarinnan Edith Wharton skildrar i flera av sina romaner societetslivet i New York och de transatlantiska äktenskapen under den förgyllda epoken. Mest känd är hennes Pulitzerprisbelönade roman *Oskuldens tid*. Hon var vän till Consuelo Yznaga, hertiginna av Manchester, och Whartons sista, ofullbordade roman *The Buccaneers* påstås vara baserad på Consuelo Yznagas äktenskap.

The mrs Astor dog 1908 och är begravd på Trinitykyrkogården i korsningen mellan Wall Street och Broadway på Manhattan. Enligt hennes önskan är en nästan 12 meter hög stenstod rest över henne där.

Leonard Jeromes privatpalats vid Madison Square revs 1967, trots att det två år tidigare hade utnämnts till kulturminnesmärke. Huset hade varit till försäljning för motsvarande drygt fyra miljoner dollar, men när ingen köpte det gavs rivningstillstånd. En 34-våningars skyskrapa tog dess plats.

Tomten vid 5th Avenue där Alva Vanderbilt lät bygga sitt paradpalats upptas sedan 1957 av den 41 våningar höga Tishman Building, som bland annat innehåller den amerikanska basketbolligan NBA:s affär och fram till nyligen en av Brooks Brothers butiker. Fram till 2002 fanns på skyskrapans sida talet 666 i jättelika bokstäver för att markera adressen 666 5th Avenue. Djävulsnumret gjorde att byggnaden fick spela en roll i skräckfilmen *Exorcisten II*.

Consuelo Vanderbilts gudmors, hertiginnan av Manchester Consuelo Yznagas, äldste son blev den nionde hertigen, gifte sig två gånger, båda gångerna med amerikanskor, och gjorde helt slut på familjeförmögenheten. Han levde mestadels utomlands för att undvika fordringsägare och i ständig jakt efter rika kvinnor och bekanta han kunde leva på. Den nionde hertigens äldste son blev den tionde hertigen. Redan innan den tionde hertigen ärvt sin titel och bara arrenderade släktmarkerna såldes de i sin helhet. Han gifte sig först med en australiensiska och efter hennes död med en amerikanska. Den tionde hertigens äldste son blev den elfte hertigen, han gifte sig med och skilde sig från en sydafrikanska och gjorde därefter om samma sak med en annan sydafrikanska. Han fick inga barn, så titeln som den tolfte hertigen gick till hans lillebror. Den tolfte hertigen har beskrivits som ett »enmansargument mot ärftliga titlar«. Han försörjde sig som lurendrejare och lögnare, något som ledde till ett fängelsestraff i USA för bedrägeri. Han gifte och skilde sig fyra gånger, det sista bröllopet stod i svenska kyrkan i Mayfair. Den tolfte hertigens son är den nuvarande och trettonde hertigen av Manchester, som gift sig med och skilt sig från en amerikanska. En arvinge finns utan större utsikt till arv men med namnet Alexander Michael Charles David

Francis George Edward William Kimble Drogo Montagu, viscount Mandeville.

Alvas slott i Newport, Marble House, användes som miljö vid inspelningen av filmversionen av *The Great Gatsby*.

Sunderland House, som Consuelo flyttade till efter separationen från Sunny, heter nu Lombard House och sägs ibland vara det sista privatpalatset som byggdes i Mayfair. Under senare år ska Lombard House både ha varit upphov till och platsen för en mutaffär med oljeschejker i byggbranschen.

Consuelos kusinbarn, Gloria Vanderbilt, är bland annat artist, skådespelare och pionjär i utvecklingen av märkesjeans. Hennes son är CNN:s nyhetsankare Anderson Cooper, som alltså är brylling med den nuvarande hertigen av Marlborough.

Den elfte hertigen av Marlborough är sonson till Consuelo Vanderbilt och kallas liksom sin farfar Sunny. Han gifte sig för fjärde gången 2008, då med indiskan Ratan Mahtani. Han var 82 och hon 50 år gammal. Hans tredje fru var den yngre systern till den svenske affärsmannen Gustaf Douglas, Rosita Douglas-Stjärnorp. De var gifta i 36 år. Hans andra fru var Athina Onassis, tidigare gift med Aristoteles Onassis. De var gifta i tio år. Hertigens äldste levande son, Charles James Spencer-Churchill, markis av Blandford, föddes i det första äktenskapet med Susan Mary Hornby, vilket också det höll i tio år. Jamie Blandford, som den äldste sonen kallas, gjordes så långt som möjligt arvlös av sin far 1994. Han har bland annat dömts och suttit i fängelse för att ha förfalskat ett läkemedelsrecept, för vårdslöst framförande av fordon och för att ha attackerat en annan förares bil. Han har också förekommit i en dokusåpa i brittisk TV där deltagarna skulle leva som uteliggare. Han vägrade och tog in på ett femstjärnigt hotell. Blenheims ägor kommer att ärvas av Jamie Blandfords son när den nuvarande hertigen går bort.

När Consuelo Vanderbilts far, William Kissam Vanderbilt, gifte om sig i London 1903 var Consuelo och hennes make Sunny bröllopsvittnen. Consuelo hälsade sin styvmor välkommen i familjen med en kindpuss. Styvmodern, Anne Harriman Sand Rutherfurd, var änka efter en viss Lewis M. Rutherfurd, bror till Consuelos påstådda ungdomskärlek Winthrop Rutherfurd. Under första världskriget startade Consuelos styvmor den amerikanska ambulanskåren i Paris. I denna tjänstgjorde den berömda engelska komediennen och sångerskan Zena Dare i tre år. Hon hade 1911 gift sig med Reginald Baliol Bretts son Maurice. En av Maurices systrar hette Sylvia Brett, som gift Sylvia Brooke.

SYLVIA, RANEE AV SARAWAK
(1885–1971)

DE AVGÖRANDE orden föll en sommareftermiddag 1903, strax utanför Windsor: »Om ni tillåter, miss Sylvia, skulle jag vilja att ni lät mig stämma er trumma.« Alla i damorkestern Grey Friars visste vad det innebar, och Sylvia Brooke, född Brett, mindes hur »nitton fientliga ansikten stirrade på mig och nitton besvikna hjärtan önskade att jag skulle falla död ned«.

Den som några årtionden senare läste beskrivningen av Vyner Brooke i *Who's Who* skulle inte uppfatta något anmärkningsvärt med att han vågade tilltala en flicka. Av den presentationen framgick att Brooke hade

> lett ett flertal expeditioner till landets djupaste innandöme för att straffa huvudjägare, förstår ledning av infödingar, härskar över en befolkning om 500 000 själar och ett land med en yta på 100 000 kvadratkilometer.

Det låter inte som en räddhågsen man, men faktum var att Vyner Brooke – ännu inte härskare, *raja*, utan bara kronprins, *raja muda*, av djungelriket Sarawak på Borneos nordkust – var ovanligt blyg. Trots att han var 28 år gammal var hans spontana reaktion då han blev tilltalad att vända på klacken och fly från platsen. Erbjudandet att stämma Sylvia Bretts trumma var en betydande ansträngning för honom. Det bottnade rimligen i något djupare än en önskan om felfria musikaliska harmonier.

Att det försiktiga närmandet inte var ett betydelselöst impulsbeslut bekräftas av att det skulle dröja nästan åtta år innan Vyner fick göra Sylvia Brett till Sylvia Brooke, kronprinsgemål, *ranee muda*, av Sarawak. Under tiden hade han överlevt såväl en allvarlig leversjukdom som ett fälttåg mot blodtörstiga pirater och närkontakt med sin egen blodisande far. Inget hade fått honom att byta föremål för sin kärlek. Den 21 februari 1911 i St Peters Church, Cranbourne i Windsor Forest, kunde löftena till slut utbytas inför en hedersvakt av pojkscouter. Till och med Sylvia Brett var förvånad. Ingen hade trots allt kunnat gissa att hon, lord Eshers dotter, skulle bli huvudjägarnas drottning.

Sylvia Bretts anor var både påtagligt kontinentala och hovmannamässiga. Hennes morfar var den belgiske ambassadören till Storbritannien, senare den belgiske premiärministern, Sylvain Van de Weyer. Han var en av Leopold I:s favoriter och hade gift sig med Elizabeth Bates, vars far ägde samma Barings Bank som långt senare skulle kollapsa efter handlaren Nick Leesons affärer. Hennes farmor, Eugenie Mayer, antas på goda grunder ha varit oäkta dotter till Napoleon. Sylvias far Reginald »Reggie« Baliol Brett, från och med 1899 lord Esher, skulle bli den förste icke-kunglige förvaltaren av Windsor Castle och vann tidigt drottning Victorias och kronprins Edvards gunst. Han lät installera en hiss åt den åldriga drottningen och kunde ses dra hennes rullstol under förtroliga samtal.

Lord Esher var kort sagt en uppseendeväckande framgång som hovman. »Det perfekta smörjmedlet«, enligt diplomaten Harold Nicolson: »till hälften soldat, till hälften politiker, till hälften diplomat, till hälften skriftställare, till hälften en man av god smak«. Men än mer uppseendeväckande än alla dessa hälfter var den långa och imponerande lista av hedersamma utnämningar Reginald Brett hade tackat nej till. Han hade erbjudits chefredaktörskapet för såväl dagstidningen *Daily News*, grundad av Charles Dickens, som den progressiva tidskriften *New Review*. Han hade ombetts att skriva Disraelis biografi, föreslagits som underminister först för kolonierna och sedan för krigsmakten, erbjudits posterna som guvernör för Kapkolonin, som vicekung av Indien och som försvarsminister.

Allt hade han vänligt men bestämt avböjt, liksom en förfrågan om att ta emot den högsta icke-kungliga graden av Bathordern och, sent i livet, ett erbjudande att upphöjas till earl.

Å andra sidan hade han tackat ja till mycket annat. Efter en kort period som parlamentsledamot för liberalerna under 1880-talet hade han varit chef för den brittiska byggnadsstyrelsen, som bland annat ansvarade för de kungliga slottens underhåll. Han hade skrivit flera ansedda historiska verk, lett firandet av drottning Victorias diamantjubileum 1897 och Edvard VII:s kröning 1901, redigerat en utgåva av drottning Victorias brev och deltagit i kommittén som utredde Boerkriget och en annan kommitté med syfte att omorganisera den brittiska armén. Han spelade en ledande roll i styrelserna för bland annat British Museum, Imperial College of Science och konstsamlingen Wallace Collection. Han var kommendör i den franska hederslegionen och medlem av Privy Council, den grupp rådgivare som den brittiske regenten samlar kring sig. Han var allmänt ansedd som en man med närmast omätbara kunskaper och obegränsad energi. »Det var som att vara släkt med *Encyclopædia Britannica*«, sammanfattade Sylvia Brett förhållandet till fadern.

Som tonen antyder var det inte ett alltigenom kärleksfullt förhållande. Lord Esher hade ett begränsat intresse för småbarn. Sylvias äldre syster Dorothy, »Doll«, påstod att hon och

Sylvia i småskoleåldern hade varit ute och gått med sin sköterska i Hyde Park när de fått se sin far gå förbi med en vän. Sköterskan sade åt flickorna att vinka, men lord Esher stirrade bara oförstående på sina döttrar och frågade sin vän varför »de där barnen« vinkade. »Kanske är de dina«, svarade hans vän diplomatiskt.

När lord Esher ändå kände igen och tilltalade sina barn avkrävde han dem, i kraft av sin bildning, en för deras ålder orimligt hög intellektuell förmåga. Typiska samtalsämnen var Maria Stuarts kärlek till Bothwell, Platons dialoger eller Julius Caesar. Sådant gjorde lilla Sylvia stum av nervositet och hennes far irriterad på vad han tolkade som dumhet.

Dumhet var något som lord Esher inte tolererade.

Sylvia var yngst i en skara av två pojkar och två flickor. Hennes bröder hade det lättare, eftersom deras far med självklarhet gjorde skillnad mellan döttrar och söner. Sylvia påstod att hon tidigt förstod att syftet med kvinnor var att de skulle vara männens slavar. Det lärde hon sig bland annat genom att tilldelas uppgiften att varje morgon snöra sina bröders kängor. »Än i dag«, skrev den över åttioåriga Sylvia, »kan jag aldrig se en liten pojke med den sortens skodon utan att drabbas av en brinnande lust att smiska hans uppstudsiga stjärt.«

Att könsrollerna var stereotypa var förstås inget unikt för lord Eshers hushåll, men de blev särskilt tydliga på grund av en påtagligt homosocial sida hos lord Esher. Ett av skälen till att han inte fullföljde sin politiska karriär och antagligen till att han tackade nej till många uppdrag som skulle ha placerat honom i skarpt offentligt ljus var att han livet igenom odlade romantiska förhållanden med andra män.

Som så ofta hade det börjat på Eton, där lord Esher bildat starka band till läraren William Johnson. Johnson var ett erkänt intellekt, *fellow* vid King's College i Cambridge och en hyfsad poet som skrev »The Eton Boating Song«. Han var också en ständig källa till anekdoter på grund av sin tankspriddhet. En gång påstods han ha hastat nedför Windsor Hill med en höna i handen, i tron att det var hans hatt. Men det var också välkänt att Johnsons undervisning hade tydligt homoerotiska inslag, och efter en skandal som ska ha rört en elev tvingades han till sist att lämna Eton och byta namn.

Under alla omständigheter hade lord Esher betydligt enklare att kommunicera med sina söner än med sina döttrar. För Sylvia framstod det som att han »tvingade sina ord genom isbitar« då han tilltalade henne, och hon ger ingen indikation på att hennes far någonsin gav henne hjälp eller vägledning under uppväxtåren. Hon fick visserligen ta del av några goda råd som han hade att ge inför äktenskap, men det skedde av en slump: Hon råkade läsa ett brev som hennes far adresserat till en av hennes bröder.

Förekomsten av ett sådant brev betyder inte nödvändigtvis att det var oproblematiskt att vara son till lord Esher. Breven från lord Esher till yngsta sonen Maurice, kallad »Molly«, skulle till slut fylla 35 volymer, inbundna i rött kalvskinn. Inte bara omfånget och den påkostade bindningen utan även innehållet ger intrycket av att lord Esher var förälskad i sin egen son. I vissa partier är anslaget verkligt oväntat från en far till en ung son:

> *Jag är nästan säkert den första människa som kysste dig alls och helt säkert den förste som kysste dig passionerat. Jag älskar att tänka på dessa fakta.*

Även om tonläget mellan män som stod varandra nära under viktoriansk och edvardiansk tid var mer ömsint än det vi är vana vid måste nog ett sådant stycke betraktas som en aning udda. I mitten på 1890-talet blev av allt att döma lord Esher dessutom förälskad i en femtonårig Etonelev, Teddy Seymour, och gjorde ingen hemlighet av saken. Seymour bodde med familjen Brett under långa perioder, och lord Esher brukade natta honom genom att kamma hans hår med sina fingrar. På Eton varnades de unga pojkarna för att »ta promenader med mr Brett«, som lord Esher ännu kallades i väntan på att få ärva sin titel.

Äktenskapet mellan Reginald Brett och Sylvias mor, Eleanor »Nellie« Van de Weyer, var trots allt lyckligt. Det hade två huvudsakliga skäl: Dels var lady Esher sin mans intellektuella jämlike, dels valde hon att uteslutande använda sitt intellekt till att ge lord Esher någon att spegla sig i. Inget kunde tränga igenom lady Eshers målmedvetna dyrkan av sin man.

Sexualliv var förstås inget samtalsämne i lord Eshers hus. Länge trodde Sylvia att hennes mor hade lagt fyra stora ägg ur vilka hon och hennes syskon kläckts. Men under ytan verkade det sexuella bubbla i hushållet, inte bara mellan lord Esher och hans pojkar. Här förekom förstås bland barnen de vanliga tafatta försöken att lista ut vad det hela handlade om. När Sylvia var i förskoleåldern klädde en åttaårig pojke av henne, granskade henne med händerna i fickorna, visslade, skrattade och konstaterade: »Det *där* var inte mycket att komma med.« Men därtill verkar lord Eshers umgänge ha innehållit en mer än genomsnittlig andel tafsande och kladdande herrar. När Sylvia var tolv passade hennes fars handsekreterare på att inspektera hennes kropp på ett sätt som gav en ny betydelse åt hans yrkestitel. Hennes syster Doll var med om liknande händelser.

Enligt Sylvia var sådana erfarenheter skälet till att hon aldrig riktigt intresserade sig för det köttsliga. Hon sade sig ha byggt en »mur av skräck mot hela det manliga könet« och kallade sexualakten »ganska löjlig«. Samtidigt erkände hon utan omsvep att hon livet igenom flirtade vilt. I förskoleåldern satt hon gärna i sin farfars knä, smekte hans skägg och bönföll honom att gifta sig med henne. Bara några år senare kastade hon så lystna ögonkast på de vaktande soldaterna vid Windsor Castle att hennes annars svårgenerade syster skämdes. En psykolog skulle säkert ha kunnat diagnostisera en form av »battered child syndrome«.

Kanske skulle, trots den flinande åttaåringen, ett flitigare umgänge med jämnåriga ha hjälpt Sylvia, men något sådant stod inte att finna. Lord Esher förbjöd sina barn att umgås med jämnåriga, av rädsla för »mental nedsmutsning«. Det betydde inte att Sylvia levde isolerad, bara att umgänget var en aning udda för en ung flicka. Familjens hus, Orchard Lea, låg på Windsor Castles ägor. Det var en ståtlig byggnad, inredd med gobelänger och glimmande värjor och med en vacker trädgård anlagd av drottning Victorias fjärde dotter, prinsessan Louise, hertiginna av Argyll. Drottningen själv var en så flitig gäst att en särskild ingång till huset byggdes för henne. Närheten till Windsor Castle gjorde också att barnen inte sällan stötte på kronprinsen eller andra dignitärer. Bakom en kulle kunde tyske Kaiser Wilhelm plötsligt stå och skjuta småvilt, och när Sylvia skulle lära sig dansa gjorde hon det med drottning Victoria som publik. Drottningen slog hjälpsamt takten med sin käpp och kommenderade Sylvia att uppträda inför resten av klassen – mestadels prinsar och prinsessor – eftersom hon ansågs ha vackra ben.

Lord Eshers umgänge vid sidan av kungligheter gav också Sylvia ovanliga erfarenheter för flickor i hennes ålder. Författare, kulturpersonligheter och politiker fanns ofta på plats. Lord Rosebery, kortvarig premiärminister, försökte lära sig att cykla på Orchard Lea och föll gång på gång i buskarna. Bland de uppburna besökarna fanns också de som vann en särskild plats i Sylvias hjärta. En av de främsta var pionjären inom det som skulle kallas »new journalism«, W. T. Stead. Han hade genom en sinnrik komplott iscensatt en försäljning av en trettonårig flicka för att kunna avslöja den viktorianska sexhandeln med minderåriga. Den skandalen ledde till skärpta lagar men också till att Stead blev dömd enligt de nya lagarna och fick sitta tre månader i fängelse. För Sylvia var han helt enkelt en godmodig farbror som när det var läggdags ställde sig på alla fyra och lät Sylvia rida på hans rygg medan han röt som en björn. Stead, som skulle omkomma på *Titanic*, var enligt Sylvia hennes »förste vän«.

Ett undantag från regeln att isoleras från jämnåriga var typiskt nog två blivande kungar och en prinsessa: lillprinsen Edvard, senare hertigen av Windsor, hans syskon Albert, senare Georg VI, och Mary. Men det umgänget stärkte antagligen lord Eshers övertygelse om ungdomens fördärvlighet. Vid ett tillfälle nackade Edvard och Mary samtliga ankungar i en närbelägen damm, vid ett annat försvann de tre kungliga syskonen spårlöst och hittades efter mycken oro i stallet där Edvard spänt sin bror och syster för en vagn och drev på dem med en piska. Ändå var lord Esher – inte särskilt förvånande – förtjust i lille prins Edvard, särskilt i hans »änglalika blick«, som skulle kunna göra honom till »en av de största kungarna i historien«.

Sylvia försökte härma Edvards uppsyn i ett försök att vinna sin fars gillande, men effekten blev inte den avsedda. Lord Esher tittade på henne och konstaterade: »Sylvia ser ut att vara förstoppad. Det är bäst att vi ger henne lavemang.«

Lord Eshers hushåll var utan tvivel en mycket privilegierad miljö, men lika uppenbart är att det inte var en särskilt trygg miljö för en ung, känslig flicka. Sylvia blev tillbakadragen och deprimerad. Hon kände sig som den klena minstingen i en kull praktvalpar, drog sig undan med böcker och låste ofta in sig och grät. I de tidiga tonåren, efter att hennes älskade farfar dött och bara lämnat en hälsning till hennes bröder, påstår hon att hon tre gånger försökte ta livet av sig. Det var dramaturgiskt begåvade försök men möjligen efterkonstruktioner för att skänka lite extra färg åt Sylvias memoarer.

Vapnet ska vid det första tillfället ha varit en burk sardiner. Sylvia öppnade burken och lät den stå högst upp i en garderob i en vecka. När hon tvingat i sig det vedervärdiga innehållet borstade hon håret, tog på sig sitt vackraste nattlinne, bad Gud om förlåtelse och lade sig i sängen i väntan på matförgiftningen. Morgonen efter vaknade hon, piggare än hon varit på länge.

Det andra försöket bestod i att under en ovanligt sträng vinter krypa ut naken från sitt sovrum och lägga sig i snön på taket. Olyckligtvis tittade hennes nanny ut just när pinan börjat förvandlas till sömnigt välbefinnande. Sylvia drogs bryskt in och bäddades ned. Morgonen efter var hon inte ens förkyld.

Tredje gången, men inte gillt, låg hon hela natten insvept i blöta handdukar och med blöta sockor på sig i hopp om att det skulle ge henne tuberkulos. Det fanns en romantisk tanke med tilltaget, för tuberkulosoffrens tunna, bleka uppenbarelser associerades gärna till konstnärlighet och olycklig kärlek. Sylvia drömde om att i ett skirt nattlinne hosta blod och tyna bort framför sina föräldrars ögon. Men hon förblev lika frisk och stark som tidigare.

Sylvia skulle skriva sina memoarer två gånger och nyanserade aldrig berättelsen om sin barndom och sin krävande far. Ändå framstår skildringen som en överdrivet drastisk partsinlaga, och *Times Literary Supplement* menade i en annars positiv recension att memoarerna bör klassificeras som »mytobiografi«. Det är svårt att förena Sylvias bild av en far som knappt känner igen henne och aldrig ser någon anledning att bry sig om henne med den relativt omfattande brevväxling hon och hennes far upprätthöll efter det att hon flyttat hemifrån. Tonen i Sylvias brev till lord Esher är kanske inte varm och intim men inte heller formell och distanserad. Hon ber om råd och får sådana. Hon retas med sin far och skämtar. Sylvias uppväxt till trots var de uppenbarligen fullt förmögna att kommunicera med varandra på ett sätt som var meningsfullt för båda parter.

Tids nog var Sylvia i debutantåldern, och vad man än kan säga om lord Esher så höll han på formerna. Sylvia och hennes syster Doll fick en första Londonsäsong i de bästa av kretsar. Omgivna av kungligheter, adelspojkar och artister som Enrico Caruso åt Sylvia och hennes mor regelbundet lunch på Savoy Grill tillsammans med kulturella storheter som George Bernard Shaw, Peter Pans upphovsman J. M. Barrie och kompositören, skådespelaren och sångaren Ivor Novello. Men ingen lämplig friare anmälde sig. För att fördriva besvikelsen började Sylvia skriva och upptäckte att hon hade litterär talang. Hon hade råkat få se att tidskriften *The Woman at Home* utlyst en tävling där den bästa inskickade kärlekshistorien kunde vinna 20 pund. Sylvia tyckte till att börja med att den stipulerade längden – 4000 ord – var oöverstiglig men uppfann en hjälte som stammade, vilket gjorde det möjligt att skriva vart och vartannat ord två eller tre gånger. Resultatet, en smetigt sentimental historia med titeln »Sweet William«, föll juryn i smaken. Sylvia vann och såg plötsligt en framtid som författare.

Hon hade verkligen talang, och både J. M. Barrie och George Bernard Shaw klev beredvilligt fram som litterära gudfäder. Med hjälp av Barrie fick hon, tjugotre år gammal, en första volym med korta berättelser, *Pan and the Little Green Gate*, utgiven. Den fick välvilliga recensioner, liksom hennes nästa novellsamling. Genom åren skulle hon fortsätta skriva, sammanlagt elva böcker, och var dessutom en kompetent amatörmålare.

För första gången kände Sylvia stolthet och att det kanske fanns en mening med hennes liv. Hon brevväxlade med Shaw och Barrie, lätt vimmelkantig av att ha kontakt med sådana storheter. Men Sylvia oroade sig för att förbli ogift, och det syntes i hennes noveller, särskilt en med titeln »The Left Ladies«, de kvarglömda damerna. George Bernard Shaw lade märke till det och gav i ett brev sin syn på saken:

> *Men alla dessa beklagansvärda kumpaner och bundsförvanter du har, titeln, Windsorslottet och de kungliga kompisarna och allt det andra, gör dig så gräsligt dyr och skräckinjagande att adlingarna inte har råd och snobbarna inte vågar. Något måste göras. Den enklaste lösningen är att du utser din man och ställer frågan.*

Det var ett gott råd, men det visade sig alltså överflödigt.

När Margaret, *ranee* av Sarawak, inbjöd ogifta döttrar i bättre familjer runtom Windsor att delta i en orkester under hennes ledning fanns en tydlig plan. Den hade inget att göra med musik men allt att göra med hennes son Vyner Brooke, den blivande och tredje rajan av Sarawak.

Margaret Alice de Windt hade gift sig med Vyners far, Charles Brooke, den andre rajan av Sarawak, 1869. Egentligen hade Charles Brooke haft för avsikt att gifta sig med Margarets mor, en rik änka, men hur det nu var föll hans fyrtioåriga ögon på den snart tjugoåriga Margaret istället. Iklädd frackrock, hög hatt, hjortskinnshandskar och till tonerna av en av Chopins nocturner föll han på knä och överlämnade en egenhändigt komponerad dikt:

With a humble demean
If the King were to pray
That you'd be his Queen
Would not you say *nay*

Margaret hade inte alldeles lätt att hålla sig för skratt, men hon svarade ja. Hon var uttråkad och längtade efter äventyr. Det var den sista gången Charles Brooke ansträngde sig för att vara romantisk. Vid den första middagen på bröllopsresan viftade han bort kyparen med ett irriterat utfall: »Middag! Middag! Ett helt onödigt mål, middag, och alldeles för dyrt!« Charles Brooke förklarade för sin brud att värdshus var poänglösa och att de när som helst, om de skulle bli hungriga, kunde köpa skeppsskorpor i vilken affär som helst.

Charles Brookes bristande känsla för det romantiska, som gick över gränsen till det direkt otrevliga, stod i uppenbar kontrast till den titel han uppbar, för det går knappast att finna en mer romantisk historia än den om Sarawak och dess vita rajor. Historien började med James Brooke, Charles morbror och en viktoriansk äventyrare som skulle ha varit mer sannolik som romanfigur. Han föddes 1803 i indiska Varanasis europeiska förorter, som son till en högre tjänsteman i det brittiska Ostindiska kompaniet. James uppväxt delades mellan Indien och trakterna utanför Bath, där han motvilligt sattes i skola och tog varje tillfälle att rymma, eller på annat sätt skapa lite spänning i sitt liv. Han hade redan som barn en arrogans som fick omgivningen att häpna. En informator som förgäves försökte få James att intressera sig för världens geografi och historia påstås till slut frustrerad ha utbrustit: »Vill du inte lära dig hur länder blivit till?« och ska ha fått svaret: »Nej. Jag vill mycket hellre skapa mitt eget land.«

James var på många sätt sin omvittnat fantasilöse och tråkige fars motsats men blev ändå sina föräldrars favorit i en skara av sex barn inom äktenskapet och en oäkta, men erkänd, son. James far verkar ha varit en ovanligt tillåtande och häpnadsväckande generös förälder. När hans oäkte son hade påbörjat sin karriär inom den indiska armén och skrev till sin far att han »helt enkelt inte kan klara sig utan en elefant« såg Brooke den äldre genast till att en sådan skickades till honom. På samma sätt fick James allt upptänkligt stöd i sitt tidiga liv. När han som sextonåring slog fast att det fick vara slut med studier och böcker och istället tog värvning i det sjätte Madrasinfanteriet var det ingen som stoppade honom.

Historien slutade nästan där, för i det första anglo-burmesiska kriget 1825 sårades James svårt. Mitt i en särskilt blodig attack lär han ha svängt sitt svärd i luften, ropat: »Detta är vad jag är född till!« och sedan fallit till marken träffad av en kula. James Brooke lämnades på slagfältet som död, och endast det faktum att en kamrat insisterade på att bli tagen till hans kropp räddade James liv. Det skulle senare ryktas att kulan hade berövat den då tjugotvåårige James hans genitalier och att detta var förklaringen till att han aldrig producerade några arvingar. Det är med all säkerhet en skröna; kulan hade träffat hans ena lunga. Han tvingades hur som helst tillbaka till Bath och England för en lång konvalescens.

När James väl tillfrisknat hade hans kontrakt med armén gått ut, men hans äventyrslust var om något ännu starkare än förut och att stanna i England var otänkbart. Han skaffade sig ett fartyg och organiserade 1834 en handelsexpedition till Kina. Den blev ett ekonomiskt misslyckande. Men året därefter, 1835, dog James far, och sonen använde arvet på 30 000 pund till att köpa en 142-tons skonare. Det var uppenbart att den inte var avsedd för nöjessegling eller ens handel. Fartyget utrustades med sex stycken sexpundiga kanoner – vilket betyder att de med normalladdning sköt kanonkulor med en vikt strax under tre kilo – monterade på roterande torn. Skonaren döptes till *The Royalist* och flög den vita flaggan som kännetecknar världens mest prestigefyllda segelklubb, Royal Yacht Squadron. Med detta imponerande stridsfartyg gav sig sedan James Brooke iväg i syfte att etablera brittisk överhöghet i de sydostasiatiska regioner som band samman Singapore med norra Australien.

Exakt hur Brooke hade tänkt sig att göra denna privatinsats för imperiet är inte alldeles klart, men så snart han anlände till Singapore öppnade sig en möjlighet. Handeln i antimon med Sarawak på Borneos nordkust hade stoppats av ett lokalt uppror mot sultanen av Brunei, som ansåg sig ha rätten att beskatta antimongruvorna. Brooke vädrade äventyr och erhöll den singaporianska guvernörens uppdrag att besöka området, officiellt för att tacka sultanens farbror Hassim som hade assisterat några skeppsbrutna britter.

Redan när Brooke anlände till Sarawaks huvudstad Kuching i augusti 1839 bad Hassim, som utsetts till guvernör för området med uppdrag att slå ned antimonupproret, om Brookes hjälp. Men Brooke avböjde och ägnade istället ett halvår åt att bekanta sig med regionen och dess invånare. Den visade sig ha allt en äventyrare kunde önska: huvudjagande dajakstammar, exotiska kineser och malajer, hänsynslösa pirater, djungel, naturrikedomar och ett övermått av fara.

I efterhand framstår besöket som en rekognosering, för ett år senare, 1840, återvände Brooke. Läget var nu än värre för Hassim. Denna gång gick Brooke genast med på att skapa ordning i landet, mot att han själv skulle utnämnas till guvernör av Sarawak. Inom ett år lyckades Brooke få grepp om situationen, och i slutet av september 1841 vred han *The Royalists* kanontorn mot Hassims palats för att hjälpa den ännu residerande guvernören att minnas vad han lovat. Hassim blickade in i eldrören och mindes så väl att Brooke utnämndes till suverän härskare, raja, över Sarawak.

James Brooke hade fått sitt eget land.

Hemma i England blev James Brooke känd som »den vite rajan av Sarawak« och var naturligtvis en hjälte av stora mått. I sin roll som upplyst despot visade han sig också förvånansvärt kompetent och klok. Han försökte, så långt som möjligt, att bygga sitt styre på lokala traditioner och både visade och predikade respekt för de olika folkgruppernas särart och religioner. James importerade visserligen en kader av europeiska officerare, som blev kärnan i hans statsapparat, men involverade redan från början stamhövdingar och framstående lokala invånare i landets styre. Malajiska, inte engelska, gjordes till förvaltningsspråk, och de européer som tjänstgjorde i Sarawak uppmuntrades att blanda sig med befolkningen snarare än att hålla sig för sig själva. Samtidigt var Brooke en sann viktorian i sin övertygelse om att han hade plikten att bära den »vite mannens börda«. Slaveri, rituella amputationer och laglöst plundrande förbjöds och beivrades, handfast om så krävdes. Dajakstammarnas huvudjägartradition undertrycktes också, även om det var en svår uppgift. En dajakkrigare kunde knappast få någon fru om han inte kunde visa upp en samling torkade och rökta huvuden för att locka henne. Det spelade mindre roll om huvudet hade tillhört en annan krigare eller en gammal dam som blivit av med det under risskörden. Det fanns även andra seder som var svåra att bli av med, som till exempel vanan att driva den första pålen i ett nytt långhusbygge genom en jungfrus kropp i syfte att blidka gudarna.

Under alla omständigheter lyckades Brooke inte bara hålla kontrollen över Sarawak utan utökade också sitt territorium högst betydligt. Till en början skedde det med brittiska flottans hjälp, men Brooke stördes av att den brittiska kronan, till skillnad från exempelvis den amerikanska regeringen, dröjde med att erkänna hans suveränitet. Inte förrän 1864 kom ett sådant erkännande. En del kritiska röster höjdes också i England mot Brookes enmansstyre. I brev till England hade han låtit undslippa sig att han skulle vilja »utrota« de mer aggressiva stammar som plågade Sarawak genom att sluta sig samman i stora rövarflottor som utan varning mördade och plundrade i kustbyarna. Det upprörde de så kallade humanitärerna i det brittiska parlamentet, bland dem Cobden och Gladstone, något som sårade Brooke och satte käppar i hjulet för hans olika planer.

Sarawaks ekonomi växte, men några större rikedomar hamnade inte i James Brookes egna fickor. Med tiden blev hans ekonomi så bekymmersam att han i slutet av 1850-talet försökte sälja sitt land till någon europeisk stormakt. Av det blev intet. På 1860-talet återvände han till England, bosatte sig i en avlägsen by på kanten av Dartmoorheden och tjänstgjorde fram till sin död 1869 som kyrkvärd.

Vid det laget hade hans efterträdare redan tagit vid. Eftersom James Brooke inte hade någon egen avkomma fick han se sig om efter andra släktingar. Det ledde till en utdragen och konfliktfylld process, där tilltänkta arvingar gjordes arvlösa och nya utsågs. Till slut var det alltså systersonen Charles Brooke som slog sig ned på tronen som den andre vite rajan av Sarawak.

Charles Brooke, född Johnson, hade handfast tagit del av Sarawaks styre sedan 1840-talet. I flera av de krigståg James Brooke lett mot pirater, rebeller och huvudjägare hade Charles Brooke utmärkt sig, och en gång hade han nära nog träffats av en kanonkula. Han verkade dela sin morbrors förakt för fara men gav knappast intryck av äventyrslust utan snarare av sammanbiten beslutsamhet. »Min systerson är alldeles för förbannat allvarlig i min smak, eller så är jag alldeles för förbannat lättsinnig i hans«, ska James Brooke ha sagt. Som härskare av Sarawak fortsatte och utvecklade Charles den kurs James Brooke lagt fast. Han var frankofil med Napoleon som föredöme, ansåg sig liberal och kallades »en fruktansvärd radikal« av åtminstone en samtida bekant. Jakt och friluftsliv hörde till hans passioner, och alla former av bekvämlighet mötte han med förakt. Soffor ansåg han leda till att man blev bortklemad, och fåtöljer var »kvinnliga och veka«. Under Charles Brooke växte Sarawaks territorium än mer – landet skulle till slut ha samma yta som England. Genomgripande moderniseringar skedde, och ekonomin utvecklades. Han förde en ständig kamp mot utländska intressen som ville exploatera Sarawaks naturresurser, för Charles Brooke var något så ovanligt som en kolonialherre med starka antikoloniala impulser. Sarawaks resurser tillhörde dess folk, inte utländska spekulanter, det var hans fasta övertygelse. De snabba inkomster sarawakierna då och då lockades av blev därför aldrig mer än drömmar.

Idén att Sarawaks europeiska elit inte skulle isolera sig utan beblanda sig med lokalbefolkningen delade Charles med sin morbror. Till skillnad från James Brooke var Charles Brooke också intresserad av de inhemska kvinnorna och uppmuntrade sina officerare att inleda öppna och officiella förhållanden, åtminstone med malajer. Han såg ogärna att de gifte sig, ens med brittiska kvinnor, eftersom han menade att gifta officerare blev odugliga. Däremot kunde de inhemska kvinnorna vara till stor nytta som »sängkammarlexikon«, och den blandade avkomma som blev resultatet ansåg Charles Brooke vara särskilt väl lämpad att sköta Sarawaks styre under kommande generationer.

Charles Brookes övertygelse om att enkelhet alltid var att föredra framför elegans och bekvämlighet tog sig många uttryck. Hans söner tilläts inte äta sylt, eftersom det var »alltför feminint«. Deras byxfickor syddes igen, för att förhindra att sönerna fick den vedervärdiga vanan att låta händerna vila. Själv klädde sig Charles Brooke helst som en enkel sjöman, och hur lite han brydde sig om sitt utseende manifesteras i den osannolika historien om hur han sent i livet fick sitt porslinsöga. Under en rävjakt i England hade en gren petat ut hans vänstra öga, och när erforderlig sjukvård var slutförd ansåg Charles Brooke att saken var utagerad. Hans tomma ögonhåla gjorde inte hans redan kärva anletsdrag mer inbjudande, och något år senare, när han vandrade på en gata i London tillsammans med sin äldste son Vyner, repade sonen mod och förslog »käre far« att han skulle skaffa sig ett porslinsöga.

»Det har du helt rätt i, min gosse«, svarade Charles förvånansvärt medgörligt och lade till att det inte fanns någon anledning att skjuta upp saken. Far och son Brooke råkade just då passera en konservator som i sitt skyltfönster hade flera exempel på de djur han stoppat upp. Charles Brooke stegade in och betalade kontant för det första öga i ungefär rätt storlek som han fick syn på. Det hade tillverkats i syfte att ge liv åt en uppstoppad albatross men kom nu att följa Charles Brooke under återstoden av hans liv.

Det är svårt att tro att just den berättelsen är helt sann, men fotografier av Charles Brooke motsäger inte direkt historien. Hans vänstra öga har en död, fågelliknande dimmighet och en aningen avvikande storlek. Det påstådda händelseförloppet fångar i varje fall Charles Brookes märkliga personlighet. Hade Margaret de Windt haft en klarare bild av denna personlighet när hennes blivande man gjorde sitt poetiska frieri, skulle hon kanske tvekat att svara ja. Men romantiken i berättelsen om Sarawak, dess huvudjägare, pirater och vita rajor var oemotståndlig. Hon förstod också från början att den fyrtioårige Charles, som var nybliven raja, var i stort behov av arvingar. På denna punkt gjorde Margaret Brooke, som ranee av Sarawak, allt som rimligen kunde krävas av henne och mer därtill. Hon följde med sin raja till hans rike, och i en första kull födde hon två pojkar och en flicka. Men äktenskapet var olidligt, och även om Margaret Brooke funnit mycket hon uppskattade i Sarawak separerade paret i praktiken. Charles fick allt oftare vistas ensam i sitt kungarike, medan Margaret stannade i England. Det som förändrade saken var att alla tre barnen dog i kolera på väg till England och lades i sjögrav i Röda havet. Återigen stod kungariket utan kronprins, raja muda, och Margaret återförenades med sin man för att göra något åt saken. Hon födde, i en andra kull, ytterligare tre söner, äldst bland dem Vyner.

Sådan plikttrogenhet borde ha gjort Charles en aning blidare i sin behandling av Margaret, men så var det inte. Paret levde snart isär igen. Det som fällde avgörandet denna gång var att Charles, som hämnd för någon påstådd oförrätt, lät avliva sin hustrus älskade duvor och servera henne dessa i en paj. Det var knappast en förbättring jämfört med Charles ovilja att under bröllopsresan alls köpa sin hustru middag men möjligen en förklaring till att Margaret senare i livet blev beskyddare av London Vegetarian Society.

Margaret Brooke var inte på något sätt en hunsad och undfallande hustru. Sin hemske make, förlusten av sin första barnkull och allt annat tragiskt till trots behöll hon en kombination av frimodighet och auktoritet som gjorde intryck på de flesta. Hon var handlingskraftig, osentimental och aldrig rådlös. När det saknades pengar till de tre sönernas skolgång pantsatte Margaret helt enkelt diamanten Star of Sarawak – det närmaste kronjuveler ätten Brooke kunde komma – för att betala avgifterna. Hon visste hur man med sin blotta uppenbarelse dominerade ett rum, var intelligent och inte lite förslagen. Idén om att sätta samman en damorkester var ett typiskt exempel på detta.

Som ranee av Sarawak var Margaret inte utan ställning i det England hon återvänt till för att slippa sin man, men det var samtidigt en titel som var mer exotisk än statusbringande. Det var inte någon självklarhet att hennes söner, inte ens tronföljaren raja muda Vyner, var att anse som ett gott parti för en attraktiv adelsfröken. Vyners blyghet försvårade dessutom alla försök att bryta igenom den sociala muren. Margaret Brooke insåg därför att hon, efter att ha bistått med successionen i ledet efter sin man, också måste se till att successionen efter Vyner tryggades. Damorkestern Grey Friars var helt enkelt hennes sätt att tvinga samman sina söner med tjugo unga ogifta flickor av bättre familj och därigenom få dem att finna lämpliga gemåler.

Det visade sig vara en mycket god idé. Tids nog skulle alla tre sönerna gifta sig med var sin av musikanterna i Grey Friars. Men den viktigaste och avgörande händelsen var förstås den äldste sonens val av partner. När Vyner Brooke vågade fråga Sylvia Brett om han fick stämma hennes trumma måste rummet ha fyllts av skilda men starka känslor. Sylvia själv noterade bara de andra flickornas avundsjuka, men hade hon lagt märke till Margaret Brooke skulle hon antagligen ha kunnat notera något som snarare var en blandning av lättnad och triumf.

Doll, Sylvias syster, spelade mindre slagverk i Grey Friars och stod främst i ledet av de nitton avundsjuka flickor som inte hade valts ut av Vyner Brooke. Hon hade vid sekelskiftet nått gränsen för vad hon tålde vad gällde livet i lord Eshers hushåll och letade aktivt efter en flyktväg. Ranee Margaret var den bästa biljett som dittills kommit i hennes väg. Strax efter att orkestern bildats började hon skicka vädjande brev till raneen.

Så ofta hon kunde smet hon ut bakvägen och tog sig till familjen Brookes hus. Hennes efterhängsenhet blev till slut så besvärande att ranee Margaret bjöds in till Orchard Lea för ett samtal med lord och lady Esher. Doll fick inte närvara, och när mötet var över informerade hennes föräldrar henne om att ranee Margaret inte längre ville träffa henne. Strax därefter blev det tydligt att Doll struntat i ordern, för ett brev från raneen anlände till lord Esher:

Doll dyker upp överallt. Jag vet aldrig var jag får se henne härnäst. Häromdagen när jag öppnade den lilla matluckan som förbinder mitt kök med matsalen och förväntade mig att få se en trevlig lammbog såg jag istället er dotter Doll med ett självgott leende på läpparna.

Brevet var i själva verket ett under av återhållsamhet, för vad som verkligen hade hänt var att Doll, som ansett sig förrådd av raneen, hade tagit sig in i Brookes kök genom matluckan och jagat raneen med en kökskniv i handen.

Något blodvite uppstod inte, och Doll och raneen försonades efter knivincidenten. Senare skulle Doll hävda att det var raneen som introducerade henne för konsten, en inte oväsentlig insats, eftersom hon med tiden studerade vid konstskolan Slade i Bloomsbury och blev en erkänd målare, »Brett« i Bloomsbury-kretsarna. Hon var för övrigt den enda rekryt som författaren D. H. Lawrence lyckades locka till sitt planerade konstnärssamhälle i Taos County, New Mexico. Där levde hon i en triangelrelation med Lawrence och hans hustru Frieda von Richthofen och blev kvar efter att paret Lawrence lämnat Amerika. En senare besökare beskrev henne iförd ridstövlar, ljusblå ridbyxor och sombrero med en fasanfjäder. Hon hade börjat tala med bred amerikansk brytning och valde under en period amerikanska bombplan som favoritmotiv för sina målningar.

Men detta låg ännu i framtiden, och hade Vyner Brooke 1903 friat till Doll skulle hon tvivelsutan ha sagt ja. Vid ett tillfälle uppmanade ranee Margaret till och med sin son Vyner att kliva in i biblioteket, där Doll skulle sitta, och göra just detta. Den blyge Vyner lydde sin mor men blev så ställd när Doll stod och inte satt att han vände och hastade ut ur rummet. När Vyner istället fastnade för Sylvia hade ranee Margaret inget emot det, men Doll väste: »Varför skulle det bli du?«

Dolls avoghet var inget jämfört med lord Eshers. Han kunde inte tänka sig att en raja – vit, brun eller grön, hade något att erbjuda hans dotter, annat än primitiv vulgaritet. Det var, enligt Sylvia, i hennes fars ögon ingen tvekan om att den som valt att leva i Fjärran östern måste vara »en oönskad galning med obeskrivliga vanor«. Djungelriket Sarawak såg han som ett skämt ur en Gilbert & Sullivanmusikal, och rajans despoti stred mot hans liberala övertygelser. När Vyner Brooke tog ytterligare steg i sin uppvaktning och skickade kärleksbrev till Sylvia sände lord Esher följaktligen iväg henne till det avlägsna Perthshire i Skottland. Hon skulle gömmas tills det hela blåst över.

Sylvia själv, sjutton år, var enligt egen utsago alltför oerfaren och timid för att riktigt veta hur hon skulle sköta situationen men lyckades i alla fall hålla kontakt med Vyner. Med hjälp av Doll arrangerades till och med ett rymningsförsök, för när Sylvias syster förlikats med att slaget var förlorat för egen del främjade hon med liv och lust den förbjudna romansen. Sylvia, i de hemliga instruktionerna kallad »paketet«, skulle levereras till en närbelägen pub, Squirrel Inn, där Vyner skulle hämta henne med bil och gifta sig med henne i hemlighet. Sylvia följde instruktionerna, men Vyner dök aldrig upp. Till sist kom beskedet att hans bil hade fått motorstopp och omöjligt gick att starta igen. Sylvia måste själv hyra en bil och chaufför och hämta upp Vyner. Men där brast Sylvia Bretts mod. Hon sprang hem, ingen hade upptäckt att hon saknades, och brast i gråt. Doll skällde ut henne och kallade henne en feg idiot.

Så snöpligt verkade det sluta, och allt Sylvia hade kvar var några brev och en liten trumma i silver med inskriptionen »Från en vän« som Vyner skickat henne. Det var nu debutanten Sylvia tappert försökte finna en alternativ förälskelse, misslyckades och började skriva. Vid ett tillfälle lydde Sylvia Shaws råd att bestämma sig för en man och fråga honom om han ville gifta sig med henne. Hon valde den tjugofem år äldre J. M. Barrie, som just tvingats skilja sig från sin hustru efter att hon tagit en av hans vänner som älskare. Barrie var klok nog att svara nej. Sylvias rädsla för att bli en ogift nucka växte starkare, men då dök Vyner upp igen.

Det hela var tämligen odramatiskt. I december 1910 anlände ett brev från Vyner till Sylvia. Han var åter i England, hade just hämtat sig från en allvarlig leversjukdom och gjorde en sista vädjan till Sylvia, drygt sju år efter att de först mötts, att bli hans hustru. Hon ljög i ett brev att hon var kär i någon annan men drabbades omedelbart av tvivel och visade sin far Vyners brev. »Det här är ett förtjusande brev. Han verkar vara en trevlig karl. Varför inte träffa honom?« var lord Eshers reaktion, som om det tidigare motståndet aldrig existerat. Kanske var Sylvias far helt enkelt lika rädd som Sylvia själv att hon skulle förbli ogift. Hennes bror Maurice gav samma råd, och Sylvia skickade ett telegram som skulle hinna fram före det avspisande brevet.

Paret träffades över en middag som inte blev någon succé. Sylvia hade förväntat sig ett frieri, men Vyners blyghet ledde till att hon fick något annat. Kvällen ägnades mestadels åt en historia om hur Vyner blivit inlåst på en toalett och därför missat en fest till vilken han skulle eskortera sin mor och den franska kejsarinnan Eugénie:

> Min syster väntade på mig högst upp i trappan när jag återvände hem. »Nå!« flämtade hon: »Frågade han dig? Gjorde han det?« »Vi hade en diskussion om toaletter och rörmokeri«, svarade jag ömkligt och brast ut i en flod av tårar.

När Vyner något senare fattade mod och friade var det ren tur att han kom till skott. Han hade fått se att Sylvia hade ett hål på strumpan och hade svårt att koncentrera sig men lyckades till slut. Sylvia svarade lättad ja.

Det var meningen att det skulle bli ett relativt litet bröllop, men »litet« är just en relativ term, och det var trots allt lord Esher som stod för det hela. Ceremonin skedde i den lokala kyrkan i Windsor Forest, vigselförrättaren hämtades från det kungliga kapellet, bröllopspresenter anlände från kungen och nedåt, maten lagades av Savoys bästa kockar, och pojkscouter i nypressade uniformer stod på parad. Till och med den buttre Charles Brooke hade lockats dit, mot sin vilja. Han var mycket avvaktande till det val hans son och kronprins gjort. Bakom Sylvia såg han lord Esher och bakom lord Esher en konspiration inom det brittiska etablissemanget i syfte att roffa åt sig Sarawaks naturtillgångar och förslava dess befolkning. Charles Brooke hade knappt anlänt till mottagningen förrän han ryckte tag i närmaste person och begärde besked: »Hur i helvete kan jag ta mig ut ur det här förbannade huset?« Den tillfrågade pekade häpet på dörren, och Charles Brooke försvann. Han hade ingen aning om att den han frågat var lord Esher själv.

Även pressen hade insett hur kittlande exotiskt bröllopet var och dök upp i betydande mängd. För första gången publicerades bilder på Sylvia under vilka det stod sådant som »drottning över Borneos vilda män«. Vyner beskrevs som »herre och tagare av liv« och »den främste envåldshärskaren i världen«. George Bernard Shaw uppskattade det absurda i situationen och skrev en liten dikt till den nya ranee mudan:

Ride a cock horse
To Sarawak Cross
To see a young Ranee consumed with remorse
She'll have bells on her fingers
And rings through her nose
And won't be permitted to wear any clo'es.

Shaw bjöd Sylvia och hennes »hedniske potentat« på middag, men Vyner var alltför blyg för att träffa en så uppburen författare – han påstods låsa in sig i en klädkammare om någon bemärkt person hälsade på – så planerna skrinlades. Bröllopsresan skulle gå till Italien, men först måste Sylvia förstås klara av bröllopsnatten, något hon inte såg fram emot. Ljudet av Vyners fotsteg då han närmade sig hennes säng lät för henne »som slag på en bödels trumma«. Morgonen efter kändes det bättre när Vyner sökte hennes blick, gjorde en grimas och sade: »Jaha, det var det, nu kan vi fortsätta till Rom.«

De nygifta trivdes tillsammans, men Vyners blyghet var inte alldeles övervunnen. Han hade tagit med sig en bok med roliga historier på bröllopsresan. Ur den läste han högt för att roa sin hustru. I Sorrento vid Neapelbukten var utsikten så vacker och Vyner tillräckligt säker för att han äntligen skulle glömma boken. Där antar Sylvia att deras första dotter blev till. Innan den förstfödda, Leonora, hade fyllt ett år skulle Sylvia vara på väg till Sarawak för första gången.

Sylvia Brooke beskriver sin enväldige man med värme och förståelse:

> Min man började sin regeringstid inte så mycket som en kung över sitt folk utan som en herde över sin flock. Han var deras vän och rådgivare, deras examinator och ibland, något han beklagade, deras bödel.

Det senare var bokstavligen sant, för en av rajans alla plikter var att skipa rättvisa bland sina undersåtar. När Vyner väl tillträtt skulle han förvisso få rykte om sig bland lokalbefolkningen att vara blödigare än sina föregångare. Kunde han så omvandlade han dödsstraffen till straffarbete, och vid ett tillfälle påstods han ha inte mindre än nio dömda mördare som trädgårdsmästare i sitt palats i Kuching. Landets skarprättare, den »vekhjärtade« Subu, hade inte mer att göra än att han också fungerade som bärare av det gula paraply som ceremoniellt hölls över rajan och, i dennes frånvaro, raja mudan.

Sarawak hade egen flagga, egna frimärken, en ordningsmakt, en nationalsång skriven av ranee Margaret och under en period till och med ett eget flygvapen, även om det senare bara bestod av två sjöflygplan, varav ett kraschade strax efter leverans. Rajans absoluta makt framstod som en asiatiskt absurditet för de britter som fick höra om den, men antagligen skulle många av dem ha känt igen sig om de hade gjort ett besök i Sarawak. Styret av landet liknade snarast det relativt öppna och otvungna sätt på vilket engelska lantgods i sekel hade skötts. Dörren till herresätet, palatset Astana, stod alltid öppen. Rajan rörde sig bland sina undersåtar och deltog i vardagligt arbete, ofta utan några onödiga ceremonier. Det bidrog till att alla tre på varandra följande rajor var förvånansvärt populära bland befolkningen.

Men viss pompa och ståt hörde ändå en enväldig härskare till. Den sidan av livet avskydde Vyner, men den tilltalade Sylvia, även om hon enligt den sarawakiska traditionen nu verkligen var sin mans slav och vid offentliga ceremonier måste gå fyra steg bakom honom. Efter en knapp vecka i kungariket skrev hon till George Bernard Shaw:

Du skulle inte känna igen oss om du såg oss här, och vad mera är: Du skulle inte vilja känna igen oss, du med dina anti-kungliga, antisnobberiidéer – för, ack, jag är inte längre vad jag en gång var, en ödmjuk plikttrogen fru, utan en skriande snobb med ett huvud större än den största kokosnöten i landet. Om jag berättar för dig att varje gång jag går ut och plockar blommor i trädgården följer högvakten med, att så snart jag åker till byn för att köpa en knapp samlas sextio personer utanför affären, att när vi är på väg till middagen spelas nationalsången när vi går uppför trappan och att vi sitter på guldtyg, tror du då på alltihop och skulle du känna igen din lilla simpla vän som brukade komma och gå utan ceremonier och vanligtvis per buss?

Till sin far skrev Sylvia för att få råd vad gällde titulaturen för dottern Leonora:

Säg mig, vad tycker du att hon ska kallas, prinsessan Leonora av Sarawak, eller [det malajiska] dayang någonting? Jag lutar åt prinsessa, som de infödda rajornas döttrar. Ingen kommer att begripa vad dayang betyder. [...] En annan sak – du kan väl vara snäll och ge mig adressen till vapensköldsmannen, eftersom jag vill ha fullklistrat med kronor överallt – i själva verket är det ditt fel att jag är en rasande snobb och bara tänker på kronor och regalier.

Det är lätt att förstå om det första besöket i Sarawak i maj 1912 steg Sylvia åt huvudet, för naturen var förtrollande och undersåtarna hade tagit emot sin kronprins och hans hustru enligt protokollet. De anlände visserligen på en ångare som i övrigt var lastad på så sätt att den erbjöd den intressanta doftkombinationen av torkad fisk, hästar och sagogryn, men så snart de styrt in i Sarawakfloden mot Kuching visste Sylvia att hon hamnat rätt. Omgivningarna var fantastiskt vackra och exotiska på ett sätt som hade en märklig effekt på henne: »Jag visste att ett långt, mörkt kapitel i mitt liv drog mot sitt slut. Min barndom var äntligen över, och jag hade kommit hem.«

När huvudstaden Kuching kom inom synhåll började gonggongar ljuda, och när skeppet passerade Kuchings fort sköts det salut. Den kinesiska befolkningen brände av smällare och fyrverkerier, och Kuchings samlade invånare vinkade med sidennäsdukar på stranden under en banderoll i heligt gult med texten »Välkomna Ers högheter, raja muda och ranee muda«. Sex vitklädda malajpojkar paddlade dem från fartyget till Astanans brygga i en täckt, vit kanot. Där väntade företrädare för statsapparaten, uppklädda till tänderna och underdånigt hälsande. Det gula statsparaplyet fälldes ut över raja mudans huvud, och ranee mudan följde sin härskare och make i spåren längs en färgglatt uniformerad hedersvakt som skyldrade gevär, medan den sarawakiska jägarkårens musikpluton spelade nationalsången.

Astanan var inte särskilt palatslikt, utan i själva verket tre vita bungalows som hade byggts som bröllopspresent till ranee Margaret, sammanlänkade med korridorer och terrasser. För inredningen stod den regerande rajan, Charles Brooke, och den harmonierade med hans förakt för bekvämlighet och estetik. Trots det fann sig kronprinsparet snart tillrätta. Medan Vyner, som ställföreträdare för sin för tillfället bortresta far, tog hand om rikets affärer, dömde brottslingar och invigde en ny torrdocka ägnade sig Sylvia åt att skriva – en av hennes noveller publicerades snart i *Sarawak Gazette* – att upptäcka sitt nya land och att spela golf och tennis på Sarawaks country club. Luncher och middagar serverades av uniformerade lakejer – vita uniformer till lunch och mörkblå till middag – medan två malajpojkar fläktade paret med långa solfjädrar. Sylvia trivdes och två detaljer i inredningen föll ändå ranee mudan i smaken: dels de ornamentala innertaken, snidade av en kinesisk hantverkare, dels de jättelika burar där palatsets invånare sov på hårda sängar bäddade med mattor av dajakmodell. Burarna var till för att hålla ovälkomna insekter och ormar ute, och Sylvia kände sig trygg.

Det burarna inte kunde skydda mot var självaste rajan, Sylvias svärfar. När det efter en månad meddelades att Charles Brooke, då åttiofyra, var i antågande från England var det slut på den kungliga friden.

Man kan förutsätta att Sylvias beskrivning av sin svärfar, »en barsk gestalt med en höklik näsa, ett porslinsöga från vilket en ständig rännil vatten droppade ned på hans snövita mustasch och ett hjärta av sten«, har karikerande drag, men hennes överdrifter är ändå baserade på observationer som andra bekräftat. När raja Charles Brooke anlände »darrade statstjänstemännen av skräck« och »leendena i våra malajpojkars ansikten försvann«. Han hanterade sitt land som en sträng men framstegsvänlig storbonde som mätte allt i avkastning, skördar och tunnland utan att låta sig påverkas av blomsterprakten eller att njuta av sol och sällskap. Det enda undantaget var ett utvecklat intresse för kvinnor, hans höga ålder till trots, och de utvalda uppvaktades i brev på »hård och platt« franska, eftersom rajan ansåg det språket lämpligt för känslor.

Den andre rajans sociala aktiviteter var schemalagda och glädjelösa. En gång i veckan höll polisens orkester utomhuskonsert, och alla i hovet förväntades klä upp sig och lyssna uppmärksamt medan de dröp av svett och ansattes av myggor.

Rajan själv var förhållandevis döv, vilket inte var en nackdel med tanke på orkesterns förmåga. Då och då hölls formella mottagningar i palatset för de mest framstående malajerna och kineserna, mest av plikt. Stämningen var nervös, och rajan tröttnade ofta tidigt och ställde sig då vid yttertrappan med en utsträckt hand som en inte alldeles finkänslig signal till gästerna att de förväntades gå hem.

Finkänslighet var över huvud taget inte den andre rajans gebit. Vid en mottagning i palatset stod gästerna på en av verandorna, och Sylvia, som plötsligt hörde ljudet av vatten som föll från hög höjd, påpekade att det hade börjat regna. Hon förstod inte varför en så trivial kommentar möttes med generad tystnad, tills hon vände sig om och fick se sin svärfar oförblommerat urinera över verandaräcket ned på kannablommorna.

Men det rajan saknade i social kompetens tog han igen i målmedvetet arbete. Charles Brooke byggde vägar och fördämningar. Han såg till att skolor, kyrkor, kontor och ett museum uppfördes, att en golfbana, en country club och till och med en hästkapplöpningsbana anlades. När han var över åttio beordrade han byggandet av ett vattenverk, en 16 kilometer lång järnväg in i landets svårgenomträngliga inre och en radiostation. Allt skedde inte utan missöden: Radiomasten antogs bland kineserna vara en stege till Gud, och en undersåte klättrade upp i den och kastade sig ned med följd att han försvann i den mjuka marken så att bara benen stack upp. Men rajans envetenhet övervann för det mesta problemen, och med fickuret i handen kunde han från sin veranda belåtet lyssna till hur kungarikets enda lok avgick och anlände i tid.

Vid Sylvias första möte med rajan i hans eget land i juni 1912 var det en annan sorts förändring envåldshärskaren planerat. Rajan hade i förväg beordrat att han inte ville ha något officiellt välkomnande med salut och hedersvakt, och skälet stod snart klart. Han hade inte anlänt för att delta i firandet av sin sons giftermål utan för att dra undan den kungliga mattan under sin sons fötter. Proklamationen offentliggjordes ett par dagar efter att Charles Brooke anlänt, och även om den inte uttryckligen innebar att Vyner ersattes som kronprins av sin yngre bror Bertram var andemeningen tydlig. Om Sylvia inte förmådde föda Vyner en son och arvinge före Charles Brookes död skulle titeln som raja gå till Bertram. Vad mer var skulle Bertram, då han besökte Sarawak, mottas med full kunglig salut och dessutom ges en position som i praktiken innebar att Vyner, även om han blev raja, skulle tvingas söka sin brors medgivande i alla väsentliga beslut.

Proklamationen var i Vyners ögon inget mindre än ett försök till statskupp. Kanske än mer så i Sylvias ögon, för under den korta tid hon varit i Sarawak hade hon fått smak på att vara kunglighet och hade ingen lust att återgå till ett liv som en enkel dotter till en lord. Den harmoniska lojheten i Sarawak ersattes av ett ställningskrig där alltmer upprörda officiella skrivelser skickades mellan rajan och raja mudan. Vyner bedömde effekten av sina ilskna brev till sin far genom en fältkikare: Ju fler tjänstemän som uppbragt svärmade kring statskontoret, »likt arga bin som fått sin drottning förstörd«, desto kraftigare hade rajan reagerat.

Det var förstås en olöslig situation. Envåldshärskare kompromissar inte. Och Vyner tänkte inte backa. I slutet av juni meddelade han sin far att han och Sylvia inte såg någon annan möjlighet än att omedelbart lämna Sarawak. Båda skrev varsitt oförskämt brev till Vyners bror Bertram, som var på väg med sin fru Gladys – en gång ansvarig för triangel och mandolin i Grey Friarsorkestern. Sedan seglade de iväg mot Singapore.

Vad som låg bakom Charles Brookes tilltag har aldrig riktigt retts ut. En förklaring var antagligen att han ansåg Vyner vara alltför bekväm och svag för att fungera som raja. Inget tyder på att Vyners bror Bertram hade några maktambitioner, tvärtom skulle han livet igenom vara ytterst lojal mot såväl Vyner som Sylvia. En annan förklaring var Sylvia. Charles Brooke betraktade henne med misstänksamhet och skepsis. I henne såg han en maktlysten och samtidigt slappt hållningslös person av ett slag han genuint ogillade. Hon utövade ett dåligt inflytande över Vyner, ansåg han och skulle skylla sin konflikt med denne på Sylvia, som han menade hade uppviglat Vyner mot honom. Hon var lord Eshers dotter och därmed kopplad till det brittiska hovet och alla de intressen imperiet stod för. Föreställningen om att lord Esher genom sin dotter ledde någon form av konspiration mot Sarawak i syfte att lägga vantarna på landet och dess tillgångar fanns säkert i hans sinne. Genom att sätta Vyner under Bertrams förmyndarskap ville han försvara ätten Brookes intressen.

Till det kom frågan om ättens fortlevnad efter Vyner. Sarawak hade, enligt de regler James Brooke lagt fast, manlig tronföljd. Sylvia hade fött en dotter. Om det inte blev bättring i det avseendet skulle Sarawak stå inför ännu ett osäkert generationsskifte efter Vyner. Det var riskabelt, särskilt om man förutsatte att brittiska konspiratörer stod redo att kliva in och utnyttja alla oklarheter i Sarawaks ledning till egen fördel.

Här började palatsintrigerna som mer eller mindre intensivt skulle följa Sylvia större delen av hennes fortsatta liv. Hon var på intet sätt bara ett offer för dem, oftare skapade hon och drev själv på intrigerna. Tillbaka i England fick Sylvia höra rykten om att en hemlig uppgörelse hade skett mellan rajan och brittiska kronan, som gick ut på att Sarawak skulle säljas till imperiet. Det var en högst osannolik tanke. Den visade sig också vara grundlös, men det är talande hur upprörd Sylvia blev. Hon utnyttjade alla kontakter hon kunde uppbåda genom sin far för att ta reda på vad som var i görningen och skrev till lord Esher: »Vi kan bara sitta här och föreställa oss hur de kära malajerna drivs ut i djungeln – för ingen regering skulle stå ut med deras drömmande lättja.« Trots att hon bara hade vistats i sitt nya land i en månad tog hon med självklarhet på sig rollen som Sarawaks beskyddare mot den raja som trots allt funnits på plats sedan sextio år och aktivt skött landet i fyrtio. Även om Sarawak inte skulle säljas såg hon framför sig hur den gamle rajan skulle tömma de nationella reserverna för att finansiera »projekt utan någon nytta för landet« och hur Bertram skulle använda de medel Sylvia ansåg var Vyners och hennes dotters till att skämma bort sin fru: »Gladys älskar att svassa runt i nya klänningar, handväskor i guld och titlar.«

Det var en aning orättvist, med tanke på hur Sylvia gladde sig åt sin egen titel och hur besvärad hon var när den inte togs på allvar. Strax efter att Vyner och Sylvia kommit tillbaka till England bjöds de in till Buckingham Palace, men inbjudan var ställd till de helt ofrälse »Mr & mrs Vyner Brooke«. »En fruktansvärd besvikelse efter att nationalsången spelades, till och med när vi skulle gå till badrummet«, skrev hon, bara halvt på skämt, till sin far. Men även om Sylvia älskade sin upphöjelse kunde ingen anklaga henne för att uppträda högfärdigt. På besök hos lord Esher ett halvår efter att de lämnat Sarawak drog Sylvia nytta av den första snön genom att iförd en rosa jacka och vit mössa åka pulka på en tebricka i silver och skrikande av skratt slå kullerbyttor i backen. »En verkligt majestätisk syn«, kommenterade Sylvias far torrt. Han skulle senare lika torrt konstatera: »Hon ägnar sig inte åt värdighet.« Han var inte ensam om den slutsatsen.

Tronföljarproblematiken var ändå en aspekt av sin roll som Sylvia tog på största allvar. Hösten 1913 föddes parets andra barn. Det blev ännu en flicka, Elizabeth, och Sylvia kunde inte dölja sin frustration. George Bernard Shaw försökte muntra upp henne med ett brev. Han hade kommit fram till att den nyfödda flickan förebådade en »orientalisk tragedi«:

När den nödvändiga gossen faktiskt kommer lär han bli så mobbad av äldre systrar att han med all sannolikhet kommer att inleda sitt styre med att hugga av varje kvinnligt huvud i Sarawak. Och det finns en än värre möjlighet. Min mor började med två döttrar och slutade med mig. Att göra ett geni kräver övning. Man övar på flickor, låt oss säga två flickor, och när man sedan har vanan inne att göra flickor och försöker sig på en pojke så börjar man med honom som flicka, innan man minns vad man håller på med och får bara till hans kön i sista ögonblicket, med resultatet att han är ett monster som skriver pjäser, eftersom han kan vara hjälte eller hjältinna på papperet, precis som han vill. Efter att ha börjat med något oändligt litet blir man sittande med en odödlig; och det innebär en verkligt stormriven framtid för dig och Sarawak.

Ett störande moment för Sylvia var att hon fått veta att Charles Brooke beordrat fram kinesiska klockare när hennes graviditeter gick mot sitt slut. Skulle hon fött en son hade nedkomsten firats i Sarawak med klockringning, fyrverkerier och andra festligheter. Nu såg hon framför sig hur rajan missnöjt viftade bort klockarna i besvikelsen över ännu en sondotter. I början av december 1915 föddes Sylvias sista barn. Det bekräftade att hon var en spegelvänd version av den plikttrogna ranee Margaret, för medan Charles fru hade fött fem söner födde Vyners fru tre döttrar. Den tredje dottern fick namnet Valerie. »Infödingarna«, förklarade Sylvia bekymrat för sin far, såg det som ett »grovt lagbrott« att inte föda en son.

Sylvias egna idéer började snarare cirkla kring möjligheten att ändra lagen och då särskilt Sarawaks successionsordning. Varför skulle inte Leonora kunna bli regerande drottning?

Den som i februari 1941 klev in på Leon och Eddys Bar på Manhattan kunde få veta allt om sin framtid av spådamen Toots. Hon var ganska övertygande som besökare från österlandet, men få visste att skälet till det var att hon faktiskt kom från österlandet. Närmare bestämt från Sarawak, där hon ända sedan maj 1917 kunde kalla sig ranee. Sylvia hade under åren kring andra världskrigets utbrott gjort flera resor till Amerika för att på olika sätt uppträda i sin roll som exotisk vit ranee. Ett syfte var att marknadsföra sina böcker.

Romanen *Toys*, utgiven 1923, byggde på idén att människor var dockor som Gud lekte med och klädde ut i olika kläder, vilket för dockorna var detsamma som reinkarnation. Ett malajpar är de inledande huvudpersonerna, och anslaget är tydligt påverkat av Sylvias erfarenheter i Sarawak. Kritiken var blandad. En novellsamling, *The Cauldron*, publicerades 1925, utspelade sig också i österländsk miljö och fick bättre recensioner. Fem år senare kom romanen *Lost Property*, som behandlade ett tema Sylvia kommit att uppmärksamma alltmer: Till skillnad från sin svärfar såg hon mest problem med de barn som var resultatet av blandförhållandena mellan européer och malajer i Sarawak. Barnen hamnade i ett ingenmansland mellan två kulturer och var inte välkomna någonstans.

Nästan allting Sylvia Brooke skrev efter giftermålet med Vyner hade på ett eller annat sätt att göra med Sarawak. Samma år som andra världskriget bröt ut lät hon publicera en volym biografier över de tre rajorna. Nästan två tredjedelar av boken behandlar Vyner, och det är mer en samling anekdoter än en historisk avhandling. Sylvia gjorde inget för att nyansera bilden av Sarawak som exotiskt operettrike, tvärtom. Hon klädde sig som malajkvinna under sina föreläsningsturnéer, för att understryka sin exotism. Det var de amerikanska tidningarna som vid ett besök 1929 hade döpt henne till »huvudjägarnas drottning«, en titel hon själv genast föll för och skulle använda till den andra versionen av sina memoarer.

Ett annat syfte med besöken i Amerika var att ta sig in i Hollywood. Warner Brothers hade 1936 köpt filmrättigheterna till Sylvias utkast till en film om James Brooke. Ett år senare anlände hon till Hollywood för att diskutera ett manus som utarbetats efter hennes utkast. Manusförfattare var den nya romantiska filmstjärnan Errol Flynn, som suktade efter att själv få spela James Brooke. Det var en roll han ansåg sig som klippt och skuren för, eftersom han i flera år under slutet av tjugotalet och början av trettiotalet bott på Nya Guinea, där han bland annat odlat kokosnötter och tobak, grävt guld och – enligt mer fantasifulla rapporter – handlat i slavar.

Mötet med Flynn i hans villa i Hollywood blev lätt bisarrt. Sylvia visades in i en salong med mattor av leopardskinn, och efter en lång väntan fick hon se matinéhjälten göra en passande entré:

> Plötsligt lystes trappan upp av starka strålkastare. Där uppenbarade sig Errol Flynn i ett par vita, mycket åtsittande byxor som visade varje nerv och muskel i hans kropp. Sakta och graciöst klev han nedför trappan och gav mig gott om tid att beundra hans entré – och honom själv. Han gav mig ett leende som skulle ha fått tusentals fans att skrika hysteriskt, och sedan började han blanda mig en drink. Ljuset tonades sakta ned, och jag kunde knappt se honom på andra sidan rummet.

Flynns behandling av materialet föll Sylvia lika lite i smaken som hans entré. James Brooke hade, inte särskilt överraskande, förvandlats till en stor älskare som förde en vacker engelsk flicka genom djungeln. Sylvia påpekade det absurda i tanken: dajakerna skulle aldrig ha låtit en sådan trofé gå förlorad. De skulle på nolltid ha plockat av flickan hennes huvud och rökt det. »Man kan inte ha en film utan ett kärleksintresse«, protesterade Flynn. »Och man kan inte ha James Brooke med ett sådant«, kontrade Sylvia, som med sin dragning till goda anekdoter höll fast vid det osanna påståendet att James hade förlorat sin mandom vid 22 års ålder. Det blev aldrig någon film.

Att Sylvia arbetade som spådam på en bar i New York några år senare berodde på en rad olyckliga omständigheter. Vyner var i Sarawak och oroade sig för att japanerna skulle ockupera hans rike, något som också skedde julhelgen 1941. Sylvia hade tagit sig över till Amerika från England på en båt med evakuerade barn. Möjligen hade hon tänkt sig något slags roll i handhavandet av barnen, för hon lade sig i hur de familjeplacerades när de kom fram. Hon noterade särskilt att mottagarna ställde till problem genom att placera fattiga engelska barn i rika amerikanska familjer med »swimmingpool och telefoner under varenda buske«. När barnen återvände hem till sina fattiga familjer kunde det bara leda till problem, menade Sylvia: »Jag är ingen snobb, men jag begriper inte varför i helvete [ministern] Duff Coopers butlers son ska få *sina* måltider serverade på terrassen.«

Hennes huvudsakliga plan med resan var dock att skriva, uppträda och på andra sätt tjäna så mycket hon kunde i Amerika, så att familjen skulle ha en buffert om ockupationen kom. Det gick inte särskilt bra. Hon erbjöd sina tjänster som propagandaambassadör till krigsminister Anthony Eden, men han antog inte erbjudandet. Hon hade planer både på att återvända till Sarawak och att åka till Sydamerika, men av det blev inget. Hennes ekonomi blev allt sämre, hon ställde upp i reklamkampanjer för en vintillverkare och skrev artiklar, varav en hade rubriken »Jag vill ha ett jobb«. Hon bad den brittiske ambassadören, som hon träffat när han var »en extremt tröttsam liten pojke«, om hjälp men utan resultat. Vyner verkade ha försvunnit från jordens yta. Till slut fanns bara arbetet som spådam kvar, och för att få pengarna att räcka hyrde hon ett sjabbigt rum och levde på varm korv.

I början av 1942 skulle Sylvia lyckas ta sig tillbaka till England och hade dessförinnan lyckats räta upp situationen tack vare ett uppdrag att skriva en längre artikel om sitt liv i Sarawak. Den var full av kittlande detaljer, och det fanns verkligen mycket att berätta.

Vyner befann sig i Sarawak när Charles Brooke, på besök i England, dog i maj 1917. Konflikten mellan far och son hade fått en någorlunda fungerande lösning, och Vyner var erkänd som tronföljare. Charles syn på Sylvia hade däremot inte förändrats, särskilt som hon envisades med att bara producera döttrar. Charles hade i sitt testamente slagit fast att han skulle begravas på en särskild plats i Astanans trädgård. Platsen, påpekade Sylvia, låg precis utanför hennes sovrumsfönster. Som det slumpade sig blev det aldrig av. Första världskriget pågick fortfarande, och balsamerarna som skulle se till att kroppen höll sig tills den utan risk för attack kunde fraktas till Sarawak misslyckades. Charles Brooke begravdes istället bredvid sin morbror James i Sheepstor i Devon.

Vyner Brooke visade ingen iver att bli utropad till näste raja. När han fick frågan vilket regentnamn han tänkte anta – han hette Charles Vyner – svarade han djupt generad: »Helst inte Charles II.« Hans blyghet gjorde honom inte till någon självsäker tronarvinge. Sylvia, däremot, fröjdades åt att äntligen bli drottning. Till sin far skrev hon:

Det jag aldrig kunde göra som ranee muda tänker jag göra som ranee. Jag kan göra det, jag vet att jag har makten. Det är en märklig sak, älskling, men under det senaste året har något nytt fötts inom mig. Jag vet inte vad det är, jag kan inte se det när jag tittar mig i spegeln, men jag känner det hela tiden. Ett slags makt över människor.

I Sylvias tankar var Vyners och hennes ställning under direkt hot, och den främsta faran var änkeranee Margaret. Förhållandet mellan Sylvia och hennes svärmor hade gradvis försämrats, och hon oroade sig för att Vyner – »han är så svag, min stackars älskling« – skulle bli sin mors marionett.

Men på den officiella kröningsdagen i juli 1918 gick allt vägen. Ett problem var att ingen riktigt verkade veta hur kröningen skulle gå till, men efter en del efterforskningar stod det klart att det centrala var att den tillträdande rajan tog emot James Brookes huggare. Efter en hel del letande i Astanan återfanns vapnet, det närmaste riksregalier Sarawak hade, och en lokal hantverkare beordrades att snabbt tillverka en presentabel svärdsskida, eftersom originalet gått förlorat. Vyner hade begärt att inga andra statschefer skulle närvara, eftersom det skulle öka hans nervositet, och föreslog i sista minuten att Sylvia skulle sköta ceremonin på egen hand, med ursäkten att rajan hastigt insjuknat. Med hjälp av ett par glas whisky repade Vyner mod och kläddes på sin gröna paraduniform med guldbroderier i form av palmblad. Ohyra hade ansatt uniformen, och den sprack i axeln men lappades ihop. Och Vyner kunde träda ut under det gula paraplyet för att hyllas av sitt folk. Ceremonin skedde under en baldakin i guldbrokad, som senare användes för att klä om möbler i Astanan. Allt gick väl, och Vyner Brooke var den tredje vite rajan av Sarawak och hans hustru ranee.

Uppdraget som raja av Sarawak innebar plikter som få andra vita regenter hade. Sylvia och Vyners äldsta dotter Leonora följde som ung med sin far på officiella besök till dajakstammar och berättade senare:

> För att sätta igång det hela, så att säga, dödade långhusets hövding en vit tupp och stänkte blodet över oss för att skrämma bort alla onda andar som kunde finnas i närheten. Sedan, med sina egna vackra händer som vanligen var täckta av korup, en hudåkomma som alla dajaker verkade lida av, brukade han mata oss med ägg som hade varit begravda i åratal, kolsvarta och avskyvärda.

Enligt Leonora var det här, till skillnad från pampiga ceremonier, inget som gjorde Vyner Brooke nervös. Tvärtom trivdes han utmärkt i enkla sammanhang, oavsett kosten. Under första världskriget, då Sylvia och Vyner hållit sig i England, hade Vyner erbjudits olika poster inom diplomatin och administrationen men valde istället att tillsammans med engelska arbetare tillverka delar till flygplan vid ett löpande band. Han berättade aldrig för dem vem han var.

Det finns en annan märklig detalj med hans blyghet: Den verkade inte gälla kvinnor som han inte avsåg att gifta sig med. Han led av något som gränsade till den manliga motsvarigheten till nymfomani, satyriasis. Redan under Sylvias och Vyners första resa till Sarawak hade han anförtrott sin fru att han tyckte om att titta på kvinnor och fråga sig: »Skulle de? Eller skulle de inte?« »Det lustiga är«, fyllde han i, »att om de inte vill blir jag rasande och om de vill blir jag uttråkad.«

Man skulle kanske tro att Sylvia knappast såg detta som särskilt lustigt, men hon verkade förvånansvärt oberörd. »När jag ser tillbaka på mitt liv med min otrolige make kan jag inte se något verkligt fel i något han gjorde«, skriver hon i sina sena memoarer. »Han var inte omoralisk, han var bara en man helt utan moral.« Det som förvånade Sylvia mest var att så många flickor föll för hennes man, med tanke på hans förmåga. »Han älskade precis som han spelade golf – med en nervös, fantasilös oro«, skriver hon på ett ställe och på ett annat att Vyner »älskade som om det fanns en tidsinställd bomb under sängen«.

Men det var inte bara så att hon tog hans kvinnoaffärer med jämnmod, hon till och med assisterade honom i hans eskapader. I början av tjugotalet, när rajan och raneen var i London och Vyner hade bestämt sig för att han ville lära sig dansa, agerade hon mellanhand. Vyner hade fått ögonen på en smal, lång kvinna med ett sorgset uttryck bland de professionella dansarna. »Jag tror att jag skulle vilja att den där lär mig, Mip«, sade Vyner och använde det kärleksfulla smeknamn han givit sin fru: »Om du kunde ordna saken?«

Sylvia förstod precis vad det handlade om och ordnade saken. Danserskan hette Toby Johns, men paret Brooke kallade henne snart »den bedrövade giraffen«. Johns och Vyner var oskiljaktiga i några månader, och Sylvia följde också med i offentligheten eftersom Vyner ansåg att »det såg bättre ut« om han hade sin fru med sig. »Men med den sortens förhållande de där två hade kunde det bara se ut på ett sätt«, konstaterade Sylvia.

Vyner tröttnade efter ett tag på dansandet, och en dag när Sylvia kom hem var huset fullt av begravningskransar som var och en bar ett medlemskort till någon av Londons nattklubbar. »Farväl till Londons nattliv«, stod att läsa på en stor banderoll på väggen. Men beslutet verkade inte ha något att göra med att Sylvia skulle ha invänt mot Toby Johns. Kärlekstriangeln bestod. Den var inte heller det första exemplet på ett sådant arrangemang. Redan våren 1916 hade Sylvia sammanfört Vyner med en vacker danserska, Doris Stocker, som uppträdde på Gaiety Theatre. »Jag hade redan börjat lära mig hur mycket han behövde en söt flickas tillgivenhet«, förklarar Sylvia i sina memoarer. Stocker föll Vyner i smaken till den grad att hon följde med till Sarawak där Sylvia, Vyner och Stocker levde tillsammans och »likt fullständiga orientaler« hade var sin veranda att sitta på.

Så fortsatte det hela deras liv igenom, enligt Sylvia helt oproblematiskt, eftersom deras äktenskap var baserat på djup vänskap. »Som tur var gillade jag nästan alla hans flickor, och vissa av dem blev mina bästa vänner«, skriver Sylvia, som ansåg att Vyners äventyr var en del av hans »färg och charm«. Hon tilllägger att under femtiotre års äktenskap var det bara tre flickor hon bad honom att göra sig av med: en var en lycksökerska, en annan omåttligt tråkig och en tredje nymfoman. Enligt Sylvias och Vyners dotter Elizabeth fanns antagligen ett eller annat ytterligare exempel. Hon mindes att hennes nanny Valentine och senare en fransk guvernant, Marie, föll i Vyners garn. »Vi fick aldrig mycket undervisning«, skriver Elizabeth men påpekar att de under en period hade två svartklädda systrar i sextioårsåldern som guvernanter: »Jag är säker på att mamma måste ha valt dem för att retas med pappa.«

En del »flickor« var, i Sylvias ögon, märkligare än andra: »Det fanns en som gillade att älska när hon var böjd över en stolsrygg. Jag tyckte det var en aning ovanligt, men smaken är olika.« En annan mötte Vyner för herdestunder på Sarawaks kyrkogård. Det tyckte Sylvia var magstarkt, men Vyner försvarade sig. Var skulle han annars ta vägen för att slippa att någon förbannad vaktpost tittade fram bakom en häck och skyldrade gevär?

Sylvia hade sina egna affärer. På väg till Sarawak och Vyners kröning hade hon blivit strandsatt i Kapstaden utan pengar. Sylvia bad den brittiske guvernören att hjälpa henne, och han gick i god för henne på Mount Nelson Hotel. Ingen där hade dock hört talas om Sarawak och dess raja, hotelldirektören misstänkte att det var en ren fantasi, så Sylvia placerades på hotellets andra våning, som reserverades för mindre anständiga gäster. Ensam i en främmande stad och i en omgivning som inbjöd till det började hon flirta hejdlöst med unga män som kom i hennes väg. En man tog henne på orden och kom in i hennes rum med avsikt att stanna där, men när han klädde av sig tog han också ut sitt porslinsöga och lade det på spiselkransen. Det förstörde stämningen: »Även om jag hade varit världens mest passionerade kvinna skulle jag inte ha kunnat synda inför denna glittrande och olycksbådande sfär.« En annan besviken ung man puttade henne i en kaktusbuske, och en hel dag gick åt att få taggarna ur stjärten.

Sylvia hade genom åren flera andra män som på alla sätt framstod som älskare, men det är osäkert om de verkligen delade säng. Hon njöt av att flirta och sökte kärlek men förblev tveksam till dess fysiska uttryck.

Sylvias och Vyners äktenskap framstår som lyckligt men också som udda i det att Sylvia på ett märkligt sätt vävde en sagobokskänsla kring det. Det är som om hennes oväntade titel och Sarawaks exotiska miljöer fick henne att se hela sitt liv och sig själv som en sorts fantasi. Inslag i exotismen känner vi igen från andra, mindre eleganta sammanhang. Om att parfymerade och sminkade malajflickor på knappt tolv år gifts bort med män som är tre gånger så gamla skriver hon:

> Frukt mognade snabbt under den tropiska solen och plockades tidigt från träden; men dessa barnfruar hade inget emot det. De var stolta över sin pyntade äktenskapliga säng och glada att vara en åldrande make till lags. Flera nätter efter vigseln brukade en äldre kvinna sova mellan makarna och instruera den lilla tolvåringen i de sexuella relationernas olika eggelser och på så sätt föra vidare sin kunskap av yppiga färdigheter.

Det skiljer bara något kapitel mellan stycket om de belåtna barnbrudarna och deras sexuella skolning och berättelsen om hur Sylvia själv i tolvårsåldern fick sin sexuella skolning av sin fars sekreterare. Det verkar inte bekymra henne alls att det ena beskrivs som helt harmoniskt medan det andra påstås ha förstört hennes eget sexualliv. Hennes berättelse är full av den sortens motsättningar.

»Fri kärlek« rådde i Sarawak, skriver hon till exempel och binder samman den omständigheten med att det förekom »väldigt lite våld och våldtäkter«. Det är ett antagande som rimmar illa med andra delar av den exotiska berättelse om Sarawak som Sylvia så lustfyllt återger. Dajakernas huvudjagande och offrande av jungfrur liksom de ständiga pirattåg som Vyner själv medverkat till att försöka få stopp på och andra besökare vittnat om är ju tecken på en förhållandevis kärv och brutal miljö. Författaren Somerset Maugham besökte Sarawak i maj 1921 för att samla material till sina böcker. Vyner och Sylvia var bortresta, men Maugham togs om hand och guidades runt i Sarawaks vilda inre. Där var han med om en båtolycka på floden och räddades av två dömda fångar. Tillbaka i Singapore skickade han ett telegram och bad Vyners ställföreträdare att släppa fångarna som tack för deras insats. Svaret blev att den ene redan släppts men att inget kunde göras för den andre. På väg tillbaka till fängelset hade han passat på att stanna i sin hemby och slå ihjäl sin svärmor.

Men i Sylvias romantiska sagovärld var den sortens händelser bara en krydda. Sarawak var båtar som gled över den månskensskimrande floden till tonerna av malajpojkar som sjöng om kärlek, den melankoliska musiken från de kinesiska mandolinerna och tatuerade dajakkrigare med vildsvinständer i öronen och djupröda höftskynken:

Dajakerna hänryckte mina sinnen, pojkarna lika mycket som de unga flickorna som med uppnosiga nakna bröst var enkla och skamlösa och hade utsökta, snabba rörelser som små vilda fauner. De må ha varit huvudjägare, men vem kunde frukta dessa ljusbruna krigare med deras ögonblick av stor ömhet, deras skratt, deras märkliga vanor, legender och primitiva trosuppfattningar?

Dagarna i Astanan följde en drömsk rutin med te och mango på terrassen medan morgondimman lättade, skrivande och målande på förmiddagen, sedan vila vid swimmingpoolen med en gin sling eller en shoppingrunda i basaren, lunch och därefter siesta, öppet hus för undersåtar efter siestan, golf eller tennis på kvällen och slutligen biljard, mah jong och drinkar på klubben i väntan på natten. Det var verkligen som en fantasi. På Astanans tak bodde en boa constrictor som höll sig för sig själv, och ett tamt piggsvin dök ofta upp i Sylvias badrum. Vyner hade ett halvdussin tama apor som följde honom som trogna hundar. Två tvillingorangutanger fäste sig särskilt vid Sylvia, och hon döpte dem till Gin och Bitters. Hon bar omkring på orangutangerna och matade dem med glass, ända tills Vyner skänkte Gin till prinsen av Wales, senare hertigen av Windsor, under ett besök som denne gjorde i Sarawak. Bitters dog »av brustet hjärta«.

Sylvias romantisering av Sarawak och därmed av sig själv var säkert en läggningsfråga men också ett behändigt verktyg. När hon var i London – rajan och raneen pendlade i princip mellan sitt rike och England – var exotismen ett säkert kort för att knyta nya kontakter, åtminstone i nöjesvärlden, och Sylvia föredrog den framför striktare kretsar. Noël Coward och skådespelerskan Tallulah Bankhead var två av många som lockades av Sylvias utstuderade excentricitet. Hon började tidigt att uppträda i London iförd malajisk sarong i den kungliga gula färgen, stora orientaliska armband, pannband i ormskinn och en röd käpp med sidentofs. Skvallerjournalisterna jublade. Rajan och raneen bytte ofta Londonadress, men Sylvia såg till att inreda i samma exotiska stil med totempålar, spjut och kinesiska lackverk och bjöd in till, med hennes egna ord, »bohemiska fester«. Var Vyner på plats låste han in sig i sitt arbetsrum för att slippa våndas över att stöta på kändisar och författare.

»Jag beskrevs i tidningarna«, berättar Sylvia, »som en av de vackraste, mest fulländade och populära värdinnorna i London och den mest charmerande av despoter.«

Rajan och raneens döttrar tog med glädje efter såväl far som mor. När de började växa upp gav malajerna dem passande smeknamn. Leonora blev »prinsessan Gold«, Elizabeth »prinsessan Pearl« och Valerie det inte fullt lika eleganta »prinsessan Baba«. De flirtade alla hänsynslöst. För Sylvia var det bara ytterligare ett roligt inslag i den värld hon hade skapat sig, och om något uppmuntrade hon sina döttrar, även när de var i Sarawak. Döttrarna »satte känslorna i gungning bland våra statstjänstemän«, skriver Sylvia stolt: »De hade hela sin fars spjuveraktiga lust att bli avgudade, mycket av min längtan att bli älskad, men de saknade mina hämningar.«

När döttrarna var gamla nog att drabba London fortsatte de i samma anda. Den brittiska pressen gjorde förstås deras malajiska smeknamn till sina, och sammanlagt skulle de tre gifta sig åtta gånger. Deras val av äkta män speglade snarare deras omvittnade spjuveraktighet än deras kungliga titlar. Leonora var först förlovad med en rumänsk senator som gav henne en förlovningsring »stor som Gibraltarklippan«. Hon hoppade av den förlovningen för att gifta sig med earlen av Inchcape. Men hennes earl var betydligt äldre än hon, och när han dog slog hon sig ihop med en gift amerikansk överste som var förlagd i en lägenhet bredvid den som Sylvia nyttjade i London under andra världskriget. Uppenbarligen uppmuntrade Sylvia relationen, och de två gifte sig till slut.

Elizabeth hämtade sina älskare i nöjesvärlden och gifte sig först med storbandsledaren och klarinettisten Harry Roy, vars enorma ögon fick honom att påminna om Televinken. Han hade haft en stor hit redan 1931 med den numera lätt misstolkade sången »My Girl's Pussy« och skrev en hyllningssång, »Sarawaki, Skies of Blue«, till sin brud. Hans band framförde den vid bröllopet i registratorskontoret Caxton Hall i Westminster 1935, dit ridande polis fick kallas för att hålla ordning på den nyfikna folkmassan. Men äktenskapet varade bara några år, sedan gifte Elizabeth om sig med en annan amerikansk överste som var förlagd i samma lägenhet som Leonoras officer.

Den yngsta dottern, Valerie, hade varit förlovad med skådespelaren Kenneth Duncan när hon träffade den europeiska fribrottningsmästaren Bob Gregory. De gifte sig 1937 mot Vyners vilja men till pressens förtjusning. Valerie bar ständigt på en jättelik tygapa när hon var i London, och paret färdades i en vit öppen sportbil med »Baba and Bob« lackerat på backluckan. Strax efter bröllopet flyttade de till Amerika, och det ryktades att det fanns planer på att köpa en ö i holländska Ostindien som skulle förklaras självständig under namnet Babaland. Äktenskapet höll i ett par år innan Bob Gregory ersattes av en apelsinimportör i Maidenhead, Jose Pepi Cabarro, som enligt Sylvia hade »ett ansikte som en meditativ get« och som odlade svamp i en garderob. Det äktenskapet höll i ett år, och efter ett förhållande med en flygvapenkapten, som lockade sin mustasch med locktång, gifte hon om sig med en, enligt

Sylvia, »ganska tråkig« skotsk aktiemäklare. Hon lämnade senare mäklaren och deras gemensamma son för att göra Barbados osäkert och skulle gifta sig en fjärde gång då hon hade nått sextioårsåldern.

Deras far, rajan, verkade mest besvärad av att hans döttrar uppmuntrade att pressen kallade dem »prinsessor«. Den korrekta termen, lät han förklara i ett av sina sällsynta pressmeddelanden, var »dayang«.

För Sarawak var problemet större än så. Rajorna hade från början haft svårt att bli tagna på allvar och få det erkännande de ville ha men också behövde för att kunna hävda statens intressen. Sylvias och Vyners döttrar gjorde inget för att underlätta uppgiften. Allt fler kände till att Sarawak fanns, men det de visste om landet hade de fått veta i skvallerspalterna där den ena historien var dråpligare än den andra och de flesta dessutom påhittade av de tre döttrarna eller av Sylvia själv. Sarawak hade ett strategiskt läge, och dessutom hade olja upptäckts och börjat exploateras. I kretsar som inte i första hand litade till skvallerpressen ökade intresset för landet.

Eric Mjöberg är en numera sedan länge avliden och bortglömd forskningsresande och zoolog från Ås i Halland. Han ledde de expeditioner som tog med aboriginiska skelett till Sverige under 1910-talet, samma skelett som 2004 lämnades tillbaka till Australien med generade ursäkter. Under ett par år i början av tjugotalet var han chef för det museum i Sarawak som Charles Brooke hade låtit bygga. Han vann inte sina uppdragsgivares förtroende, och enligt *Sarawak Gazette* tvingades myndigheterna att gå igenom hans bagage när han skulle återvända till Sverige eftersom Mjöberg led av en »oförmåga att skilja mellan det som utgjorde hans privata egendom och det som tillhörde Sarawaks museum«.

Mjöbergs uppfattning om raneen var lika ofördelaktig som den sarawakiska pressens om honom. Vi känner igen en typisk svensk näsrynkning i hans påpekande att ranee Sylvia applicerar sitt läppstift offentligt »som en chic amerikan«. Själva Sarawak kommer inte lindrigare undan. Det var ett »obskyrt litet land« präglat av »slapphet och hopplös röra«. Ingen var någonsin på kontoren och rajan en tankspridd hedonist.

Omdömena säger något om Mjöberg, inte bara om Sarawak, men han var inte ensam om sin kritik, särskilt inte om den mot raneen. En brittisk parlamentsledamot på besök skriver i sin rapport att mycket av raneens beteende »inte kan sättas på papper ens i en privat promemoria« men fortsätter sedan med att berätta att raneen

> under tiden vi var där tre gånger besökte en lågklassig kabaret som heter Cathay Cabaret och dansade conga med professionella danserskor, vilka alla var prostituerade. Hon tar dessa flickor till palatset och målar deras porträtt. En mer opassande kvinna skulle vara svår att finna.

Nyanställda inom Sarawaks statsapparat kunde överraskas av att raneen frågade dem om hon hade legat med dem tidigare. En jurist i Sarawaks tjänst skrev hem till sin mor och klagade över »den osannolika mängden snusk i Hennes höghets konversation«.

Det finns ingen större anledning att betvivla dessa rapporter, för som lord Esher tidigt slog fast ägnade sig hans dotter inte åt värdighet. Men det fanns också andra skäl att baktala raneen.

Sylvia drog sig inte för att ganska oansvarigt ta plats i styret av Sarawak. Under den japanska ockupationen i början av fyrtiotalet, med en frustrerad Vyner i exil i Australien, verkar hon till och med ha planerat någon form av kupp eller attack. I ett brev till en vän skrev hon hemlighetsfullt:

Det kan hända att jag kommer att försvinna ett tag, inte än men i en nära framtid. Jag vill inte att du oroar dig om du inte hör av mig utan att du litar på mig och vet att det jag gör är vad jag vill göra av själ och hjärta. Jag kan inte berätta något om vad det gäller, men om allt går bra kommer jag tillbaka till slut.

De gåtfulla planerna blev aldrig mer än planer. Ett skäl var kanske att Sylvia inte såg bara japanerna som fiender. Konflikten inom ätten Brooke om vem som skulle ta över efter Vyner hade bubblat i åratal. Den underblåstes av en illa vald rådgivare, Gerard MacBryan, som Vyner gjort till sin högra hand. Brittiska imperieintressen gjorde sig alltmer gällande, och dessutom agerade Sylvia som om hennes man, förvisso utan illasinnade avsikter, utgjorde ett ytterligare hot mot Sarawak och hennes ställning.

Vyners sätt att leda landet var inte oomtvistat. En brittisk diplomat som studerat Sarawak skrev 1937 att det styrelseskick rajan traderade var obsolet och på väg att falla sönder. Resultatet av »en letargisk härskare med absolut makt och en samling amatörrådgivare är krampaktig administration, provisorisk politik och en frånvaro av disciplin«. Raneen gick långt ifrån fri för kritik. Redan i början av trettiotalet observerade man i toppen av det brittiska imperiet olika palatsintriger hon antogs ligga bakom eller bevisligen startat, och hon stämplades som »en farlig kvinna«.

Det var hon säkert för många, men det var inte alldeles lätt att reda ut på vilket sätt. Kostnaderna för Sylvias och döttrarnas leverne var höga, och 1938 verkade det som om Sylvias slutsats var att det bästa sättet att lösa sådana problem var att sälja Sarawak. Nu arrangerade hon precis en sådan uppgörelse som hon 1912 så tydligt motsatt sig, med tanke på de »kära malajerna«. Raneen engagerade en av sina fars vänner för att göra underhandsförfrågningar hos den brittiska regeringen. En summa på fem miljoner pund nämndes som ersättning, och en lunch med rajan bokades på en mindre elegant restaurang vid Leicester Square.

Vyner, lika nervös som alltid då han skulle träffa högdjur, backade ur i sista minuten.

Det skulle ha gått att ta upp diskussionerna igen, även om världskriget snart skulle komma och göra andra frågor akuta. Men istället återgick Sylvia till de intriger om tronföljden som hade pågått under många år. Bertrams son Anthony, Vyners brorson, hade sedan den gamle rajan Charles levde ansetts som tronföljare, Vyners efterträdare. Eftersom Bertram och Vyner stod på god fot med varandra hade inget härvidlag ändrats. Det var inte Sylvia nöjd med. Hon ville antingen införa kvinnlig tronföljd och göra Leonora till kronprinsessa eller utse Leonoras son Simon till tronföljare med Leonora som förmyndare.

Hon hade fört en intensiv kamp, tidvis öppen, tidvis dold, för att göra vad hon kunde för sin och Leonoras sak. Av allt att döma slog hon sig stundom i slang med Vyners opålitlige rådgivare Gerard MacBryan, men MacBryan spelade ett minst lika högt spel som legenden påstår att Erik XIV:s Jöran Persson gjorde. Sylvia blev till slut hans främsta fiende; han sparkades abrupt och slutade sina dagar på ett sinnessjukhus, något av en ironi eftersom MacBryans far hade förestått ett privat mentalsjukhus.

Förhållandet mellan Sylvia och Anthony var än mer förgiftat. Huruvida Anthony Brooke var en hopplös kandidat som raja eller ej är svårt att veta eftersom många av de uppgifter som finns om hans beteende kommer från Sylvia. Enligt henne visade han upp despotiska, uppblåsta och direkt korkade sidor under den tid Vyner höll honom som tronföljare. Å andra sidan skulle en del av Sylvias kritik, till exempel att Anthony ville klistra kungakronor på sin bil, lika gärna ha kunnat användas mot en ranee som villigt erkänt att hon vill ha »kronor överallt«. När Sylvia befann sig på en av sina amerikanska resor, strax före andra världskrigets utbrott, utfärdade i alla fall Vyner en proklamation som förklarade att Anthony berövats sin roll som arvtagare. Sylvia kommenterade genast saken i amerikansk press med att Anthony gift sig med en enkel ofrälse flicka, vars bror tjänstgjorde i Sarawaks administration, och att det antagligen var anledningen: »Jag vill inte vara snobbig, men infödingarna är ganska kinkiga i sådana ärenden.«

Anthony svarade med att inte särskilt diskret låta det bli känt att han ansåg att raneen »måste tystas«. Han avskydde »denna usla, billiga publicitet om Sarawak som verkar fortsätta så länge raneen är förmögen att låta sin tunga löpa – det vill säga så länge hon lever«.

Det var en situation värdig ett renässanshov. Med en skillnad: Det fanns ingen ny arvtagare efter Anthony. Sarawaks framtida styre var en öppen fråga.

Lösningen kom när Sylvia arbetade som spådam i New York. Till hundraårsjubileet av Sarawaks självständighet våren 1941 förklarade Vyner att han avsåg att göra sig av med sin absoluta makt. »Liksom min far har jag alltid varit övertygad om«, förklarade Vyner i ett kort men officiellt tal

> att det aldrig var sir James Brookes avsikt att lägga grunden till en ätt av envåldiga härskare. Det han syftade till var att skydda infödingarna i Sarawak, de verkliga men efterblivna ägarna av

> detta land, från att utnyttjas och förtryckas, tills de var redo att styra sig själva. Jag hoppas att det med rätta kan sägas att detta höga syfte i stor utsträckning har uppnåtts.

Han abdikerade inte. Hans förslag var att Sarawak skulle få en skriven konstitution och ett lagstiftande råd. Han kvarstod som raja, hans arvinge skulle vara brodern Bertram, förutsatt att Bertram accepterade att näste raja efter honom var Leonoras son Simon. Till det kom en mängd ekonomiska överenskommelser, som visserligen innebar att Vyners apanage sänktes men att han samtidigt fick ett större lån, fick behålla avkastningen från en fond som byggts upp, Astanan och den kungliga lyxjakten *Maimuna*. Inom de små upplysta kretsar som brydde sig om vad som skedde i Sarawak antogs det allmänt att Sylvias och prinsessornas dyrbara liv var den främsta orsaken till uppgörelsen. Rajan behövde helt enkelt få loss pengar. Men oavsett det verkade ingen utom Vyner förtjust i hans lösning. Få av hans undersåtar efterfrågade reformerna, och många begrep inte vad de innebar. Vyners bror Bertram förutspådde en katastrof och påpekade att Vyners beskrivning av James Brooke var falsk. Den undanpetade arvingen Anthony rasade på i samma anda som tidigare. Och Sylvia ansåg att hennes man nu »gick med på att bli det han alltid svurit att han inte skulle bli – en marionettkung«.

Vyner höll fast vid sitt beslut, och på hösten 1941 ägnades en vecka i Sarawak åt festligheter för att fira den nya konstitutionen. Sylvia – alltid oförutsägbar – deltog och roade sig friskt utan att lufta sina invändningar. Vyner, däremot, undvek allt han kunde undvika och reste strax därefter till Australien för att ta semester. Han hann inte tillbaka förrän japanerna ockuperat Sarawak.

Utvecklingen följdes noggrant i London. Sylvias hemlighetsfulla planer på att försvinna, av allt att döma för att starta någon sorts motståndsrörelse, snappades upp av den brittiska säkerhetstjänsten. Man hör nästan de trötta suckarna i analysen av vad det kunde betyda. I Londons underrättelsevärld var man redan irriterad på vad som ansågs vara en stollig ranees oansvariga intrigerande om Sarawaks framtid.

Vid andra världskrigets slut var Vyner 71 år gammal och Sylvia 60, och den nyordning Vyner drivit igenom före kriget framstod som förbisprungen, åtminstone i de delar som rörde rajans fortsatta existens. Den parlamentsledamot som såg Sylvia dansa med prostituerade och ansåg henne djupt ovärdig var på besök i Sarawak som ett led i det som till slut hade blivit enda alternativet: att Sarawak togs över av det brittiska imperiet. Det var inte grundlöst att, som många män i staten gjorde, skylla Sylvia Brooke för att »höra hemma i Hollywood« eller för att vara en »kvinnlig Iago«, men det var också omdömen som färgades av en maktkamp där riket nu stod att vinna.

Sommaren 1946, 105 år efter att James Brooke blivit raja, tog historien slut. Sylvia protesterade, men Vyner hade givit upp. Lord Louis Mountbatten deltog i överlämningsceremonierna. Han fick se dajakkrigare dansa. En av krigarna hade ett iögonfallande påkostat armbandsur. Det, fick han veta, hade tillhört den japanska ockupationsmaktens distriktsbefälhavare. Denne hade av dajaken bjudits på middag, vilken avslutades med att japanen förlorade både huvud och klocka.

Till Sylvia sade Mountbatten att det Vyner bestämt sig för var »en storslagen gest av en sant storslagen man«. Hon berättade det för Vyner, som fortfarande var alltför blyg för att samtala med en man i Mountbattens ställning. Vyners kommentar var: »Intelligent karl.«

Sylvia och Vyner Brooke levde åtskilda men som goda vänner resten av livet. Vyner i London och Sylvia så småningom på Barbados. På deras guldbröllopsdag 1961 bjöd Vyner, 87 år gammal, hem Sylvia. Där fick hon träffa hans nya »flicka«, en söt nittonåring. Förutom av sina flickor hade Vyner sällskap av en fritt flygande kanariefågel. Han gick alltmer sällan ut.

Ersättningen för Sarawak hade stannat vid ungefär en miljon pund. Vyner levde sparsamt. Men döttrarnas ständiga behov länsade kassan, och vid hans död återstod, när allt lagts samman, inte fullt 23 000 pund.

Sylvias ålderdom på Barbados blev inte utan konflikter. Hon bar oftast malajisk sari, i kombination med ett par jättelika, tjocka glasögon, efter en starroperation. När hennes yngsta dotter Valerie anlände, på rymmen från sin tredje man, fann Sylvia sig plötsligt indragen i »otillåtna kärleksaffärer, familjebråk, örfilar och slagsmål – och familjen Brooke var alltid de skyldiga«. Hon skrev fortfarande, och Valeries äventyr på ön sporrade henne att skriva en samling korta, avslöjande historier under titeln *Shameless Island.* »Ingen har sett så ohämmat fri kärlek någon annanstans«, påstod hon entusiastiskt om Barbados, ungefär som hon tidigare påstått om Sarawak. Ingen ville publicera just det alstret.

Sylvia Brooke dog den 11 november 1971, 86 år gammal, efter att ha fallit nedför en trappa och brutit lårbenshalsen och därefter ådragit sig lunginflammation. Hon hade tidigare velat begravas i Sarawak men bestämde sig sent i livet för att hennes aska skulle stanna på Barbados. Några år tidigare hade hon skrivit till sin dåvarande förläggare: »Jag har gjort nästan allt i livet, utom två saker. Jag har inte fött en son och jag har aldrig hoppat fallskärm. Nu är jag för gammal för båda delarna.«

Dajakernas huvudjagande blommade upp under den japanska ockupationen. De japanska skallarna stod högt i kurs eftersom de var vackert runda och hade guldtänder. Det uppskattas att 1500 japanska huvuden samlades under ockupationsåren. Ett huvud hade tillhört den japanska ockupationsmaktens undervisningsofficer, vars glasögon varje dag omsorgsfullt putsades av den nye innehavaren.

Vid Vyner Brookes begravning 1963 sjöngs den sarawakiska nationalsången, således skriven av ranee Margaret, för första och antagligen sista gången på engelsk mark. Dess sista vers lyder:

Tho' past and gone in light,
Thy name is still renown'd,
And as a chief in might,
Thy deeds are ever crown'd,
Let echoing vales redound,
By mountain, crag and nook,
Sing loud with joyous sound,
God Bless the Rajah Brooke.

Anthony Brooke, den undanskuffade arvtagaren, skilde sig från sin första fru efter att i början av sjuttiotalet förklarat för henne att han inom arton månader antagligen skulle »kastas in i en betydande publicitetskarusell i samband med fysisk kontakt med rymdvarelser som redan i tysthet landar och söker kontakt i norska och finska Lappland«. Han ansåg sig stå i telepatisk kontakt med »våra rymdbröder« och gifte om sig med svenskan Gita Keiller, som inte trodde på flygande tefat förrän hon själv fick se ett i sitt fosterland. Tillsammans bildade de en fredsorganisation och bosatte sig på Nya Zeeland.

Ranee Sylvia intervjuades i Michael Parkinsons program

strax före sin död 1971. Genom ett missöde har BBC spelat över intervjun med ett av Shirley MacLaines framträdanden.

När den förste brittiske guvernören nådde Sarawak möttes han av banderoller med texten »Gud bevare Anthony Brooke, den fjärde rajan av Sarawak«. Den andre guvernören, sir Duncan George Stewart, mördades av den sarawakiska nationalisten Rosli Dhobi, medlem av organisationen Rukun 13, som motsatte sig Sarawaks överlämnande till britterna. År 1963 förklarades Sarawak självständigt och upptogs som en delstat i den malaysiska federationen. Den siste brittiske guvernören var sir Alexander Waddell.

Den vackra trädgård som omgav familjen Bretts hus i Windsor, Orchard Lea, var anlagd av drottning Victorias sjätte barn och fjärde dotter, prinsessan Louise. Prinsessan Louise blev den första brittiska kunglighet som ingick ett av hovet erkänt äktenskap med en brittisk undersåte utan kungligt blod sedan Mary Tudor 1515 gifte sig med Charles Brandon. Prinsessan Louises make hette John Campbell och stod på tur att bli den nionde hertigen av Argyll. Den elfte hertigen, John Campbells brorsonson Ian Campbell, gifte sig efter två skilsmässor med Margaret Sweeny. Margaret var född Whigham, hade en skilsmässa bakom sig och blev nu hertiginna av Argyll.

MARGARET, HERTIGINNA AV ARGYLL (1912–1993)

En morgon i juli 1943, strax innan de allierade vann slaget om Sicilien, klev Margaret Sweeny, född Whigham, genom galleröppningen till hissen i en fastighet på Bond Street i London. Hon hade bråttom till sin kiropraktor, mr Wiberg. Sweeny var en elegant kvinna som hos modehuset Molyneux hade låtit sy upp den uniform som visade att hon tillhörde det amerikanska Röda korset. »Förfinad på gränsen till skandalös«, sades det om en typisk kreation från Molyneux. Omdömet kunde lika väl ha gällt Margaret Sweeny.

Hon hade till en början burit pärlor till den flygvapenblå uniformen med rött foder men varit oförsiktig nog att låta kändisfotografen Dorothy Wilding fotografera henne i utstyrseln. Wilding satte bilden i skyltfönstret till sin ateljé, också den på Bond Street. Inom någon timme hade den högste ansvarige för amerikanska Röda korset i Storbritannien sett bilden, ilsket erupterat och beordrat pärlornas omedelbara avlägsnande.

Så när Margaret Sweeny nu tog ett steg framåt gjorde hon det utan sina pärlor. Olyckligtvis gjorde hon det också utan hiss. Hon föll handlöst tolv meter ned i det öppna schaktet.

Av själva fallet mindes hon senare inget. Hon måste ha fått tag i hisskabeln och försökt hålla sig kvar, för alla hennes naglar hade slitits av. Hon landade på knäna, slog huvudet mot tegelväggen och blev liggande. Att hon trots allt behöll ett uns av medvetande var hennes smala lycka. Fastighetsskötaren hörde henne jämra sig, trodde det var en katt och stoppade hissen som var på väg ned. I annat fall hade hon krossats.

Väl på sjukhus behövde hennes spruckna huvudsvål sys med trettio stygn, det konstaterades att flera ryggkotor hade spräckts och att första kranialnerven fått svåra skador. Det fanns en betydande risk, meddelade läkaren, att hon skulle bli förlamad i ena sidan och aldrig kunna gå igen. Det krävdes minst tre månaders konvalescens för att veta säkert.

Det säger något om Margaret Sweeny att hon bara tre veckor senare, mitt i en dans på nattklubben Four Hundred, kunde knacka sin häpne läkare på axeln och dansa vidare. Den arme fastighetsskötaren som hittat den blodiga damen var däremot sjukskriven för nervöst sammanbrott i ett halvår.

Trots det mirakulösa tillfrisknandet skulle det senare hävdas att Margaret Sweeny fick bestående men av sitt fall. Det gällde inte det faktum att hon förlorat doft- och smaksinnena. De kom sakta tillbaka och var återställda efter fyra år. Den märkliga effekt fallet påstods ha haft var istället att ge Margaret en gränslös sexuell aptit. Det kan låta bisarrt, men de som 1963, tjugo år efter olyckan, följde de sista turerna i de fyra år långa skilsmässoförhandlingar som hennes dåvarande man inlett var inte säkra på att det rörde sig om en myt. Även om bara tre namn formellt framfördes påstods hon ha varit otrogen med över åttio olika män, däribland högt uppsatta ministrar, medlemmar i den kungliga familjen och filmstjärnor. Domaren i målet, lord Wheatley, tvivlade inte ett ögonblick på hennes vidlyftighet. Han gjorde det ytterst klart i ett domslut som med sina 40 000 ord inte bara var historiskt långt utan dessutom författat på förbehållslös prosa:

> Hon är en översexuell kvinna som inte längre nöjer sig med normala sexuella aktiviteter och har börjat vältra sig i vämjeliga sexuella aktiviteter för att tillfredsställa en urartad sexuell aptit.

> En fullständigt promiskuös kvinna, vars sexuella aptit bara kan tillfredsställas av ett antal män, vars promiskuitet har utvecklats till perversion och vars inställning till äktenskapets helgd är vad moderna människor skulle kalla upplyst men som i klarspråk är helt igenom omoralisk.

Det var lord Wheatleys sista fall, och det är svårt att frigöra sig från intrycket att han ville dra sig tillbaka med ett regn av eld och svavel över det Sodom och Gomorra han såg växa omkring sig. Men ingen kan förneka att Margaret hade försett honom med tacksamt arbetsmaterial. Hennes dåvarande man, Ian Campbell, hertig av Argyll, fick den skilsmässa han hade bett om.

Ian Campbell såg Margaret Whigham för första gången då hon var 19 och han 29 år gammal, sjutton år innan han ärvde sin titel som hertig. På Café de Paris på Piccadilly i London kom den unga Margaret nedför den berömda svängda dubbeltrappan. Den lånade sig till så effektfulla entréer att flickor som ville synas brukade förbeställa telefonsamtal till sig själva bara för att få möjligheten att gå upp för trappan och komma ned igen. Det var ett och ett halvt år sedan Margaret haft sin debutantbal, men hon visste redan att göra det mesta av såväl sin skönhet, som sina entréer.

Ian Campbell stelnade till, fick något eldigt i blicken och sade beslutsamt till sitt sällskap: »Där är flickan jag ska gifta mig med en dag.« Det skulle vara en mycket romantisk historia, om det inte vore för att Campbells sällskap bestod av hans dåvarande hustru, Janet Aitken, dotter till tidningsmagnaten lord Beaverbrook.

Det fanns redan från allra första början något med Margaret Whigham som verkade sporra herrar att tappa omdömet. När Margaret var åtta skickade hennes mor henne till miss Robinsons danslektioner på Plaza Hotel i New York. Hon hade snart skaffat sig en pojkvän, Bruce Bossom, som var tio år gammal och kärlekskrankt styrde det uppochnedvända glaset på ett ouijabräde som de roade sig med. Svaret på frågan om Margaret och Bruce skulle gifta sig blev alltid detsamma: Ja! »Jag trodde att det bara var en oskyldig lek«, skriver Margaret i sina memoarer drygt femtio år senare och berättar sedan med illa dold stolthet om hur den tioårige Bruce slog ut framtänderna på en rival som bara frågat den åttaåriga Margaret om lov.

Att dramat utspelade sig i New York berodde på att den skotska familjen Whigham under större delen av Margarets uppväxt bodde i Amerika. Margarets far, George, var yngste son i en strävsam och stor men inte rik familj. Ett miljonarv hade förlorats i en australiensisk bankkrasch. George började sin bana som ingenjörslärling med en lön på ett och ett halvt pund i veckan men var vid 25 inte bara civilingenjör utan även auktoriserad revisor och visade enorm driftighet. Det verkade ligga i släkten: av Georges fem bröder blev tre miljonärer, en general och kunglig adjutant och en känd krigskorrespondent och chefredaktör. Själv fann George sin hustru, Margarets mor, innan han fann sin förmögenhet. Helen Hannay kom till skillnad från George från en rik familj, som bodde strax utanför Glasgow och hade stora intressen i bomulls- och kopparhandeln. George bad om Helens hand och fick av en ovillig far svaret att han kunde komma tillbaka när han tjänade minst 500 pund om året. Bara ett år senare, 1905, väntade ett brev från Egypten på frukosttallriken när Helens far kom ned i matsalen för att äta sitt morgonmål. Det kom från George, som tagit anställning utomlands för att snabbt kunna göra karriär och höja sin lön. Han hade nått det uppsatta målet.

Sex år efter bröllopet hade George sparat ihop 10 000 pund genom hårt arbete och förmodligen en viss händighet med bokföringen. Paret Whigham drog vidare till Amerika, där George gjorde snabb karriär vid konstruktionen av såväl kanadensiska som kubanska järnvägar. Inom några år var han direktör för ett järnvägsbolag. Men hans stora klipp kom i uppenbarelse av tre schweiziska bröder med det olycksdrabbade namnet Dreyfus. De hade uppfunnit en konstfiber, viskos acetat, en föregångare till nylon. George såg genast potentialen i materialet, släppte allt han hade för händer, döpte produkten till celanese och lovade bröderna Dreyfus att ta hand om »det affärsmässiga«.

När genombrottet kom 1926 steg aktierna i Celanesebolaget på en dag från sex shilling till sex pund, en värdeökning med nästan 2 000 procent. Större delen hamnade i Georges ficka. Dreyfusbröderna må ha uppfunnit produkten, men »min far upptäckte Dreyfusbröderna«, som Margaret brukade påpeka. Familjen, som varit välmående, blev rik.

För Margaret innebar det en uppväxt där inget saknades, särskilt som hon var enda barnet. Hon förstod nyttan av att inte behöva dela resurser och uppmärksamhet med några syskon. När Margaret misskötte sig brukade hennes mor hota med att trolla fram en bror eller syster, något som alltid fick Margaret att skrika av skräck och lova omedelbar bättring. Hon påstod att hennes första minne var att hon låg i sin spjälsäng i våningen på Park Avenue och hörde mistlurarna från fartygen på Hudson och East River. De fick henne, trots hennes späda ålder, att tänka på döden. Det är möjligt att det stämmer, men det var i så fall en övergående och okaraktäristiskt filosofisk episod i hennes liv. Mer typiskt var att hon redan som elvaåring var bortskämd och blasé. Hon hade rest över Atlanten fjorton gånger och propsade på att alltid ha med sig sina tre teddybjörnar, som hade egna garderober och koffertar och följaktligen krävde egna bärare. Hennes utbildning skedde vid olika privata flickskolor som drevs av guvernanter. En kort period gick hon som dagelev på internatskola, men ombads lämna den. Hon ansågs utgöra ett »dåligt inflytande«. När familjens chaufför hämtade henne i Rolls-Roycen brukade hon veva ned bilfönstret och ropa till sina klasskamrater som bodde på skolan: »Hej då, era stackare, som måste leka i era galoscher och vita tunikor.« Själv drog hon av sig skoluniformen och satte på sig en elegant klänning under en filt i bilens baksäte.

»Jag gillar inte kvinnor i klump. Jag tycker att de ska vara individer«, förklarade hon senare sitt beteende.

Samma år som Celanesebolaget fick sitt genombrott bestämde sig familjen Whigham för att återvända till Storbritannien och London. Ett skäl var att det inte skulle dröja många år förrän Margaret, då tretton, var i debutantålder. Hennes föräldrar ville inte att hon skulle göra sin debut i New York. Delvis rörde det sig om prestige och status, men det var också en följd av förbudstiden. Effekten av alkoholförbudet i USA hade naturligtvis blivit att debutantbalerna förvandlats till fylleslag. Hembränt och okontrollerad smuggelsprit flödade, ungdomar alkoholförgiftades och förlorade till och med synen. Paret Whigham föredrog att deras dotter tog steget ut i vuxenlivet i en mer civiliserad miljö, och den nyvunna celaneseförmögenheten gav dem resurser att lansera Margaret med erforderlig stil i London. En motvillig Margaret, som kände sig mer amerikansk än brittisk, packade sina teddybjörnars koffertar och klev för sista gången på många år ombord på atlantångaren, med destination Southampton.

En ny, omtalad formgivare vid namn Norman Hartnell sydde klänningen som Margaret kom att bära på sin debutantbal då hon var sjutton och ett halvt år gammal. Meningen hade varit att hon skulle bära vitt, liksom alla andra debutanter. Men Margaret hade andra idéer, och bara timmar innan balen skulle börja såg hon till att sätta några rejäla fläckar på den ursprungliga utstyrseln. Hartnells påfågelsblå skapelse, vars liv var broderat med pärlor och kristall, fick ersätta originalet. Margaret hade inte behövt vara rädd för att stå utan klänning. Hon hade fått en debutantbudget som tillät henne att låta sy upp ett dussin aftonklänningar, de flesta av Hartnell och Victor Stiebel, och ännu fler kreationer att bära till lunch, Ascot och Epsomderbyt.

Hennes bal, säsongens första i maj 1930, var i sig en imponerande tillställning med mer än fyrahundra gäster. Det hyrda huset vid Audley Square var pyntat med vårblommor, och Ambroses orkester stod på scenen.

Margaret hade med sin förslagna metod att byta klänning visat att hon visste hur man skiljer sig från mängden. Skvallerspalterna var dagen efter fyllda med hyllningar av hennes uppenbarelse: »Miss Whigham, en av årets mest förtjusande debutanter, överglänste alla andra, vilket bara är passande för hjältinnan en sådan kväll, lysande som hon var i en blågrön krinolinklänning.« En aningen mer jordnära korrespondent skrev: »Miss Whigham stack ut ur raden av debutanter som ett fullblod på ett bete fyllt av hästkrakar.« Balen i sig ansågs vara en »ytterst elegant tillställning«. »Festen«, skrev en tidning, »flöt ut på gatan där det i en bil satt en son till en pär som hade arbetat så hårt hela dagen att han inte haft tid att byta om och därför inte kunde träda in i huset. Istället höll han hov utanför, dit folk bar mat och dryck till hans bil.«

Ingen kunde gärna veta det då, men detta var premiären

för Margaret Whigham som mångårig medieälskling. Med få avbrott skulle resten av hennes liv sättas i rubriker. När det gått alltför lång tid mellan rubrikerna såg hon till att skapa en ny. Allt klipptes ut och samlades i album inbundna i rött läder som, efter det att hon blivit hertiginna, pryddes med ett M under en hertigkrona i guld. Hon utsågs till årets debutant 1930, och hennes stjärnglans var så stark att hon dominerade skriverierna också under de tre följande årens säsonger. Det fanns helt enkelt inga nya debutanter som kunde putta henne av tronen. Hon var en tidig kändis av den art som långt senare skulle bli vanlig: känd för att vara känd. Hennes far verkade inte ha några invändningar mot det. Tvärtom påstår ihärdiga rykten att George anställde Charles Lyttle, en av Englands första PR-konsulter, för att se till att debutanten Margaret inte glömdes bort. Margaret förnekade alltid att det var sant, men det är inte alldeles osannolikt. Debutanterna hade trots allt en huvudsaklig uppgift: att finna en lämplig man – och urvalet blev större ju populärare debutanten var.

Margaret hade inga problem vad gällde just popularitet. Säsongens första romans inleddes när hon, några veckor efter sin debutantbal, togs till Buckingham Palace för den officiella introduktionen vid hovet. När Margaret reste sig efter hovnigningen i tronrummet fick hon se en vacker ung man som stod strax bakom drottning Mary. Han var iförd en bländvit, indisk jacka knäppt ända upp i halsen. Kvällen därefter träffade hon honom igen på en fest för Edwina Mountbatten, gift med Louis Mountbatten, Indiens siste vicekonung och bror till drottning Louise av Sverige. Den vackre, mörke ynglingen var prins Aly Khan, Aga Khan III:s son. De dansade, och passionerad kärlek uppstod. Aly Khan tog Margaret till Ascot och Epsomderbyt för att titta på hästkapplöpningarna, där hans fars hästar sprang. Snart var de hemligt förlovade, men Margarets far förbjöd varje tanke på giftermål när den unge prinsen bad om hans dotters hand. En prins var väl bra, men en mörkhyad utlänning? De fick inte ens träffas. Det gjorde de ändå. Oftast på exklusiva Embassy Club på Bond Street, där prinsen av Wales och Spaniens kung Alfons, snart i exil, hade stående bordsreservationer. Aly skrev kvalfyllda kärleksbrev till Margaret, men Georges faderliga bannbulla gjorde likväl romansen omöjlig. Aly påstods till slut sitta ensam på Embassy Club natt efter natt, med ett glas apelsinsoda i handen, och lyssna på en orkester som på hans begäran gång på gång spelade Margarets och hans sång: »I've got a chrush on you«. Till slut försvann han ut i Europa efter att ha skrivit ett sista smäktande brev:

När jag lämnade dig i går skulle jag ha givit vad som helst för att bli överkörd. Jag övervägde självmord men insåg att du älskar mig och att det hela är långt ifrån omöjligt och att jag genom att dö för alltid skulle förlora dig på denna jord; och det är det sista jag någonsin skulle göra om det står i min makt att behålla din kärlek för evigt. [...] Du har min kärlek och mitt liv och jag vill att du för evigt ska behålla båda.

A

Tjugo år senare skulle Aly Khan bli Rita Hayworths tredje man, strax efter att hon skilt sig från nummer två, Orson Welles. Därefter blev han Pakistans FN-ambassadör, innan han omkom i en bilolycka i Paris.

Margaret led inte av krossat hjärta särskilt länge. Hon och hennes debutantvänner var på ytan hårt hållna, men för den som så önskade var det inte särskilt svårt att slå sig lös. Rose Bennet, en annan omtalad debutant 1930, brukade säga att hon skulle ha tjugoen kärleksaffärer innan hon själv fyllt tjugoett. Enligt Margaret nådde hon målet. Själv var Margaret mindre hårt hållen än många. Hennes far verkade på det stora hela road av ungdomliga flirter. Redan innan Margaret hade gjort sin debut, när Whighams hyrde ett hus i Ascot, brukade han skicka sin Rolls-Royce till det närbelägna Eton för att hämta ett antal pojkar på Margarets begäran. De gömde sig i baksätet under en filt eftersom de var förbjudna att lämna internatskolan. Helen, Margarets mor, som hade det huvudsakliga ansvaret för att bevaka hennes dygd under debutantsäsongen tog inte särskilt allvarligt på uppgiften. Mödrar förväntades eskortera sina döttrar till balerna och sedan sitta, natten igenom, »på förgyllda stolar«. Den ordningen avskaffade Helen. Hon skickade ibland Margarets nanny, May Randall, som tillbringade hela natten i familjens bil utanför de balsmyckade husen. Ofta kom Helen helt enkelt överens med Margaret om att lämna chaufför och Rolls utanför och att Margaret skulle ta bilen hem när hon var färdig. Hon fick komma när hon ville bara hon var påklädd och pratbar till frukost klockan nio.

Margaret gjorde det mesta av sin relativa frihet: »Det var himmelriket. Rena himmelriket. Kul. Tre fester per natt.« Så beskriver hon debutanttiden. En rad mer eller mindre seriösa och mer eller mindre passande romanser följde. En av de mer allvarliga var med flygarpionjären och miljonären Glen Kidson. Han var 35, hon 18, och han var gift. Ändå friade han per brev tidigt på våren 1931, just när han skulle lämna landet för att slå ett flygrekord till Kapstaden. Så snart han skilt sig ville han istället ha Margaret. Som bevis skickade han henne ett diamantbestrött Cartierur. Margaret tackade i princip ja, Kidson var överlycklig men störtade och dog strax därefter under en flyguppvisning vid Taffelberget, innan han hunnit återvända till London.

Margaret fick reda på det när hon – som alltid elegant, vid detta tillfälle iförd en »skimrande blå aftonklänning av Norman Hartnell« – fick se en löpsedel då hon klev ut från en välgörenhetsgala på London Hippodrome. Hon svimmade nästan, och saken blev inte bättre av att den långsamma postgången gjorde att Kidsons kärleksfulla brev fortsatte att komma i veckor efteråt. Margaret var av begripliga skäl inte välkommen på Kidsons begravning men slank ändå in, plågad av sin olycka. Möjligen led Margaret också av dåligt samvete, för trots löftet till Kidson hade hon redan när han flugit iväg börjat gå ut med en stilig ung amerikansk affärsman och amatörgolfare, Charles Sweeny. Hon hade dessutom odlat en nära bekantskap med Max Aitken, lord Beaverbrooks son och bror till Janet Aitken som på Café de Paris fått höra sin man förklara att han skulle gifta sig med Margaret.

Kidsons död fick inte Margaret att slå av på tempot, tvärtom kastade hon sig ut i sin andra Londonsäsong med stor entusiasm. Hon var nu etablerad som figur i pressen, föremål för smickrande skämtteckningar och en och annan godmodig ironi. När pundets koppling till guldet övergavs hösten 1931 – en verkligt omvälvande händelse som försatte många i ekonomiska trångmål – skrev *Daily Express*:

> Som ett föredöme för Storbritanniens flickor har den ljuvliga Margaret Whigham beslutat att i nationens ekonomiska intresse i fortsättningen bara låta lägga sitt hår en gång varannan vecka och sluta bära strumpor om kvällarna. Å andra sidan, för att gynna handeln, har hon just köpt fyra nya aftonklänningar.

Festen fortsatte, oavsett dödsfall och ekonomisk kris, och några månader efter Kidsons död förlovade sig Margaret i hemlighet med Max Aitken och satte hans sigillring på sitt finger.

Men inte heller det innebar ett slut på flirtandet. Tvärtom var det början på något av en dokumentär sängkammarfars och en liten försmak av den Margaret som skulle bli föremål för det brittiska rättsväsendets chockerade häpnad.

Aitken, vars far var fast besluten att sonen skulle följa i hans fotspår, placerades på ett tröstlöst arbete i Manchester, insvept i dimma och kolrök. Margaret följde istället med sina föräldrar på en vinterresa till ett soligt Egypten. De hade knappt nått Kairo förrän Margaret träffade den jämnåriga earlen av Warwick, Fulke, som tjänstgjorde i armén. Fulke förälskade sig, och Margaret uppmuntrade honom. »Jag tänkte att, tja, Max och Fulke är långt, långt ifrån varandra, så de kommer aldrig att träffas. Så jag lät bara saker rulla på som de gjorde för tillfället.« På nyårsaftonen 1931, när paret vandrade längs Assuandammen, rullade saken på så sätt att Fulke Warwick friade. Margaret sade ja, trots att hon redan lovat Aitken äktenskap.

»Så viktigt det kan vara med närhet«, filosoferar hon i sina memoarer.

Men närhet kan också vara besvärlig. Margaret slog upp förlovningen med Max Aitken per brev. Den tredje mars 1932 kungjordes den nya förlovningen i *Times*. Den nionde klev fästfolket i land i England, tillsammans med Margarets far. Pressen väntade, liksom en betydande folksamling nyfikna. Det var en stor händelse, inte bara i medierna. Menyn på Embassy Club hade gjorts om för att hylla det blivande brudparet: Salmon Welcome Back, Caviar Suprême de Notre Happiness, Petit Pois Prosperity. Paret valde en ny förlovningsring – en stor fyrkantsslipad diamant som ersatte en provisorisk cabochonslipad safir – och Fulke åkte till Warwick Castle för att »ta emot lyckönskningar från sina arrendebönder«. Den kvällen passade Margaret på att åter gå till Embassy Club, där ingen annan än Max Aitken ordnat fest. »När jag fick se Max igen fylldes jag av fruktansvärda tvivel«, skriver Margaret. Och det var inte bara åsynen av Max som sådde tvivel. På festen fanns också Charles

Sweeny och, skriver Margaret, »jag insåg två saker. Ett, han var antagligen den bästa dansaren i London; två, jag var utan tvekan attraherad av honom och han av mig.« Fulkes närmaste vän, Napoleon »Naps« Brinckman, visade sig också vara kär i henne. »Som tur var, var jag inte intresserad av honom, även om han var en underbar person«, pustar Margaret lättat.

I detta romantiska kaos gick ändå bröllopsplanerna vidare. Ett datum bokades i Westminster Abbey i juni, Victor Stiebel sydde på klänningen och åtta tärnor utsågs. Ändå dök en ny, kort kungörelse upp i *Times*, bara tre veckor efter återkomsten från Egypten: »Giftermålet som planerats mellan earlen av Warwick och miss Margaret Whigham har ställts in.« Nya pressrubriker om Margaret följde: »Slut på blixtromans«, »Miss Whigham känner inte tillräckligt starkt«. Den uppslagna förlovningen analyserades och debatterades. Meningarna var delade, och åtminstone en tidning, den vänsterinriktade *Daily Herald* som snart skulle vara världens största dagstidning, ansåg att Margaret var ett föredöme:

> Vi beundrar hennes mod. Den yngre generationen *skäms* inte för att bryta sina förlovningar. De accepterar fakta och erkänner sina misstag. Alltför många av våra fäder och mödrar gifte sig därför att de fruktade den allmänna meningen och sina familjers vrede. Olycka är ett alltför högt pris att betala för »anständighet«.

I botten var skälet till brytningen varken att Margaret tvivlade på sina känslor eller att hon tyckte sig se en arrogant sida hos Fulke, det avgörande var ett koncist budskap från Fulkes egen mor, lady Warwick, till Margarets mor: »Om ni älskar er dotter, låt henne inte gifta sig med min son. Han är en lögnare, han är ouppfostrad och han petar näsan.«

Fulkes bristande nasala etikett hindrade inte att han och

Margaret fortsatte att träffas även efter uppbrottet. En kväll, inte många veckor efter att förlovningen slagits upp, dansade paret hela natten på Embassy Club. Margarets mor tvingades gå ut med »en officiell dementi« av pressryktena att en omförlovning var på gång. Inte ens *Daily Herald* visste riktigt hur de skulle hantera ett modernt mod som krävde sådana åtgärder. Men så rörde det sig också om ett alldeles särskilt par. Fem år senare skulle Fulke Warwick återfinnas i Hollywood under artistnamnet Michael Brooke (han var även den sjunde earlen Brooke och den fjortonde baronen Brooke) som den förste earlen någonsin med ett guldkantat filmstjärnekontrakt.

Margaret, å sin sida, var förlovad på nytt bara ett halvår efter att hon brutit med Fulke. Den här gången hette den utvalde Charles Sweeny.

Den 14 juni 1935 hade Cole Porters *Anything Goes* Londonpremiär på Palace Theatre. Den hade redan gjort succé på Broadway, och flera av musikalens sånger – »I get a kick out of you«, »Let's misbehave«, »Anything goes« – blev omedelbart klassiker. För Londonversionen hade teaterproducenten Charles B. Cochran hyrt in P. G. Wodehouse för att byta ut texternas amerikanska referenser till motsvarigheter som britter kunde förstå. Han gjorde ett utmärkt arbete. I det amerikanska originalet av »You're the top« lät det så här:

You're the nimble tread
Of the feet of Fred Astaire,
You're an O'Neill drama,
You're Whistler's mama!
You're Camembert.

I Wodehouses engelska version blev det:

You're the nimble tread
Of the feet of Fred Astaire,
You're Mussolini,
You're Mrs Sweeny,
You're Camembert.

Att Margaret hade blivit mrs Sweeny och inte längre kunde kallas »The Whigham«, som hon blivit med pressen, förtog på inget sätt hennes stjärnglans. Två år in i äktenskapet var hennes nya identitet tvärtom så etablerad att den av P. G. Wodehouse kunde användas på just detta sätt: som en symbol för något av yppersta klass, låt vara mitt emellan en italiensk diktator och en fransk ost.

En del av förklaringen var att Margarets man också hade stjärnkvaliteter. Charles »Charlie« Sweeny och hans bror Robert var båda karismatiskt stiliga på ett sätt världen senare skulle möta hos John F. Kennedy. Familjen Sweenys rykte var också, likt Kennedys, inte utan viss mystik. Det var den sortens familj som regelbundet vann och förlorade förmögenheter. Sweenys var irländska amerikaner, och Charles far ägde en bank. Det sades att skälet till att banken låg i London var att Sweenys tvingades lämna Amerika »i väldig brådska« av skäl som gjorde att de inte kunde återvända. Charles arbetade på sin fars bank när han inte mycket framgångsrikt spelade golf. Och han var en fantastisk dansör.

Ett problem inför bröllopet var att han också var katolik. Margaret tillhörde den skotska, presbyterianska kyrkan. Hon måste konvertera.

»OK, jag blir katolik på två villkor«, påstår Margaret att hon sade till jesuitpatern Francis Woodlock. »Jag sade till honom att jag inte tänker erkänna påvens ofelbarhet, för han har bara varit ofelbar sedan 1886, och jag tänker inte be till helgon.« »Om jag någonsin kommer att be, blir det till Högsta hönset«, förtydligade hon.

Kyrkan accepterade uppenbarligen Margarets förbehåll. »Man får i alla fall tacka Gud för att du fortfarande kommer att vara kristen«, konstaterade Margarets far uppgivet, antagligen med muslimen Aly Khan i färskt minne. Konverteringen resulterade förstås, som vanligt, i stora rubriker. Men bröllopet i sig fick än mer uppmärksamhet.

Margarets bröllopsklänning, återigen av Norman Hartnell, fotograferades av inbjudna reportrar vid sista provningen. Den var i benvitt siden med apelsinblommor klippta ur spets, broderad med pärlor och kristaller och hade tagit tvåhundra sömmerskor sex veckor att tillverka. Det åtta och en halv meter långa och nära tre meter breda, tyllkantade släpet var särskilt gjort för att fylla den imponerande mittgången i Brompton Oratory, där bröllopet skulle äga rum. Femton år senare skulle Hartnell använda Margarets klänning som förlaga till blivande drottning Elizabeth II:s utstyrsel vid hennes giftermål med prins Philip.

Margaret följdes av fotografer som dokumenterade allt. Tre stora rum fylldes med över tretusen bröllopspresenter. Prinsen av Wales, blivande Edvard VIII, skickade ett par manschettknappar i guld till sin golfkamrat Charles Sweeny. Cecil Beaton målade ett porträtt av Margaret, och Fulke Warwick – aldrig långsint – lät leverera ett barskåp klätt i chagräng. Raneen av Sarawak, hustru till den sista vita rajan av det lilla kungadömet på Borneo, skickade en kudde i rött och guldbrokad med inskriptionen: »För det ljuvligaste huvudet i London att luta sig mot.« Margarets föräldrar valde att vara mer praktiska: de gav henne en minkpäls, två silverrävsstolor, en stola av sex sobelskinn och en jacka i hermelinpäls.

Varenda tidning gav bröllopet full uppmärksamhet. Tusentals nyfikna trängdes på gatorna. Teatersällskapet på Old Vic, med John Gielgud i spetsen, hade stängt och tagit ledigt för att kunna följa händelsen. Utanför kyrkan samlades så många att trafiken helt stannade ända från Brompton Oratory, som ligger bredvid Victoria & Albert Museum, upp till Hyde Park. Tvåtusen gäster var inbjudna, och lika många till lyckades tränga sig in. Det var ett styvt arbete för marskalkarna – bland dem Randolph Churchill och Max Aitken, inte heller han långsint – att hålla någon ordning på folkmassan. »2 000 våldgästar bröllop«, ropade en tidning. »Stormande folkmassa stoppar bröllopsprocession. Kvinnor slår sig in i kyrka«, en annan. *Times* berättar:

> Svängdörrarna på båda sidorna av huvudingången belägrades av kvinnor som slog sig in i kyrkan genom att urskillningslöst använda armbågar och paraplyer och under en kort stund böljade i en enda massa som helt spärrade vägen för gäster som ankom sent. Bruden, vid sin fars arm, rörde sig med exemplarisk grace, och hennes nio tärnor följde henne förnämligt.

»Det var i depressionens mörkaste tid, med miljoner arbetslösa, men jag tror att de tyckte att vårt bröllop hade skänkt ett stänk av färg till en grå värld«, skriver Margaret.

Efter sex veckors smekmånadskryssning i Västindien kom de nygifta tillbaka hem. En juridisk spetsfundighet hade resulterat i att Margaret förlorat sitt brittiska medborgarskap när hon gifte sig med en amerikan, hon var officiellt statslös och släpptes inte in i landet. Men problemet undanröjdes, och paret kunde inleda sitt liv i Londons Belgravia. »Charlie och jag hade 2 000 pund om året tillsammans, och på det lyckades vi med lätthet driva ett hushåll som bestod av en husa, en kock och, naturligtvis, kära Nanny. Det var de gamla goda tiderna!« De hade också en Rolls-Royce med chaufför.

Men så goda var inte alltid tiderna. Den »Nanny« Margaret skriver om var hennes egen gamla nanny, May Randall. Tanken var att Randall även skulle uppfostra nästa generation. Det visade sig inte så lätt, därför att hon snart gifte sig med familjen Whighams chaufför – möjligen en följd av alla de nätter hon tvingats vänta i bilen under Margarets debutantbaler – men främst därför att Margaret fick ett tidigt missfall. Margaret blev nästan omedelbart gravid igen men drabbades en bit in i graviditeten av dubbel lunginflammation och en allvarlig infektion i njurarna. Hon var så illa däran att läkarna gav upp. Som vanligt var allt som hände henne en stor nyhet. På löpsedlarna i London kunde man läsa: »Margaret Whigham döende«, »Margaret Whigham svårt sjuk«. Hon gavs den sista smörjelsen, och som ett försök att besvärja döden stänkte prästen heligt vatten från Lourdes över henne och hennes säng. Tre dagar senare var hon ännu svag men vaken och frisk. Barnet hade åter gått förlorat.

Prövningarna frestade på äktenskapet. Charles Sweeny lämnade sin konvalescentfru i sängen och gick ensam på Embassy Club. När hon tillfrisknat försökte hon vidga deras bekantskapskrets med författare, skådespelare, diplomater och andra intressanta människor, men Charles var ointresserad. Han ville bara träffa sådana han kunde tala affärer och golf med. Han var svartsjuk på gränsen till det absurda. Han arbetade ständigt. Margaret började ana att han kanske i mer än ett avseende inte var en exemplarisk äkta man. »Jag började känna mig som en fågel i en inte särskilt gyllene bur«, skriver hon.

Det blev fler missfall, men tids nog kom ändå två barn: 1937 dottern Frances och 1940 sonen Brian. Paret skaffade sig ett eget hus vid Regents Park, ritat av John Nash. Syrie Maugham, författaren Somersets exfru, hjälpte dem att inreda det till rimligt pris, eftersom hon samtidigt inredde Margarets föräldrars hus vid Grosvenor Square till ett helt orimligt pris. Alldeles ointressant var inte livet. Margarets svärmor var nära vän till Wallis Simpson, så Margaret hade första parkett i det drama som slutade med Edvard VIII:s abdikation 1936. Paret Sweeny firade jul 1937 med familjen Fitzwilliam på deras jättelika Yorkshiregods Wentworth Woodhouse. Alla åt på guldtallrikar, och för att de inte skulle gå vilse i de 365 rummen rullade en lakej ut ett garnnystan som de kunde följa från sitt sovrum till salongerna. Margaret fyllde sin garderob med nya, eleganta kreationer. Hon röstades av Paris modeexperter fram till niondeplatsen på listan över världens tio bäst klädda kvinnor. »Hennes hattar inspirerar miljoner«, hävdade juryn. Margaret och Charlie omskrevs ständigt som det idealiska unga paret, de reste en del och hann precis hem från Monte Carlo innan andra världskriget började.

Liksom många i Londons bättre kretsar flyttade paret Sweeny in i Dorchester Hotel vid Park Lane under kriget. Hotellet, som hade öppnat 1931, beskrevs under blitzen av en kanadensisk diplomat som en »lyxkryssare där resterna av Londons societet sökt skydd«. Förklaringen var att Dorchester var en av Londons få rejäla betongkonstruktioner och ansågs kunna stå emot bombangrepp. Hotellet var också känt för sin måttlösa elegans, sina turkiska bad och sin förmåga att även under kriget servera utmärkt mat och ännu bättre drinkar. Även general Eisenhower skulle bo där när USA till slut gick in i kriget. Det var på Dorchester Brian föddes, samma dag som Norge anfölls av tyskarna: »Det var ett himmelskt sätt att föda, på hotell!« Det var också nu Margaret gick med i det amerikanska Röda korset. Hon stannade i England, trots att den amerikanska ambassadören, John F. Kennedys far Joe, sade till henne att hon »vore tokig om hon stannade kvar« när hon kunde åka till USA: »Det här landet är slut. Det kommer att köras över av tyskarna inom loppet av några veckor. Alla vägar kommer att vara igenkorkade av flyktingar, precis som de är i Frankrike nu.«

Men hon ville inte ens lämna London, som fortfarande hade ett aktivt nattliv. Barnen skickades till bekanta i Wales, vilka tog emot bättre bemedlade barn mot betalning för att slippa tvingas ta emot fattiga storstadsbarn. Charles försökte skicka iväg Margaret att göra barnen sällskap, men redan på tåget grät hon av ilska. Hon insåg att hon inte skulle stå ut med att sitta i Wales, där inget händer. Så när hon anlände till stationen i Wales skickade hon ett telegram till sig själv, att levereras morgonen efter, där hon kallades tillbaka till London. Telegrammet anlände som planerat: »Eftersom jag inte hade packat upp kysste jag helt enkelt barnen adjö och klev på tåget till London.«

Hon sysselsatte sig med att arrangera underhållningen på den officersklubb, Beaver, som det amerikanska Röda korset drev i London. Med sin egen kändisstatus hade hon inga problem att engagera stjärnor som Bob Hope, Marlene Dietrich, Bing Crosby och Vera Lynn. Hennes chef var dotter till en amerikansk oljemiljardär så maten på klubben var dessutom den bästa som gick att få på Londons svarta marknad: »Kunde hon inte från kvartersmästarna få tag på lyxvaror, som sparris eller jordgubbar när det inte var säsong, köpte hon helt enkelt det som saknades för egna pengar«.

Men även Charlie Sweeny roade sig, och han gjorde det med andra kvinnor. Strax innan Margaret tog sitt olycksaliga kliv ut i ett hisschakt hade hon bestämt sig: »Jag flyttade ut ur vårt rum på Dorchester till ett rum på en annan våning.«

Att gå från att dela hotellrum till att dela hotell med sin man låter kanske inte så dramatiskt. Men paret Sweeny, beundrat som den perfekta kombinationen, hade i praktiken separerat.

Så långt i Margaret Sweenys liv – hon var nu strax över 30 – vore det inte orimligt att beskriva henne som sin tids Paris Hilton. Det fanns ingen egentlig riktning i hennes liv. Hon gjorde inte alltid det förväntade men inte heller något särskilt självständigt. Hon var inte dum men snarare slug än intelligent, och slugheten användes i första hand i privata, småttiga syften. Hon var bortskämd och saknade intresse för, möjligen också förmåga att se, större sammanhang. Hennes första äktenskap verkar mest ha byggt på att Charlie var vacker och dansade bra. Hon hade inga ambitioner, förutom att roa sig. Hennes främsta merit var att ha hamnat på listan över världens tio bäst klädda kvinnor. Ingen kan förneka att hennes liv hade haft sin beskärda del av tragedier. Inte heller att hon hade en imponerande förmåga att sätta sig över prövningarna. Kidsons flygkrasch och missfallen skulle ha kunnat knäcka en svagare människa. Men det är som om hennes förmåga att resa sig berodde mindre på stark karaktär och mer på tanklöshet. Hon ville dansa, resa, fylla sin garderob och bli omskriven. Allt annat lämnade henne i grunden oberörd. När hon ger uttryck för något bekymmer är det inte alldeles lätt att ta henne på allvar:

> En astrolog noterade att eftersom jag var född [i december] med Venus i stigande var jag dömd att leva hela mitt liv i en eld av oönskad publicitet. Så rätt han hade!

Men det svävade ändå ett odefinierat moln över henne. Man kunde ana det i Margarets ansikte redan som debutant. Hon var vacker, men de aningen höjda och starkt markerade ögonbrynen och den sneda, sammanpressade och hårt målade munnen berättade något mer. Kanske försökte hon se spännande och farlig ut, men uttrycket var snarare ilsket, nästan bittert. Som om världen lurat henne på något eller snart skulle komma att göra det. Hennes tanklöshet var inte en glad, bekymmersfri tanklöshet, inte tanklösheten hos någon som tror världen om gott. Det fanns tvärtom något grälsjukt och missbelåtet över henne redan från början.

Margaret odlade en livslång fascination för spådamer, astrologi och annan ytlig mystik. Astrologen som spådde henne ett liv av oönskad publicitet gjorde det när Margaret fyllde 21 och redan hade levt i offentligheten i drygt fyra år. En annan astrolog hade spått henne då hon fyllde 19 och höll födelsedagsfest på Embassy Club: »Jag ser lycka, skratt ... mycket kärlek. Men se upp! Det finns också fara.« Vad för sorts fara? frågade Margaret »Förräderi«, sade han: »Ni kommer att bli förrådd av människor ni litar på.«

Det är knappast en mer imponerande spådom än den om publiciteten, men Margaret hade en aptit på järtecken och tog budskapet på största allvar. Hon bar på en rastlös misstanke om att någon – kanske alla – bara väntade på att få lura henne. Ingen, utom möjligen hennes far, var riktigt att lita på. Det verkar ha fått henne att tidigt dra slutsatsen att hon var fri att själv vara lika opålitlig som hon förväntade sig att andra var.

Det är fullt möjligt att olyckan i hisschaktet faktiskt förändrade Margaret, men det var i så fall snarare en förändring i grad än i art.

»Trettio år senare«, skriver Margaret apropå astrologen som varnade för förräderi, »skulle jag upptäcka hur kusligt exakt den gamle mannens förutsägelse var.« Med det var Margaret framme vid sitt andra och skandalösa äktenskap.

Ian Campbell var 45 när han 1949 ärvde sin titel, som syssling till den barnlöse tionde hertigen av Argyll, Niall Campbell. Niall Campbell kallades »Skottlands mest pittoreska hertig«, och utöver att vara hertig bar han arton andra titlar, flera med rötter i 1300-talet. Att han var barnlös var ingen slump. Han oroade sig för att ett stråk av galenskap på hans mors sida skulle vara ärftligt och avhöll sig därför från reproduktion. Det fanns möjligen skäl till oron, för Niall Campbell själv var om inte galen så åtminstone egen. Han avskydde alla moderniteter och hotade att låsa in en representant för Byggnadsstyrelsen i en av de medeltida fängelsehålorna när denne kom med ett erbjudande om understödsarbete för att renovera ett av klanen Campbells förfallna slott.

På huvudsätet Inveraray vid Loch Fyne på Skottlands västkust fanns i det längsta varken värme, elektricitet, telefon eller ens en transistorradio. Först mot slutet av sitt liv installerade den tionde hertigen motvilligt en elektrisk lampa i sitt sovrum så att han kunde läsa. Han cyklade runt bygden, oftast iklädd kilt, och hälsade ibland besökare med att sjunga valda delar av italienska operaarior. Sina sista år levde han i klosterlik isolering. Den tionde hertigen var älskad av lokalbefolkningen men avgjort udda jämfört med sin företrädare och farbror, den nionde hertigen. Denne hade varit generalguvernör för Kanada och gift med drottning Victorias fjärde dotter, prinsessan Louise, ett äktenskap som alltså utmärkte sig genom att vara det första erkända äktenskapet sedan 1515 mellan en brittisk kunglighet och någon utan kungligt blod.

Ian Campbell önskade möjligtvis att hans omedelbara företrädare hade varit mer lik den nionde, mer handlingskraftige och ansvarstagande, hertigen, för det arv han övertog var i mycket dåligt skick. Den tionde hertigen hade inte bara struntat i nymodigheter utan också i underhåll. Till detta kom att Ian Campbell redan innan titlar och slott kom i hans ägo var ekonomiskt hårt pressad. De pengar som fanns rann genom fingrarna på honom, och det enda sätt han kunde komma på för att fylla kassan var att gifta sig rikt.

Det första försöket var Janet Aitken, lord Beaverbrooks dotter. Ett mått på Ian Campbells ekonomiska desperation var att han pantsatte sin frus juveler redan innan det nygifta paret nått målet för sin bröllopsresa 1927. Lord Beaverbrook köpte tillbaka smyckena. Han erbjöd också sin svärson ett arbete som journalist, men det hjälpte inte, eftersom Ian och Janet hade bosatt sig på Rivieran och gjorde av med betydligt mer än vad Ian kunde dra in. Paret fick en dotter, Jeanne, men skilde sig 1934.

Det andra försöket var den rika amerikanskan Louise Clews, som blev Ians fru 1935. Clews farfar sades ha grundat Wall Street som finanscentrum. Vid sitt giftermål med henne passade Ian också på att låna 30 000 pund mot sitt kommande arv. Paret bosatte sig i Frankrike och fick två söner.

När Ian Campbell slutligen ärvde sina titlar och sitt slott förvärrades hans pengaproblem. Slottet Inveraray var djupt förfallet och drabbat av såväl hussvamp som brandskador. Det var dessutom nödvändigt att betala den gigantiska arvsskatten på 357 000 pund och den tidigare hertigens skulder på 82 000 pund. I den situationen fick Ian Campbell en idé som han aldrig riktigt skulle släppa. Det var en sorts blandning av lotteridröm och pojkboksäventyr.

När den spanska armadan seglade mot England 1588 påstods en galeon – *Almirante di Florencia* eller möjligen *San Juan de Sicilia* – ha sjunkit utanför Tobermory på Isle of Mull. Enligt legenden var det ett skattskepp, lastat med dyrbarheter till ett värde av 30 miljoner pund, inklusive en krona skänkt av påven att användas för att kröna en katolsk engelsk kung. Ön Mull hade givits till familjen Campbell 1641, och Jakob I hade redan dessförinnan givit klanhövdingen rätten till vraket. Ian var övertygad om att lösningen på alla hans ekonomiska problem fanns därnere på havsbottnen. Det var bara en fråga om att finna, gräva och bärga. Våren 1950, när hans andra äktenskap var bortom räddning, meddelade han pressen att han funnit vraket med hjälp av den brittiska flottan. Drygt 20 000 ton slam och lera behövde dock flyttas för att skatten skulle kunna bärgas.

I efterhand framstår beskedet som en kreativ förhoppning snarare än ett faktum. Sanningen var att ingen ännu visste var vraket fanns eller om det alls fanns. Än mindre om det i så fall innehöll de rikedomar legenden berättade om. Men hertigen, som Ian nu kunde kalla sig, behövde finansiell hjälp för att kunna fortsätta undersökningarna av havsbottnen och jakten på den skatt som han var övertygad väntade på honom. Med största sannolikhet var beskedet ett bete för att locka finansiärer.

Det fungerade. Först att nappa var Margaret Sweeny.

Under de två sista åren av kriget hade paret Sweeny levt separata liv. Charlie fortsatte att roa sig med olika kvinnor, och Margaret gav med påtaglig entusiasm igen med samma mynt. En del av hennes kavaljerer var gamla bekanta – hon sågs ofta dansa med Max Aitken. Andra var nya, inte sällan amerikanska officerare stationerade i London. Det var vid den här tiden hon först formulerade ett råd som hon ofta skulle upprepa: »Gå till sängs tidigt och ofta.«

Vid krigsslutet bestämde sig Margaret för att formalisera

brytningen med Charlie. Hon ansökte om skilsmässa, och en period av prövoseparation inleddes. Som ofta när något besvärade henne bestämde hon sig för att resa bort, för att skingra tankarna. Med en kommande förhandling om vårdnaden hängande över huvudet var det ett vågspel att lämna två små barn, men Margaret lät inte det bekymra sig. Färden gick till New York, som hon inte hade besökt sedan hennes föräldrar flyttat henne till London. Hon hade vaga planer på att starta ett nytt liv i Amerika, något som skulle återkomma resten av hennes liv som ett slags flyktfantasi.

Själva resan var en prövning. Det var ont om passagerarfartyg omedelbart efter kriget, och Margaret hade att välja mellan att åka trupptransportfartyg tillsammans med återvändande amerikanska soldatfamiljer och att ta en hytt på en bananbåt. Hon valde det senare, eftersom trupptransporten skulle ha inneburit att hon tvingades dela hytt. Färden blev en långdragen plåga av dåligt väder och dåligt sällskap i ett oförsäkrat fartyg i dåligt skick. Efter tio dagar hävdade skeppsdoktorn att Margaret led av förstadierna till skörbjugg. Väl i hamn vände lyckan. En amerikansk amiral och »krigstidsvän«, Luis de Flores, väntade på kajen med en bukett, två adjutanter, limousine och en mindre lastbil för Margarets bagage. Eskorterad av motorcykelpoliser var hon snart installerad på Plaza Hotel.

Vistelsen varade i tre månader fyllda av danser, middagar och cocktailpartyn. Ett pärlband av män avlöste varandra, och så fortsatte det de närmaste åren. Några av förhållandena under åren efter kriget var mer än ren rekreation. Theodore Rousseau, intendent vid Metropolitan Museum i New York, friade men fick korgen, med motiveringen att han inte var »styvfarsmaterial«. Margaret och Rousseau fortsatte ändå att umgås som tidigare. Joseph Thomas, en förmögen bankir vid Lehman

Brothers, fick tvärtom ja. Han hade räddat Margarets liv när hon höll på att spolas ut till havs vid en badstrand på Long Island, men något bröllop blev det inte. Thomas reste till Schweiz för att personligen framföra nyheten om sitt förestående bröllop till en tidigare älskarinna. Han kom aldrig tillbaka.

Det var en motgång, men sin vana trogen skakade Margaret av sig den. Hennes far hade skänkt henne det hus på 48 Upper Grosvenor Street som han hade köpt strax före kriget, och hon flyttade in i augusti 1945, samma dag som Japan kapitulerade. Det var ett vackert 1700-talshus vid Grosvenor Square, ett stenkast från Park Lane. Syrie Maughams inredningsuppdrag hade slutat i att allt gick i olika nyanser av vitt. Huset hade tre våningar och ett specialritat badrum i art décostil, med grekiska kolonner, ett badkar för två och speglar på samtliga väggar, dörrar och till och med handtagen. I trädgården fanns en femrums gäststuga och ovanpå garaget en chaufförsbostad. Med huset följde en personalstab som Margarets far likaledes skänkte sin dotter. Margaret klev nu in i rollen som societetsvärdinna och fyllde huset med gäster veckorna i ända. Under några år nöttes Margarets trappa av Noël Coward, miljonären Paul Getty, filmstjärnan Douglas Fairbanks jr, ambassadörer, politiker och författare. Flera av dessa skulle senare förekomma på den långa lista av älskare som anfördes mot Margaret. Men den man som sammanställde listan träffade Margaret inte i sina egna salonger utan på ett tåg.

Margaret hade varit i Paris för att shoppa, bott på Ritz och tog tåget tillbaka till London. Det var 1947, samma år som hennes skilsmässa trädde i kraft, och mitt emot henne i kupén satt en man som hon kände igen men inte kunde placera. Det var Ian

Campbell, på väg till England från sitt hem i Biarritz. Det var något märkligt handfallet med Campbell, skulle Margaret senare berätta. De började tala med varandra, och hon förstod att han för ett drygt år sedan släppts ur ett läger för krigsfångar där han suttit större delen av kriget. Handfallen eller ej var han ändå öppenhjärtig, och när de anlände till London visste Margaret inte bara att Ian hade två söner i sitt nuvarande äktenskap och att äktenskapet i praktiken var över utan även att hans hustru ville skiljas för att kunna gifta sig med den ryske prinsen Dmitri, dotterson till tsar Alexander III och under trettiotalet föreståndare för Coco Chanels affär i Biarritz.

Margaret och Ian klev av tåget och slog följe hem till henne för att »ta en drink«.

Det skulle gå två år innan de träffades igen, hos en gemensam vän i Paris. Margaret var fortfarande skild och ogift, Ian var fortfarande gift men hade just fått sitt skotska arv och var officiellt inte bara Ian Campbell utan Ian Douglas Campbell, elfte hertigen av Argyll, hövding för klanen Campbell, Hereditary Master of the Royal Household in Scotland, Keeper of the Great Seal of Scotland och Herdeitary Keeper of the Royal Castles of Dunoon, Dunsaffnage, Tarbert and Carrick. Och utfattig.

Det var nu en mer allvarlig attraktion uppstod mellan de tu. Om inte annat så av ren vana kunde Ian Campbell knappast undgå att registrera Margaret som en tillgänglig arvtagerska av det slag han brukade gifta sig med när plånboken var tom. Margaret, å sin sida, berättar att hon »kände sig dragen till denna plågade man som var så charmig«. Det är inte alltför våghalsigt att anta att titlarna och ett rejält slott också hade viss dragningskraft.

Några månader efter mötet i Paris saknade Margaret en herre till en middagsbjudning hon skulle hålla för en bekant och hörde av sig till Ian Campbell. Han tackade ja. Det var fredagen den trettonde. Ytterligare några månader senare, i mars 1950, kom Ian Campbells aningen fantasifulla besked om att han funnit sitt skattvrak. Det gjorde Margaret mer angelägen. Ett svepskäl hittades i form av att hon behövde en kavaljer till en bal som hölls i Paris av hennes barndomskamrat Barbara Hutton, Woolwortharvtagerskan som gifte sig sju gånger och var den ursprungliga »stackars lilla rika flickan«. Margaret rekvirerade en villig Ian. De syntes på fler tillställningar i Paris, och en månad senare, när Margaret var tillbaka i London, föll det slutliga avgörandet. Det skedde på typiskt Margaretvis:

> Ian var inte den ende attraktive gentlemannen i min närhet. Där fanns även Robert Caracciolo – hertigen av San Vito – en livfull, intelligent neapolitan och en av Italiens främsta diplomater i Paris. [...] Väl hemma saknade jag dem båda, och i ett nyckfullt ögonblick bestämde jag mig för att skicka telegram till Ian i Biarritz och till Roberto i Paris med lydelsen: »Uttråkad och saknar dig. Önskar att du kunde komma till London.« Sedan lutade jag mig tillbaka och inväntade resultatet.

Resultatet var ett ursäktande telegram från den italienske hertigen och att dörrklockan på 48 Upper Grosvenor Street oväntat ringde. Där stod den engelske hertigen. En dryg vecka senare friade Ian i en teaterloge som Margaret och han inte kunde lämna trots att föreställningen var över, eftersom dörren hade gått i baklås. »Jag tvekade inte ett ögonblick«, berättar Margaret. Att Ian ännu var gift och att hans andra fru ångrat sig och inte längre var intresserad av skilsmässa var förstås en komplicerande faktor. Men Ian och Margaret inledde öppet ett liv som par, och ett år senare var Ians andra äktenskap upplöst.

I mars 1951 stod bröllopet mellan Margaret och Ian på folbokföringskontoret Caxton Hall i London, där Peter Sellers, Elizabeth Taylor, Orson Welles och många andra berömdheter gift sig genom åren, ofta mer än en gång. Margaret bar en enkel, kort klänning i grå chiffong och en clochehatt med limegröna fjädrar. Hon hade just avancerat till nummer tre på listan över världens bäst klädda kvinnor med motiveringen att hon alltid »tonar ned en vacker effekt istället för att överdriva den«. Mottagningen skedde hemma hos Margaret, nybliven hertiginna av Argyll, och de nygifta tog sedan nattåget till Glasgow. Dagen efter spelade hertigens av Argyll privata säckpipeblåsare in paret i slottet Inveraray, och lokalbefolkningen lyckönskade dem. Ian, iklädd kilt, bar sin hertiginna över tröskeln, påpekade att hon var tung och tappade henne nästan. Men han verkade ändå nöjd. Några dagar före bröllopet hade han sagt till en god vän: »Nu får jag alla räkningar betalda.«

Äktenskapet började på sätt och vis passande: med två stämningar mot Ian för obetalda räkningar. Den ena på 4 000 pund kom från modehuset Worth i Paris, där Ian mindre än två år tidigare hade köpt sin dåvarande fru en minkpäls för att fira att han blivit hertig. Den andra på 3 000 pund kom från brittiska flottan, som ville ha betalt för att den muddrat efter Ians skattskepp i Tobermory Bay. Margarets far betalade för minkpälsen. Margaret själv betalade för muddringen.

Det var inte den första förmögenhetsöverföringen. Ian hade gjort det mer eller mindre klart redan från början att en förutsättning för äktenskapet var att det med Margaret följde betydande ekonomiska resurser. Margarets far, George, hade rest upp till Inveraray och blivit imponerad av det han fann, inte minst konst och inventarier, även om slottet i sig var i uppenbart behov av renovering. George erbjöd 250 000 pund för att täcka de delar av arvsskatten som inte kunde betalas med hjälp av försäljning av mark och som en investering i restaureringen av slottet. I gengäld ville han att Ian undertecknade ett gåvobrev som överlät ett rikt urval av de mer dyrbara inventarierna på Margaret. Ian accepterade genast. Han upplyste varken George eller Margaret om att gåvobrevet var värdelöst eftersom han redan intecknat inventarierna då han vid sitt andra äktenskap lånade 30 000 pund mot kommande arv.

Det var inte heller den sista förmögenhetsöverföringen. Slottet slukade medel, och Ians skattjakt krävde sin finansiering. Dessutom betalade Margaret och hennes far för Ians söners utbildning. Hertigen var visserligen inte alldeles oförmögen att då och då dra in några pund på egen hand. Han kunde ses i herrmodetidningar där han hyrdes in för att göra reklam för Argyllmönstrade sockor. Med ett par brun- och rödrutiga strumpor i handen, ett brett leende, sin vapensköld och släktens valspråk *Ne Obliviscaris*, Glöm ej, intygade han att det rörde sig om »autentiska Argylls«. Han hade också tur: En okänd kvinna, som fötts med namnet Campbell, testamenterade 35 000 pund till hertigen i egenskap av Campbellklanens hövding. Men de stora summorna kom från hans hustru.

Till en början hängav sig Margaret åt sin nya roll som hertiginna, även i praktiska avseenden som annars var henne främmande. Med rasande energi satte hon igång att rensa ut Inverarays överfyllda, smutsiga och vanvårdade åttioåtta rum och gjorde verkligen en beundransvärd insats. En imponerande samling värdefullt porslin hittades spridd i husets alla rum, ett fat här och en kopp där. Det mesta hade varit ett enda kaos. Hertigparet åt sin mat på modernt, billigt porslin i tron att inget annat fanns, men Margaret upptäckte att kökspersonalen åt på udda porslin som vid närmare granskning visade sig vara dyrbara rariteter.

Slottet var som taget ur en sagobok, om våren omgivet av ängar fyllda av påskliljor. Det var omöjligt att inte förföras av hur vackert det var. Lokalbefolkningen, 521 bybor, var glada att ha en hertiginna på plats igen, och Margaret återgäldade välkomnandet med att för egna pengar förvandla byns möteslokal till en fungerande biograf och att se till att kyrkklockan reparerades. Hon tog också initiativ till att rusta slottet för turistbesök, som kunde ge ett välbehövligt ekonomiskt tillskott. De problem som kan drabba en hertiginna verkade passa Margaret ovanligt väl: Inför drottning Elizabeth II:s kröning 1952 upptäckte Margaret att den hermelinbrämade mantel som hushållet kunde uppbringa åt henne inte var purpurröd utan kungligt lila, eftersom den senaste hertiginnan av Argyll som haft anledning att lufta sin mantel var den nionde hertigens hustru Louise, som ju var dotter till drottning Victoria. Den manteln kunde givetvis inte Margaret bära, så hon bad Victor Stiebel att sy henne en ny. Saknades gjorde också den adliga krona Margaret måste bära under kröningen, men det problemet kunde lösas lite billigare: »Clare, hertiginna av Sutherland, hade som tur var två.«

Men äktenskapet var aldrig riktigt harmoniskt. Margaret talade i efterhand om att Ian hade två personligheter: han var »en sann tvilling«. Han kunde ena minuten vara idel leenden och charm och andra butter och grälsjuk. Enligt Margaret drack han kraftigt. Det förmörkade parets dagar. Inte heller kröningskvällen blev en framgång. På väg till en mottagning på franska ambassaden fastnade paret i trafiken, och en irriterad Ian klev plötsligt ur bilen och meddelade att han skulle tillbringa resten av kvällen på sin klubb, Whites.

Margaret å sin sida blev alltmer utttråkad i Skottland, som

låg alldeles för långt från Londons nattklubbar. Hon hade behållit sitt hus på Grosvenor Street och tillbringade längre och längre perioder i London. Ian hade först bett henne att sälja huset, utan tvivel för att komma åt ytterligare medel, men när hon vägrade drev han åtminstone igenom en kompromiss: huset döptes om till Argyll House för att ge sken av att vara släkten Campbells Londonresidens. Det var det knappast vad Ian anbelangar. Han stannade helst i Skottland, och när han var i London var han oftare på Whites än i Argyll House. Margaret erbjöd retsamt att bygga om ett av rummen i Argyll House till en kopia av baren i Whites för att Ian skulle känna sig hemma.

Det var nu, ett par år in i äktenskapet, som grunden lades för ett spektakulärt haveri. Margaret samlade klasar av män omkring sig i London. Hon gjorde ingen större hemlighet av saken, tvärtom poserade hon som vanligt i skvallerpressen med sina olika eskorter. Ian valde för det mesta att titta åt ett annat håll. Då och då brast hans tålamod, som när han fick reda på att en av Margarets älskare hade bosatt sig i Argyll Houses gästhus. Men inga protester ändrade något, och till slut exploderade förhållandet i en härva av juridiska ärenden.

Margarets spökskrivna memoarer har ett genomgående kännetecken: de är med en vänlig omskrivning tillrättalagda till hennes fördel. Ett annat sätt att uttrycka det på är att de är hämningslöst lögnaktiga. Om man ska tro Margaret är hon från och med mitten av femtiotalet drabbad av en förbannelse, helt utan egen förskyllan. Uppenbarligen har astrologens förutsägelse att hon kommer att bli offer för förräderi besannats. Gamla vänner vänder sig mot henne utan begripliga skäl. Hon talar själv om en »sammansvärjning«. Om man istället letar reda på andra källor, eller läser vad Margaret sade i mindre genomtänkta ögonblick, blir saken inte fullt lika oförklarlig.

När femtiotalet gick mot sitt slut hade Margarets mor, Helen, dött efter att länge ha plågats av svår reumatism. Hennes far hade, utan förvarning, gift om sig med Jane Brooke, en skild kvinna som var ett år yngre än Margaret. För en gångs skull var inte Margaret oberörd av vad som skedde omkring henne. Hennes mors död var ingen stor sak, men att hennes far gifte om sig skakade henne djupt. Av alla människor i världen var han ju den ende hon alltid hade litat på, och nu stod en främling mellan dem. Å andra sidan hade hon hållit debutantbal för sin dotter, Frances, och framgångsrikt arrangerat hennes bröllop med hertigen av Rutland. Familjen hade därmed två hertiginnor, och 1959 födde Frances en arvinge till titeln. Det kunde inte Margaret konkurrera med. Hon och Ian hade inga barn, och även om de hade haft det skulle Ians båda söner från det andra äktenskapet ha stått först i tur.

Margaret bestämde sig för att göra något åt sakernas tillstånd.

Efter en resa till Paris våren 1959, vid en tidpunkt när det var uppenbart att relationen mellan hertigen och hertiginnan av Argyll var frostig, sökte Margaret upp sin man och överlämnade vad hon påstod var avskrifter av brev som modern till Ians två söner skulle ha skickat till en bekant. Margaret berättade att en vän i Paris hade visat breven för henne och låtit henne kopiera texten. Innehållet var grova påhopp på Ian själv och hans klan. I vad som måste betraktas som ett fantastiskt sammanträffande tog Margaret också fram vad hon påstod vara ett anonymt brev som skickats till henne. Inom några dagar hade Margaret fått ytterligare ett anonymt brev, och hennes dotter Frances hade också fått ett, vilka Margaret visade Ian. Det gemensamma i alla dessa brev var att den som hade skrivit påstod sig ha »skriftligt bevis« för att Ian Campbell inte var far till sina två söner och att sönerna därmed inte var hans legitima arvingar.

Det Margaret inte visste var att Ian, i jakt på bevis på Margarets otrohet, hade förlagorna till de »anonyma« breven. Margaret hade uppenbarligen skrivit breven själv och sett till att de levererades till henne och till Frances. Ian tog kontakt med Scotland Yard och med sin tidigare hustru, Louise, som han inte hyste minsta misstanke mot. Louise stämde omedelbart Margaret för förtal.

Allt framstår som en övning i ren destruktivitet: Ian och Margaret hade trots allt ingen son som kunde ta de andra sönernas plats om de skulle puttas åt sidan. Men Margaret hade tänkt längre än så. När hon var i färd med att författa sina »anonyma« brev bjöd hon hem en gammal vän, skådespelerskan Diana Napier, och föreslog något häpnadsväckande. Enligt Napier hade hon sagt: »Älskling, jag vill att du åker till Venedig på min bekostnad. Jag vill att du använder dina polska kontakter och adopterar ett nyfött barn eller ser till att ett nyfött barn skickas från Polen till Venedig.« Napier blev naturligt nog ställd och undrade vad som var i görningen. Margaret berättade efter några undanflykter: »Jag har byggt på min mage med en kudde och spridit ryktet att jag är gravid. Jag tänker simulera en graviditet och åka till Venedig och komma tillbaka med det polska barnet som hertigens son.«

Napier vägrade förstås och undrade om Margaret blivit galen. Men det fanns en kall logik i Margarets beteende. Hon visste att Ian hade bestämt sig för att skilja sig från henne och bara väntade på att ha samlat tillräckligt med bevis för att kunna göra det. Med en skilsmässa skulle hon förlora allt hon satsat på sitt liv som hertiginna. Fanns det däremot en son och arvinge skulle det arbete och de pengar hon investerat i Inveraray även fortsatt kunna komma henne tillgodo. Men planen var alltför grovhuggen. Det var inte bara det att Ian redan från början förstod vem som hade författat de »anonyma« breven, Margaret insåg också, efter att Diana Napier sagt nej till att trolla fram en polsk bebis, att hennes vänner antagligen inte var beredda att ljuga under ed. Margaret bestred till en början den stämning Ians förra fru lagt fram. Hon gjorde det med karaktäristiskt dödsförakt och ett betydande mått av barnslighet: Sönernas mor, Louise, kallades Oui-Oui. Men i de juridiska dokument som Margaret lämnade in kallas hon genomgående Wee-Wee, barnkammarspråk för kiss. Juristerna strök förolämpningen. När möjligheten kom att skriva under ett domstolsföreläggande, där Margaret lovade att aldrig igen påstå att Ians söner var oäkta och dessutom att betala 10 000 pund i skadestånd och rättskostnader, gjorde hon det.

Av detta blev, som av så mycket annat, artiklar och rubriker, om än något kryptiska eftersom tidningarna av rädsla för att själva bli stämda inte kunde nämna vad själva huvudsaken gällde. Artiklarna var under alla omständigheter inte smickrande för Margaret och hörde till det fåtal som hon inte lade till sin annars kompletta samling av pressklipp.

Men det var inte slut där, för Margaret kunde inte förmå sig att hålla tyst. En gemensam vän till Ian och Margaret försökte medla mellan dem, och under den diskussionen upprepade Margaret sina påståenden om att sönerna var oäkta. Ian gick genast till sin advokat, och Margaret förstod nu hur allvarlig saken var. En av rubrikerna denna gång löd: »Hon ska slängas i fängelse«. Det var precis det som skulle ha skett om inte vännen som hört Margaret hade vägrat att ytterligare dras in i den äktenskapliga striden. Nu blev domslutet istället att hon utan ny rättsprocess kunde slängas direkt i fängelse om hon någonsin tog upp ämnet igen. Beslutet gällde för återstoden av hennes liv.

Hon lämnade domstolen i en limousine, som alltid var hon mycket elegant i en svart rock med krage i mink, en sjömansinspirerad hatt i ceriserött med slöja och det treradiga pärlhalsband från Aspreys som genom åren hade blivit hennes kännetecken. På en reporters fråga om hon var glad eller gladare svarade hon: »Jag är glad.« Hon sneglade på sin advokat och lade till: »Jag tror jag får säga det. Eller hur?«

Ett sådant rättsärende skulle räcka mer än väl för en genomsnittlig äktenskapsfejd, men för Margaret var det bara ett i mängden. När domstolsförhandlingen som kunde ha skickat Margaret i fängelse avgjordes i september 1959 låg redan sedan en längre tid en annan stämning mot henne och väntade i rätten. Den hade lämnats in av hennes tidigare sekreterare Yvonne MacPherson, som hade goda skäl att tro att Margaret spred lögner om henne. Flera vittnen hade hört Margaret påstå att MacPherson sålde information om sina arbetsgivare till skvallerpressen och att hon därför snart skulle få sparken av markisen av Dufferin och Ava som också utnyttjade hennes tjänster.

MacPherson hade till en början betraktats som en god vän av Margaret, men eftersom MacPherson också utförde arbete åt Ian och eftersom hon varit oförsiktig nog att ta Margaret på orden och på uppmaning sagt vad hon ansåg om Margarets beteende hade vänskapen vänts till fiendskap från Margarets sida. Margaret bestämde sig för att hennes sekreterare ingick i en komplott med Ian för att misskreditera henne. Återigen var alla förrädare. Och återigen tvekade inte Margaret att slå tillbaka med alla upptänkliga medel. Utom att sprida ryktet om MacPhersons extraknäck för pressen lät Margaret våren 1957 skicka ett falskt telegram till sin man, som befann sig på Inveraray. Syftet var att smutskasta MacPherson. Texten löd:

HERTIGEN AV ARGYLL, INVERARAY CASTLE, ARGYLL

Smiter iväg på tio dagars ledighet men allt är redo som vi planerat för att slita Margaret i strimlor finansiellt och i övrigt. En miljon tack för din kärlek, ditt stöd och ovärderlig information utan vilken jag skulle ha varit hjälplös. Glad påsk och sedan till strid sida vid sida.

Yvonne

Våren 1957 var hertigparets äktenskap redan i upplösning. Ian flyttade ut ur Argyll House och in på Claridges när han var i London. Det föranledde också notiser i tidningarna, men Margaret bortförklarade flytten med att det var hantverkare i Argyll House och att hertigen var »allergisk mot målarfärgslukt«. Det var uppenbart för Margaret att det bara var en tidsfråga innan Ian skulle kräva skilsmässa, och telegrammet var ett försök att ge sken av att Margaret var utsatt för en konspiration. I den enklaste av meningar var hon också det: hennes man gjorde allt han kunde för att samla bevis mot henne. I sina två tidigare skilsmässor hade han, som brittiska gentlemän brukade, ställt upp och erkänt otrohet. Men denna gång var det för magstarkt för honom. Problemet var att hitta något som skulle hålla i rätten. Det var inte lätt ens med de tydliga spår Margarets aktiva libido lämnade efter sig. Sitt första napp i jakten på bevis mot hustrun hade han fått först våren 1959 på resa i Australien.

Ian turnerade då och då runt världen och mötte som hövding för Campbellklanen sina klanmedlemmar i förskingringen. Det var mycket uppskattat, men resorna skedde inte i första hand av historisk plikt. De var relativt lönsamma, eftersom många utlands-Campbells mer än gärna gav ett bidrag till klanslottets underhåll. Hertigparet hade gjort en sådan resa till Cypern och en till Kanada, där Margaret redan på båten över Atlanten träffade en vacker ung man som hon enleverade. När det var dags att åka hem hade den unge mannen installerats i New York av Margaret, och hon meddelade att hon skulle bli kvar på den amerikanska kontinenten ett tag. Ians protester möttes bara av konstaterandet att han var en »dum, svartsjuk gammal man«.

Det är inte så märkligt att Ian därför hade föredragit att göra sin Campbellresa till Australien på egen hand, men Margaret propsade på att följa med. Hon tänkte inte göra det enklare för honom att skriva ut henne ur pjäsen. I Sydney klev han in på hennes hotellrum för att låna en kam och fick syn på hennes röda, läderinbundna dagbok på nattygsbordet. Han plockade upp den och började bläddra.

I många senare pressrapporter är det lätt att få intrycket att Margarets dagböcker var avancerat pornografiska. Det är inte sant. Hon förde sparsamma anteckningar i böcker där varje sida var delad i fyra, så att en dagbok räckte i fyra år, och hon kunde jämföra en viss dag med dess motsvarighet åren innan. Vad som fanns var emellertid korta noteringar om vilka män Margaret hade träffat olika dagar. Enligt vissa källor också ett slags betyg som angav hur männen hade presterat. Under alla omständigheter var informationen tillräcklig för att hertigen skulle dra slutsatsen att han äntligen hade funnit en guldåder. Att Margaret klev in i rummet, fick se honom med näsan begravd i hennes dagbok och snabbt slet den ur hans händer gjorde inte så mycket. Ett rasande gräl utbröt, men nu visste Ian var bevis fanns.

Skildringen av resan till Australien är ett exempel på hur opålitliga Margarets memoarer och egna beskrivningar är. »Den där resan till Australien var helt underbar. Verkligen kunglig och sista gången vi var tillsammans som man och hustru«, sammanfattar hon det i en intervju. I sina memoarer låter hon skriva:

> Det var under den här turnén som jag insåg hur framstående och avspänd Ian var som offentlig talare. Hans tro på sig själv verkade växa, och bristen på sådan tro hade varit skälet till en del av problemen mellan oss, det var jag säker på. Jag började nära hopp om att Ian till sist skulle göra sitt jungfrutal i överhuset och ta sin rättmätiga plats i det skotska offentliga livet när vi hade återvänt till London.

Om Ians upptäckt av hennes dagbok säger Margaret ingenting, däremot får vi några anekdoter om australiensiska urinvånare, kiltar och generalguvernören på platsen.

Ändå var det ett avgörande ögonblick i deras relation. Margaret dröjde kvar hos vänner i New York på vägen hem från Sydney, och Ian tog då chansen att söka igenom Argyll House. Flera av Margarets tidigare dagböcker fann han i en olåst låda i hennes skrivbord. De innehöll liknande noteringar som dem han hade sett. Han lät en låssmed forcera ett låst skåp och plockade ur det på sig några buntar privata brev. Han fann bland annat förlagorna till de förfalskade brev som Margaret bara några veckor senare skulle lägga framför honom i ett försök att göra hans söner arvlösa. Men det stora kapet låg gömt bakom böckerna i Margarets bokhylla. Fler buntar med brev, fler dagböcker och – det verkligt graverande – ett kuvert adresserat till hertiginnan av Argyll.

När det började ryktas om vad kuvertet innehöll exploderade den verkliga skandalen. Margarets försvarslinje var att förneka all kännedom om kuvertet. Istället berättade hon en historia som skulle göra troligt att alltihop var ett listigt försök att svärta ned hennes alldeles oskyldiga namn.

På väg hem från Australien, skulle hon berätta, när hertigparet ännu var i New York, hade Ian agerat med obegriplig taktlöshet. Ett par vänner till paret Argyll hade ombetts följa med Ian upp på hotellrummet efter middagen för att få »se något skojigt«. Vännerna och Margaret, som »inte hade en aning om vad han menade«, följde med, och på plats hade Ian dragit fram några »extremt pornografiska bilder« på en man och en kvinna i olika sexuella situationer. Parets huvuden var bortklippta. Allmän genans utbröt.

»Ian var ökänd för att visa 'snuskiga bilder' på Whites Club«, påstår Margaret, »men att visa sådana i blandat sällskap [...] var en helt annan sak och verkligen oförlåtligt«.

Hon var chockerad.

Det Margaret försökte antyda var att innehållet i det kuvert Ian funnit – just sådana bilder – inte hade det minsta med henne att göra. Hon var offer för en konspiration. Det var Ians snuskiga bilder, inte hennes.

Men det fanns ett par, tre problem. Det rörde sig om fyra uppsättningar bilder av tidig polaroidtyp. Pappersark var vikta kring respektive uppsättning. På pappersarken fanns en sorts bildtexter: »Före«, »Under«, »Åh!« och »Färdig«. På en bild stod en man och onanerade. På en annan utförde en kvinna fellatio på en man. Det fanns inga ansikten som med säkerhet kunde identifiera de inblandade. Men den annars nakna kvinnan hade kring sin hals ett elegant, treradigt pärlhalsband. Det var tillräckligt väl avbildat för att kunna identifieras som ett halsband med diamantlås från Asprey. På en av sina fingrar bar kvinnan en ring. När bilden senare granskades mer utförligt kunde även ringen identifieras: den var en släktklenod som tillhörde hertigen av Argyll och som i modern tid bara hade burits av en person. Det gick också att urskilja en del av den omkringvarande miljön. Den bestod, av allt att döma, av ett badrum i art décostil, helt klätt i speglar.

Ian Campbell, hertig av Argyll, kände igen dessa särskiljande detaljer. Han hade själv givit Margaret ringen.

Ian tog materialet till sina advokater och gav dem i uppdrag att börja dra upp en ansökan om skilsmässa. Han var dock inte alldeles nöjd. För att sitta med alla kort på hand ville han dessutom lägga beslag på den dagbok han först sett, som täckte åren 1956 till och med 1959. Han väntade på ett tillfälle efter att Margaret återvänt från Amerika med sin dagbok, men så fick han höra att hans fru planerade att byta ut låsen i Argyll House. Det brådskade. En tidig septembermorgon 1959 tog Ian med sig sin dotter från första äktenskapet, Jeanne, och smög in i Argyll House köksvägen. De tog sig uppför trappan och in i Margarets sovrum, där hon lyckligtvis sov ensam. På nattygsbordet låg dagboken. Margaret vaknade. Ian kastade sig fram, stoppade boken i innerfickan på sin rock och schasade snabbt ut sin dotter ur rummet. Enligt Margaret uppstod handgemäng när hon försökte nå sin telefon och ringa polisen.

Samma dag lämnade Ian dagboken till sina advokater.

Det skulle dröja tre och ett halvt år av förhalningar och inlagor innan själva prövningen inleddes. Men det var på inget sätt händelselösa år. Redan på försommaren 1959, när Margaret återvände från sin vistelse i New York efter att ha besökt Australien, hade hertigen meddelat hertiginnan att hon var förbjuden att besöka Inveraray Castle. Det var givetvis en oemotståndlig inbjudan för Margaret, och hon reste genast upp i sällskap med sin far och styvmor, Jane. Ian lät saken bero, men i september, några dagar innan Ian och Jeanne tog sig in i Argyll House för att stjäla den sista dagboken, dök hon åter upp på

Inveraray. Nu var Ian bortrest. I något som antagligen var en hämndaktion tillkallade hon en låssmed som öppnade hertigens kontor. Innan hon lämnade Inveraray tog Margaret med sig en målning, några fotografier och två bumeranger som paret fått under resan i Australien. Hon slog också sönder några LP-skivor som Ian var särskilt förtjust i.

Allt detta kom fram en vecka efter att Ian och Jeanne smugit in och stulit dagboken i Argyll House. Då begärde nämligen Ian ett domstolsbeslut på att Margaret var förbjuden att besöka Inveraray Castle. Hon hade telegraferat och meddelat att hon var på väg, med sin far som sällskap. Ian svarade i ett korthugget telegram: »JAG BEKRÄFTAR ATT DU ÄR FÖRBJUDEN ATT BESÖKA INVERARAY CASTLE.« Lord Wheatly, samme domare som senare skulle döma i skilsmässan, hade givit honom det begärda domstolsbeslutet. Margaret bestred förstås även förbudet och fick tillstånd att besöka slottet en dag »mellan gryning och skymning« för att plocka med sig det som tillhörde henne. Hennes förhoppning var att kunna länsa slottet på de värdesaker Ian givit henne i gåvobrevet när de gifte sig, men nu uppdagades det att dokumentet var värdelöst och att allt hon pekade ut – vilket på det stora hela var allt, från rustningar till gobelänger – vid deras giftermål redan hade varit intecknat och därför omöjligt för Ian att ge bort.

Margaret lämnade slottet med några handdukar och sina egna kläder.

För att muntra upp sig stämde hon sin styvdotter Jeanne för intrång och stöld av dagboken. Hon kunde inte stämma Ian eftersom de fortfarande var gifta och han hade rätt att vistas i Argyll House. Jeanne gick med på en förlikning och betalade skadestånd till Margaret.

Det dramatiska året 1959 gick mot sitt slut, men det var en klen tröst, för 1960 stod för dörren. I maj 1960 avgjordes till slut den tre år gamla stämningen mot Margaret av hennes tidigare sekreterare Yvonne MacPherson. Som vittnen kallades flera av Margarets tidigare vänner och förtrogna. Hon hade inte denna gång varit klok nog att ta det säkra före det osäkra och göra upp utanför rättssalen. Hon odlade istället ett hopp som hon egentligen redan hade förlorat, nämligen att vittnena skulle ljuga under ed. Nu satt vännerna, en efter en, i rätten och vittnade mot henne, om än under våndor.

Diana Napier, som Margaret tidigare bett att skaffa fram ett polskt barn i Venedig, vittnade om att Margaret erkänt för henne att det var hon själv som hade sänt det märkliga telegrammet till Ian om att »slita Margaret i strimlor«. Napier vittnade också om att Margaret hade erkänt att hon ljugit om saken i ett edsvuret dokument och motiverat varför: »Alla pucklar på mig, och jag måste försvara mig.« Hertigen av Argyll vittnade också och inte till fördel för sin hustru. Inte till någon större fördel för sig själv heller: Han medgav att »S« i ett brev som förelåg som bevismaterial syftade på Margaret och att »S« stod för satan.

Margarets försvarslinje var att hon hade tillförlitliga uppgifter som styrkte sanningshalten i det hon påstått: att Yvonne MacPherson fick betalt för att sälja information om sina arbetsgivare till pressen. När hon ombads att precisera sig hävdade hon att lord Rothermere, ordförande i Associated Newspapers och konkurrent till lord Beaverbrook, sagt det till henne. Men när det blev dags för Margarets advokater att presentera sin bevisning – att kalla lord Rothermere som vittne borde ha varit naturligt – meddelade de generat att de inte hade för avsikt att tillägga något.

Det var uppenbart att hennes utsagor var rena lögner.

Domaren skickade iväg juryn efter att ha påmint den om vad Yvonne MacPhersons advokat hade sagt i sitt inledningsanförande: Hertiginnan av Argyll fick honom att minnas en saga om en ond fe som inte är inbjuden till ett barndop och därför skänker barnet »gåvan« att bli illvillig lögnare. Om juryn trodde på mrs MacPhersons version av vad som skett – och vad annat skulle den tro, för Margaret hade inget försvar – var det uppenbart att hertiginnan av Argyll »har blivit och är en illvillig lögnerska«.

Margaret dömdes att betala 7000 pund i skadestånd samt rättegångskostnader. Det blev nya rubriker. I hennes memoarer är hela episoden ett beklagligt misstag. Inte i den meningen att hon påstått något osant eller ens missförståtts, misstaget hon och hennes stöttande far gjorde var att lita på advokaterna som av helt obegripliga skäl, utan någon som helst vettig motivering, avrått henne från att försvara sig och själv vittna. Margaret och hennes far – en beryktat listig affärsman – var helt enkelt så naiva och handfallna att de följde advokaternas råd trots att de inte alls förstod vad dessa råd baserade sig på.

Den verkliga förlusten var att flera av Margarets vänner i och med rättegången helt enkelt fick nog. När domslutet fallit samlades de kring Yvonne MacPherson för att lyckönska henne, inte kring Margaret för att ge henne stöd. Margaret var som alltid elegant i en röd stråhatt med slöja och en grå- och vitrutig dräkt, men hon var ensam. För henne bekräftade händelsen bara konspirationen mot henne: »Ian var som en spindel. Han fick alla dessa människor att arbeta för sig.«

Men det vore långt ifrån sant att påstå att hon var knäckt. En månad efter domen mot henne, i juni 1960, lämnade Ians advokater till sist in en omfattande begäran om skilsmässa till rätten i Edinburgh. Juridiska tvistefrågor måste redas ut, och Margaret insåg att det antagligen skulle komma att ta ett par år innan själva fallet prövades. Hon insåg också hur stark och genant hennes mans bevisning var. Alltså behövde hon ett motmedel. Om hon lyckades skilja sig från Ian innan hans ansökan var färdig för beslut skulle denna falla. Frågan var bara hur hon skulle lyckas med det. Svaret kommer.

Under tiden som Margarets liv alltmer kom att domineras av juridiska attacker och reträtter hade hennes far, till hennes glädje, börjat misstänka att det hade varit ett misstag att gifta sig med Jane Brooke. Efter ett gräl 1959 hade han flyttat in i gästhuset hos Margaret på Upper Grosvenor Street. Att Margaret hade någon sorts plan för att använda sig av situationen förstod Jane. Hon upptäckte att hon dagarna i ända skuggades av två personer, antecknade registreringsnumret på bilen de använde, spårade den till en grupp privatdetektiver och lyckades lista ut att det var Margaret som betalade dem. Skälet stod snart klart. En dryg månad efter att Ians ansökan om skilsmässa på grund av Margarets otrohet lämnats in lämnade Margaret in en motansökan mot Ian baserad på hans otrohet. Hon påstod att hennes man, Ian, och hennes styvmor, Jane, hade ett förhållande.

Margaret gav ingen grund för påståendet, antagligen därför att ingen fanns. Hennes plan var helt enkelt att slå två flugor i en smäll. Jane hade begärt skilsmässa från Margarets far, fått 20 000 pund i ett första steg men ville ha mer.

Vid det här laget hade till och med pressen svårt att hänga med i alla påståenden, anklagelser, stämningar och motstämningar. Då dog George Whigham i strupcancer. Inte heller det kunde ske i stilla frid. Margaret vägrade sin styvmor Jane tillträde till Georges sjuksäng och lät sina advokater skicka henne ett brev som förbjöd henne att bevista begravningen. Sedan vidtog en strid om arvet. Helt avslutad skulle den striden inte vara förrän efter femton år. Margarets motansökan om skilsmässa blev inte lika långlivad. Hon hade gjort allt hon kunnat för att tillverka de nödvändiga bevisen. Hon erbjöd, via ombud, Janes bror 5 000 pund om han skrev under en försäkran om att Jane och hertigen av Argyll hade ett förhållande. Margaret försökte också lura Jane till Dorchester Hotel, där ett rum var bokat på ett sätt som skulle ge sken av att Jane delade det med hertigen.

Men det fungerade inte. Våren 1962, i själva salen där ärendet just skulle behandlas, meddelade Margarets advokat att hon dragit tillbaka sin motansökan om skilsmässa. Den officiella förklaringen var att det okända vittne som kunde intyga att Jane och Ian haft ett förhållande inte ville vittna och inte var britt och således inte kunde tvingas till rätten.

Inte heller det räckte, för Jane stämde genast sin styvdotter Margaret för förtal, försök till bestickning, uppvigling till mened och en rad andra otrevligheter. När den saken till slut prövades tvingades Margaret betala Jane 25 000 pund samt rättegångskostnader.

Det verkligt ironiska är att Margarets attack på sin styvmor gjorde Jane till en allierad med hertigen. De hade en livsfarlig gemensam fiende. Den grundlösa anklagelsen om ett förhållande blev av det skälet till slut sann: Under Margarets tryck föll Ian och Jane tillfälligt i varandras armar.

Fler stämningar lämnades in till höger och vänster under de följande månaderna. Absurda åtgärder vidtogs från flera håll: Margaret upptäckte till exempel att en limousine hon använde under ett besök i New York var försedd med avlyssningsutrustning. Hon stämde förstås bolaget som ägde bilen. Det resulterade inte i något, men stämningarna mot Margaret gav oftast utdelning. När själva skilsmässoförhandlingen inleddes i februari 1963 hade Margaret betalat över 100 000 pund, ungefär 1,5 miljoner pund i dagens penningvärde, i skadestånd för förtal, missaktning och annat av samma slag.

Och då var det dags för bilderna.

Hertigparet av Argyll var inte de enda som upplevde 1963 som ett omvälvande år. Redan på hösten året innan hade grunden lagts för Profumoaffären. Rykten började cirkulera om att krigsministern, John Profumo, hade ett förhållande med Christine Keeler, en eskortflicka av bättre klass. De skulle ha träffats under en fest på viscount Astors gods Cliveden i juli 1961. I december 1962 var två män, båda »vänner« till Christine Keeler, inblandade i ett skottdrama i London, och polis och press började undersöka Keelers verksamhet närmare. Det bekräftades inte bara att Profumo hade haft ett förhållande med henne, även om det var avslutat, utan att hon dessutom och samtidigt hade haft ett förhållande med Jevgenij Ivanov, marinattaché vid den sovjetiska ambassaden och underrättelseofficer. Keeler försökte sälja sin historia till *Sunday Pictorial*, men Profumo hotade med rättsliga åtgärder och lyckades stoppa publiceringen.

Det fick George Wigg, parlamentsledamot för labour, att bryta den då traditionella tystnaden kring politikers privatliv. I skydd av »parliamentary privilege«, den immunitet mot förtal som gäller för alla yttranden i underhuset, ställde han en fråga om Profumos relation till Keeler. Profumo medgav att han kände Keeler men förnekade kategoriskt att deras förhållande »på något sätt var opassande«.

John Profumo var ingen duvunge i politiken. Han var väl ansedd och hade visat prov på såväl gott omdöme som integritet redan i unga år. När britterna förlorade Narvik till tyskarna 1940 var Profumo nyvald konservativ parlamentsledamot, men han var ändå en av dem som vågade rösta mot att ge den konservativa regeringen under Neville Chamberlain fortsatt förtroende i vad som kom att kallas »Norgedebatten« och som två dagar senare gjorde Winston Churchill till premiärminister.

Det förärade honom ett brev från partiinpiskaren David Margesson med den raka ordalydelsen: »Låt mig säga dig detta, din fullständigt föraktlige lille skit: Varenda morgon i resten av ditt liv kommer du att vakna upp och skämmas för det du gjorde i går kväll.«

Den förutsägelsen visade sig gravt felaktig, men den passade desto bättre som beskrivning på konsekvenserna av Profumos lögn i underhuset vad gällde Keeler. Pressen fortsatte att publicera skandalösa detaljer om Keelers verksamhet. Den konservativa premiärministern Harold Macmillan började ana att han antingen måste sparka Profumo eller offra hela regeringen. I början av juni erkände Profumo för premiärministern att han ljugit i underhuset och avgick. Macmillan tillsatte några dagar därefter en enmansutredare, lord Denning, som fick i uppgift att undersöka »omständigheterna« som lett till Profumos avgång. Dennings rapport, som publicerades i september 1963, sålde i över 100 000 exemplar och beskrevs av *Daily Telegraph* som »den mustigaste och mest läsvärda utredning som någonsin publicerats«.

Det hittades aldrig några belägg för att Profumos förhållande med Keeler skulle ha haft några säkerhetspolitiska eller underrättelsemässiga konsekvenser, men affären hade skakat britternas förtroende för sina politiker. Den bidrog antagligen till att de konservativa förlorade regeringsmakten 1964. Den spädde också på en redan existerande motvilja mot rika, betitlade britter och vad som uppfattades som deras omoraliska, skamlösa förehavanden.

Det var i den här atmosfären hertigparets av Argyll skilsmässoförhandling inleddes i slutet av februari 1963. I centrum stod förstås de bilder som nästan ingen sett men som just därför sporrade fantasin. Få tvivlade på att kvinnan på bilderna var Margaret, men vem var den »huvudlöse mannen«? Ryktena började gå. Det påstods att transportministern Ernest Marples hade för vana att servera vid hertiginnans middagar, endast iklädd ett förkläde av gummi och en mask. Kanske var det han? Och Marples var inte ensam misstänkt bland politikerna. Han var inte ens den främst misstänkte. Den rollen tillföll Duncan Sandys, Winston Churchills tidigare svärson – han hade skilt sig från Diana Churchill 1960 – och samväldesminister i Macmillans regering.

Ryktena om Sandys var så ihärdiga att han erbjöd Macmillan att avgå, trots att han envist bedyrade sin oskuld. Regeringen kunde inte klara ytterligare en skandal ovanpå den om Profumo. Men Macmillan ville inte släppa honom. Antagligen insåg han att ännu en avgång skulle ses som en bekräftelse på att regeringen bestod av ett gäng degenererade vällustingar. Men alternativet var inte utan sin förnedring: Duncan Sandys skickades till en läkare på Harley Street, som inspekterade hans pubeshår, studerade en av de beryktade bilderna – den med en masturberande man – och därefter slog fast att mannen på bilden inte kunde vara Sandys, eftersom hårfärgen inte stämde.

Det välinformerade skvallret – Margaret hade trots allt inte varit alltför diskret i sina affärer – hade ytterligare fyra kandidater som den huvudlöse mannen. Alla dessa hade någon form av offentlig roll. En var den tyske diplomaten Sigismund von Braun, Västtysklands ambassadör till Förenta Nationerna och bror till de förarlösa V2-raketernas konstruktör, Wernher von Braun. En annan var den amerikanske miljonären John Cohane, som hade bosatt sig på Irland. En tredje Peter Combe, tidigare informationsansvarig på Savoy Hotel. Men vid sidan av politikerna var den fjärde misstänkte den mest intressante: filmstjärnan Douglas Fairbanks jr, son till matinéhjälten Douglas Fairbanks och styvson till Mary Pickford.

Harold Macmillan, som vid det här laget insett att han

gjorde klokt i att inte lita på sina ministrar, tog det säkra före det osäkra och bad lord Denning att, utöver Profumoutredningen, försöka fastslå vem den huvudlöse mannen var. Uppdragets detaljer och resultat diskuterades inte offentligt, även om det blev offentligt att lord Denning granskade materialet i Argylls skilsmässa. Först år 2000 avslöjade lord Denning hur han hade gått tillväga. Han bjöd in de huvudmisstänkta, var för sig, till finansdepartementet på Great George Street vid St James's Park med svepskälet att han behövde hjälp i ett »mycket känsligt ärende«. Vad han talade med dem om vet ingen, men det spelar heller ingen roll, för poängen var att de alla, enligt reglementet, tvingades signera besöksboken.

Signaturerna i besöksboken jämfördes sedan av en handstilsexpert med de bildtexter – »Före«, »Under«, »Åh!« och »Färdig« – som fanns på pappersarken som hade vikts kring bilderna. Handstilen var Douglas Fairbanks jr:s.

Allt detta skedde vid sidan om själva skilsmässoprocessen. Även där spelade förstås bilderna en huvudroll. Margaret förnekade först att hon hade något med bilderna att göra och särskilt att hon skulle vara kvinnan som avbildades. Hon erbjöd sin alternativa förklaring, baserad på hertigens påstådda vana att i tid och otid visa »snuskiga bilder« för bekanta. När hon överbevisats om att det faktiskt var hon som förekom på bilderna och att de uppenbarligen tagits i hennes eget badrum upprättade hon nästa försvarslinje. Under ed intygade hon att mannen på bilden var hennes make och att det följaktligen var hans penis som hon roade sig med, helt inom äktenskapets helgd. Bilderna var irrelevanta för att bevisa otrohet.

Också detta motbevisades, men inte utan att Margaret kammade hem en liten, omoralisk seger: Hertigen gick, liksom Duncan Sandys, till en läkare på Harley Street som mätte relevanta delar av hans anatomi och sedan intygade för rätten att mannen på bilden inte kunde vara hertigen. Han var inte tillräckligt välutrustad.

I den andan löpte förhandlingarna på i tre veckor. Margaret bar olika, fantastiskt vackra kreationer varje dag, som om det rörde sig om en Londonsäsong och det skulle strida mot etiketten att upprepa sig. Hon bodde på Edinburghs bästa hotell. Varken hennes man eller rätten kände till det men med sig hade hon sin älskare för stunden, en gift direktör för ett amerikanskt flygbolag. Enligt de skotska reglerna var pressen förbjuden att direkt återge vad som sades under rättegången, så de värsta rubrikerna kunde undvikas. Men det kostade ändå på. Margaret satt i timtal i vittnesbåset, och bara själva advokatkostnaderna för henne och Ian tillsammans uppskattas ha uppgått till 50 000 pund, vilket i dag motsvarar ungefär 800 000 pund.

Lord Wheatleys dom var i sakfrågan något av en besvikelse, med tanke på det måttlösa förarbetet. Även om hertigen bara formellt hade anklagat tre män för att vara hustruns älskare – Sigismund von Braun, John Cohane och Peter Combe – innehöll den oavkortade listan på Margarets älskare åttioåtta namn, många av dem mycket kända. Lord Wheatleys dom gav hur som helst Ian hans eftertraktade skilsmässa bara på grund av *en* otrohetsaffär: den med Peter Combe. Bevisningen bestod dessutom av något så futtigt som att Combe en juninatt 1960 hade följt Margaret hem från en nattklubb och stannat hos henne i nittio minuter. »Den nattens omständigheter är tillräckliga för att dra slutsatsen att ett äktenskapsbrott skedde vid det tillfället«, konstaterade lord Wheatley.

Det kan verka som ett utslag av parodisk viktorianism, men det var antagligen bara ett sätt att få juridisk stadga i domen. Rätten menade att det var bevisat att Margaret också hade varit otrogen med alla de andra nämnda älskarna och dessutom antagligen med ytterligare en, »den huvudlöse mannen«. Men det fanns anledning att anta att hennes man, hertigen av Argyll, i flera fall hade accepterat och därmed godkänt hennes otrohet. Därmed föll de andra äktenskapsbrotten utanför ramen för en skilsmässoförhandling.

Lord Wheatley skrädde ändå inte orden när han beskrev de inblandade. John Cohane var »enligt egen utsago en kvinnojägare« som hade »moral som en hankatt«, och hertigen av Argyll fick veta att hans intresse för »snuskiga bilder« avslöjade en påtagligt solkig själ. Lord Wheatley, katolik, socialist, på mödernet en Campbell och på väg i pension, lät inte tillfället gå sig förbi att med viss njutning chikanera den dekadenta överklass han hade i sitt våld.

»Lord Wheatley måste ha levt ett extremt skyddat liv«, var Margarets kommentar. Några dagar senare tröstade hon sig med att shoppa hos juvelerarna Aspreys och kunde konstatera att »människor, på sitt unikt brittiska sätt, hälsade på mig som om inget hade hänt«. Det enda som störde var tidningarna, som när upphetsningen över skilsmässan började lägga sig kunde trumpeta ut »Argylls skilsmässohandlingar skickade till lord Denning«.

»Lord Denning besökte mig, och jag förklarade vad jag visste om den obetydliga händelse han undersökte«, är allt Margaret skriver i sina memoarer om den saken.

Ungefär 100 personer var samlade i Church of the Immaculate Conception i Londons Mayfair en augustidag 1993. En av dem, en gammal man, satte ett munspel mot läpparna och började spela Schuberts *Ave Maria*.

Det var inte den begravning Margaret, hetiginna av Argyll – »the Duchess who Dared« för vissa, »the Dirty Duchess« för andra – hade bett om i sitt testamente. Hennes önskan var att begravningen skulle hållas i samma kyrka hon först gifte sig i, Brompton Oratory, men hennes barn ville annorlunda. Kanske visste de inte ens vad hon skrivit i sitt testamente. Barnen hade i stort sett brutit kontakten med sin mor. De hade helt enkelt fått nog av hennes ständiga skandaler och processer. Den vitt omtalade skilsmässan 1963 hade inte varit slutet på historien. Margaret hade stämt hertigen av Argyll när han ville berätta sin version av historien i några artiklar. Hon hade stämt sin egen advokat efter att hon sålt sin historia för 55 000 pund men överraskats av att hon tvingades betala halva arvodet i skatt. Hon hade engagerat en rad spökskrivare till sina memoarer, i tur och ordning blivit osams med alla, i den mån hon hann bli det innan hon försökte lura dem på arvodet. Hon hade låtit en advokat skriftligen meddela ett av sina hembiträden att denna anmodades avhålla sig från att kalla sin arbetsgivare »Mayfair-hora« och »löjlig gammal satmara«, åtminstone inför gäster. Hon hade stämt ett annat hembiträde för att ha använt hennes telefon för upprepade och långa samtal till Filippinerna. I brist på folk att stämma hade hon fått som vana att konstruera andra skäl till tidningsrubriker. Då och då skrev hon anonyma mordhot till sig själv, anmälde dessa till polisen och upplyste pressen om hoten. En gång berättade hon uppjagat om en stöld av juveler värda 20 000 pund. När fallet rapporterats tillräckligt »återfanns« juvelerna mystiskt.

Hon var fortsatt alltid elegant, och även om hennes barn – särskilt dottern, hertiginnan av Rutland – och en del gamla vänner hade valt att säga upp bekantskapen förblev andra lojala och nya kom till, kittlade av hennes rykte. Hon höll middagar, och även om hon inte ansågs kvick eller ens särskilt underhållande – en gäst sade att Margaret var »mästare på trista tråkningar« – kunde middagarna ibland överraska. En gäst satt igenom en hel middag och var på väg ut i salongen när Margaret okaraktäristiskt bad om ursäkt. Varför då? undrade gästen. »Min alkoholiserade butler somnade fem minuter innan middagen skulle börja, och jag hade ingenstans att göra av honom, så han har legat under matsalsbordet hela tiden«, svarade hertiginnan.

Då och då hände det att hon gjorde avsteg från principen att sätta sig själv främst. Hon engagerade sig livligt och till stor egen kostnad i ett djurhärbärge. Men ofta kunde man ana andra, underliggande motiv. Hennes idoga och framgångsrika arbete för att rädda regementet Argyll and Sutherland Highlanders var en liten näsknäpp riktad mot hennes tidigare man, som inte lyfte ett finger trots att han tjänstgjort i regementet. Ett av hennes mer bisarra välgörenhetsprojekt var att 1970 »adoptera« två behövande pojkar i Warwickshire. »Håll ögonen öppna efter en pojke som är fattig men intelligent«, sade hon till en pastor i området och förtydligade: »Jag menar, jag vill inte ha någon idiot.« Pastorn hittade två bröder, och Margaret »adopterade« dem i den meningen att hon gjorde sig formellt ansvarig för barnens välbefinnande och utbildning fram till myndighetsåldern. De bodde kvar hos sin mor och far. Den senare meddelade tacksamt pressen: »Nu kan jag dricka whisky, istället för öl.«

Kanske var det ett sätt för Margaret att fylla luckan efter sina egna vuxna barn, som höll sig borta, men upprörda frågor ställdes i underhuset och publiciteten blev enorm, vilket antagligen var en annan poäng med projektet. I själva verket rann det hela ut i sanden, inte därför att Margaret ändrade sig utan därför att hennes pengar tog slut.

Den förmögenhet hon ärvt efter sin far hade varit låst i olika stiftelser. Det var inte en slump. George Whigham kände sin dotter och förstod att hon skulle göra av med vartenda öre om hon fick fri tillgång till medlen. Men han underskattade hennes juridiska envetenhet, och hon lyckades omsider lyfta alla hinder för att komma åt pengarna. Inom några år fanns mycket lite kvar. Margaret hade aldrig arbetat men försökte dra in några pund här och där. Hon skrev en kort tid en skvallerkolumn i *Tatler* under vinjetten »Stepping out with Margaret Argyll«, men hon hade inget vidare minne, glömde namn, stavade fel när hon kom ihåg namnen, och hennes texter saknade poäng, så kolumnen försvann snart. Hon försökte locka turister till sitt hem på Grosvenor Street mot ett inträde på sju och ett halvt pund. Till invigningen kom bland andra ambassadörerna från Frankrike, Turkiet, Schweiz, Norge och Sverige samt Duncan Sandys. Men av turistverksamheten blev ingenting. Till slut blev det vackra huset hon fått av sin far för dyrt att hålla i skick.

Till hennes räddning kom hotellkungen lord Forte, som lät Margaret mot rabatterad hyra bosätta sig i svit 148 på Grosvenor House Hotel, med utsikt över Hyde Park. Det var jämförelsevis litet men bara ett stenkast från hennes gamla hus. Där levde hon i flera år. Hon återupptog projektet att bjuda in gäster som betalade för sig och nu i gengäld fick ett glas mousserande vin och en pratstund med henne. Hon var sig lik i den meningen att hon inte lät något genera sig. Sedan flera år tillbaka bar hon postischer för att trots allt tunnare hår kunna förfärdiga den vackra, höga frisyr hon haft sedan ungdomen. En grupp betalande besökare stirrade en gång i en halvtimme på hennes postisch, som hade lossnat och hängde som ett mindre pälsdjur över ena örat. När hon upptäckte det satte hon helt enkelt ned sin drink, gick in i sovrummet och justerade håret och kom sedan genast tillbaka, lika elegant som alltid.

Men något som också var sig likt var att pengarna inte räckte till. Även den rabatterade hotellsviten blev för dyr, och 1990 tvingades hon flytta. Hon var vid det laget i förstadiet till demens, och inom något år bodde Margaret på ett finare vårdhem i Pimlico, som betalades av hennes dotter, som till skillnad från sin mor var (och är) en djupt troende katolik. Margaret ägnade dagarna åt att sitta i vårdhemmets lobby och titta på förbipasserande. I sitt rum hade hon en stor bild av sin far, George Whigham. Den 26 juli 1993, åttio år gammal, ramlade hon och bröt nacken.

Den som tar del av Margaret Whighams/Sweenys/Argylls liv finner sig snart leta efter försonande drag. Minsta tecken på tankeverksamhet (som påståendet att kvinnor inte gör sig i klump, utan som individer), minsta tecken på empati (som omsorgen om djurhärbärget) eller minsta tecken på konstruktivt engagemang (som upprensningen av Inveraray Castle) blir ett hoppets halmstrå. En normal människa vill finna något som gör Maragarets liv uthärdligt, något som motar tomheten och tröstlösheten. Då och då görs försök att beskriva henne i positiva termer. På senare tid har förstås modellen varit att göra henne till ett exempel på en fri, självständig kvinna som vågade gå sin egen väg och stå för ett sådant beteende som var förbehållet män.

Det kan man göra. Men det sker oftast på bekostnad av det uppenbara: hon var av allt att döma en människa som saknade moral, heder, respekt för sanning och ens en gnutta omdöme. Det är just avsaknaden av försonande drag som gör henne fascinerande. Kanske var hon en fri kvinna, men också en skitstövel. I ett renässanshov skulle hon inte bara ha blivit hertiginna utan drottning.

Den gamle mannen som spelade *Ave Maria* på munspel hette Larry Adler. Hösten 1934 hade han engagerats av Margaret och Charles Sweeny för att spela under en middag på Embassy

Club. Hedersgäst var prinsen av Wales, och det var Larry Adlers första framträdande i England. Han gjorde succé.

»Hon var den vackraste kvinna jag någonsin sett«, konstaterade Larry Adler innan han lämnade kyrkan. Av Margaret fanns snart inget kvar, utom aska, gamla tidningsurklipp, ett dåligt rykte, minnet av en människa som aldrig insåg hur illa hon skött sitt liv.

»Uppskattar du att vara hertiginna?« frågade en gång en reporter henne. »Vem gör inte det?« svarade Margaret.

Efter Margarets död har det hävdats att den huvudlöse mannen i själva verket är två män som förekommer på olika bilder. Den ena skulle, precis som lord Denning konstaterade, vara Douglas Fairbanks jr, den andra krigsministern Duncan Sandys. Bilderna togs med polaroidkamera, och Margaret påpekade senare i livet: »Det fanns förstås bara en polaroidkamera i England på den tiden. Den var försvarsdepartementets.« Douglas Fairbanks jr dog 2000 och vägrade in i det sista att bekräfta eller dementera sin roll i händelserna. Duncan Sandys dog 1987 och hävdade alltid sin oskuld.

Den trettonde hertigen av Argyll, sonson till Ian Campbell, har under senare år sökt efter det spanska skattskeppet i Tobermory Bay med hjälp av modern teknik. Hittills har man bara hittat »stora mängder lera«.

Margarets dotterdotter, lady Teresa Manners, hade under åttiotalet en kort karriär och viss framgång som sångerska i rockbandet The Business Connection, som leddes av markisen av Worcester.

En opera av Thomas Adès i två akter, *Powder Her Face*, är baserad på Margaret Argylls liv. Den har fått blandad kritik.

Huset på 48 Upper Grosvenor Street annonserades ut till försäljning hösten 2005, till ett pris av 2,6 miljoner pund. Det var då i stort sett orört sedan Margaret levde i det. Det spegelklädda badrummet är kulturmärkt.

Margarets styvmor Jane, omgift med namnet Beadon, dog 1999.

Ian Campbells yngste son, Colin Campbell, gifte sig 1974 med den jamaicanskfödda Georgie Ziadie efter bara fyra dagars bekantskap. Mindre än ett år senare sprack äktenskapet när det framkom att Georgie var född George William Ziadie och hade betraktats som pojke fram till fjorton års ålder, då en »mindre operation« ska ha genomförts för att George på ett övertygande sätt skulle bli Georgie. Georgie fortsatte att kalla sig lady Colin Campbell efter skilsmässan och har bland annat skrivit två böcker om prinsessan Diana, vilka inte var särskilt smickrande vare sig för prinsessan eller författaren.

Jeanne Campbell – Ian Campbells dotter som hjälpte honom att stjäla Margarets dagböcker och som var en av få Margaret stämde med framgång – var ironiskt nog den som mest liknade Margaret i nästa generation Campbells. Hon blev nummer tre i Norman Mailers rad av sex fruar. Äktenskapet höll i ett år. När hon fick frågan varför hon blev intresserad av Mailer svarade hon: »Jag hade aldrig hoppat i säng med en jude förut.« Hon var lord Beaverbrooks favoritbarnbarn, arbetade som journalist men hade udda arbetsmetoder. Enligt James C. Humes, berömd talskrivare till flera amerikanska presidenter, ska hon under ett och samma år, 1963, ha förfört Chrusjtjov (på hans datja i april), John F. Kennedy (i hennes egen dåvarande bostad i Georgetown, Washington D.C. i oktober) och Fidel Castro (i Havanna i maj). Till hennes mindre unika erövringar hörde den brittiske fascistledaren Oswald Mosley. En person som inte föll för hennes charm var Paul McCartney. När Beatles besökte brittiska ambassaden i Washington D.C. 1964 lade Jeanne menande armen om sångaren och frågade: »Vem av dem är du?« »Roger McClusky the Fifth«, svarade Paul McCartney och gick därifrån. Hon fick en gång ett stort förskott från ett förlag för att skriva sina memoarer men köpte en villa i Grekland för pengarna och påbörjade aldrig arbetet med boken. Hon dog 2007, utfattig i en skrubblik lägenhet i New Yorks Greenwich Village. Hon låg då i den enda dyrgrip hon vägrade att göra sig av med: den fältsäng Napoleon använt under sina kampanjer.

Margaret Campbells ungdomskärlek prins Aly Khan var mycket intresserad av hästar. Liksom många andra imponerades han av tränaren Vincent O'Brian, som i mitten av femtiotalet lyckades vinna Grand National tre gånger i följd med tre olika hästar. En av vinnarna, Royal Tan, gick i mål 1954 i ett lopp där fyra andra hästar dog. Aly Khan köpte Royal Tan, och när hästen var redo för pension gav han den som present till sin vän Deborah, hertiginna av Devonshire, också känd som Debo, en av de berömda Mitfordsystrarna.

DEBORAH, HERTIGINNA AV DEVONSHIRE (1920–)

DET DEBORAH MITFORD mindes – det var trots allt länge sedan, hon var bara sjutton år gammal – var att hennes värd gång på gång ringde efter tjänstefolk men att ingen kom. Han hade uppenbarligen inte lyckats sätta sig i respekt i sitt eget hushåll. Av själva konversationen under tebjudningen fanns inte mycket att minnas. Varken Deborah eller hennes mor talade tyska, och värden talade inte engelska, så allt fick översättas av den tredje gästen, Deborahs syster. Ytterligare en sak kom hon ändå ihåg: att de nymanglade handdukarna på gästtoaletten bar sirliga monogram: AH. »Jag skulle inte ha trott att han brydde sig om sådant«, kommenterade hon senare sin upptäckt på Adolf Hitlers gästtoalett.

Bara några månader efter tebjudningen med Hitler gjorde Deborah Mitford debut i London. Hon var aldrig någon partypingla, men hon mindes ändå de eleganta baler som sedan dess blivit historia. En sak mindes hon särskilt: tiarorna. Det praktiska med tiaror, påpekar hon, utom att de avkrävde bäraren god hållning för att inte ramla av, var att de alla hade sina särdrag. När man väl hade lärt sig att skilja den ena från den andra fungerade de som namnskyltar: »Det var som när man känner igen människor i en lantlig folksamling tack vare deras hundar.«

Tiaror är förbehållna gifta kvinnor, så debutanten Deborah bar ingen sådan. Men när hon väl gift sig och blivit hertiginna av Devonshire kunde hon i gengäld ta i rejält, för den största av Devonshires tiaror är ett verkligt praktverk:

en bisarr kombination av kaméer från antiken (grekiska och romerska) och renässansen, samt smaragder, rubiner, safirer och halvädelstenar – karneoler, onyxer, ametister och granater – med intagliogravyr, innefattade i guld och emalj med utsökt hantverksarbete av C. F. Hancock i London.

Numera infinner sig sällan möjligheten att bära en så imponerande utsmyckning, och Deborah saknar det egentligen inte, för i kombination med tillhörande halsband, armband och magplatta var tiaran ingen bekväm accessoar. Men det var ändå inte så länge sedan hon bar alltihop, när hon spelade i amatörpjäsen *The Oldest Miss World in the World* som lokalavdelningen av Women's Institute i hennes del av Derbyshire satte upp. Få insåg nog att det var äkta vara.

Man förstår snart att varken diktatorer eller juveler imponerar särskilt på Deborah Devonshire. Det gör inget annat heller, med möjligt undantag för hennes idol Elvis Presley: »Folk påstår hela tiden att de fått syn på honom i snabbköp. Jag önskar att han kunde dyka upp i vår gårdsbutik.«

Att anlända till Buxton i Derbyshire ger en vag känsla av att kliva in i en värld där Brian Sweeney Fitzgerald i Werner Herzogs *Fitzcarraldo* har lyckats. Få ting påminner i och för sig om den peruanska djungel som sväller i varje ruta av Herzogs film. Buxton är porten till the Peak District, Storbritanniens första nationalpark. Här finns visserligen gröna, böljande fält men mer av öde hedar och karga klippväggar, som i någon mening är den asketiska motsatsen till prunkande regnskog. Ingen annan engelsk marknadsstad ligger så högt över havet som Buxton, som har en genomsnittlig årstemperatur strax under åtta grader och en genomsnittlig julitemperatur på fjorton. Årsnederbörden är ansenliga 1 300 mm, ungefär två och en halv gånger mer än i Stockholm, men att tankarna går till *Fitzcarraldo* beror på något annat.

Trots att både Manchester och Sheffield ligger i närheten finns i Buxton en påtaglig känsla av att befinna sig i ett bakvatten. Det man förväntar sig, precis som i Perus djungler, är pittoreska infödingar som går på i ungefär samma spår som deras förfäder har gjort i århundraden. Så är det också i viss mån. Det här är en gammal del av England, där historien är seglivad och de många dalarna fortfarande heter »dales« på nordiskt manér, inte »valleys« som de blivit där fransktalande normander haft ordet.

Men så, mitt i detta, står Buxtons operahus. I *Fitzcarraldo* visade sig drömmen om ett operahus i obygden leda till katastrof, men här har den uppenbarligen förverkligats.

Buxton Opera House är inte stort, ungefär 900 personer får plats, men det är en oblyg edvardiansk skapelse med två kupoler och ett tillbyggt gigantiskt växthus med gjutjärnskristyr på taket. Det är alldeles uppenbart i bruk, och oavsett vilken tid på året man råkar se det finns med säkerhet upplysningar om när nästa internationella Gilbert & Sullivanfestival ska äga rum, just här.

Det ska sägas att operan i Buxton var stängd under en lång period, men sedan 1979 är den åter i bruk – och publiken strömmar dit. Det är nästan som i gamla tider, då Operan byggdes. Då var Buxton ett fashionabelt resmål för britter som hade tid att fördriva. Det kan verka nästan parodiskt engelskt att semestra på ett så kallt och fuktigt ställe, men det finns en förklaring: I Buxton springer en källa fram, tillägnad sankta Anna, Jesus mormor. Den håller en konstant temperatur på 28 grader Celsius, och redan de badtokiga romarna, som fanns i trakten och sin vana trogen byggde vägar som än i dag kan urskiljas i landskapet, förstod att dra nytta av källan. Aquae Arnemetiae, lundgudinnans brunn, kallade de Buxton, och att döma av myntfynd var det ett populärt resmål under hela den fyrahundraåriga period som Britannia var en del av romarriket.

Buxtons senare glansdagar inleddes i slutet av 1700-talet, mycket tack vare den femte hertigen av Devonshire. Koppargruvor hade gjort honom förmögen, och han ville utveckla Buxton till ett alternativ till Bath i Somerset, som då samlade hela det vackra England för att dricka brunn, skvallra och dansa. När Bath hade fått sin elegant svängda rad av kolonnklädda prestigbostäder, The Royal Crescent, ville inte hertigen att Buxton skulle vara sämre: han byggde en egen halvmåne radhus. För att rymma alla de hästar besökarna hade med sig byggde han också ett jättelikt, pampigt stall med en kupol som i diameter bräckte Peterskyrkans i Rom med ett par meter och fortfarande är Storbritanniens största i sitt slag. Det är inte det mest omfattande byggprojekt en hertig av Devonshire har tagit sig för: Den femte hertigens sonson, den sjunde hertigen, lät bygga hela staden Eastbourne i mitten av 1800-talet, som en semesterort »av gentlemän för gentlemän«. Men Buxton har en alldeles egen och märklig utstrålning. Även i byggandet av Buxton Opera House 1903 var den dåvarande hertigen av Devonshire, den åttonde, inblandad.

Att hertigarna av Devonshire visat sådant intresse för Buxton beror på att de bott och bor i närheten. Sedan mitten av 1500-talet har Chatsworth House, vid floden Derwent, varit deras säte. I dag är Chatsworth ett av Englands främsta och mest välkända lantgods. Det är också ett av de ståtligaste, och den som imponeras av storlek kan njuta av statistiken: fyra kvadratkilometer park, drygt 4000 kvadratmeter tak, lågt räknat 175 rum (mer generösa statistiker hittar upp till 297 rum), varav 51 är mycket stora, 21 kök och verkstäder, sju kontor förbundna av en dryg kilometer korridorer, 17 trapphus, 359 dörrar, 2 084 glödlampor, 397 fönsterkarmar, 60 takkronor, 7 873 glasrutor, 24 badkar, 52 handfat, 29 kökshoar och 53 toaletter.

För den som snarare är lagd åt det estetiska hållet räcker det kanske med att veta att den västra fasadens alla fönsterkarmar är belagda med bladguld, så att de glimmar i solnedgången. En vandrare kan stå bland de fritt betande fåren på de rullande kullarna kring Chatsworth och medan solen sjunker följa ljusspelet.

Att familjen Cavendish hamnade just här berodde på en kvinna.

Det finns något med familjen Cavendish, med tiden hertigar av Devonshire, som lockar kvinnor med exceptionella förmågor. Först i raden var Elizabeth Hardwick, mer känd som Bess av Hardwick. Hon hade vad som i brist på bättre ord måste kallas tur, för hon gifte sig fyra gånger med fyra olika män och alla gångerna dog de och lämnade efter sig stora arv som helt eller delvis tillföll henne. När hennes tredje man dog 1565 hade hon inte ens fyllt fyrtio år och beräknades ha en årlig inkomst på 60 000 pund, motsvarande nära fjorton miljoner pund i dagens penningvärde. Drottningen var den enda kvinna som var rikare. Men det mest anmärkningsvärda med Bess av Hardwick var inte hennes män eller ens hennes rikedom utan hennes driftighet och förmåga att överleva i en tid när politiska intriger kunde vända framgång till katastrof över en natt.

Bess var länge en av Elizabeth I:s förtrogna, och hon och hennes dåvarande man fick under flera år ansvaret att hålla drottningens kusinbarn och rival, Maria Stuart, i bekväm husarrest. Elizabeth I:s halvsyster, drottning Mary I, var gudmor åt Bess tredje son, och hennes förste son hade den blivande drottningen Elizabeth själv som gudmor. Det innebar inte att Bess av Hardwick levde riskfritt. En av sina döttrar gifte hon på eget bevåg bort med Charles Stuart, svåger till Maria Stuart och ett möjligt hot mot Elizabeth I. Bess kallades till London för att stå till svars men gjorde kalkylen att bråket skulle blåsa över och struntade i att infinna sig. Hon fick rätt. Hennes dotterdotter Arabella, resultatet av den riskfyllda alliansen, hade legitima anspråk på såväl den engelska som den skotska tronen, och Elizabeth I krävde att flickan skulle hållas under uppsikt och borta från hovet.

Med tiden fick Bess ändå en ättling på tronen: Elizabeth II är fallen efter Bess på sin mors sida.

En betydande del av sin förmögenhet använde Bess till byggnationer. Hardwick Hall, mellan Chesterfield och Mansfield, byggdes på Bess beställning i lätt och ljus elisabetansk stil med gigantiska fönster. Resultatet var tillräckligt slående för att ge upphov till en ramsa som upprepas än idag: »Hardwick Hall, more glass than wall.« Men det var också Bess som lät uppföra det första Chatsworth House. Hennes andra äktenskap, med William Cavendish, var det enda som resulterade i barn. Tre söner och tre döttrar överlevde spädbarnsåldern. Cavendish hade, då de gifte sig, sina marker i södra England, men Bess övertalade honom att sälja och istället köpa mark i hennes hemtrakter i Derbyshire. Huset började byggas 1552, strax efter att deras andre son – förfader till hertigarna av Devonshire – hade fötts. Av det ursprungliga elisabetanska Chatsworth finns nästan inget kvar efter sekel av om- och tillbyggnader.

Det var ingen självklar plats att bygga ett magnifikt herresäte på. Att ta sig till Chatsworth var under 1500- och 1600-talen ett verkligt äventyr. Det var ont om egentliga vägar, och utan lokala guider var risken stor att gå ned sig i omgivande sankmarker eller att, på vintern, frysa ihjäl. Kanske var det, vid sidan av det vackra läget, ett av skälen till att Bess valde just denna plats. Att vara lättillgänglig för maktens centrum i London hade sina fördelar, men också betydande risker. I det mer otillgängliga Derbyshire var det lättare att vänta ut hot och oroligheter.

Det verkar ha varit ännu en av Bess av Hardwicks kloka tankar. Hon blev 71 år gammal och överlevde efter sitt Cavendish-äktenskap ytterligare två makar – en av dessa ska ha förgiftats av sin bror, som till sin besvikelse såg arvet gå till Bess.

Släkten Cavendish fortsatte att blomstra i Derbyshire, och flera generationer hade olika viktiga uppdrag i staten. En av Bess söner blev earl av Devonshire. Varför titeln bands till Devonshire, en plats familjen Cavendish inte har någon koppling till, snarare än Derbyshire, vet ingen. Den enklaste och kanske mest trovärdiga förklaringen är att det från början rörde sig om ett skrivfel.

Bess ättlingar uppvisade också konstnärliga och intellektuella intressen. Det barnbarnsbarn till Bess som ärvde Chatsworth var filosofen Thomas Hobbes mecenat. Två generationer efter honom upphöjdes den dåvarande huvudmannen från earl till hertig. Men nästa anmärkningsvärda kvinna på Chatsworth var gift med Buxtons förskönare, den femte hertigen, och anmoder till prinsessan Diana. Lady Georgiana Spencer var barnbarnsbarn till den förste hertigen av Marlborough, och sjutton år gammal giftes hon 1774 bort med den tidens William Cavendish. Det var sen upplysningstid, på randen till det moderna, och Georgiana var som en brygga mellan det gamla och det nya. Hon påstås ha haft ett »naturligt förhållande« till Marie Antoinette, något som uppenbarligen var så onaturligt att det förtjänade att nedtecknas. Men hon var också en brinnande anhängare av parlamentets makt framför monarkens, och hon drev ihärdig valkampanj för Charles James Fox, en politiker som då uppfattades som den radikalaste det brittiska underhuset någonsin uthärdat.

Det hörde inte till vanligheterna att kvinnor drev valkampanj mer än 140 år innan kvinnlig rösträtt blev likställd med manlig. Georgianas metoder var inte heller konventionella. En mindre skandal bottnade i ryktet att den vackra Georgiana hade sålt kyssar mot löften om röster på Fox. Sann eller ej blev historien ett kärt föremål för satirtecknare och professionella skvallerbyttor. Fox vann sin valkrets, men knappt.

Bakom ryktet fanns andra rykten: att Georgiana skulle vara Fox älskarinna. Det var inte så långsökt, för det var redan tydligt att det dåvarande hertigparet av Devonshire ordnade sitt kärleksliv efter eget huvud. På besök i Bath 1782 hade Georgiana träffat lady Elizabeth Foster, och de blev bästa vänner. Lady Elizabeth var olyckligt gift med en irländsk politiker, något som snart åtgärdades genom att Georgiana sammanförde sin man med lady Elizabeth. De skulle alla leva tillsammans i ett *ménage à trois* i tjugofem år, vilket inte innebar att det saknades tid för andra relationer. Lady Elizabeth ska ha haft förhållanden bland andra med Axel von Fersen och påven Pius VII:s utrikesminister, kardinal Ercole Consalvi.

Lady Elizabeth hade två söner i sitt äktenskap. När hennes förhållande med hertigparet Devonshire blev känt vägrade hennes ursinnige irländske man under långa perioder att låta henne träffa sina söner. Hon bar ytterligare en son och en dotter med hertigen av Devonshire, och de oäkta barnen uppfostrades tillsammans med de tre barn som hertigen och Georgiana producerat. I barnaskaran ingick även en dotter som hertigen fått med en husa. Ytterligare en dotter, som Georgiana fött efter ett förhållande med den blivande premiärministern Charles Grey

– den earl som gav teblandningen dess namn – togs ifrån henne och uppfostrades av Greys föräldrar.

Georgiana var omtalat vacker och porträtterades av både Gainsborough och Joshua Reynolds. När hon 1806 dog, 48 år gammal, antagligen av en leversjukdom, lämnade hon efter sig ett bestående rykte och en spelskuld som i dagens penningvärde uppgick till närmare fyra miljoner pund. Den femte hertigen av Devonshire, vars medel mer än väl räckte till att både bygga i Buxton och hålla Chatsworth, fick inget veta om skuldens storlek förrän efter Georgianas död. Hans enda kommentar var: »Var det allt?« Lady Elizabeth och hertigen hade fått Georgianas välsignelse på dödsbädden, och 1809 gifte de sig.

Liksom många brittiska adelsmän hittade släkten Cavendish i modernare tider gärna fruar på andra sidan Atlanten. Men till skillnad från många andra lorder var det inte i första hand stormrika arvtagerskor som lockade. Den nionde hertigens av Devonshire andre son, Charles, gifte sig 1932 med Fred Astaires storasyster Adele. Det var ett osannolikt parti. Familjen Astaire hette egentligen Austerlitz och kom från vad som med stor sannolikhet kan vara världens minst glamorösa stad, Omaha i Nebraska. Adeles och Freds mor tog dem till New York när de ännu var små, för några danslektioner hade övertygat henne om att åtminstone den sexåriga Adele skulle kunna bli en stor stjärna.

Det kunde ha slutat som ännu en i raden av genanta historier om föräldrar som försöker leva ut sina drömmar genom sina barn. Det gjorde inte det, för syskonen Astaires mor hade rätt. Med häpnadsväckande fart blev Fred och framför allt Adele barnstjärnor på vaudevillescenen. De turnerade och växte mer eller mindre upp i hotellrum. Deras popularitet höll i sig. Fanns några tvivel gällde de Fred. Han var rimligt snygg och ansågs duga som danspartner till sin syster, men det var Adele som var den verkliga stjärnan. Deras gemensamma karriär blomstrade på Broadway och hade snart blivit transatlantisk. De pendlade mellan New York och London, där Adele också vann kungahusets förtjusning. Hon deltog i tidens vilda fester och var under en kort period en av Cecil Beatons få flickvänner. Han ritade av henne som klippdocka och gav henne detta dockjag, med en garderob av eleganta papperskreationer. Det var en rätt vågad gåva, för dockan var mycket realistisk och bar inga underkläder, bara juveler och rödmålade tånaglar.

Många män föll för Adeles breda grin och okynniga sätt. Hon uppträdde med stor elegans men kunde också svära som en borstbindare och roade sig gärna med att genera omgivningen. När hon spelade ett parti alfapet med sin bror började hon stava ett ord med de inledande bokstäverna C-U-N. Det såg ut att bli kort, och Fred Astaire anade att allt som saknades var ett T. Han, som var mindre lagd för det frivola, stoppade henne. Adele sägs ha protesterat med spelad oskyldighet: »Men jag kunde ju ha varit på väg att stava vad som helst! Cunnilingus, till exempel!« Det fanns något ytterligt modernt och tidstypiskt i hennes uppenbarelse, och det var alltså Charles Cavendish som vann henne. Adele drog sig tillbaka från scenen efter giftermålet, trots att hennes karriär bara verkade fortsätta uppåt. Om så inte hade skett skulle Fred Astaire kanske ha fortsatt att leva i sin systers skugga.

Det nygifta paret flyttade till familjen Cavendishs irländska slott, Lismore Castle, men isolerade sig på inget sätt. De fortsatte att umgås med artister och kändisar. Adele var den drivande och bjöd ständigt hem skådespelare, musiker och filmstjärnor till det medeltidsromantiska sagoslottet, som står på en klipphylla ovanför floden Blackwater. Det spelades tennis och ping pong, och Adele lät till och med anlägga en pool, som sällan gick att använda i det råa irländska klimatet. Charles Cavendish uppmuntrade och bejakade Adeles påhitt. Som andreson var han utan någon egentlig roll i Cavendishfamiljen och ville antagligen uppfinna en egen, modern livsstil i gammal miljö. Men till skillnad från Adele var han i grunden depressiv och drack alldeles för mycket. När andra världskriget kom var han så alkoholiserad att han ratades för tjänstgöring. Det gjorde honom bara mer deprimerad, och han söp målmedvetet ihjäl sig. Tolv år efter bröllopet, 1944, dog Charles, bara 38 år gammal. Adele gifte snart om sig med en biträdande chef för den amerikanska underrättelsetjänsten CIA men behöll rätten att fira sommar på Lismore Castle och fortsatte att göra det, ofta med en hord av kändisar i släptåg, fram till sin död 1981.

Charles Cavendishs brorson, ännu en William och på tur att bli den elfte hertigen av Devonshire, fann en aningen mindre överraskande amerikansk brud.

När Joseph Kennedy, John F. Kennedys far, 1938 av Franklin D. Roosevelt hade utnämnts till amerikansk ambassadör i Storbritannien tog han med sig sina barn. Joseph Kennedy blev inte särskilt populär i England. Det berodde mindre på hans antisemitism och hans tidiga koppling till maffian och mer på hans krigsdefaitism och klumpiga översittarfasoner. Hans barn blev däremot en social succé i London. Kathleen »Kick« Kennedy var 18 år när hon anlände, och tillsammans med sina bröder stod hon snart i centrum på otaliga middagar och fester. Det var så hon träffade William Cavendish, äldste son och blivande hertig av Devonshire. Förhållandet blev snabbt allvarligt, och trots ett ihärdigt motstånd, främst från Kathleens djupt troende katolska mor Rose, gifte sig paret i maj 1944. Från Kennedyklanen var bara Kathleens äldste bror, Joe, närvarande vid vigseln.

Som så ofta när Kennedyfamiljen är inblandad slutade det i tragedi. Tre månader efter bröllopet dog Kathleens bror Joe.

Han hade anmält sig som frivillig till en riskabel bombräd, operation Afrodite, med syfte att slå ut tyska avfyrningsramper för V-raketer. Och bara en månad senare kom beskedet att även hennes man, den blivande hertigen, dött i strid, närmare bestämt mot SS-trupper i Belgien. Deras äktenskap, som krävt en sådan beslutsamhet i kamp mot föräldrarna, varade alltså bara i fyra månader, och endast fem veckor av denna tid var de tillsammans.

Kathleen Kennedy blev kvar i England och i Cavendishfamiljen, som fäst sig vid henne. Ganska snart syntes hon åter ute i ett hektiskt socialt liv, och efter något år smidde hon planer på att gifta om sig med den åttonde earlen FitzWilliam, så snart han hade utverkat en skilsmässa från sin dåvarande fru. Allt tydde på att bröllopet var nära förestående när Kathleen och hennes earl störtade, i maj 1948, på väg hem i flygplan från södra Frankrike. Båda dog.

Kathleen begravdes i Edensor, strax utanför Chatsworth House.

Inte heller för familjen Cavendish verkade något bli som det var tänkt. Det gällde inte minst för den döde Williams bror Andrew. Som andreson hade han förväntat sig ett undanskymt och relativt enkelt liv. Plötsligt var det han som stod på tur att bli den elfte hertigen av Devonshire. Hans smala lycka var att han hade skaffat sig en anmärkningsvärd hustru.

Redan 1946 kunde *American Weekly* ägna en helsida åt de sex Mitfordsystrarna, under rubriken »Those Mitford Sisters«. Artikeln illustreras av en gigantisk hand från vars fingrar trådar löper till sex damer i olika stadier av galenskap. »De aristokratiska Mitfordsystrarna«, trumpetar bildtexten, »färdades var för sig, hit och dit, ledsagade av ödets gensträviga hand, in på banor som generade deras föräldrar.«

Det var antagligen poeten John Betjeman som femton år tidigare först använde sig av uttrycket »Mitfordflickorna« som ett begrepp. Han hann förälska sig i åtminstone två av systrarna och var, att döma av dikten ifråga, fascinerad av allihop:

The Mitford Girls, the Mitford Girls,
I love them for their sins,
The younger ones like *Cavalcade*,
The old like Maskelyn's.

Sophistication, blessed Dame,
Sure, they have heard thy call,
Yes, even gentle Pamela,
Most rural of them all.

Pjäsen *Cavalcade* var 1931 års stora Noël Cowardsuccé, om en urengelsk familj, Marryott, och deras stab av tjänstefolk. Maskelyn var en för tillfället omtalad magiker. Pamela var den näst äldsta av Mitfordsystrarna och Betjemans främsta föremål för hundlik dyrkan.

Mitfordkonjunkturen har gått upp och ned sedan dess, men under de senaste dryga två decennierna verkar den ha hamnat i permanent överhettning. Det går knappast ett år utan att ett par större verk om systrarna, eller om någon av systrarna, publiceras. Tidskrifter som *Vanity Fair*, *Tatler*, *Vogue* och många andra har i stort sett varje år åtminstone en artikel med Mitfordanknytning. Artiklarna skiljer sig sällan nämnvärt från den som *American Weekly* tryckte 1946, med undantag för nödvändiga uppdateringar. Att berätta om Mitfordsystrarna har blivit en mindre industri, och efterfrågan tycks aldrig sina.

Det är som om deras livsöden fyller en funktion som myt av det slag som annars brukar befolkas av gudar, eller åtminstone tomtar och troll.

Och visst är det en bra historia.

Mitfordsystrarnas far, David Freeman-Mitford, tillhörde den brittiska adeln. Hans far var baron och påstods, vid sidan av David och en äldre bror till denne, ha två oäkta barn med en japansk geisha. David blev oväntat arvinge till barontiteln, Redesdale, när hans äldre bror dog under första världskriget. Han gifte sig med Sydney Bowles, dotter till den konservative parlamentsledamoten Thomas Gibson Bowles. Thomas Gibson Bowles var oäkta son till en relativt känd politiker och en av dennes tjänsteflickor. Han var också en framgångsrik publicist, som bland annat startade den brittiska versionen av *Vanity Fair*, inte att förväxla med dagens amerikanska version, och den ännu existerande tidskriften *Lady*, oslagbart annonsorgan för alla som söker nannies och hushållerskor.

Mitfordsystrarnas far var i allt väsentligt en lindrigt bildad lantjunkare. Efter giftermålet med Sydney Bowles installerades han av sin svärfar, som knappast kan ha varit en framstående människokännare, som ansvarig för utgivningen av *Lady*. David tog arbetet högst motvilligt, och hans främsta bidrag till tidningen ska ha varit att släppa lös en manguster, som han hade haft med sig från Ceylon, i den råttfyllda källaren under tidningens redaktion. Den var mycket effektiv som skadedjursbekämpare.

Lord Redesdale, som David Freeman-Mitford blev vid sin fars död 1916, var egentligen inte särskilt framgångsrik i något avseende. Han utmärkte sig som stridande i såväl Boerkriget som första världskriget och var, efter att ha blivit baron, en plikttrogen men i grunden ointresserad ledamot av överhuset, där han satt i utskottet för avloppsfrågor. Hans enda egentliga politiska program var att försöka förhindra all form av förändring, särskilt sådan som hade att göra med »utlandet«, som han ansåg vara »förbannat«. Det gods i Cotswolds som han ärvt, Batsford, var alltför dyrt för att behålla. Istället flyttade familjen till det närbelägna Asthall Manor, ett vackert 1600-talshus. Därifrån flyttade de sedan ett stenkast bort till Swinbrook, där lord Redesdale låtit bygga ett hus efter eget skön. I mitten av trettiotalet fick även Swinbrook säljas.

Huruvida lord Redesdale var en god amatörarkitekt rådde det delade meningar om, utom inom hans egen familj där enigheten var förkrossande om att det nybyggda huset var avskyvärt. Men byggandet var i alla fall en av lord Redesdales få passioner. En annan var att gräva guld, vilket Mitfordsystrarnas far gjorde i Ontario i Kanada i den olyckligt namngivna lilla staden Swastika. Lord Redesdales inmutning visade sig vara en av få i grannskapet som var helt guldfri.

Det råder inget tvivel om att *American Weekly* hade belägg för att påstå att lord Redesdale då och då generades av sina döttrar. Det är samtidigt lika säkert att han utan dem i dag skulle ha varit fullständigt bortglömd.

Redesdales första barn föddes 1904 och fick namnet Nancy. Liksom de flesta betitlade par hade föräldrarna säkert föredragit en son, men så blev det nu inte. Inte heller det andra barnet, som anlände 1907, blev en pojke. Hon döptes till Pamela. Med Thomas, född 1909, kom äntligen en son, och kanske hoppades Redesdales på att deras sammanslagna kromosomer nu skärpt sig, för ytterligare ett barn kom redan året efter. Men det blev också en flicka, Diana. En femte graviditet gav 1914 samma resultat, med det aningen udda namnet Unity Valkyrie. Valkyrie var ett sätt att hedra Wagners musik, och som om inte det räckte kunde man genom att räkna bakåt slå fast att barnet måste ha blivit till under en av paret Redesdales vistelser i

Swastika. Jessica föddes 1917, och en sista flicka, Deborah, tog sin plats i familjen sexton år efter den förstfödda, 1920. Sedan gav de upp, eller tvingades att göra det, för Sydney var 40 år gammal.

Systrarna, och den enda brodern, växte huvudsakligen upp på landet. Det fanns jämnåriga i närheten, bland dem James Lees-Milne, som senare skulle inleda National Trusts enorma insamling av engelska lantgods. Men på många sätt skapade familjen sin egen värld, och den hade lätt bisarra inslag. Bortsett från ett enstaka misslyckat försök tilläts inte flickorna att gå i skola, enligt myten därför att deras far ansåg att de skulle få feta vrister om de spelade landhockey. Lord Redesdale hade nära till vredesutbrott och var regelmässigt oförskämd mot de kamrater döttrarna och sonen bjöd hem. Deras manliga vänner kallades för »sewers«, som inte syftade på kloaker, men väl på det tamilska ordet för gris, »soor«. James Lees-Milne blev som tonåring och iförd lågskor utschasad i snön av lord Redesdale efter att ha tappat en kam på golvet, antagligen därför att Mitfordhushållets herre ansåg att kammar var misstänkt feminina. Å andra sidan var familjens döttrar inte särskilt rädda för sin far. Rytandena var mest oljud, och när flickorna blev tillräckligt stora tävlade de om att reta sin far, för att se hur långt de kunde gå innan utbrottet kom.

Det är inte alldeles lätt att reda ut vad som är fakta och vad som är fiktion i berättelserna om Mitfordsystrarnas uppväxt. En av de mest återberättade historierna, om en något modifierad form av kurragömma, är dock bevisligen sann. Leken brukade inträffa vid jul och gick ut på att flickorna skickades ut i omgivningarna med visst försprång. Därefter släpptes familjens blodhundar ut för att förfölja dem. Detta har fått en och annan modern människa att kippa efter andan av medlidande. Sådana reaktioner tyder antingen på bristande eller alltför livlig fantasi. Hundarna slet naturligtvis inte flickorna i stycken när de fann dem. Tvärtom hälsade de sina småmattar med oförställd hundglädje. Det var helt enkelt en rolig lek och rätt typisk för det Mitfordska hushållet. Det var rustikt och lantligt, men i grund och botten verkar Mitfordsystrarna ha haft en far som ägnade betydande tid åt att roa dem med olika upptåg.

Barnens mor hade också sina egenheter. Hon »trodde inte« på vetenskap och var särskilt misstänksam mot läkare. »Den goda kroppen«, som hon kallade den, helade sig själv om man bara lät den vara. Det hände förstås att läkare måste kallas in, som när den unga Jessica drabbades av blindtarmsinflammation. Barnet opererades på ett bord i barnkammaren, och allt gick väl. Lady Redesdale var mycket fäst vid djur och höll bland mycket annat höns och kor. Även dessa sköttes med vederbörligt tvivel vad gällde olika »experters« påbud. När veterinärer utsända av myndigheterna kom och tog tuberkulosprov på kornas mjölk och meddelade att några av djuren måste avlivas konstaterade lady Redesdale att veterinärernas dödsdom gällde de mest praktfulla exemplaren i ladugården. Hon bestämde på stående fot att det inte kunde bli frågan om någon avlivning. »Vi kan ge mjölken till barnen«, var hennes lösning. Så skedde, och ingen mådde sämre av det.

Hennes uppfattning om mathållning ansågs också excentrisk. Hon själv och barnen följde av aningen dunkla anledningar ortodoxa judiska regler vad gällde tillåten och otillåten mat. Endast lord Redesdale kunde därför äta bacon och vanlig korv, och barnen var överlyckliga när de någon gång i hemlighet lyckades komma över en korvsnutt som deras far lämnat. En del av moderns matexcentriciteter framstår i dag snarare som ovanligt före sin tid. Hon avskydde alla former av raffinerade och på konstgjord väg manipulerade råvaror, som kallades »mördad mat«. Mycket av detta hade Sydney fått från sin far.

Han hade litat till en svensk kvacksalvare som på eget bevåg lade titeln doktor till namnet Kellgren och ansågs ha helande förmågor.

I denna miljö växte Mitfordsystrarna upp och fogade till den sina egna personligheter. Det saknades inte kärlek och lojalitet mellan syskonen, men de hanterade knappast varandra eller andra närstående med silkesvantar. Jessica berättar i sina memoarer om en lek, »långsamt gnugga bort«, som under en period var populär bland de yngre systrarna. Den gick ut på att ta en vuxen som var upptagen med annat i handen och mycket, mycket försiktigt börja klia en liten punkt på huden. Syftet var att med ihärdig upprepning lyckas få hål på skinnet och orsaka blodvite utan att offret märkte det. En annan lek, »Hure, Hare, Hure«, gick helt enkelt ut på att uthärda rejäla nypningar. Den leken ansågs så briljant att storebror Tom, som läste juridik, fick i uppdrag att undersöka möjligheterna att patentera den.

Tonen mellan syskonen sattes av Nancy, som var äldst. Hon visade tidigt sin kvickhet och fantasi, men den som inte levde upp till hennes höga krav på att vara underhållande fick räkna med att göras till åtlöje. Trots att deras föräldrar inte var litterära eller intellektuella – det gällde i synnerhet deras far, som påstods bara ha läst en bok i sitt liv: Jack Londons *Varghunden* – var systrarnas arena den verbala. De utvecklade hela privata språk för att roa och chikanera varandra. Unity och Jessica skapade »boudledidge«, ett släpigt, deprimerat rövarspråk som skulle framföras med en gravt bekymrad och slagrört sned min. Jessica och Deborah skapade »honnish«, som inte alls hade att göra med hederestiteln honorable, förkortat hon, som barn till betitlade bär, utan med den lantliga oxforddialektens uttal av höna, hen. Allt och alla gavs mer eller mindre långsökta smeknamn. Deras far blev Farve, Forgery, the Old Chap eller TPOM, the Poor Old Male. Deras mor blev Muv, the Fem,

Aunt Syd, eller TPOF, the Poor Old Female. Nancy fick, bland mycket annat, heta Naunceling, Susan och Natch, Pamela blev Pam eller Woman, Diana Bodley eller Honks, Unity Bobo eller Boud, Jessica Decca, Henderson eller – för att öka förvirringen – Boud hon också, Deborah Debo eller Nine. Thomas blev förstås Tom men också Tuddemy eller Tud, som var boudledidgeska för Thomas och ansågs rimma på »adultery«, äktenskapsbrott, och därför var särskilt fyndigt.

Det var som om systrarna utgjorde ett hemligt sällskap som talade i komisk kod. Att England slogs av häpnad när Mitford-systrarna väl drabbade världen bortom Cotswolds är inte så märkligt.

Diana var den första av systrarna som fick britternas odelade uppmärksamhet. När hon dök upp som debutant på balerna våren 1928 var de flesta ense om att hennes skönhet var utan motstycke. Att hon inom några veckor sållade fram en friare bland alla de som uttryckt intresse och att denne friare var arvtagare till en av landets största förmögenheter gjorde inte saken sämre. I januari 1929 gifte sig den artonåriga Diana Mitford och Bryan Guinness, och bröllopet ansågs vara en av årets största sociala händelser.

Systrarnas älskade nanny, Laura Dicks, som fått smeknamnet Blor, hade hjälpt Diana att klä sig inför ceremonin. Blor påpekade alltid för flickorna att de var alltför självupptagna och att jorden inte kretsade kring deras personer. Diana, som var nervös innan hon skulle visa sig för den fullsatta kyrkan och horderna av pressfotografer, fick därför höra Blors vanliga fras: »Fjanta dig inte, ingen kommer att titta på *dig.*« Men alla tittade förstås på den osannolikt vackra bruden. Två sällsynta undantag var brudens yngsta systrar, Decca och Debo, som skulle ha varit tärnor. Deras mor hade i enlighet med sin övertygelse vägrat att låta dem bli vaccinerade. De låg i sjuksäng med scharlakansfeber eller möjligen kikhosta.

Dianas bröllop var bara början på intresset för henne. Tillsammans med sin man utgjorde hon snart navet i det unga, vackra London. De hade pengar, de hade stil, de umgicks i litterära och konstnärliga kretsar som ständigt krävde uppmärksamhet. Så långt allt gott, även om Dianas far betraktade hennes tjusiga liv med viss avsmak. Men nästan på dagen fyra år efter bröllopet flyttade Diana från sin man. Hon hade då redan inlett ett förhållande med fascistledaren och den ohejdade casanovan Oswald Mosley, som var gift med en av lord Curzons döttrar. Diana gjorde ingen hemlighet av förhållandet, och skandalen var ett faktum. I takt med att Mosleys rörelse blev alltmer extrem följde Diana inte bara med i sin älskares utveckling, hon gick ofta längre och uppmuntrade honom. Mosleys hustru dog, och 1936 gifte sig Diana och Mosley i hemlighet, hemma hos Joseph Goebbels i Berlin. En av mycket få gäster var Adolf Hitler. Under andra världskriget skulle paret interneras som potentiella landsförrädare, och Diana förblev fram till sin död en övertygad fascist, beundrare av Hitler och ytterst impopulär i sitt hemland. Efter kriget drog paret Mosley sig tillbaka till ett litet palats utanför Versailles, där de umgicks med grannen, den abdikerade kungen, nu hertig av Windsor, och hans mrs Simpson.

Dianas passion för Oswald Mosley var den första skandalen bland Mitfordsystrarna, men det var bara en försmak av vad som komma skulle. Unity Valkyrie, avlad i Swastika och som ett ytterligare järtecken född samma år som första världskriget bröt ut, hade tidigt bestämt sig för att hon var nazist. Vad som skulle ha kunnat tolkas som en ungdomlig lek visade sig vara yttersta allvar. Hon reste till Tyskland och lyckades genom pur ihärdighet ta sig nära Adolf Hitler själv. De blev goda vänner och Unitys nazism än mer fanatisk. Det var nu Deborah fick åka till Tyskland på besök och dricka te med nazistledaren.

I takt med att Tyskland rustade upp och ett nytt krig verkade närma sig blev Unitys vänskap med Hitler ett samtalsämne som inte nödvändigtvis var till familjen Mitfords fördel. Båda föräldrarna, särskilt Sydney, var i och för sig positivt inställda till Hitler. Att lord Redesdale hade sina tvivel berodde främst på att Hitler trots allt var tysk, ett så gravt karaktärsfel att det var svårt att förbise.

Men i familjen hade en lika glödande kommunist blommat ut. Jessica, Decca, hade kontrat sin syster Unitys nazism med att skaffa sig hela årgångar av *Daily Worker* och placera en byst av Lenin i det flickrum som hon delade med Unity. Som nittonåring träffade hon sin syssling Esmond Romilly, tillfälligt hemma från spanska inbördeskriget, där han med kommunisterna slogs som frivillig på regeringssidan. Decca blev förälskad, och när Romilly skulle återvända till Spanien rymde hon med honom. Det försatte för en gångs skull Mitfordfamiljen i chocktillstånd. Bara nanny Blor höll fast vid det rent praktiska: »Men hon har ju inte packat några kläder att slåss i.« Utrikesminister Anthony Eden fick rycka in och använda såväl diplomatiska kanaler som flottan för att få tillbaka Decca till England. När hon väl kom hem var hon redan gift med Romilly och därtill gravid. Hon skulle inom några år emigrera till Amerika, där hon med framgång inledde en karriär som journalist och med mindre framgång organiserade kommunistiska celler. De amerikanska myndigheterna hade ögonen på henne, särskilt under McCarthytiden. Den typen av problem var fullständigt obegripliga för lord Redesdale som i mitten av femtiotalet öppet kunde telegrafera Jessica: »Funderar på att smuggla lite saker till USA för att sälja, var snäll föreslå de lämpligaste sakerna att ta med.«

Skandalen med Decca, som blev förstasidesmaterial i pressen, hade knappt lagt sig innan nästa skandal inträffade. När det stod klart att Tyskland och Storbritannien låg i krig den 3 september 1939 gick Unity, på plats i Berlin, ut i Englisher Garten och sköt sig i huvudet. Hon överlevde, och Hitler personligen såg till att hon i tysthet skickades till Schweiz, varifrån hon kunde transporteras vidare till England. Deborah följde med sin mor för att hämta Unity. Återigen slogs pressfotograferna för att fånga en av de vansinniga Mitfordsystrarna på bild, denna gång låg systern på bår och hade ett märkligt, tomt uttryck i ansiktet. Unity skulle leva igenom kriget och dog först i maj 1948 av komplikationer som berodde på kulan som satt kvar i hennes huvud. Då hade Redesdales ende son, Tom, redan dött i strid i Burma. Det skedde under krigets sista år, 1945.

Nancy, äldst i syskonskaran, hade 1931 publicerat sin första roman, *Highland Fling*. Hon umgicks i intellektuella kretsar, var en av Evelyn Waughs nära vänner och gifte sig 1933 med Peter Rodd, en yngre promiskuös adelsson och olidlig besserwisser. Äktenskapet blev olyckligt, och 1939 separerade paret. Men 1945 fick hon sitt stora litterära genombrott med den komiska romanen *The Pursuit of Love*. Den innebar inte bara att hon för första gången kunde stå på egna ben ekonomiskt, den var också början på den ordnade mytbildningen om Mitfordfamiljen. Huvudpersonerna i boken, familjen Radlett, är en tunt maskerad version av familjen Mitford. Särskilt porträttlik ansågs Uncle Matthew, lord Redesdales alter ego, vara. Redan i inledningsstycket får läsaren veta att över spisen hos familjen Radlett hänger Uncle Matthews infanterispade, med vilken han 1915 slog ihjäl åtta tyskar i rad när de tog sig ur ett skyttevärn. I den andan fortsätter beskrivningen av Uncle Matthew, och mycket är med säkerhet hämtat ur verkligheten men annat gravt karikerat. Lord Redesdale fick, liksom Nancys systrar, finna sig i att Nancys beskrivningar blev de gällande, och numera kan ingen längre skilja karikatyren från originalet.

Många av de historier och situationer som senare blivit del av Mitfordmyten finns i *The Pursuit of Love* och uppföljarna *Love in a Cold Climate* och *Don't Tell Alfred*, men Nancy skrev också andra böcker, bland annat biografier över Madame de Pompadour och Fredrik den store. Hon var en flitig skribent i brittisk press, ofta i elegant provokativa småstycken som kunde väcka en hel del debatt. Hennes kärleksliv blev aldrig lyckligt. En av Charles de Gaulles närmaste män, Gaston Palewski, var hennes livs älskade, men han gifte sig med en annan. Nancy bosatte sig permanent i Paris, för att ändå vara nära honom.

Det är lätt att förstå att en skara systrar med så anmärkningsvärda öden nästan är oemotståndlig för den som vill berätta en god historia. Det är inte bara en fråga om osannolika, dramatiska och skandalösa händelser. Mitfordsystrarna utstrålade livet igenom en sorts barnkammarlik oskuld, vilken markerades av deras lätt jollrande överklassengelska och låtsasspråk. Det är som om de levde hela sitt liv i en fantasi utan att ta minsta hänsyn till tråkiga realiteter. Till och med Unitys otvivelaktigt fanatiska nazism blir svår att riktigt ta på allvar, just därför att hon framstår som en stereotyp ur en komedi. Ska man förklara varför deras historia berättas gång på gång finns en del av lösningen antagligen här. Men har man stött på de sprakande och explosiva representanterna för familjen Mitford något hundratal gånger blir man nyfiken på de aningen mer lågmälda systrarna.

Att växa upp i Mitfordklanen som Pamela eller Deborah måste ha krävt ett visst mått av stoicism. Pamela hade, som näst äldst, visserligen en hyfsad utgångspunkt. Å andra sidan var hon inte utagerande och verbal som sin storasyster Nancy. Inte heller var hon mottaglig för fanatism, politisk eller annan. Meddragen på ett av Mosleys fascistmöten kunde hon inte låta bli att dölja sin avsmak för det »löjliga teatraliska beteende« som präglade hela tillställningen. Hon längtade inte till storstaden, nattliv och baler utan trivdes utmärkt på landet. Jakt, kor, höns och långhåriga taxar roade henne särskilt. Lord Redesdale konstaterade stolt att hans näst äldsta dotter var »bäst på att läsa ett grisansikte i södra England«. Hon skötte under några år jordbruket på sin dåvarande svåger Bryan Guinness betydande gods, Biddesden, och gjorde det mycket väl. Hennes bestående bidrag till eftervärlden var att importera en viss hönsras, Appenzeller Spitzhaube, till England. När Pamela gifte sig var det med en fysiker och amatörjockey, Derek Jackson, som knappast var den stabilaste av makar. De skulle skilja sig, och Jackson hann med sex äktenskap innan han lämnade jordelivet. Ändå tycks paret ha mötts i vissa aspekter; på resa i Amerika lär de ha tävlat om vem som kunde vakna först, ringa upp taxarna därhemma och sjunga en god morgonsång för dem.

James Lees-Milne mindes Pamela efter hennes död 1994 som »kanske den minst Mitfordska i vissa avseenden«:

> Hon saknade helt skaparlust. Hon var fullständigt ocerebral, oambitiös och okomplicerad. Även om hon inte ägde sina systrars förmåga att lysa genom kvickheter och rappa svar utstrålade hon ändå en ädel karaktär och en outspädd godhet. [...] Hon var inte i grunden enfaldig. Hon var definitivt praktisk och styrd av sunt förnuft.

Som hyllning, vilket det faktiskt rör sig om, är det en ganska tveeggad text. Återigen är det lätt att undra vad som faktiskt är sant, för den bild av Pamela som James Lees-Milne ger är visserligen självupplevd men också en ganska god kopia av den karikatyr som Nancy skapade av sin syster. Nancy skulle precis fylla tre när Pamela föddes, och hon kände ingen som helst glädje över att inte längre vara enda barnet. Hon brukade säga, bara halvt på skämt: »Mina tre första år var perfekta. Sedan hände något fruktansvärt: min syster Pam föddes.« I perioder under deras uppväxt gjorde Nancy det till en livsuppgift att reta sin syster, på ett sätt som närmast liknade ren mobbning. Detta pågick långt upp i tonåren: Pamelas debutantsäsong blev inte särskilt rolig för henne, bland annat därför att Nancy gjorde vad hon kunde för att underminera sin systers självförtroende. Om Nancy fick reda på någon kavaljer som Pamela särskilt intresserade sig för ljög hon ihop en historia om att hon sett just den pojken med någon annan, vansinnigt vacker flicka.

Det grundläggande antagandet för Nancys alla tråkningar var att Pamela var snäll men dum. Hennes smeknamn »Woman« – i senare Mitfordgenerationer blev det moster Femme – hade med det att göra. Det skulle föra tankarna till en jordbunden urkvinna utan några mer avancerade kvaliteter. Med sin skickliga berättarförmåga gjorde Nancy den bilden till den allmänt accepterade inom familjen, bland bekanta och senare även bland alla Mitfordkrönikörer. Det fanns säkert ett korn av sanning i beskrivningen, men en person som genom hela sin uppväxt bemöts som en hopplöst trög människa börjar antagligen snart se sig själv på samma sätt och anpassar sig efter det.

En egenhet som ofta återberättades om Pamela, under visst fnissande, var att hon alltid kunde minnas i detalj vad hon ätit, även om en viss middag intagits för flera år sedan. Återigen var poängen att inget annat än det mest basala fick plats i Pamelas huvud. Men det var också sant att Pamela, till skillnad från nästan alla sina systrar, faktiskt var en duktig kock. Dessutom var det inte bara mat hon mindes. Hennes beskrivningar av händelser som kunde ligga långt bak i tiden var sällan fantasifulla men i gengäld desto mer detaljerade. Antagligen var hennes förmåga att minnas måltider helt enkelt ett tecken på att hon hade exceptionellt bra minne och ett intresse för matlagning, vilket var udda i syskonskaran.

Det var, typiskt nog, den praktiska och vänliga Pamela som systrarna vände sig till när de verkligen behövde hjälp. Hon tog hand om Dianas barn när Diana var inspärrad under kriget. Det var också hon som skötte om Nancy under den sista plågsamma tiden i början av sjuttiotalet, då Nancy hade drabbats av cancer.

Deborah, yngst i syskonskaran, verkade till en början också bli något så ovanligt som en Mitfordsyster som inte drog till sig allas uppmärksamhet. Hon var sin fars favorit och lärde sig snart att gråta som försvar när hennes systrar retade henne – det försatte ofelbart de retande i onåd. Gråten var kanske inte bara ett försvar, för Deborah var avgjort känsligare än sina äldre systrar. De roade sig med att framkalla hennes tårar genom att berätta sorgliga historier. Nancy, som måste ha varit närmare tjugo vid det laget, deltog med stor lust. Hur lättrörd Deborah var i småskoleåldern förstår man om man får veta att en av de gråthistorier Nancy satte ihop var en dikt om en ensam, asklös tändsticka. Nancy berättade den med sådan inlevelse att hon till slut bara behövde hålla upp en tändsticksask i Deborahs åsyn för att tårar skulle välla fram. Det utnyttjade naturligtvis Nancy vid de mest olämpliga tillfällen, för att ställa till problem för sin lillasyster. En annan skillingtrycksartad historia handlade om en tuberkulossjuk flickas pekineshund. På dödsbädden vill flickan säga adjö till sin hund, men hunden hinner inte fram och dör av sorg vid flickans grav. Historien börjar: »Telefonen ringde ...«, och det räckte med att säga de två orden för att lilla Deborah skulle börja tjuta. Att Debo var en flitig tumsugare gav Nancy tillfälle att övertyga sin syster om att hennes tumme hade blivit deformerad och att hon aldrig skulle bli gift, av just det skälet.

Enligt Diana följde den unga Deborah, trots sådant, Nancy i hälarna som en tillgiven valp. Det rörde sig förstås delvis om vanlig beundran för storasystern, men kanske också om Stockholmssyndromet: det fenomen som innebär att gisslan fäster sig vid sin plågoande.

När Deborah blev äldre slogs det fast som ett slags ärvd karikatyr, också det av Nancy, att Debo, precis som Pam, inte var särskilt intelligent. Hon påstods aldrig läsa böcker, och smeknamnet Nine syftade på att Nancy ansåg att det var Deborahs intellektuella ålder. Ännu när Deborah var mer än fyrtio kunde Nancy presentera henne för vänner med orden »det här är min nioåriga syster«. Som vanligt slog karikatyren rot även utanför familjekretsen. När Evelyn Waugh hade skrivit sin biografi över jesuitpatern Ronald Knox skickade han ett signerat specialexemplar till Debo som, om man bläddrade i det, visade sig helt sakna text. Varför ge en massa bokstäver till en person som aldrig läser? Waughs brev till den vuxna Deborah hölls ofta i en parodiskt barnslig ton som om de var skrivna just till en nioåring. Till den då trettiosexåriga Deborah kunde han skriva och tacka för en present med dessa ord:

Kära Debo

De är mycket söta – som M Angelos Moses, men jag antar att du inte har sett honom – också som horn givna till en hanrej. Jag tror inte att jag hör bättre tack vare dem, men jag ser värdigare ut. Tack, tack för

> *din vänlighet att skicka dem. Du kanske har glömt vad du skickade. Det var sniglar på burk.*

Liksom Pamela var Deborah tillfreds med lantlivet. Hon var också den enda i familjen, vid sidan av lord Redesdale själv, som ansåg att hans hus i Swinbrook alls inte var avskyvärt utan ett paradis. Antagligen därför att huset var byggt för att fungera för sådana aktiviteter de båda tyckte om, som jakt och fiske. I den sprakande bukett systrar hon tillhörde framstod Debo som rätt färglös. Ingen skulle ha blivit förvånad om hon försvunnit i förhållandevis normal obskyritet. Det var den roll hon fått i Mitfordmyten, men det var inte den roll hon kom att spela.

På omslagen till två av sina senare böcker poserar Deborah Devonshire, född Mitford, i en och samma långrock med trenchcoatslag. Den är sydd i jeanstyg och verkar snarare vara ett exempel på när det praktiska gör en mindre eftergift för det eleganta än tvärtom. Öppnar man den första boken och läser några rader får man intrycket bekräftat:

> Jag köper de flesta av mina kläder på jordbruksmässor, men så är det också bra och rejäla saker. [...] Vid sidan av jordebruksmässor är Marks & Spencer stället att handla på, därefter Paris. Inget däremellan verkar vara något att ha.

På det första omslaget, det till *Counting My Chickens ...*, står författarinnan vid kortändan av den långdragna »kanaldammen« med Chatsworths södra fasad i bakgrunden. På det andra omslaget, det till *Home to Roost*, står hon i trädgården till den gamla prästgården i byn Edensor (som uttalas Enzor), strax utanför Chatsworths park. Hennes pose är densamma – händerna vilande på en spatserkäpp. Bara den verkligt uppmärksamme noterar att ansiktet förlorat en del av sin fyllighet mellan den första och den andra bilden. Deborah Devonshire är 81 år gammal på den första bokens omslag. På den andra har hon hunnit fylla 89. Bakgrunden ger en antydan om något som skett under mellantiden. Andrew Devonshire, som Andrew Cavendish enligt traditionen kallade sig efter att ha blivit hertig, dog 2004. Deborah blev änkehertiginna, lämnade Chatsworth House till sin son, den tolfte hertigen, och flyttade till ett änkeboende som gjordes i ordning i den gamla prästgården i Edensor.

Det var inte alldeles enkelt. Prästgården har visserligen åtta sovrum, men har man vant sig vid att ha tvåhundra rum kräver en flytt omfattande gallring. Skalbytet har ändå sina fördelar. Att göra en hund rumsren när den har tillgång till alltför många rum är nästan hopplöst, påpekar Deborah. För henne själv innebar flytten också förenklingar:

> För mig är det en ofattbar njutning att köket bara är två steg bort och att det bara är två steg åt andra hållet för att kliva ut i trädgården. På Chatsworth innebar båda dessa destinationer att man fick företa en expedition.

Dessutom ligger Edensor väl till. Det är något av en modellby, eftersom den sjätte hertigen av Devonshire lät riva originalet, som störde utsikten från Chatsworth, och byggde upp byn igen på en mer undanskymd plats men mindre än en kilometer från stora huset.

Deborah Devonshire var gift med sin hertig i 64 år innan han dog. Under sex av de åren hade hon artighetstiteln markisinna av Hartington, i väntan på att tillträda som och sedan vara hertiginna av Devonshire under 54 år. Nu är hon alltså änkehertiginna. Hennes äktenskap var av allt att döma mycket lyckligt. Kanske därför att makarna var ovanligt tillåtande mot varandra. Under en rättsprocess 1985, då en anställd stulit några checkar av hertigen, framkom det att Andrew Devonshire genom åren haft en betydande samling »flickvänner« som han överöst med gåvor. Det verkade varken genera hertiginnan eller hertigen. Han förklarade bara: »Jag är en privilegierad man och en rik man, och jag stöter på människor som inte är lika privilegierade och har genom åren hjälpt åtskilliga.«

Bland dessa tursamma individer fanns en viss Norma Levy, en callgirl som 1973 var den omedelbara orsaken till att ministrarna lord Lambton och lord Jellicoe tvingades avgå.

Ett ambitiöst kärleksliv hindrade på inget sätt att Andrew Devonshire hann med annat. Som kolonialminister under sin ingifta morbror Harold Macmillan, av hertigparet alltid kallad »Uncle Harold«, övervakade han på sextiotalet elva koloniers väg till självständighet. Han ägde och drev klubben Pratt's i London, var två gånger borgmästare av Buxton och var ordförande i Lawn Tennis Association, som anordnar Wimbledonturneringen, och högste beskyddare av Campaign for Courtesy, en organisation som arbetar för att främja hövlighet. Han var vidare den förste lorden i överhuset som lämnade de konservativa och istället gick med i det kortlivade socialdemokratiska partiet. Det berodde enligt egen utsago mindre på politisk övertygelse och mer på en personkonflikt med Margaret Thatcher:

> Vi skulle ha ett stödmöte för henne på Chatsworth, men något blev fel med datumen. Jag sade: »Kanske nästa år.« Hon svarade: »Nästa år reser jag till Blenheim.« Jag sade: »Jaha, då sticker jag till socialdemokraterna då.«

Men Andrew Devonshires stora livsuppgift var Chatsworth. När han dog var godset inte bara i gott skick utan vinstgivande. Det traditionella lantbruket hade utökats med detaljhandel av olika slag, ambitiös restaurangverksamhet och mycket annat. Huset var också fyllt med konst som köpts in under hans överinseende; vissa konstnärer, främst bland dem kanske Lucian Freud, hade hertigparet som uttalade mecenater. »De flesta antar automatiskt, så snart de får höra om en hertig, att det rör sig om en total idiot«, konstaterade Andrew Devonshire beklagande en gång, men han visade på alla sätt han kunde att det inte gällde honom. Han hade också alldeles klart för sig varför det hade gått så bra som det hade gjort, inte minst just med Chatsworth. Innan hans eget giftermål var aktuellt hade han visserligen utfärdat ett stående råd för äktenskaplig lycka: »Gift dig aldrig med en Mitford.« Att han själv inte följde sitt råd ångrade han aldrig, för han hade uppenbarligen valt rätt syster. Om Deborah sade han: »Hon sköter Chatsworth fantastiskt. Jag är väldigt bra på att göra av med pengar och hon är väldigt bra på att dra in pengar.«

Hans beröm var inte bara en artighet och definitivt inte en överdrift. Deborah Devonshire står bakom nästan allt det som gjort Chatsworth till en sådan framgång, från försäljningen av egenodlad mat till den imponerande samlingen av modern konst. Trots historisk konkurrens från personligheter som Bess av Hardwick och Georgiana Spencer är det Deborah Devonshire britter med intresse för sådant numera tänker på när de hör ordet Chatsworth.

Med tanke på hur det hela började var det långt ifrån självklart att det skulle gå så bra.

Deborah gjorde sin debut i det sociala livet 1938. Det dröjde inte alltför länge innan hon stötte på Andrew Cavendish, typiskt nog på en hästkapplöpning, något som de båda älskade.

De gifte sig i London den 19 april 1941. Det var precis i slutet av den tyska blitzen. Bara några dagar tidigare hade alla fönster i Mitfords Londonhus på 26 Rutland Gate – inköpt av lord Redesdale i vetskap om att han hade sex döttrar som alla skulle kräva debutantbaler – blåsts ut av krevaderna. Mottagningen hölls där ändå. Deborahs mor fick tag på några rullar tjocka tapeter som hon hängde upp som gardiner i fönstren för att dölja skadorna. Deborah bar en jättelik tyllkreation av Victor Stiebel och liljor i håret.

Det var en ovanligt lyckad tillställning med tanke på kriget; bara från familjen Cavendishs sida var mer än 500 personer bjudna. Allt var ändå inte som huvudpersonerna skulle önska. Brudens systrar alstrade oro. Diana satt inspärrad tillsammans med Oswald Mosley. Jessica fanns i Amerika. Unity hade ett drygt år tidigare transporterats hem men led på grund av sin skottskada av inkontinens och personlighetsförändringar. Hon kunde närvara vid bröllopet, vilket föranledde argsinta attacker i tidningar och av parlamentsledamöter, som undrade varför Hitlers vän Unity inte i likhet med Diana spärrades in om hon var så frisk att hon kunde gå på fest. Uppståndelsen kring döttrarna hade påtagligt åldrat lord Redesdale, som kom till bröllopet i en tjock vinterrock, med bruden vid armen, hålögd och med insjunkna kinder.

Deborah var lycklig, även om hon insåg att livet som väntade med en i grunden arvlös andreson inte nödvändigtvis var enkelt. I ett brev till Diana, godkänt av fängelsets censor, skrev hon: »Jag antar att vi kommer att vara väldigt fattiga, men tänk hur trevligt det kommer att vara att ha så många kära hundar & saker som man vill utan att någon säger åt en att de inte får vara i soffan.«

I sådan anda började äktenskapet. Andrew Cavendish tjänstgjorde som major i Coldstream Guards, och Deborah flyttade runt hos släkt och vänner. I början av juni 1941 var hon gravid – eller »i gris« som Mitfordsystrarna kallade det. Hon meddelade Jessica att hon visserligen ständigt var illamående och att det hade varit outsägligt genant att låta sig undersökas av doktorn men att hon åtminstone skulle få extra ransoneringskuponger till kläder. Barnet föddes dött i slutet av året. I april 1943 födde hon en frisk flicka, Emma, och ett drygt år senare en son, Peregrine.

Ett av pojkens mellannamn, Morny, orsakade viss social sjögång. Den sjunde hertigen av Wellington upprördes, eftersom han uppfattade Morny som en kortversion av en av hans ringare titlar, earl av Mornington. »Hur skulle du gilla att jag döpte min sonson till Harty eller Burling«, skrev han upprört till Deborahs svärfar, dåvarande hertig av Devonshire, vars familj också har de ringare titlarna Hartington och Burlington. Nancy Mitford försvarade sin syster, inte utan viss udd mot denna själv: »Debo döpte honom efter sin favoritjockey. Hon har aldrig hört talas om hertigen av Wellington.« Att Jessica som ungefär samtidigt hade fött en son döpte denne till Nicholas Tito, efter Lenins far och den jugoslaviske marskalken, verkar ha förbigåtts med tystnad.

Två barn efter Peregrine dog direkt efter födseln, men i slutet av femtiotalet fick Deborah och Andrew ytterligare en dotter.

Beskedet i september 1944 att Andrews äldre bror dött i strid förändrade allt. Kathleen Kennedy befann sig i Amerika och lyckades, med hjälp av Winston Churchill, snabbt ta sig tillbaka till Chatsworth. Tragedin till trots fanns formaliteter att tänka på, bland dessa frågan om Kathleen var gravid. Bar hon en son skulle det bli nästa arvinge av hertigtiteln. Hon var inte gravid, och den artighetstitel, markis av Hartington, som tillfaller den blivande hertigen av Devonshire gick nu från den döde William till hans yngre bror Andrew.

Tanken verkar aldrig ha slagit Deborah och Andrew att något sådant skulle kunna inträffa, även om myten säger att Debo sjöng »Some day my Duke will come« som liten. Särskilt för Andrew blev sättet på vilket han fick sin titel en plåga. Han underströk hela livet att han egentligen inte var avsedd att bli hertig och att hans bror i alla avseenden hade varit överlägsen honom. Det uppfattades som klädsam blygsamhet men var antagligen djupare känt än så.

Hur betungande titeln och det som följde med den skulle bli hade det unga paret ändå ingen aning om. Andrews far, den tionde hertigen, var född 1895, och även om hans hjärta inte var det bästa fanns ingen egentlig anledning att anta att ett generationsskifte var nära förestående. Den tionde hertigen var dessutom framsynt och skrev över större delen av familjens egendomar på Andrew strax efter att denne tagit platsen som arvinge. På så sätt skulle de konfiskatoriska arvsskatterna kunna undvikas. Men i november 1950, med bara fjorton veckor kvar till den lagstadgade femårsperiod som krävdes efter överskrivningen för att arvsskatterna inte skulle slå till, dog den tionde hertigen av en hjärtattack då han högg ved i trädgården till Compton Place, släktens hus i Eastbourne.

Hertigen var bara 55 år gammal och hans död inte utan märkligheter. Den läkare som skrev under dödsattesten gjorde det utan att rådgöra med rättsläkare, tvärtemot vad lagen krävde. Läkaren ifråga var visserligen hertigens egen, John Bodkin Adams, men det faktum att över 160 av hans patienter dog mellan 1946 och 1956 och att 132 av dessa hade skrivit in honom som förmånstagare i sina testamenten kom tids nog att väcka misstankar om att han var en massmördare. Vid det laget var Adams sannolikt den rikaste allmänläkaren i England.

Ett åtal för mord i ett annat fall väcktes, men Adams frikändes. Han fälldes däremot för förfalskning. Det spekulerades också i om Adams hade särskilda motiv att mörda just hertigen, som påstods vara stormästare i den engelska frimurarlogen. Adams tillhörde Plymouthbröderna, vilka betraktade ledaren för frimurarna som satan själv. Utredningsmaterialet om John Bodkin Adams, som gjordes tillgängligt så sent som 2003, har fått flera historiker att dra slutsatsen att han verkligen var mångfaldig mördare. Vad gäller hertigens död har däremot inget kunnat fastställas. Under den omfattande utredningen ställdes inga frågor om just detta, enligt vissa därför att hertigens syster, lady Dorothy, var gift med den under utredningen sittande premiärministern, Harold Macmillan. Det var känt i en snävare cirkel att lady Dorothy vid denna tid hade ett förhållande med den vidlyftige konservative politikern Robert Boothby, och ingen ville riskera en rättsprocess där någon kunde frestas att dra upp denna skandal som ett led i försvaret.

Oavsett omständigheterna kring den tionde hertigens död hette nu den nye hertigen Andrew, och Deborah var hertiginna av Devonshire. Om omständigheterna hade varit tråkiga när Andrew 1944 tvingades ta sin brors plats, var de inte muntrare nu när han tvingades ta sin fars. Staten krävde in arvsskatter som motsvarade 80 procent av värdet på Devonshires hela egendom. Det rörde inte bara Chatsworth utan även flera andra stora gods och en av världens mest omfattande privata konstsamlingar. Läget verkade fullständigt hopplöst, och de flesta av parets rådgivare ryckte på axlarna, uppmanade dem att sälja allt, betala skatten och leva gott på de få procent som blev kvar.

Det nya hertigparet bestämde sig för att göra tvärtom.

I det brittiska Getsällskapets årsbok 1972 skriver Deborah Devonshire om hur hon befann sig på den isolerade ön Inch Kenneth utanför ön Mull, som i sin tur ligger utanför Skottlands nordvästkust, när beskedet kom att kriget brutit ut i september 1939. Hennes far hade nyligen köpt den lilla ön. En man, som var källan till flera av lord Redesdales märkliga investeringar, hade en dag kastat ut frågan på Marlborough Club om någon var intresserad av en liten ö i närheten av de Yttre Hebriderna. Lord Redesdale hade svarat ja.

Nu insåg Deborah, som trivdes i det vindpinade landskapet, att hon måste ta sig hem. Hon var ensam och kunde förstås inte lämna sin labrador och sin whippet men inte heller sin get Narny. Det lilla sällskapet på fyra vandrade i gryningen till båten, och Deborah rodde dem till Mull. Väl där fick hon igång bilen som stod parkerad i ett skjul, lockade in hundar och get i baksätet och körde tvärs över Mull för att hinna med postbåten. Efter tre timmar var de framme i Oban, och alla fyra verkade uppskatta det: »Efter några veckor på ön var det alltid spännande att se affärer igen, och geten och hundarna följde trofast med. En grönsakshandlare och en slaktare stod för deras middag.«

På kvällen klev de fyra på tåget till London. Hundarna delade en redan överfull kupé med Deborah, och Narny fick plats i den bakersta vagnen, tillsammans med tågpersonalen:

> Mitt i natten nådde vi Stirling, där vi måste byta och vänta en timme på tåget till London. Jag mjölkade geten i väntrummet för första klass, något jag inte borde ha gjort, eftersom jag bara hade en tredjeklassbiljett. Som tur var märkte ingen något.

Sällskapet anlände till London i god ordning, och Narny fick bo i Nancy Mitfords trädgård. Hon hade för tillfället ett hus på Bloomfield Road, inte långt från Paddington Station.

Historien – som till glädje för dem som inte har tillgång till det brittiska Getsällskapets årsböcker trycktes om i *Counting My Chickens* ... – är ett prov på Deborah Devonshires tillförsikt. Praktiska problem verkar aldrig ha oroat henne; det går alltid att finna en lösning även om den kan medföra en och annan märklig episod. Hon verkar sällan ha reflekterat över sin egen handlingskraft utan tagit den för given, kanske i förvissning om att alla fungerar på det sättet. Sådant som plågar de flesta moderna människor är henne främmande. »Självömkan och självkänsla, som nu är huvudsak i skolan, var inte tillåtet«, sammanfattar hon sin uppväxt.

För att rädda Chatsworth var hennes envisa optimism avgörande. Det blev en mycket långdragen process. I sjutton år förhandlade det nya hertigparet med staten. Mycket fick säljas, både andra egendomar och konst. Viss hjälp kom av att värderingen som låg till grund för skattekraven gjordes 1950 och speglade den omedelbara efterkrigstidens nedtryckta prisläge. Det som slutligen löste svårigheterna var att paret Devonshire gav upp Hardwick Hall, som dittills hade funnits kvar i familjen. National Trust fick ta över, och 1974 var äntligen skatteskulden reglerad.

Skulle det bara ha varit en fråga om att sälja inventarier och avstyckad mark hade Andrew Devonshire kanske klarat det utan sin hustru, men sådana åtgärder leder förr eller senare till nya problem om inte ytterligare intäkter kan hittas. Det var uppenbart vad gällde Chatsworth – eller »det här kyffet« som Deborah kallade det. Bara för att hålla huvudbyggnaden i någorlunda skick krävdes enorma summor. En flickskola hade använt huset under kriget, och mycket renoveringsarbete var akut. I de stora paradrummen hade det varit sovsalar, och flickornas fuktiga andedräkt hade gjort att mögel fått fäste i väggmålningarna.

Vid sidan av jord-, skogs- och bergsbruk fanns egentligen inga andra inkomstkällor. Ända sedan 1800-talet hade Chatsworth visserligen varit öppet för allmänheten under vissa tider, men att avkräva inträde hade till en början ansetts vulgärt. När besökarna väl hade ombetts att betala en symbolisk summa gick pengarna till välgörenhet. På samma sätt hade alla former av servering eller försäljning avfärdats som ett tecken på närmast genant närighet. Det enda som fanns för besökare var en vattenkran vid en av sidobyggnaderna.

Deborah ändrade målmedvetet på detta, trots att de flesta avrådde henne. En enklare servering blev efter hand mindre och mindre enkel, och vid den gamla vattenkranen sattes en ny skylt upp: »Vatten till hundarna.« Chatsworth Farm Shop öppnades 1977, också det i strid med ihärdiga råd. Butiken sålde mat som hade producerats på gården och blev snart en succé. En filial öppnades i London under några år men förmådde inte bära hyreskostnaderna i Bayswater och fick stängas. Det var ett av få av Deborahs initiativ som inte mötte framgång. Försäljningen av matvaror och presenter med anknytning till Chatsworth utökades med åren till att omfatta fler och fler trädgårdsprodukter samt möbler. Hotellverksamhet etablerades, och restaurangen på Devonshires Yorkshireägor, Bolton Abbey, fick en Michelinstjärna. Framgångarna var så påtagliga och skedde utan den nöjesfältsatmosfär som förstört andra historiska miljöer att Deborah Devonshire ombads hjälpa andra att åstadkomma något liknande. Bland dessa fanns Charles, prins av Wales, som ville utveckla sitt gods Highgrove. De båda blev goda vänner. Hon var en av tre rådgivare när Buckingham Palace för första gången öppnades för allmänheten i början av nittiotalet. Man behövde samla in pengar till det brandhärjade Windsor Castle.

Med hjälp av de nya intäkterna kunde Chatsworth systematiskt renoveras. En av Deborahs första åtgärder var att bygga 17 nya badrum, kanske i enlighet med ett råd den trettonde hertigen av Bedford ger i sin bok *How to Run a Stately Home*: Öppna gärna ert hus för allmänheten, men kom alltid ihåg att bygga toaletter först. »Vilka är det min syster ska tvätta i alla dessa badrum?« undrade Nancy syrligt. Kanske var hon egentligen förvånad över att hennes ständigt nioåriga syster kunde vara så driftig. Det måste alla ha varit som tagit Mitfordmyten för sann. Frågan är vem Deborah Mitford egentligen är.

Det är inte enkelt att ta reda på, inte minst därför att hon livet igenom på ytan spelat med i den roll hon en gång tilldelades. Det gäller till exempel idén att hon är fullständigt obeläst. När hon ombads skriva en artikel om tio böcker hon skulle ta med sig på en långresa på Transsibiriska järnvägen grep hon sig an uppgiften med nästan teatraliskt besvär: »Jag har läst mycket få böcker, och jag har tyckt att det har varit så tråkigt när de tagit slut att jag ofta har svurit på att inte börja på en ny.« Ändå: »Jag antar att man kan tappa intresset för att spana genom tågfönstret i hopp om att få se en björn eller en sobel när man väl rullat förbi den första miljonen björkar.« Så började hon med *The Oxford Book of Quotations*.

Till slut lyckades hon skrapa ihop sex böcker och gav upp. Den enda titel hon visade verklig entusiasm för var Beatrix Potters sagobok *Ginger and Pickles*, som handlar om en katt och en terrier som startar en lanthandel tillsammans: »I min egenskap av affärsinnehavare vördar jag den som den bästa bok om detaljhandel som någonsin skrivits.«

Det är en underhållande text, men den klingar falskt. Om Deborah Devonshire verkligen är så obekant med litteratur att hon knappt vet på vilken ledd en bok ska öppnas kan man undra hur det kommer sig att så många författare varit så goda vänner med henne. Förordet till *Counting my Chickens ...* är skrivet av dramatikern Tom Stoppard. Förordet till *Home to Roost* av en annan uppburen dramatiker och författare, Alan Bennett. Evelyn Waugh var tillräckligt förtjust i Deborah för att strax efter kriget köpa – visserligen på Nancy Mitfords konto – och transportera hem en hatt från Paris till henne. Det krävde verkligen en insats, för det var en ömtålig historia i vit filt med uppstoppade duvor och fjädrar på brättet. Waugh hade själv provat den i butiken och överlämnade den med orden: »Den kommer att fungera som en stärkare av självförtroendet när du ska inviga byfester.«

En annan skrivande nära vän var James Lees-Milne. Vid sidan av sina omtalade dagböcker skrev Milne bland annat och på Deborahs trägna uppmaning en biografi över den sjätte hertigen av Devonshire, *The Bachelor Duke*. James Lees-Milne kunde på sitt skoningslösa sätt ibland häpna över vad han uppfattade som Deborahs svalare sidor, som när hon sagt till honom att de två sorgligaste händelserna i hennes liv var när hennes far sålde Swinbrook och när hennes syster rymde med sin »första kommunistiske make«: »Märkligt, när man slås av att hon förlorat ett eller två barn efter födseln, förlorat Nancy, sin mor, Tom och andra.« När de vandrar på kyrkogården vid Chatsworth noterar han att Deborah säger: »Här är två gravstenar över mina barn. Det borde finnas en tredje. Jag undrar var den kan vara.« Men Milnes främsta känsla för Deborah är ändå oreserverad beundran, inte bara grundad i snobbism:

> Jag håller Debo för att vara den mest anmärkningsvärda kvinna jag känner. För att hon är hertiginna? Ja, i betydande utsträckning, eftersom den positionen har förlöst hennes häpnadsväckande Mitfordkvaliteter. Jag har känslan av att hon skulle rida ut vilken kris som helst, organisera, hålla huvudet kallt, visa sitt

medfödda mod och sin självsäkerhet. Som det nu är gör hennes charm, hennes obändighet (för hon behöver inte böja sig från sin olympiska höjd) och hennes värdighet att hon alltid är fängslande.

En person som i så hög grad som James Lees-Milne lever med litteraturen kan visserligen hitta fängslande drag i de mest illitterata personer. Det är hans dagböcker bevis för. Men det verkar svårt att tro att han på samma sätt i längden skulle uppfatta en nära vän som fängslande om denna vän aldrig hade läst en bok.

Ytterligare en i raden av Deborahs litterära vänner – kanske också hennes närmaste vän – var Patrick »Paddy« Leigh Fermor. Fermor vann berömmelse under andra världskriget då han på Kreta, förklädd till herde, lyckades kidnappa en tysk general, Heinrich Kreipe. Före kriget hade han gått till fots genom hela Europa ända till Konstantinopel, något som resulterade i reseberättelserna *A Time of Gifts* och *Between the Woods and the Water*. Han har kallats »Storbritanniens främsta levande reseskildrare«, och även om han blivit berömd för att skriva plågsamt långsamt, med många år mellan titlarna, finns inget tvivel om hans litterära förmåga. En av de sex böcker Deborah lyckades skrapa fram för resan på Transsibiriska järnvägen var just *Between the Woods and the Water*, och hon försatt inte chansen att bygga på den etablerade bilden av sig själv: »Jag har tyvärr inte läst den, men jag tittar på den varje dag, eftersom den har legat på mitt nattygsbord sedan den publicerades.«

Hur det är med den saken får vi antagligen inte veta, men att Deborah och Fermor hade en omfattande brevväxling vet vi. Den gavs till stora delar ut 2008 under titeln *In Tearing Haste*, och den ger ytterligare skäl att misstänka att det finns ett betydande mått av skådespeleri bakom Deborahs främlingskap inför böcker. Hon underblåser naturligtvis myten även i dessa brev: »Jag HATAR verkligen böcker. Det fantastiska med dina är att de aldrig blir klara, det är utmärkt.« Det är uppenbarligen inget större fel på hennes formuleringskonst. Här finns ett tydligt Mitforddrag: förmågan att behandla det allvarligaste med förströdd lätthet. Om irländare skriver hon i ett brev, just när IRA inlett en offensiv: »Jag tycker verkligen om dem, men jag önskar verkligen att de slutade upp med att skjuta folk i knäna. Det är så GRÄSLIGT lömskt.«

Alan Bennett, som under senare år lärt känna henne, skriver i sitt förord till *Home to Roost* att »myten om hennes dumhet är en myt som har följt henne hela livet och som hon fortfarande förväntar sig att vi ska tro på«. Hennes syster Diana skrev redan 1977, i sina memoarer *A Life of Contrasts*:

> Om man frågar Debo: »Har du läst den-och-den?« är svaret ett ilsket och otåligt: »Naturligtvis inte.« Själv lutar jag åt att, precis som folk som låtsas att de har läst sådant de inte läst, Debo låtsas att hon inte läst det hon har läst. Är det möjligt att vara så klipsk, så rolig, så originell och så välinformerad utan att någon gång då och då öppna en bok?«

En udda följd av Deborahs engagemang för Chatsworth och möjligen ett avgörande problem för den myt hon försöker upprätthålla är att hon själv blivit författare. Med åren har det blivit elva böcker, vid sidan av två brevsamlingar. Samtliga handlar i någon mån om Chatsworth, och en del av de mer guideartade böckerna har hon antagligen inte skrivit själv. Men några av dem kommer utan tvivel direkt från hennes penna, och även om hon kanske inte är en stor stilist har hon förmågan att skriva underhållande, oavsett om det handlar om tiaror, tågresor med getter, eller klädinköp på jordbruksmarknader.

När hon fått ett prydnadsträd helt gjort i mossa, »från amerikaner, naturligtvis«, berättar hon att hon blivit så nyfiken på hur det är konstruerat att hon genast sliter det i bitar. Mycket är små korta noteringar över märkliga tecken i tiden, som det flitiga bruket av prefixet »lyx-«: »Folks föreställning om vad det innebär varierar enormt. Jag är aldrig riktigt säker på vad en 'lyxvåning' är, även om jag skulle tro att en sådan bör ha rinnande vatten och ett element eller två.« Själv definierar hon lyx som »en koleld, ett tunnland och en halv ko«.

En annan märklighet är hur samtalsämnen förändrats genom åren: »Pengar och sjukdomar och sex pratades det inte om förr i tiden, nu för tiden är det det enda folk talar om – eller hur?« Den moderna vanan att bara använda efternamn för att beteckna kvinnor stör henne:

> Jag tror att det började för några år sedan med brottslingar. På något sätt är det som det ska med Hindley och andra mörderskor eftersom de knappt förtjänar ett förnamn i alla fall, men det är väldigt förvirrande när det gäller normala kvinnor. Jag bryr mig inte om Thatcher, Bottomley och Beckett. Eftersom de har valt den fnoskiga karriär som politiken innebär, något som förvandlar dem till slagpåsar från den dag de väljs, får de stå på egna ben.

Ibland tjuvlyssnar hon på besökarna på Chatsworth, som när en grupp stannar framför Lucian Freuds porträtt av henne, som målades då hon var 34. Det roar henne att nästan alla tycker att det är hiskligt fult. När hennes man skulle hämta det i Freuds ateljé fanns en annan kund där, som skrämt frågade: »Vem föreställer det?« »Det är min fru«, svarade Andrew Devonshire. »Tacka Gud för att det inte är min«, svarade mannen. Den här gången höjer en person i gruppen rösten och förklarar: »'Det är änkehertiginnan.' [Deborahs svärmor] Sedan, ännu dystrare: 'Det målades samma år som hon dog.'«

När Chatsworth lånat ut en del dyrgripar till en utställning i Washington D.C. om engelska herresäten tjuvlyssnade Deborah istället på sina godsägande landsmän som gjort detsamma. De påminde henne om gäster på en lysning som granskar presentbordet efter sitt bidrag: »'Var är vår läskpappershållare?' Att lyssna på de engelska rösterna var precis samma sak, med skillnaden att de sade 'Var är vår Rembrandt?'«

Finns ett sammanhållet tema i det hon skriver är det kärleken till England och främst dess småskaliga gammaldags landsbygd. Hon citerar med gillande en engelsk nanny som följt med sina skyddslingar till katedralen i Chartres och efteråt får frågan vad hon tyckte: »Tja, det var dåligt ljus om man ska sy.« Med samma uppskattning citerar hon en dagboksanteckning av den nionde hertigen en dag då han var kallad till London i viktiga ärenden. Under överskriften »London« står det: »Viktigt möte i Buxton. Missade tåget. Ganska glad.«

Men det finns också längre stycken som beskriver helt andra miljöer. De intressantaste är kanske de som handlar om Kennedyklanen. Eftersom Deborahs svägerska var Kathleen Kennedy höll familjerna kontakt. Deborah Devonshire kan beskriva både ceremonin då John F. Kennedy svors in som president och hans begravning, eftersom hon var närvarande på framträdande plats vid båda tillfällena.

Vid presidentens tillträde var det mest påtagliga för henne den arktiska kyla som hade drabbat Washington D.C., kännbar när alla hedersgäster förväntades stå i timmar och följa paraden. Ingen amerikansk journalist hade förstås en aning om vem hon var och blev förbryllade när den nye presidenten klättrade över sju stolsrader för att hälsa på henne. Hennes beskrivning är full av små, koncentrerade observationer, som den om senaten: »Anskrämligt ställe; alla har var sin bänk och stol, som i en skola.«

Enligt Deborahs syster Jessica åt hertiginnan middag med John F. Kennedy fem dagar i rad när hon var på sitt sista besök i Washington D.C. före attentatet mot honom. Hon ska också ha åkt med honom till Palm Beach, så kanske finns en oberättad historia här.

Vid presidentens begravning, nästan tre år senare, var stämningen förstås mer dämpad än vid installationen. Vi får i alla fall veta att oppositionsledaren Harold Wilson, som liksom Deborah flög i det plan prins Philip chartrat, hade »så smutsiga fingernaglar att jag förlorade middagsaptiten«. Några världsledare blir också bedömda:

> General de Gaulle stod bredvid mig. Han har det märkligaste utseende jag någonsin träffat på – mycket lång, ändå hopsjunken på något sätt, och en lång, ful näsa. Haile Selassie såg bra ut – liten och vacker. Resten såg ut som de gör på sina fotografier.

När den brittiska delegationen flög hem var vädret så dåligt att planet inte kunde landa i London utan gick ned i Manchester. Deborah tog med sig en liten grupp, inklusive premiärminister sir Alec Douglas-Home, till Chatsworth där de kunde övernatta: »Sir Alec sade att om han smög i säng och låg väldigt stilla så skulle vi inte behöva byta lakanen till imorgon då prinsessan Margaret skulle komma.«

Att kunna berätta på det sättet tyder inte direkt på bristande litterär förmåga. Och strax efter att den bok du nu håller i handen har publicerats kommer vad som kanske blir det slutliga grundskottet för myten om Deborah Devonshire: hennes memoarer *Wait For Me*.

Å andra sidan är det högst sannolikt att hon kommer att använda sina memoarer till att befästa den mytbild av sig själv, arvet efter Nancy, som hon okynnigt försvarat genom alla år. Det svåra är förstås att övertyga. För om Bess av Hardwick skapade Chatsworth vet alla vid det här laget att Deborah Devonshire räddat kyffet. Inte ens hennes gode vän Patrick Leigh Fermor är lojal med idén om Deborah som en evig nioåring. Till James Lees-Milne gav han en helt annan bild, som antagligen stämmer bättre överens med den hon med åren blivit i andras ögon:

> Debo skulle ha blivit en underbar drottning. Alla skulle ha avgudat henne, med den kombination av vänlighet och värdighet hon utstrålar. Ingen skulle ha tagit sig friheter med henne, för det gör ingen.

Den 31 mars 2010 fyllde Deborah, änkehertiginna av Devonshire, 90 år. På Chatsworth firade man genom att anordna en utställning med ting ur hennes liv. Det var en spretig samling saker som på många sätt påminde om Chatsworth under hennes styre. Deborah Devonshire noterade en gång en fransk besökare på Chatsworth, van vid enhetligt städade slottsmiljöer, som klev in i ett av rummen där modern konst blandades med gammal, 1700-tal med 1800-tal och värdefulla möbler med sådant som antikhandlare knappast skulle ta emot. Fransmannen sträckte frustrerat upp händerna mot himlen i en gallisk gest och utbrast: »Desordre britannique!«

Man behöver inte vara fransman för att reagera. Lampor i form av får och ett signerat porträtt av Elvis på ett förgyllt praktbord kan få den mest fördragsamme att ta ett steg tillbaka. Men Deborah Devonshire har alltid varit kompromisslös när det gäller att kompromissa med inredningen: *Desordre britannique* är ett levande engelskt lantgods själ.

På hyllningsutställningen till den 90-åriga Deborah Devonshire fanns den vackra mantel hon bar på drottning Elizabeth II:s kröning. Det var ett tillfälle då det höll på att inte gå enligt plan: Hertigparet hade låtit transportera ned den finaste hästdragna paradkupé Chatsworth hade, men kusken hittade inte i London, så hertigen fick hänga ut ur vagnen med sin mantel fladdrande i vinden och skrika: »Höger! Vänster! Höger!« Utställda var också några av Deborahs 50 år gamla klänningar från Paris modehus, lika eleganta nu som de var då. Men bland föremålen fanns också en bit av originalstaketet från Elvis Graceland, som Deborah köpte när rockstjärnan tvingades sätta upp ett högt stålstaket för att få vara ifred. Det, och en Elvistelefon som spelar »Jailhouse Rock« när det ringer. Hon brukade använda den själv i sitt arbetsrum i Chatsworth.

Änkehertiginnan uppges trivas i sitt nya, mer blygsamma hus, i Endsor. Vill hon ha tillbaka sin telefon krävs trots allt bara en kort promenad. Eller, som hon själv skriver, med en avslöjande litterär referens: »Jag kan åtminstone – som i romanen *Den schweiziske Robinson* – 'gå tillbaka till vraket' för att hämta en livsviktig hammare eller ett pärlhalsband som glömts kvar.«

Deborah Devonshire är den enda nu levande av Mitfordsystrarna.

Sommaren 2010 rensades vindarna på Chatsworth, och en auktion hölls som omfattade 20000 föremål. Bland det som såldes fanns två trasiga varmvattenflaskor, ett bord med rum för 60 sittande och en bokhylla byggd med lönndörr, vilken tidigare fanns i familjens Londonhem, Devonshire House. Prinsregenten, senare Georg IV, ska ha använt lönndörren för att ta sig till sin hemliga katolska hustru, Maria Fitzherbert.

Amerikanska *Vogues* legendariska chefredaktör Anna Wintour är ättling i rakt nedstigande led till den lady Elizabeth som levde tillsammans med det femte hertigparet och senare blev den femte hertigens andra fru.

Filmen *The Duchess* med Keira Knightley i huvudrollen skildrar hertiginnan Georgianas liv. Den är en av många filmer som använt Chatsworth som inspelningsplats.

En av få kända personer från kurorten Buxton är musikern Lloyd Cole.

Modellen Stella Tennant är dotterdotter till Deborah Devonshire.

Den blinde labourpolitikern David Blunkett tvingades 2004 avgå efter avslöjandet att han haft en kärleksaffär med den konservativa tidskriften *Spectators* utgivare Kimberley Quinn och dessutom var far till en av hennes söner. En del av denna kärleksaffär utspelade sig i ett hus paret hyrt på Chatsworths ägor.

En musikal om Mitfordsystrarna, *The Mitford Girls*, skrevs av Ned Sherrin och Caryl Brahms. Den hade premiär 1981 och var en framgång. Deborahs man, Andrew, som började tröttna på Mitfordindustrin, kallade musikalen *La Triviata*.

När sångaren Tom Jones skulle spela i närheten bjöd Deborah Devonshire in honom till Chatsworth på te. Skälet var att Jones var en av Elvis goda vänner, och hertiginnan ville höra allt om deras vänskap.

Under andra världskriget föreslog de kanadensiska myndigheterna att byn Swastika skulle byta namn till Winston, för att hedra Winston Churchill. Byborna vägrade.

Under det korta äktenskap Deborah Devonshires syster Diana hade med Bryan Guinness hann paret få två söner. Den äldste, Jonathan, är känd i Sverige som Trustorhärvans lord Moyne. Han finns med på ett familjeporträtt paret Guinness lät måla. Konstnären var en surrealistiskt anstruken, exilrysk ättling till sultanen av Turkiet och hette Pavel Tjelitjev. I Paris träffade han en engelsk poet som blev djupt förälskad i honom. Hon hette Edith Sitwell.

DAME EDITH SITWELL
(1887–1964)

EDITH SITWELLS första kärlek hette Peaky. Han var påfågeltupp och hade liksom många brittiska artfränder till huvuduppgift att spankulera omkring i en herrgårdspark. I detta fall hörde parken till Renishaw Hall, nära gruvstaden Eckington i Derbyshire.

Renishaw Hall stod klar samma år som Karl I besteg tronen, 1625, men nu, 1892, såg herresätet både pampigare och äldre ut än originalet; en balsal och falska, riddarromantiska bröstvärn lades till vid sekelskiftet mellan 1700- och 1800-talet, då den blivande Georg IV skulle komma på besök. Den renoveringen gladde prinsregenten till den grad att familjen Sitwell tilldelades en baronettitel. Sedan dess hade mycket litet förändrats i själva huset. Trädgården i italiensk renässansstil var däremot anlagd av sir George, nummer fyra i baronetordningen och Edith Sitwells far. Hans bok *On the Making of Gardens* skulle i början av 1900-talet etablera honom som en auktoritet på trädgårdskonst.

När den fyraåriga Edith fick frågan varför hon älskade Peaky svarade hon »därför att han är stolt, vacker och bär krona«. Kärleken var besvarad. Varje morgon klockan nio väntade påfågeln på en avsats utanför lady Idas sovrumsfönster och gav upp ett gällt skri då han fick se Edith komma in i rummet för att säga god morgon till sin mor. När morgonhälsningen var avklarad – det gick vanligen fort – gav sig Edith ut i parken, där hon lade armen om Peakys hals, vars fjädrar »lyste likt tårar i en mörk skog«, och paret vandrade mellan de formklippta häckarna, kärleksfullt sammanlänkade.

Romansen varade i några månader, tills sir George »med sin vanliga taktlöshet« skaffade Peaky en fru, i Ediths ögon en »ytterligt tråkig och obetydlig fågel«. Från det ögonblicket var Peaky helt upptagen med sitt nya familjeliv, som mestadels bestod i att lära sina söner att fälla ut stjärtfjädrarna på tjusigaste sätt.

»Det«, konstaterar Edith Sitwell i sina collageartade memoarer, »var min första erfarenhet av trolöshet.«

Lite drygt sjuttio år senare tittade Cecil Beaton och Truman Capote nyfiket ut genom ett fönster på övervåningen till Beatons hus. Drottningmodern skulle komma på lunch, men nu anlände en annan gäst, som skulle ha fått Peaky att framstå som färglös:

> En jättelik ambulans körde fram till huset, och två stora och starka karlar arbetade för att få ut poeten i dagsljuset. Ett par mycket långa, medeltida snabelskor syntes, sedan en omlindad kropp och till sist en enorm gyllene melon till hatt. Edith rullades på plats och gavs två starka martinis.

Det var ett par månader sedan dame Edith Sitwell fyllt 75 år. Det var åtta år sedan hon kunde börja kalla sig »dame«, med hälsningar från drottning Elizabeth II. Hon hade fyra hedersdoktorat, ett från Oxford, och snart skulle Royal Society of Literature utnämna henne till Companion, en ära som aldrig fler än tio samtidigt uppbär. Hennes teatraliska klädstil, iögonfallande turbaner och jättelika smycken hade gjort henne igenkänd långt utanför litterära kretsar. Men hon led också av Marfans syndrom, en sällsynt genetisk defekt som ökar påfrestningarna i leder, hjärta och lungor och ofta gör bärarna ovanligt långa och finlemmade. Hon drack alldeles för mycket, gärna gin. Hon hade alltid avskytt fysisk ansträngning, till och med vanliga promenader. Hon hade ramlat och slagit sig illa flera gånger och drabbades lätt av lunginflammation. Hon kunde inte längre förflytta sig annat än liggande i ambulans eller sittande i rullstol.

Det var ingen ursäkt för att uppträda ohyfsat. Dame Edith hade i förväg bett Cecil Beaton att förklara för drottningmodern att hon inte längre förmådde hovniga. Risken var å andra sidan stor att drottningmodern fick tygla sig för att inte hovniga för dame Edith. Många år tidigare, då de hälsat på varandra för första gången, var det drottningmodern – då ännu drottning – som hade erkänt att hon var en aning nervös.

Om det fanns någon nervositet denna dag lade den sig snart. »Drottningmodern har en sorts genial förmåga att få alla att känna sig särskilt tillfreds«, skrev dame Edith i ett översvallande tackkort till Beaton, som kunde dra en lättnadens suck. Det var trots allt inte självklart att dame Edith förklarade sig nöjd och belåten. Det var vanligare att hennes välformulerade brev uttryckte raka motsatsen. Hon hade i själva verket odlat konflikten som konstart i hela sitt liv, ofta i par med sin fem år yngre bror, Osbert. Redan sommaren 1928 var deras bannbullor så välkända att de i *Times* under rubriken *Personligt* kunde sätta in en annons som löd: »Miss Edith och mr Osbert Sitwell har det stora nöjet att utlysa en allmän amnesti. Detta gäller inte vaneförbrytare.«

Alla med någon insikt i kulturvärlden förstod att det handlade om »amnesti« för sådana individer som varit okloka nog att stöta sig med de litterära syskonen Sitwell. Kritiker av den beklagliga sort som inte hyllade Edith Sitwells poesi kunde inte förvänta sig någon förståelse:

> Jag har inget emot dem som skribenter, med undantag för tre saker:
>
> I De har inga idéer av någon betydelse.
> II De kan inte skilja ett ord från ett annat.
> III De kan inte skriva.

Sin litterära agent kunde hon när en ny bok publicerats meddela: »Du kommer väl ihåg att under alla omständigheter *inte* sända några exemplar till *Observer*, *Listener* eller *Spectator*? Alla dessa är i onåd.« Hon »fullständigt vägrade« att bli uppläxad om »sitt arbete av människor som inte vet något om det. Jag talar trots allt inte om för rörmokare hur de ska moka med rören.«

Ingen fann det heller märkligt att syster och bror undertecknade annonsen tillsammans. Tvärtom hade omvärlden vant sig vid att syskonen Sitwell – Edith, Osbert och ofta även Sacheverell, yngste bror född tio år efter Edith – agerade som grupp. Sammantaget skulle trion genom åren skapa över tvåhundra litterära verk av olika slag. De lyfte fram varandras arbeten och gjorde varje konflikt till en gemensam och publik angelägenhet. Osbert samlade till och med alla tidningsklipp om Sitwellklanens tre musketörer, inte i en klippbok utan i en skål på sitt salongsbord så att gäster kunde läsa. Sitwellsyskonen var så sammansvetsade att de tidigt hade fått ett kollektivt öknamn, »Shufflebottoms«, och inte ens de som undvek kulturvärlden gick säkra från trojkans angrepp.

Edith Sitwell led livet igenom av en oemotståndlig lust att bombardera tidningarna med små ilskna brev om högt och lågt, som vilken harmsen lantjunkare som helst. I ett typiskt brev till *Daily Mail* i slutet av tjugotalet gällde saken alla skällande hundar i Bayswater – Sitwell var själv stor kattvän:

> *Jag känner till att hunden är människans bästa vän (ack!). Men vill vi verkligen att andra människors vänner ska sjunga utanför våra fönster hela dagen, särskilt om de har outhärdliga och gnälliga röster?*

Inte långt därefter publicerade *Daily Mail* ett läsarbrev som anklagade Edith Sitwell för att ha »bitter läggning och ett otrevligt sätt«. Hon svarade att brevet hade fått henne »att inse värdet av preventivmedel för massorna«, vilket föranledde en indignerad läsarstorm. Till och med George Bernard Shaw tillfrågades om sin åsikt. Han svarade: »Om någon klappar till [tungviktsboxaren] Gene Tunney på gatan måste han tåla att han får en smäll i retur.«

Edith Sitwell uppskattade att liknas vid en tungviktare. Hon skickade ett tackkort.

Hon gjorde ingen skillnad på hög och låg. I oktober 1939 läxade hon upp Joseph Goebbles i *Times*, eftersom han hade citerat henne i oärliga syften: »Detta brev kommer förstås att framställas som inslag i en ny judisk konspiration, trots att jag är 100 procent arier, alternativt som ett försök att omringa dr Goebbles och den Älskade Ledaren.« Nästan tjugo år senare, hösten 1958 i *Daily Mirror*, var målet en man som petat ned en katt ur ett träd och låtit sina schäferhundar slita den i stycken: »Min ståndpunkt är att ett återinförande av stupstocken är det enda sättet att få ett slut på detta.«

Det var inte så märkligt att välmenande närstående då och då såg till att en del av Ediths vassaste brev »förlorades i postgången«.

Alla brev gick inte till tidningarna. En granne i London

som snarkade så ljudligt att Sitwell hade svårt att arbeta fick ta emot en mängd skriftliga klagomål. Till slut fick Sitwell svar, antagligen från en släkting till grannen, som med begriplig känslosamhet meddelade att poeten nu kunde »återuppta sitt löjliga kluddande« eftersom grannen dött. Edith svarade med ett brevkort:

(a) Dra åt helvete
(b) Sök in vid filmen
(c) Besök väckelsemöten

Men de mest envetna vendettorna förbehölls ändå litterära storheter. En del hade i någon mening sig själva att skylla: de hade drivit med, kritiserat eller helt enkelt varit försiktigt frågande inför Edith och hennes bröder. Andra motståndare valdes ut på kriterier som var aningen dunklare. Ett talande exempel är D. H. Lawrence.

Lawrences för tiden vågade roman *Lady Chatterleys älskare* publicerades i Italien 1928. I England skulle den inte bli tillåten förrän 1960. Lawrence, som var son till en gruvarbetare och en skollärarinna, hade växt upp bara några kilometer från det sitwellska familjesätet Renishaw Hall och kände naturligtvis väl till familjen Sitwell. Våren 1927 besökte Edith och Osbert Lawrence i Toscana, där han bodde med sin tyskfödda fru Frieda von Richthofen, avlägsen släkting till flygarässet Röde baronen. Paret Lawrence hade tidigare besökt Sitwellsyskonens föräldrar, sir George och lady Ida. Det mötet hade inte varit en enastående succé.

»En lustig liten sprätthök«, beskrev lady Ida D. H. Lawrence. Hon påstod att Frieda Lawrence, »en stor tyska«, hade lutat sig mot varje exemplar i sir Georges samling av förgyllda sängar och »med tung andhämtning« kastat förslagna blickar på hennes man. Enligt sir George hade Frieda Lawrence också hoppat i alla sängar när lunchen var avklarad, för att kontrollera att madrasserna var mjuka.

Paret Lawrences omdöme om de äldre Sitwells var mindre målande men inte nödvändigtvis mer positivt: »Besynnerligt par.«

Mötet mellan den yngre generationen Sitwell och paret Lawrence verkade på ytan gå bättre. Lawrence fann syskonen »trevliga« även om han noterade: »Uppslukade av sig själva och sina föräldrar. Jag har aldrig i hela mitt liv sett ett så starkt, märkligt familjekomplex: som om de var strandsatta på en öde ö och det inte fanns någon i hela världen, utom de själva.« Lawrence, som höll på att lägga sista handen vid sin roman, greps särskilt av Osbert och arbetade in en del drag av honom i sir Clifford Chatterley, lady Chatterleys klassmedvetne och förlamade baronetmake.

Ett vanligt påstående är att bokens huvudsakliga tema baserades på en romans mellan mecenaten lady Otteline Morrell och »Tiger«, en ung stenhuggare. Men när boken publicerades rådde det för syskonen Sitwell inget tvivel om att hela historien var ett angrepp på Renishaw Hall, deras familj och Osbert i synnerhet. De slog tillbaka. I en roman några år senare låter Osbert en ömklig intellektuell som stoltserar med sin arbetarbakgrund, T. L. Enfalon, ta betydande plats. Det är en tunt maskerad Lawrence. Den långsinthet med vilken Sitwellsyskonen förde sina strider visas av att Osberts roman publicerades 1933, då Lawrence redan hade varit död i tre år.

Det innebar inte att saken var utagerad. Edith gav sig, okaraktäristiskt nog, inte in i striden med Lawrence vid det tillfället. Men hon glömde inte, och långt senare kastade hon sig in i slagsmålet med den vid det laget inte bara döde utan förmultnade författaren. I Ediths memoarer, publicerade 1964, är Lawrence en av flera som hon passar på att ge en sista avhyvling. Han tillägnas ett helt kapitel.

»Mr Lawrence«, skriver hon apropå deras besök hos författaren mer än trettiofem år tidigare, »såg ut som en gipstomte på en giftsvamp av sten i en förortsträdgård. Samtidigt såg han i någon mån ut som ett dåligt självporträtt av van Gogh.« Enligt Edith var det inte hon och hennes bror som hade talat om sina föräldrar, det var Lawrence som ständigt återkom till lady Ida och sir George. Och Lawrence hade totalt missförstått de äldre Sitwells:

> De var, förklarade han, vansinnigt förälskade i varandra, när det i själva verket förhöll sig så att de enda gånger de slutade att gräla och lägga hinder i vägen för varandra var när de slöt sig samman för att trakassera sin avkomma.

Det finns en möjlig ursäkt för den postuma attacken: Rättsprocessen som gjorde *Lady Chatterleys älskare* tillåten i Storbritannien hade utspelats några år tidigare. Men för Edith innebar det bara ny ammunition. Lawrences roman, skriver Sitwell, är »en snuskig och värdelös bok utan litterär betydelse«. Den stilige skogsvaktaren gör henne inte knäsvag, annat än möjligen av ilska:

> Ingen verkar ha pryglat mr Mellors, något han förtjänade, och hans snuskiga, grymma och stinkande tal har uppenbarligen accepterats av den mer idiotiska delen av den brittiska allmänheten som ett vackert exempel på den arbetande mannens rättframma och präktiga uttryckssätt.

Lady Chatterley får heller inga guldstjärnor:

Min respekt för luktsinnet och för mina läsare förhindrar mig att citera mr Lawrences entusiastiska beskrivningar av mr Mellors sexuella utrustning. Men vid ett tillfälle inträffar en besvikelse. Mr Mellors utrustning lever inte upp till förväntningarna. Det jämnar ut sig. Den otäcka lilla nymfoman som han har kommit i slang med får tillfälle att knyta en krans av förgätmigej kring deras skatt!

Hon citerar med gillande den aparta recensionen av *Lady Chatterleys älskare* i tidskriften *Field and Stream*. Där slås det fast att boken är »en målande beskrivning av en engelsk skogsvaktares dagliga liv« med inslag av fasanjakt, utdikningar och annat som är av »betydande intresse för läsare med smak för friluftsliv« men att den »inte kan ersätta J. R. Millers *Practical Gamekeeping*«.

Under en föreläsning i Liverpool spädde hon på sina nedgörande omdömen med att kalla Lawrence »ledaren för den litterära Jaegerskolan«. Precis som Jaegerfabrikens varma underkläder var hans prosa »het, mjuk och ullig«. Det gav publicitet, och Jaegerfabriken protesterade. Deras underkläder var visserligen mjuka och ulliga men tack vare en enastående klyftig konstruktion aldrig heta. Edith bad om ursäkt. Till Jaegerfabriken. Vad gäller Lawrence passade hon istället på att utdela ytterligare en känga: Jaegers produkter skilde sig från Lawrences även i det avseendet att de inte krympte med tiden, påpekade hon.

Det var dennna oförsonliga Edith Sitwell som kunde göra en drottning nervös. Ibland var utfallen så vassa att folk behövde påminnas om varför hennes åsikter alls spelade roll.

Några år före Cecil Beatons lunchbjudning, i mitten av femtiotalet, hade en ny generation författare med namn som Kingsley Amis och Elizabeth Jennings samlat sig i den kärvt direkta, utstuderat engelska och på ytan antiintellektuella skola som kallades *the Movement*. En av skolans representanter hade skrivit en nedlåtande recension av Edith Sitwells senaste diktsamling, *Gardeners and Astronomers*, i tidskriften *Spectator*. Trogen sin vana att aldrig låta en dålig recension dö i tysthet skrev hon ett osande svarsbrev. Privat kallade hon de unga författarna »bungalow boys«, med klassmedveten referens till efterkrigstidens fula svenssonvillor. En debatt bröt ut. Men så kastade en av Edith Sitwells anhängare fram en utmaning riktad till »vilken läsare, kritiker, uppstoppad fågel eller siande röst som helst, att namnge en kvinnlig engelskspråkig poet, död eller levande, som med rätta kan placeras bredvid Edith Sitwell«.

Ingen svarade.

Den åldrade dame Ediths giftighet var erkänd och fruktad, men erkänd var även hennes litterära storhet. Vägen dit hade varit fylld av motsägelser.

Edith Sitwells stora genombrott som poet var ett fiasko. Det utspelade sig på eftermiddagen den 12 juni 1923 i Aeolian Hall på New Bond Street i London. En mondän publik hade samlats. Bloomsburygruppens Virginia Woolf var där, liksom den unge esteten Harold Acton, radikalen Nancy Cunard, målaren Augustus John och Oscar Wildes trofasta vän, författarinnan Ada Leverson. På scenen hängde en kuliss av Frank Dobson, en modernistisk målare som inom några år skulle slå igenom som skulptör.

Kulissen i skirt tyg föreställde två masker. I mitten en stor, till hälften vit, till hälften rosa, till höger en mindre mask i form av en morian. Men motiven var det minst märkliga. Det verkligt udda var att kulissen inte var avsedd som bakgrund utan som förgrund. Båda maskerna hade öppna munnar, och ur dem stack var sin megafon eller sengerfon som megafoner av papier-maché kallas. Instrumentet hade fått sitt namn efter operasångaren herr Senger, som – förmodligen utan grund – påstod att han uppfunnit tratten för att höras ordentligt då han sjöng Fafners roll i Bayreuth. Poängen med sengerfonen var att den inte gav rösten den metalliska biklang som en vanlig megafon, och behändigt nog bodde herr Senger i Hampstead, så han kunde själv låna ut trattarna till föreställningen.

Bakom kulissen fanns en sextett musiker: flöjt, klarinett, saxofon, trumpet, cello och slagverk. Instrumenten var valda främst därför att de var billiga att hyra in. Där fanns också de två recitatörerna, Edith och Osbert Sitwell, för det som skulle framföras var Ediths tonsatta diktsvit *Façade*.

Osberts uppgift var enkel. Han skulle presentera de olika dikternas titlar. Edith, däremot, skulle läsa sina texter i takt med musiken, med tillräcklig styrka och artikulation för att orden inte skulle gå förlorade. Sengerfonerna var, enligt Osbert som kommit på just den idén, helt enkelt en praktisk nödvändighet för att texterna inte skulle dränkas. Musiken var särskilt skriven av den unge kompositören William Walton, som delade hus med Osbert och Sacheverell.

Att gömma Edith bakom en kuliss hade också en praktisk eller åtminstone begriplig orsak: Det syftade till att »förhindra att recitatörens personlighet invaderar dikterna«.

Risken för att så skulle ske var påtaglig. Edith hade sedan flera år väckt uppmärksamhet med sin uppenbarelse. Ingen kunde påstå att hon var vacker i konventionell mening. Hon var lång, tunn och gänglig med vassa, bleka anletsdrag, en spetsig, sned näsa och djupt sittande ögon med tunga ögonlock. Hennes kärlek till udda huvudbonader, ofta turbanliknande praktverk, var redan framskriden, men när hennes hår syntes var det i form av en rak och ganska tunn, stripig page. En modern nordbo som ser bilder av henne utan hatt kan knappast undgå att associera till Tove Janssons Filifjonka. Den associationen blir än starkare av att hon alltid bar vida, fotsida kreationer av egen formgivning. Men plaggen var långt ifrån Filifjonkans enkla klänning. De tycktes komma ur en förgången tid eller möjligen från en sagoplats helt och hållet bortom tiden.

»Jag köper ofta tungt möbeltyg till mina klänningar. Min favorit var ett jordfärgat brokadtyg, helt broderat med guldlejon och silverenhörningar«, berättade hon en gång. »En aftonklänning?« frågade någon. »Nej«, svarade Edith lätt chockerad, »en vardagsklänning.«

Resultatet var att Edith Sitwells filifjonkakvaliteter kapitulerade för något som bara kan beskrivas som ett naturligt majestät. Hon bar svärmar av överdimensionerade smycken, särskilt ringar i mängder som prydde hennes smäckra fingrar som knogjärn i halvädelsten. Akvamariner, stora som mindre flyttblock, hörde till favoriterna. I avsaknad av klassisk skönhet fanns istället något annat där, något starkare och än mer ursprungligt. Harold Acton hade träffat henne för första gången ett halvår före uppsättningen i Aeolian Hall. Mötet skedde i Ediths trånga och sjaskiga lägenhet på Moscow Road i London, där det som vanligt serverades starkt te och stenhårda bullar:

> Den djupa glädjelösheten i dessa omgivningar en decembermorgon förlamade mig tills Edith, mycket lång, smal, graciös, gled in iklädd smaragdgrön brokad. En sällsynt juvel, en helig uppenbarelse i Limogesemalj, tänkte jag, nedtvingad i en kakburk av bleck, men ovanligare, ännu heligare i den inramningen. Det bleka ovala ansiktet med sina mandelögon och sin långa, tunna näsa hade ofta skurits i elfenben av sant troende. Hela hennes

väsen utmärkte sig på ett sätt som sällan kunde ses utanför glasmontrarna på vissa muséer. Fysiskt var hon en osannolik kvarleva från hövisk riddartid.

Hennes uppenbarelse var så egen och stark att den fick annars förhärdade personer att darra. Evelyn Waugh, som också lärde känna Edith Sitwell vid denna tid, skrev 25 år senare i ett brev till P. G. Wodehouse om det »ohyggliga ögonblick« när »Edith Sitwell lutade sig mot mig som en välvillig örn och sade: 'Mr Waugh, ni kan kalla mig Edith'«. »Jag vågade inte tilltala henne på fem år«, konstaterade Waugh. Edith är »ett högaltare i rörelse« fyllde författarinnan Elizabeth Bowen i.

Recitationen av *Façade* var inte Edith Sitwells första framträdande. Några veckor tidigare hade hon, den gången lik en romersk kejsare iförd purpurfärgad fotsid klädnad och lagerkrans, klivit upp på en annan scen. Hon kontrasterade dramatiskt mot den prydlige lille mannen som delade scenen med henne. Poeten Alfred Noyes bar tredelad kostym av amerikanskt snitt, hornbågade glasögon och en bister uppsyn. Nykomlingen Sitwell hade kallat den respekterade Noyes poesi »billigt linoleum«, och en debatt hade anordnats på London School of Economics på temat »Det komparativa värdet av gammal och ny poesi«.

Debatten var inte bara en envig mellan två poeter utan en strid via ombud mellan två kulturella arméer. Alfred Noyes representerade den kortlivade men för tillfället populära georgianska skolan. Det var en löslig samling poeter som formellt hade det gemensamt att de publicerats i någon av de antologier med samlingsnamnet *Georgian Poetry* som gavs ut av Edward Marsh, senare Winston Churchills privatsekreterare.

Georgianerna kom att betraktas som representanter för ett konservativt poesiideal, med förkärlek för typiskt engelska motiv i idylliskt lantliga, tillbakablickande pasteller. Karaktäristiken var inte alldeles grundlös men inte heller alldeles rättvis. Bland georgianerna fanns vitt skilda uppfattningar om vad god poesi var, och Marsh själv såg sin krets av poeter som modern, om än inte modernistisk. Men det var just i förhållande till den växande, uttalat modernistiska poesin som georgianerna kunde stämplas som enkla traditionsväktare.

De modernistiska poeterna hade sedan 1916 en egen serie årliga antologier, *Wheels*. Det tidstypiskt rastlösa namnet kom från en dikt av Nancy Cunard, som var en av initiativtagarna, men bakom antologierna stod framför andra de tre Sitwellsyskonen – och bland dem stod redaktören, Edith, främst. Men hon var egentligen inte ett språkrör för någon litterär grupp eller skola. Representerade hon något, utom sig själv, var det den tätmaskiga sitwellska trojkan: Redan den första utgåvan av *Wheels* innehöll hela tio av Osberts dikter. Hon hade många bekanta inom Bloomsburygruppen – det var Sitwellsyskonen som samförde John Maynard Keynes med hans blivande fru, dansösen Lydia Lopokova – men fann den konstlad och var själv inte del av den. För att platsa i Bloomsbury, sade hon, krävdes »möbler gjorda av plåt och strutsplymer på golvet«. Hennes poesi var hantverksmässigt skicklig, men egen. God poesi handlade för Edith Sitwell mycket om »struktur«, i samma mening som begreppet används för att beskriva till exempel ett tyg. Ordens rytm, flöde och ljud var lika viktiga eller viktigare än deras enkla betydelse.

Debatten med Noyes fick en bitter ton. En uppmärksam lyssnare kunde notera att Noyes argument för traditionalism tog fasta på att traditioner av god kvalitet alltid är moderna, medan Edith Sitwells försvar för modernism i första hand byggde på att nyskapandet var en etablerad tradition. Det var ett märkligt uttryck för ombytta roller.

Bakom kulissen i Aeolian Hall bar Edith Sitwell samma smaragdgröna brokadklänning som Harold Acton tidigare beundrat. Hennes garderob var slående men av ekonomiska skäl inte överdrivet stor och till övervägande del uppsydd hos en billig sömmerska i Eckington. Den lilla orkestern spelade en kort introducerande fanfar, och efter några sekunders tystnad ropade Osbert: »Hornpipe!« Slagverkaren slog en virvel, blåsarna inledde en pastisch på Henry Woods »Sea songs«, ofta ett nummer i de traditionella promenadkonserterna, och Edith, som satt på en stol, lutade sig fram mot sin sengerfon.

Hon läste i rasande fart på sin högreståndsengelska, för tanken vara att texten till »Hornpipe« skulle fånga rytmen av och flödet i en sjömansjigg:

Sailors come
To the drum
Out of Babylon;
Hobby-horses
Foam, the dumb
Sky rhinoceros-glum
Watched the courses of the breakers' rocking-horses and with
Glaucis,
Lady Venus on the settee of the horsehair sea!
Where Lord Tennyson in laurels wrote a gloria free,
In a borealic iceberg came Victoria; she
Knew Prince Albert's tall memorial took the colours of the
floreal ...

På liknande sätt försökte Edith få flera av de dikter som följde, till exempel »Waltz«, »Fox trot« och »Mazurka«, att låta som ordavbildningar av dessa danser. Andra delar av diktverket gick bitvis somnanbult långsamt, med segt utdragna vokaler, till exempel i »Lullaby for Jumbo«:

Jumbo asleep!
Grey leaves thick-furred
As his ears, keep
Conversations blurred.
Thicker than hide
Is the trumpeting water …

Det blev inte en publikframgång. Det var alla ense om. Oenigheten gällde på vilket sätt recitationen misshagade lyssnarna. Edith och Osbert målade livfullt upp något som påminde om folkhopen utanför Frankensteins slott när byborna tröttnat på monstret.

»Aldrig, vad jag vet«, skriver Edith, »har en större och mer imponerande skur av tegelstenar regnat över ett nytt verk [...] en del av publiken hade en så hotfull utstrålning att jag blev uppmanad att stå kvar på scenen, dold av kulissen, tills de tröttnade på att vänta på mig och gick hem.« I vissa versioner – de blev bättre med åren – ska en »sexgalning« ha försökt ta sig fram till Edith och avspisats med fysiskt våld, bara för att ersättas av den legendariska gamla damen som vill slåss med sitt paraply.

Osbert skriver: »I flera veckor därefter tvingades vi gå runt i London med känslan av att ha begått ett mord. När vi kom in i ett rum lägrade sig plötsligt en genant tystnad. Till och med vänner undvek ögonkontakt.«

Men framgångsrika mördare möts vanligen av rädsla och ilska. Genans känner vi när vi tvingas bevittna andras misslyckanden, och genansen beledsagas ofta av skadeglädje och hån. Att döma av pressklippen var det den vägen tidningarna valde. »De betalade för att få höra strunt«, löd en typisk rubrik. *Façade* uppfattades mindre som provocerande och mer som illa genomfört, pretentiöst effektsökeri. »Mycket deprimerande men höjer megafonens status«, var slutsatsen i en tidning, och flera försökte sig på parodier. Mest framgångsrik var Noël Coward, vars revy *London Calling!* innehöll en elak satir av *Façades* högtravande konstnärlighet.

Den hotfulla stämning som Edith och Osbert beskriver uppfattade få i publiken. Musikern Angus Morrison var där och hörde inga burop eller busvisslingar. Han noterade inte heller någon entusiasm, rummet var kväljande kvavt och stämningen avslagen. Virginia Woolf skrev i sin dagbok:

> Lady Colefax var där i sin hatt med de gröna banden. [...] Jag borde beskriva Edith Sitwells dikter men [...] den enda åsikt jag formade som är möjlig att lägga fram är något i stil med att hon var monoton. Hon hade endast en melodi till sin karusell. Och hon får sin diktning att hålla takten med sjömansjiggen.

Kompositören själv, William Walton, menade att föreställningen »var ett haveri. Det var illa framfört, och musiken fungerade inte.«

En av få uppskattande röster tillhörde den Edithbeundrande Harold Acton, som ansåg att det hela var »härligt gjort« och beskrev Edith som en »flamländsk madonna« när hon väl klivit fram ur kulisserna och dök upp på efterfesten hemma hos Osbert, där Lytton Strachey och andra kulturella storheter lekte charader och försökte vara kvicka.

I en avgörande mening blev ändå fiaskot en succé: Syskonen Sitwell och särskilt Edith var inte längre bara namn, de var ökända. Edith var efter *Façade* poeten som alla talade om, även utanför litterära kretsar. Hon platsade i skvallerspalter och blev föremål för skämtteckningar. Inom ett par år skulle Cecil Beaton, själv ivrig att göra sig ett namn, fascineras av Ediths märkliga utseende och flitigt använda henne som modell för sina fotografier. Konstnärer stod redan på kö för att måla hennes porträtt. Den publika framgången i denna mening var så påtaglig att litteraturvetaren F. R. Leavis senare skulle hävda att syskonen Sitwell snarare hörde till »publicitetens än poesins historia«. Men poängen var att Edith inte såg någon motsättning mellan det ena och det andra. Det fanns förebilder.

Namnet på diktsviten påstod Edith att hon fått från sin städerska, som skulle ha kommenterat det konstnärliga springet i Ediths lägenhet med den ovanligt eleganta frasen: »Allt det här hålligånget är bara en enda *façade.*« Men det är svårt att inte se både semantiska och andra paralleller till ett annat verk: Sex år tidigare hade Jean Cocteaus balett *Parade* haft premiär i Paris, med musik av Satie, scenografi av Picasso och koreografi av Léonide Massine för Djagilevs *Ballets Russes.* Det hade blivit en verklig skandal, som resulterat i direkta upplopp på teatern och i att såväl Cocteau som Satie arresterades.

Skandalen hade inte varit till nackdel för Cocteaus konstnärliga rykte. Edith Sitwell var inte dummare än att lära av andras exempel.

Det fanns ingen anledning att tro att Edith Sitwell skulle bli poet. Det mest naturliga hade varit att hon gifte sig med någon vars släkt i alla sina delar kunde slås upp i *Burke's Landed Gentry.* Därefter skulle hon rimligen ha använt resten av sitt liv åt att sköta det medelstora företag ett bättre lanthushåll var. För att hitta något verkligt litterärt i hennes familjebakgrund krävs god vilja, lågt ställda krav och en betydande arbetsinsats.

Som ung tycktes Edith inte vara särskilt svag för lyrik. Mellan sitt elfte och sitt trettonde år sattes hon upprepade lördagar i husarrest eftersom hon vägrade att lära sig en viss dikt utantill. Dikten ifråga var Felicia Dorothea Hemans »Casabianca«, en Sven Dufvaliknande hyllning av en trettonårig fransk skeppspojke som förgås i elden på ett fartygsdäck under ett sjöslag på Nilen:

The boy stood on the burning deck
Whence all but he had fled;
The flame that lit the battle's wreck
Shone round him o'er the dead.

With mast, and helm, and pennon fair,
That well had borne their part
But the noblest thing which perished there
Was that young faithful heart.

Skälet till Ediths vägran var dock inte en motvilja mot poesi i allmänhet utan mot just denna dikts uppenbara brister. »Pojken ifråga representerade, i mina barnsliga ögon, höjden av idioti«, skrev hon senare, »eftersom alla andra hade lämnat det brinnande skeppet och han rimligen inte kunde göra någon som helst nytta genom att stanna kvar, så varför i helsicke tog han sig inte därifrån!«

Ungefär samtidigt hade Edith funnit ett bortglömt exemplar av Alexander Popes episka *Rape of the Lock* och visat att det varken var fel på hennes minne eller hennes känsla för poesi, förutsatt att den höll måttet: Hon kunde snart alla de 794 versraderna utantill. Strax läste hon också Swinburne och Yeats och blev djupt tagen. När hon blev äldre och fick tillfälle lämnade hon en bukett rosor på trappan till Yeats hus i London.

Hon påstod också att hon en gång rymt från sin farmor till Isle of Wight i sällskap med en »ytterst otrevlig kammarjungfru«, en bukett rosor och en tillbringare mjölk att hälla på Swinburnes grav. Oavsett om den är sann – Edith måste åtminstone ha varit 22 med tanke på Swinburnes dödsdag – understryker historien den passion för poesi som under de senare tonåren grep henne.

Historien understryker också hennes djupt romantiska syn på poeter. En sann konstnär ska vara större än livet och mer än sig själv. Ljum medelmåttighet har inget i poesin att göra. Poesin är en plats för hjältar som bör dyrkas. Det var en övertygelse Edith Sitwell bar med sig hela livet. Självklart gällde dessa villkor också henne själv då hon etablerat sig som poet. Men i just hennes fall föregicks poesin av övertygelsen om att hon var något alldeles särskilt. När Edith i småskoleåldern skulle visas upp för en av sin mors bekanta – en »somrig uppenbarelse« som »kastade en skugga likt en lång fågel« – fick hon frågan vad hon skulle bli när hon blev stor. »Ett geni«, svarade Edith och förpassades i säng.

Vi kan ana det omedelbara ursprunget till Edith Sitwells medfödda storslagenhet. Som mycket ung gjorde hennes far, sir George, en tågresa med sin sköterska. En vänlig herre som delade kupé med barnet frågade vem en sådan liten pojke kunde tänkas vara. »Jag är sir George Sitwell, baronet«, svarade George: »Jag är fyra år gammal och den yngste baroneten i England.«

Konversationen tog sig aldrig riktigt efter det.

Likheten mellan den unga Edith och hennes far när han var i motsvarande ålder är talande. Det var något märkligt med familjen Sitwell, och D. H. Lawrence hade snuddat vid detta märkliga när han nämnde »familjekomplex«. När Edith ännu var tonåring noterade besökare på Renishaw Hall att det var svårt att ens bli insläppt i den sitwellska världen. Familjen Sitwell verkade skeptisk, kritisk eller till och med hånfull mot allt utanför den egna cirkeln. Något senare konstaterade utomstående att det var näst intill omöjligt att följa med i de samtal Edith, Osbert och Sacheverell förde kring salongsbordet i Renishaw. Allt verkade vara hemligt, baserat på privata skämt eller direkta familjekomplotter.

Det förvirrande sociala spelet kompletterades av en närmast absurd fysisk miljö. I dag är Renishaw Hall verkligen en pampig idyll, men i början av 1900-talet pågick kolbrytning dygnet runt kring och till och med under själva godset: I Renishaw Halls källare kunde man höra slamret av gruvtågen i orterna längre ned. Koldamm täckte parken, och på natten flammade smältverkens ugnar alldeles utanför häckarna.

»Ständigt oljud, på grund av tågväxling som pågår kring huset. Sjön svart av koldamm. En fint formgiven terrassträdgård med utsikt över böljande kullar, vatten, gruvgångar, slagghögar och fabriksskorstenar ...«, skrev Evelyn Waugh syrligt i sin dagbok efter ett besök 1930.

Siegfried Sassoon hade tio år tidigare beskrivit något som skulle ha kunnat illustreras av Hieronymus Bosch när denne hade en särskilt satanisk dag:

> Fördärvade himlar och förbannade träd och förorenade avgaser. En atmosfär av nervös utmattning. [...] När är det mat nästa gång? Titta på det här! Titta på det där! Förfaderstillbedjan i oljemålningar. [...] Kraftig mat; huset en borg; murkna och buttra högvördigheter kamouflerar industrins intrång. En oas av trädgårdsarkitektur och terrasserad formalitet, omringad av järn och underminerad av kolgruvor.

Och i denna miljö: »plågade och undvikande tjänare; lömska trädgårdsmästare. Utan tvivel ondskefulla inslag. Vansinnigt beteende sent om natten.« Den konstgjorda sjön, skriver Sassoon, är visserligen stor men »för grund för ett effektivt självmord«.

Besökare tvingades inte bara klara av de nu levande Sitwells utan sammanfördes, vare sig de ville eller ej, med sedan länge döda familjemedlemmar. Ett par av dessa påstods spöka och kunde följaktligen presentera sig själva, men de flesta introducerades av den levande generationen. Det skedde med en självklarhet som avslöjade något av en släktfetischism. Särskilt Osbert utvecklade med tiden släkten Sitwells historia till närmast homeriska höjder. I stora drag innehöll den detta:

Cytewels, eller Cytewelles, historia i Derbyshire sträcker sig åtminstone tillbaka till 1301, då den nämns i juridiska dokument som rör en tvist om en bit mark. Den första större familjeförmögenheten skapades drygt 300 år senare, när familjen byggde betydande järnverk i Eckington och inom kort fann sig vara världens största spikproducent. Familjens dåvarande överhuvud, Ediths fars namne George Sitwell, använde en del av den nyvunna rikedomen till att bygga Renishaw Hall några kilometer från släktens tidigare hus. Möjligen följde den äldre George Sitwell därmed ett av den yngste George Sitwells typiskt storslagna råd om trädgårdsskötsel i *On the Making of Gardens*: »Den stora hemligheten för att nå framgång i trädgårdsarkitektur är att överge kampen att göra naturen vacker kring huset och istället flytta huset till en plats där naturen är vacker.«

Den äldre George var omutlig rojalist i inbördeskriget som snart följde, och när Edith växte upp förklarades varje litet märke på Renishaw Halls fasad som spår efter Cromwells kanonkulor.

Samma år, 1776, som Georg III förlorade de amerikanska kolonierna – något som vid sidan av porfyri antagligen bidrog till att han också förlorade vettet – dog en barnlös William Sitwell, sist på Sitwells svärdssida. Renishaw Hall ärvdes av Williams systerson, Francis Hurt.

Märkligt nog verkar Francis ha namngivits efter sin fars första fru, Frances, som inte alls var en Sitwell. Än märkligare blev namngivandet i nästa generation. Francis Hurt tilläts ändra sitt efternamn till Sitwell året efter att han ärvt Renishaw. Då hade han redan en son som han givit förnamnet Sitwell. När Francis Hurt Sitwell i sin tur dog 1793 hette följaktligen arvtagaren för otydlighets undvikande Sitwell Sitwell.

Det var Sitwell Sitwell som, med hjälp av en ny balsal, blev släktens förste baronet. Hans första äktenskap var, enligt familjelegenden, en av världshistoriens stora romanser. Bruden, Alice Parke, ansågs olämplig, och Sitwell Sitwell skickades på *grand tour* för att glömma henne. I Konstantinopel nåddes han av beskedet att Alice hade dött. Sitwell Sitwell skyndade genast hem och fann Alice i högsta grad levande. Dödsbudet hade varit en lögn i syfte att slutgiltigt släcka romansen. Effekten blev förstås den motsatta, och Sitwell Sitwells far gav sitt medgivande till ett bröllop. Efter sex års äktenskap dog Alice på riktigt. Sitwell Sitwells stormande romantik verkar vid det laget ha lagt sig, för bara ett år senare gifte han om sig med Caroline Stovin, en god vän till lord Byron.

Sir Sitwell var en inbiten jägare, och i november 1798 nedlade han med hjälp av sina jakthundar en bengalisk tiger i skogarna utanför Eckington. Även om Eckingtonskogen en gång var del av den mytomspunna Sherwoodskogen, där Robin Hood påstås ha gömt sig, är inte detta en skröna. Tigern hade rymt från en djurpark i Sheffield, och sir Sitwell drog, enligt *Sporting Magazine,* galant ut, trots att han därmed »utsatte sig för påtaglig fara«, då han fått höra att den slukat ett barn.

Men sir Sitwells verkliga passion var byggnadsverk och vackra ting. Vid sidan av balsalen byggde sir Sitwell triumfbågar, eleganta stall, köpte gigantiska eldstäder i marmor och dyrbara gobelänger. Han hade utsökt smak och lämnade en kulturskatt till nästa generation. Tyvärr gjorde han det till priset av en betydligt minskad familjeförmögenhet. Möjligen gav det honom dåligt samvete, för enligt familjelegenden är hans skrik på dödsbädden ett av de spökerier som ännu kan avnjutas i Renishaw Hall.

Sir Sitwells son, ännu en George, lät varken den krympta förmögenheten eller sin fars gengångarfasoner avskräcka honom från att följa den inslagna, breda vägen. Han intresserade sig visserligen aningen mindre för konst och estetik men desto mer för två lika kostsamma och farliga hobbies: hästar och politik.

Sir George spelade också en avgörande roll i upplösningen av ett av bygdens stora mysterier. Får hade plötsligt börjat försvinna från betesmarkerna, och det var en allvarlig sak eftersom fårstöld var belagt med dödsstraff. Ingen kunde dock förstå vart fåren tog vägen förrän en grupp bönder en dag såg en rökpelare som steg upp ur en grottmynning, kontrollerade saken och till sin förvåning fann en reslig svart man endast iklädd fårskinn, upptagen med att steka ännu ett stulet lamm över öppen eld. Mannen visade sig komma från det närbelägna godset Kedleston, som senare blev hem för lord Curzon, den elegante vicekungen av Indien. Dit hade fårtjuven hämtats från Afrika för att arbeta som den dåvarande ägarens page. När svarta tjänare upphörde att vara en statussymbol hade han helt enkelt visats på dörren.

Sir Georges insats bestod i att som bygdens fredsdomare rädda mannen från hängning och istället se till att han blev återbördad till Afrika, där han, med Osbert Sitwells aningen vaga men poetiska ord, möttes av »ett fröjdefullt, öppenhjärtigt firande med svartmuskiga släktingar i solstekta regioner«.

I övrigt var denne sir George inte en framgång. Jordbrukspriserna föll, och han lät en advokat lura honom på större delen av den kvarvarande förmögenhet han ärvt. För att fylla kassakistorna sålde sir George under 1840-talet ett betydande landinnehav. Dagen efter att köpeskillingen placerats i bankens förvar gick denna i konkurs. Den andre baroneten tvingades därmed stänga Renishaw Hall, som tömts på det mesta av möblerna men inte på konst och gobelänger, och levde den korta återstoden av sitt liv ambulerande likt en överste Gustafsson mellan billiga, tyska småstäder.

Den tredje baroneten, sir Reresby, sörjde sin familjs snöpliga bana men visade inga tecken på initiativ för att vända den. Som tur var dog han ung och lämnade efter sig en tvåårig arvinge och en from och uppseendeväckande driftig änka, Louisa, som lyckades återskapa en betydande förmögenhet genom gott affärssinne och upptäckten av en rik stenkolsåder under Renishaws vackra marker.

Den unge arvingen som varit så klok i sitt val av mor var Ediths far, sir George. Han skulle odla den egendomliga förmågan att leva sida vid sida med sina förfäder. Osbert följde honom i detta avseende tätt i spåren, och symbiosen mellan Edith och hennes två bröder var en länk fast smidd vid den långa kedjan bakåt.

Façade var ett rejält genombrott men inte ett särskilt tidigt sådant. Edith Sitwell var redan trettiofem år. Det hade tagit henne många år att finna sin röst. Hennes första publicerade dikt, »The Drowned Suns«, hade tryckts i *Daily Mirror* 1913 när hon var tjuofem. Det hade varit ett av skälen till att hon tog steget att bli poet på allvar, men det var inte det enda. Hennes litterära karriär hade också ett drag av flykt. För det fanns en mörkare sida i Edith Sitwells fixering vid sin familj, och den förkroppsligades oturligt nog i de förfäder som i tid stod henne närmast: hennes föräldrar.

Ediths far, sir George, växte mestadels upp i Englands första verkliga badort, Scarbourough vid kusten i norra Yorkshire. Renishaw Hall krävde alltför mycket underhåll, och familjen bodde bara där delar av sommarhalvåret. Louisa, Ediths driftiga farmor, var djupt religiös och engagerade sig i olika former av välgörenhet. Hennes specialitet var att rädda fallna kvinnor som, med Ediths ord, »dekanterades i ett rött tegelhus som kallades The Home där de – övervakade av föreståndarinnan [...], en kvinna så sprickfärdig att hon förde tankarna till reklam för tomater på en järnvägsstation – tjänade sitt uppehälle genom att slita vår tvätt i stycken varje vecka«.

Verksamheten hade viss framgång men också en del motgångar. En räddad flicka vägrade att följa rutinen att badas inför föreståndarinnans ögon innan hon kläddes i sin fula uniform men släpptes in ändå. Strax därefter uppdagades att samtliga flickor på hemmet, utom nykomlingen, var gravida. Ediths farmor misstänkte att det hade att göra med att planeten Venus hade en särskilt fruktsam position på himlen. Först efter ytterligare undersökningar visade det sig att den bångstyriga flickan i själva verket var en finlemmad man.

För sir George var uppväxten i denna ytterligt fromma miljö inte alldeles enkel. Det fanns inte heller något egentligt alternativ: När sir George inte bodde i Scarbourough med sin mor återfanns han vanligen i Lambeth Palace, den anglikanske ärkebiskopens tjänstebostad. Ärkebiskop Tait var nämligen sir Georges farmors bror. All denna fromhet ledde till att sir George redan i tonåren blev övertygad ateist. Som tjugoåring, i januari 1880, skapade han till och med rubriker genom att avslöja en spiritist. Det skedde handfast. Han grep tag i den påstådda anden, som visade sig vara en flicka, Marie, endast iklädd underkläder.

»Detta är det närmaste ett dråpslag som hittills har tilldelats det löjeväckande system av bedrägeri som kallas spiritism«, sammanfattade *Evening Standard*.

Sir George hade annars en verklig talang för att fjärma sig från, snarare än få grepp på, omvärlden. Det var som om mänskliga relationer av alla slag förblev en gåta för honom. Ett skäl till sir Georges oförmåga att knyta an till omvärlden var att han fann den ointressant i jämförelse med andra epoker. I sitt eget medvetande rörde han sig obehindrat och för utomstående oförutsägbart från 1100-talets början till 1700-talets första år. Han var fast övertygad om att allt, utan undantag, hade skötts bättre under medeltiden. Hans intressen röjdes i de pamfletter och böcker han då och då lät trycka, ofta på egen press. Två typiska titlar är *Rotherham under medeltiden* och *Familjeseder i Sheffield år 1250*.

Sir Georges övertygelser, även i enklare ärenden, var avgjort udda. »Det finns inget en ung man uppskattar så mycket som en flicka som är duktig på barr«, kunde han allvarligt slå fast för Edith. »Om man inte lär sig att spela ping pong ordentligt kan man aldrig bli en stor ledare«, förklarade han för Osbert. Hans ställning som auktoritet inom trädgårdsarkitektur hindrade inte att han då och då lät sig uppslukas av formgivning i mindre skala. Fyra projekt han ägnade tid åt var en tandborste som spelade musik, en pistol för att skjuta getingar, knivhandtag tillverkade av kondenserad mjölk och något han kallade »the Sitwell Egg«. Det sitwellska ägget bestod av en gula av rökt kött och en vita av sammanpressat ris, allt omslutet av ett skal av konstgjort kalk.

Sir Gordon Selfridge, grundare av Selfridgekoncernen, erbjöds att stå för försäljningen. Han avböjde.

Gäster upptäckte snart att det, med undantag för något enstaka glas vin till maten, inte serverades alkohol på Renishaw. Det berodde inte på att sir George var brinnande nykterist utan på att han själv inte såg någon poäng med alkohol och med omvittnad ekonomisk nit således inte bekostade sådana excesser. Han gjorde en hel del goda affärer och hade, åtminstone tidvis, ett utvecklat affärssinne. Men han var ständigt rädd för ekonomisk ruin och kunde stipulera att barnen bara skulle få tvål, hårborstar eller något annat användbart i julklapp. Med tanke på släktens historia var det begripligt, men det lade sordin på stämningen. »Det är ett stort misstag att ha vänner«, var en slutsats sir George drog när han sorgset summerade utgifterna. Som positiv kontrast framhöll han 1200-talet, då folk var nöjda med att leva frugalt och stilla på sina slott utom vid enstaka högtider.

Ediths mor, lady Ida, var hans motsats.

Äktenskapet mellan George Sitwell och Ida Emily Augusta Denison började inte bra. På ytan var de ett passande par. Ida Denisons skönhet var god nog för ett bättre renässansverk. Sir George ansågs också stilig, om än på ett banalt, plebejiskt vis. Sitwells hade åter pengar, och den blivande lady Ida var å sin sida ett gott parti: Hennes far var baron Londesborough, senare earl av Londesborough, och hennes morfar hertigen av Beaufort. Båda familjerna var finare än Sitwells, och tack vare hertigen av Beaufort kunde Ida Denison hävda släktskap med Rickard Lejonhjärtas kungahus, Plantagenet, genom Johan av Gent och Edvard III.

Sir George var 26 och lady Ida 18 när de gifte sig, efter att ha träffats två gånger på arrangerade luncher. De mottogs i Scarbourough av en procession med sexhundra fackelbärare och reste genom stadens gator i en kärra som drogs av livbåtsmanskapet. Med detta var åtminstone sir George, med sin påtagliga kärlek till feodala traditioner, helt tillfreds. Ingen av dem var däremot väl förberedd på vad som väntade i övrigt. Några dagar in i äktenskapet rymde en skräckslagen lady Ida till sin mor. Hon skickades genast tillbaka. Skräcken lade sig ganska snart men ersattes knappast av någon påtaglig värme. Edith minns hur lady Ida kunde få något »drömmande, idealistiskt i blicken« och säga: »Vad jag *verkligen* skulle uppskatta är förstås att få din far placerad på mentalsjukhus.«

Beskrivningarna av lady Ida är misstänkt samstämmiga. De vanligaste orden är »enfaldig« och »fånig«. Lady Ida verkar inte ha haft några egentliga intressen. Hon tillbringade en stor del av dagen i sängen. Hon var omvittnat fåfäng och köpte sina skor en storlek för små för att kunna stoltsera med nätta fötter. Hon var, särskilt i jämförelse med sin man, ekonomiskt generös. Lady Idas far hade 1860 ärvt en förmögenhet på mer än två miljoner pund, mer än 1,5 miljarder kronor i dagens penningvärde. Han lyckades göra av med en stor del på byggnationer, hästar, teater, älskarinnor och smycken till sin hustru för att sona älskarinnorna. Lord Londesboroughs uppfinningsrikedom för att tömma kassakistorna var beundransvärd: Under en period gav han flera av sina många tjänare checkhäften utställda in blanco för att slippa lägga sig i alla köpbeslut. Hans dotter hade en liknande fallenhet, trots mindre resurser. Vänner och bekanta stacks ofta till presenter, smycken och klänningar, men lady Idas generositet kom snarare ur emotionell brist än ur emotionellt överflöd. Att göra av med pengar var, vid sidan av förströelselitteratur, helt enkelt det enda hon kunde komma på att fördriva tiden med. Var hon sorgsen handlade hon för att trösta sig. Var hon glad handlade hon för att fira. Vad som köptes var helt slumpartat.

»Jag kan inte åka till Paris«, erkände hon för en bekant: »Jag skulle göra av med pengar som en full sjöman.«

Bland gäster blev den generösa lady Ida av förklarliga skäl mer populär än sir George. I hennes privata salong på övervåningen, till skillnad från i övriga rum i Renishaw, serverades drinkar. När sir George mot all etablerad erfarenhet råkade kliva in i salongen då lady Ida var i färd med att servera ett par glas körsbärslikör ryggade han dramatiskt tillbaka inför denna orgie och utbrast med plågad röst: »Inte Maraschino!«

Sir George åt alltid lunch ensam och låste in sig på sitt kontor, där han utöver sina studier i historia och trädgårdskonst gärna ägnade sig åt att göra just det som Edith senare skulle döma ut kritiker för att göra, nämligen att tala om för yrkesmän hur de skulle sköta sina arbeten. I denna passion, liksom i alla sina udda passioner, visade han en rasande energi. Han skrev små meddelanden till trädgårdsmästaren om hur rosor bäst planterades, till kocken om hur en viss sås borde tillredas och till butlern om hur skor ska putsas. Han skrev brev till lokaltidningen och erbjöd sig att rätta deras ledare inför publicering och till ministrar för att påpeka några felaktigheter i de senaste lagförslagen. När han råkade läsa om en herr Edison, som tydligen hade uppfunnit något som kallades fonograf och kunde spela in röster, beklagade han att han inte kände herren ifråga eftersom han skulle ha kunnat ge honom ett och annat gott råd. Att lady Ida redan hade köpt ett exemplar av den dyra apparaten hade han ingen aning om.

Då och då genomförde sir George monumentala projekt, i strid med sina sparsamhetsideal. Ett sådant var inköpet av det toscanska slottet Castello di Montegufoni. Sir George, på resa i Italien, hade plötsligt blivit stående efter vägen mellan Florens och Siena. Han klev ur bilen och spanade efter hjälp. På en höjd ovanför sig fick han syn på en enorm stenhög från 1100-talet. Hans huvud fylldes av feodala drömmar, och ett år senare var affären klar. Han köpte slottet i den då sextonårige Osberts namn och försäkrade sin son att det var en klok investering: »Det kan inte vara något fel på avloppet, för det finns inget.«

Slottet var gravt förfallet, och nästan 300 fattiga bönder som bosatt sig i ruinen fick drivas bort. Renoveringsarbetet var en sisyfosuppgift, men sir George tog sig an byggnaden och framför allt trädgården med sin vanliga energi då han fått en fix idé. Med åren blev slottet inte bara relativt beboligt utan mycket vackert, och sir George, och efter honom Osbert och även Edith, skulle tillbringa alltmer tid i Montegufoni.

Historien om slottsköpet skulle bara vara ytterligare en underhållande historia om det inte vore för att sir George drygt fem år tidigare, när Edith var femton, hade drabbats av ett fullständigt nervöst sammanbrott. Fram till dess hade han på olika sätt, bland annat som parlamentsledamot, ändå deltagit i någon form av social verksamhet. Efter sammanbrottet kapades i stort sett alla sådana förtöjningar till den faktiska omvärlden. »Jag måste be alla och envar som kliver in i detta hus att aldrig säga emot mig eller på något sätt göra sig oense med mig, eftersom det försvårar min matsmältning och förhindrar mig att sova på nätterna«, meddelade han gäster. Hans sätt att fly den ständiga oron, inte minst för kommande ruin, var paradoxalt nog stora projekt, varav Montegufoni var det i särklass största. Hans italienska slott var en manifestation av hans neuros.

Edith skriver att hennes far tyckte om att vandra genom Renishaw Halls långa korridorer eftersom sådana promenader, om de hölls i avvägd takt, skapade en orubblig ordning som gjorde att oväsentligheter som väder och tid kunde ignoreras:

> När han stegade genom korridorerna gick han mycket långsamt och gjorde av med så mycket tid som möjligt för att huset skulle verka ännu större än det är – för han tyckte om att se det som mycket stort. Då och då (ungefär en eller två gånger om dagen)

> stannade han utanför en dörr om han kunde höra röster från rummet innanför – inte för att han ville tjuvlyssna eller spionera, eftersom det inte fanns något han kunde få höra som intresserade honom, utan därför att detta möjliggjorde för honom att under ett ögonblick nudda den värld i vilken andra rörde sig, tänkte och handlade utan att tvingas bli en del av den; och detta gjorde honom verklig för sig själv, verklig i sin isolering.

Det var in i denna märkliga blandning av komik och tragik, överflöd och snålhet, förmögenhet och ruin, gudstro och hedonism, utlevelse och isolering, nervositet och okänslighet som Edith Sitwell föddes.

Hennes första misstag var att födas som flicka.

»Jag är av bättre familj än du«, kunde lady Ida med egensinnig logik påpeka för sin dotter. Då och då fick lady Ida vredesutbrott, och Edith lärde sig tidigt att dra sig undan när åskmolnen hopades.

Det var uppenbart att lady Ida skulle ha föredragit att föda en son och arvinge. Möjligen var det faktum att Edith föddes nio månader efter sir Georges och lady Idas bröllop – nedkomsten skedde nästan på Scarbouroughs cricketplan – ytterligare ett skäl till den bristande kärleken. Edith var en påminnelse om en första köttslig förening som lady Ida med all sannolikhet ville glömma. Edith fann ingen tröst hos sin far. Om han nu hade en dotter borde hon åtminstone inte se så märklig ut. Men Edith var den hon var, för varje år alltmer långsmal och spetsig, alltmer Edith, i uppenbar strid med hennes fars uppfattning om kvinnlig skönhet, ett ideal som enligt Edith utkorade den som liknade en pekines. Själv var hon en vinthund.

Den främsta källan till hur lady Ida behandlade sin dotter är Edith själv. »Hon hade inget jag, bara en samling små sorger och rädslor och stormande ursinnen«, skrev Edith. Berättelserna blev både mer underhållande och mer blodisande med åren, och somliga av dem är nästan säkert påhittade: Ediths påstående att hon tvingades pantsätta en lösgom för att köpa whisky till sin med tiden alkoholiserade mor är en skröna. Men mycket bekräftas ändå av hennes bröder, vars förhållande till lady Ida var betydligt varmare. Det grundläggande problemet tycks ha varit att Ediths föräldrar inte förmådde förstå vem hon var. »Deras humor, till och med deras medkänsla, försvann fullständigt när de kom i kontakt med henne«, skriver Osbert: »Jag tvivar på att något barn någonsin varit mer misskött av sina föräldrar. [...] De misstog nervös känslighet för tafatthet, fantasi för lögnaktighet och förmågan att kasta en kappa av dramatik över vardagliga händelser [...] för tillgjordhet.«

I sina memoarer, skrivna på dödsbädden, gör Edith inget för att mildra beskrivningen av vad resultatet av denna kärlekslöshet blev. Där berättar hon om hur hon som litet barn besökte några jämnåriga bekanta vars mor hade dött. »Varför grät de?« frågade hon barnsköterskan när de gick därifrån. »Därför att deras mor är död.« »Jo, jag vet. Men varför *grät* de?«

Men hennes föräldrar var inte alldeles likgiltiga. Ediths framtid var uppenbarligen något som oroade dem. Vid ett tillfälle rådfrågade de Alice Keppel, Edward VII:s näst intill officiellt erkända älskarinna och rådgivare. »George och Ida, kom alltid ihåg att man aldrig vet vad en ung flicka kan bli«, svarade Alice Keppel klokt. Det var inte den sorts råd sir George och lady Ida kunde förstå. Edith gjorde det inte enklare för dem. Hon var mycket förtjust i Alice Keppel och tacksam för hennes vänlighet men för den skull inte tillmötesgående. När mrs Keppel fick höra att Edith skulle flytta ifrån sina föräldrar och ägna sig åt poesi frågade hon oroligt: »Menar du, Edith, att du inte föredrar mänsklig kärlek framför poesi?« Edith svarade: »Inte som yrke.«

Den unga Edith visade överhuvudtaget sällan någon försonlighet. I småskoleåldern satt hon med sällskap på ett tåg från Scarborough till London när ett annat tåg körde om. Att hamna på andraplats gjorde Edith så ursinnig att hon skrek rakt ut. Hon slutade inte förrän hennes sällskap klev av och tog med sig henne på ett tåg tillbaka till Scarborough.

Hon vaktade furiöst över sådant som hon fäst sig vid. När några kringströvande pojkar som stannat vid en låst grind till trädgården försökte locka hennes griffonhund till sig blev förskoleflickan Edith ursinnig och vrålade: »Hur vågar de! Hur vågar de där ofräsle ens titta på min Dido!«

Åren gjorde henne inte märkbart mildare. När Edith fyllde tjugoett, samma år som sir George fick syn på Montegufoni, realiserades ett annat betydande projekt som antagligen också var ett utslag av sir Georges neuros. Till Ediths födelsedag ordnade han festligheter i flera dagar, vilket skulle ha gjort de flesta unga flickor malliga. Förberedelserna sattes igång ett och ett halvt år i förväg. Alla sällskapsrum i Renishaw Hall renoverades, och ett nytt badrum byggdes. Ett specialtåg chartrades, bilar och extra lakejer hyrdes in och gammalt, bortglömt silver letades fram och putsades skinande blankt. En stor mängd gäster anlände, varav trettio bodde kvar i en dryg vecka. De bjöds på menyer som särskilt inhyrda kockar ägnat dagar åt att laga. Flera olika orkestrar spelade till Ediths ära, varav en – iförd operettartade uniformer, såsom det anstod ett »Blue Hungarian band« – bjöd på valsmusik till varje måltid, utom frukost.

Smolket i bägaren var att Edith inte var festens enda föremål. Hennes födelsedag sammanföll med hästkapplöpningarna i Doncaster, och sir George hade i Renishaws gömmor hittat en biljett i rent silver som gav familjen Sitwell fritt inträde till tävlingarna i all evighet. Festdagarna blev följaktligen en kombinerad födelsedags- och hästkapplöpningshögtid. Edith uppfattade det som en ren skymf och satt demonstrativt med ryggen mot kapplöpningarna för att visa sin avsky.

»Très difficile«, sammanfattade sir George sin dotters karaktär.

Edith bestämde sig tidigt för att hennes föräldrar var fullständiga främlingar för henne: Hon var en bortbyting. Alla deras påhitt tolkade hon som försök att plåga henne. Värst var den medicinska korsett hon under en period tvingades bära. På grund av en sned rygg togs hon till en barnläkare i London. Han såg ut som »en staty av margarin« och konstruerade en »stålbastilj« som Edith spändes fast i. Det var verkligen ingen njutning och gjorde inget för att förbättra hennes redan utdömda utseende:

> Fångenskapen började under armarna och hindrade mig från att låta dem vila längs kroppen. Mina ben var också fängslade ner till vristerna, och på natten var anklar och fotsulor inlåsta i en ytterst plågsam apparat. Inte ens min näsa undgick denne gentlemans effektivitet; runt pannan satt ett gummiband från vilket två stålbitar (reglerade av ett system med lås och nycklar) stack ned på var sida om organet ifråga, med tjocka vadderade dynor vid näsborrarna, de vred min näsa mycket bestämt i motsatta riktningen till den som Naturen avsett och täppte till en näsborre så att det var besvärligt att andas.

Läkaren som konstruerade apparaten, dr Henry Robert Heather Bigg, är en man som verkligen väcker en del funderingar. Hans *Essay on the General Principles of the Treatment of Spinal Curvature* behandlar med lätt ton de i dr Biggs ögon felaktiga paralleller som kan dras mellan traditionell tortyr och hans teknik. Skriften har rikliga illustrationer, både fotografier och teckningar, som föreställer unga, nakna kvinnor, oftast bakifrån, som bär dr Biggs olika apparater.

Å andra sidan var detta inte en billig behandling utan något som var förbehållet de verkligt välbeställda. Även om apparatens hisklighet inte kunde tränga igenom sir Georges sociala pansar måste räkningarna för den ha sänt kalla kårar uppför hans rygg. Flera släktingar till Edith genomgick liknande behandling, och dr Bigg var ansedd som sin tids bäste inom området. Men Edith fann inga förmildrande omständigheter i sina föräldrars tilltag. Det gjorde hon inte heller när sir George beställt ett familjeporträtt.

I Renishaw hängde en målning av John Singleton Copley från 1785 som föreställde de dåvarande fyra Sitwellbarnen, med Sitwell Sitwell i centrum. År 1900 skulle en pendang av den nuvarande familjen målas: mor och far, de två småpojkarna och den tolvåriga Edith. Valet av konstnär föll på John Singer Sargent, och familjen reste till London eftersom Singer Sargent bara målade i sin ateljé. De satt modell i fem veckors tid och hyrde under vistelsen ett hus av en syster till Jennie Churchill, Winstons mor. Redan det visade sig svåruthärdligt, eftersom barnens skolrum var behängt med massor av bilder av en ung, beslutsamt plirande Winston Churchill. Edith täckte bilderna med tidningar för att få arbetsro, och åtminstone hos Osbert, som bara var sju, föddes en avsky för Winston Churchill som han skulle bära med sig resten av livet.

Alla tankar på att ekonomisera övergavs, och sir George lät som rekvisita transportera ned en chippendalepjäs och en av de magnifika gobelängerna som Sitwell Sitwell samlat på sig. För Edith kunde poserandet ha varit ett välkommet avbrott, eftersom hon slapp sin stålbastilj, men istället blev det ytterligare en prövning. Sir George var sitt vanliga, energiskt allvetande jag och instruerade Singer Sargent i hans arbete. Sir George ville särskilt försäkra sig om att Singer Sargent inte förbiság Ediths krokiga näsa. Som om detta inte vore nog valde sir George att posera med sin arm faderligt lagd om Ediths axlar, en ömhetsbetygelse hon inte kunde påminna sig att han någonsin hade givit henne tidigare.

Resultatet blev inte riktigt som sir George hade önskat. Singer Sargent, som kände sympati för Edith, gav henne en rak näsa och hennes far en krokig. Han vägrade att korrigera.

För Edith var målningen absurd, inte bara på grund av faderns spelade värme mot henne. Han bar ridkläder, trots att han aldrig red. Lady Ida arrangerade blommor, en sysselsättning som var helt främmande för henne. Hon bar dessutom aftonklänning, ett märkligt val med tanke på sir Georges utstyrsel. Edith överlevde men var fylld av ursinne.

Målningen, som fortfarande hänger i Renishaw Hall, ger verkligen ett märkligt intryck. Man kan ana lady Idas omvittnade skönhet, men mer slående är hennes tomma blick och onaturliga kroppshållning. Sir George står mitt i gruppen men ser ut att vara inklippt från ett annat sammanhang. Ediths ansikte utstrålar återhållen vrede och förakt. Det verkar inte finnas några band mellan personerna, trots att de befolkar samma lilla yta. Singer Sargent har med andra ord lyckats fånga sitt motiv. De enda som ser något sånär naturliga ut är småpojkarna Osbert, sju, och Sacheverell, två, som sitter i målningens högra hörn tillsammans med hunden Dido och några tennsoldater. Också i det finns en sanning om Edith. Hennes dom över sin mor var hård, men den innehöll också fröet till hennes hopp: »Inget föddes i hennes huvud, det var sterilt, men mina bröder och jag föddes ur hennes fruktbara natt.«

Vid första världskrigets utbrott skickades den 22-årige Osbert till franska fronten. Sir George, kvar i Scarbourough, som tidigt utsatts för beskjutning från tyska krigsfartyg, sände honom ett brev:

Ingenstans utomlands kommer du naturligtvis att möta lika tung beskjutning som din mor och jag har tvingats utstå här, men även så [...] kan min erfarenhet kanske vara till nytta för dig. Så snart du hör den första granaten, dra dig tillbaka, som jag gjorde, till Kryptan och stanna lugnt där tills all beskjutning upphör. Även om man gör så och i takt med att man blir äldre är ett bombardemang prövande för nerverna, men den bästa medicinen för det är, som alltid, att hålla sig varm och att äta ordentliga portioner enkel, närande mat i täta men regelbundna intervaller. Och, naturligtvis, rejält med vila. Jag har funnit att en eftermiddagslur är till stor hjälp om den inte är oklokt lång, och jag råder dig att pröva detta närhelst du kan.

Alltid din ömme fader
George R Sitwell

Osbert skulle komma ur kriget levande, men trots att han redan innan världskriget stod för dörren hade sökt sig till det militära var det knappast hans rätta miljö.

Osberts födelse, när hon var fem, gjorde det än tydligare att Edith gjort ett misstag när hon föddes som kvinna. Om hennes ankomst hade varit ett besvär och en besvikelse togs Osbert emot med oreserverad glädje, inte bara av föräldrarna och hushållet i övrigt utan av staden Scarbourough som lät kyrkklockorna ringa för att markera att en arvinge kommit till jorden. I takt med att Osbert växte underströks skillnaden. Han tilläts ta sig friheter som alltid varit förbjudna för henne: Att krypa omkring i sin mors säng och att leka med hennes smink, juveler och hårborstar gladde honom gränslöst. Sir George gjorde ingen hemlighet av de lysande utsikter han förutsatte att hans äldste son hade. När Osbert var nio berättade sir George lämpliga partier av släktmyten för honom och mumlade till slut i tankfull förtröstan: »Vi har arbetat oss fram mot något stort, i mer än ett sekel.«

Osbert skickades till Eton – till skillnad från Edith skulle han naturligtvis kostas på formell utbildning – där han utmärkte sig genom sin artighet, punktlighet, blyghet och en förkärlek för att fördriva fritiden med att arrangera blommor hos den lokala floristen Westbrook's. Han var inte omtyckt, inte heller mobbad. Han trivdes inte. När han senare fick tillfälle att presentera sig i *Who's Who*, skrev han: »Utbildning: under loven från Eton.«

Osberts intresse för blomsterarrangemang och sin mors boudoir borde kanske ha givit hans far en och annan ledtråd, men sir George nöjde sig med att stolt konstatera att hans arvinge delade hans eget intresse för arkitekturhistoria. Violet Keppel, dotter till Alice Keppel, ansåg sig under en eftermiddag vara förlovad med Osbert, men det berodde på att Osbert varit för artig för att göra sig förstådd. Det var för den blott måttligt skarpögde uppenbart att hans romantiska intressen inte inkluderade det kön Violet Keppel tillhörde.

Efter Eton funderade Osbert på en karriär inom diplomatin, men sir George ansåg diplomater vara degenererade och dekadenta, så av det blev inget. Oxford diskuterades, men utan resultat. Kvar fanns fyra alternativ för en gentleman: kyrkan, Citys bankvärld, juridiken eller militären. Kyrkan var förstås utesluten. Bankvärlden verkade vulgär för Osbert, som tidigt gjort klart att han föraktade »medelklassens giriga och rovlystna horder«. Juridiken lockade inte heller. Återstod endast militären. Osbert genomgick erfoderlig utbildning, gjorde en kort, misslyckad tjänstgöring i de elfte husarerna och hamnade sedan i Grenadier Guards.

Resultatet blev knappast att Osbert utvecklades till den traditionella lantjunkare med lysande framtidsutsikter som sir George hade hoppats på. Snarare visade varje steg på vägen att Osbert, liksom Edith, kom ur en alldeles egen gjutform. Han kammade sitt hår enligt samma modell som den ursprunglige dandyn Beau Brummell, bar iögonfallande slipsar, odlade en kärlek till allt italienskt och hade ständigt en käpp med bärnstensknopp i handen. Han visade ingen större längtan att smälta in på officersmässen. En kapten i King's Guard som frågade Osbert om han tyckte om hästar – en konversationsöppning som bara kunde ha ett svar bland ridande militärer – fick höra att Osbert föredrog giraffer eftersom de hade så »vackra linjer«.

Åldersskillnaden mellan Edith och Osbert och de ytterligare fem år som gick innan Sacheverell föddes bär vittne om föräldrarnas bristande närhet. Man kunde kanske förvänta sig att en sådan kontaktlöshet skulle ha bidragit till bristande närhet också mellan syskonen. Allt tycktes vara som konstruerat för att underblåsa Ediths känsla av övergivenhet. Men utvecklingen blev en annan, den rakt motsatta. Osbert knöt tidigt an till sin lillebror Sacheverell. De fick ett nästan symbiotiskt förhållande och skrev långt upp i tonåren brev till varandra med tilltalet »darling«. Och till denna symbios bjöds även Edith in, trots ålderskillnaden. För en gångs skull tog hon emot gåvan utan reservationer. Banden växte sig extremt starka. I ett förseglat brev, att öppna om hon skulle dö i förtid, skrev den 27-åriga Edith till den då 22-årige Osbert: »Vi är sammanbundna som bror och syster mycket mer än de flesta bröder och systrar, på grund av att vi haft en så fruktansvärd barndom och ett så gräsligt hem.«

Att högreståndssyskon på landet var hänvisade till varandra och därför byggde nära om än inte alltid vänskapliga relationer var visserligen inget ovanligt. Klassbärriärerna var så påtagliga och självklara att de gånger Sitwellbarnen stötte ihop med kolgruvearbetarnas barn stirrade de båda grupperna på varandra i häpen oförmåga att kommunicera. Men Sitwellsyskonens samhörighet gick bortom den sortens naturliga och oreflekterade uttryck för epok och klass. De vävde, under Ediths ledning, in sin trojka i den redan befintliga släktmytologin. Edith må ha kallat sig bortbyting – men bara i förhållande till sina föräldrar, inte till äldre förfäder eller sina bröder. Å andra sidan var hennes föräldrar ett desto större problem, och till slut blev det akut.

Som sextonåring hade Edith fått en guvernant, Helen Rootham, som levde för musik och poesi. Det var Rootham som introducerade Edith för franska symbolister som Mallarmé och Verlaine. Diktsamlingar som Baudelaires *Les fleurs du mal* fick solen att bryta in i hennes liv. Men det var först i tjugoårsåldern som Edith började sätta samman egna försök till dikter. Vid det laget var Rootham inte längre hennes guvernant utan en nära vän som ofta bodde hos Sitwells som gäst. Edith bodde ännu tillsammans med sina föräldrar, men på randen till världskriget, våren 1913, när hon var 25 och fått sin första dikt publicerad, stod hon inte ut längre.

Lady Ida gömde sina inköp för sir Georges ekonomiserande blick. På de mest oväntade platser i huset kunde man finna allt från dyrbara hattar till exkusiva karameller. Men det var förstås inte bara själva inköpen lady Ida tvingades dölja utan även de kostnader de medförde. Med jämna mellanrum blev situationen ohållbar. Lady Ida lovade gång på gång att inte spräcka budgeten igen, men sådana löften skapade en så stark sorg att hon tvingades muntra upp sig med några nya inköp. Ett par år innan första världskrigets utbrott hamnade hon till slut i klorna på en förskingrare som lurade henne att ta stora lån utan att hon egentligen fick tillgång till några pengar. Saken blev inte bättre av att det var den tjugoårige Osbert som hade kopplat samman lady Ida med förskingraren. Skulderna uppgick till slut till 11 000 pund, motsvarande mångmiljonbelopp i dagens penningvärde.

Sir George löste tillräckligt mycket av lånen för att Osbert inte skulle skandaliseras men mer än hälften kvarstod. Sir George vägrade att betala i ett dubbelt försök att få lady Ida att ta ansvar för sin konsumtion och förskingraren att ta ansvar för sina lagbrott. Det blev rättssak.

En serie rättegångar inleddes samma vår som Ediths första dikt publicerades. I förstone gick det Sitwells väg, även om hela den genanta affären samtidigt blev offentlig. Till slut skulle dock lady Ida fällas för sin roll i affären och dömas till tre månader i kvinnofängelset Holloway. Det var en pinsamhet av nästan ofattbara proportioner i den samhällsklass Sitwells tillhörde, även om lady Ida hävdade att endast bekanta av medelklass var vulgära nog att låta sig chockeras. Tidningarna gottade sig i skandalen, och det enda mildrande inslaget var att världskriget konkurrerade om rubrikerna. Lady Idas sista undanflykt var att ge rätten intrycket att hon lånat pengar för att kunna betala av skulder som Osbert dragit på sig. Han valde att inte protestera och var vid det laget ändå fullt upptagen med att hålla sig vid liv i skyttegravarna i Flandern.

För Edith blev hennes mors patetiska försök att friskriva sig från skuld droppen som urholkade stenen. »Hon är ett *monster.* Det finns inget annat sätt att beskriva det«, skrev hon till Sacheverell när lady Ida skyllt på Osbert. Det osmakliga slutet på rättsprocessen låg ännu ett par år fram i tiden våren 1913, men Edith satte sig tillsammans med Helen Rootham på tåget till London. De hade skaffat sig en billig hyreslägenhet, och Edith skulle erövra den litterära världen.

Den lilla, sjabbiga lägenheten på Moscow Road skulle bli Ediths och Helens hem i nästan tjugo år. För Edith var det en befrielse att komma till staden. I ett brev till en litteraturredaktör, något år efter flytten, skrev hon att kärlek till landsbygden »är ett tecken på depraverad smak. Mina föräldrar, till exempel, är fullständigt tillfreds med att spela skapelsens herrar för en publik bestående av kor. Det är inte jag.« Men det Edith uppskattade mest med sin lägenhet var ändå att hon kunde se träden i Kensington Gardens genom fönstret. Utsikten påminde henne om Renishaw!

Tio år efter framförandet av *Façade*, 1933, meddelades det att Edith Sitwell i början av det kommande året skulle tilldelas Royal Society of Litteratures silvermedalj för poesi – tack vare Yeats, som satt i juryn och besvarade hennes beundran. Det fick sir George, som alltid hävdat att det var »ett stort misstag av Edith att inte satsa på tennis«, att brista ut i ett uggletjutsliknande skratt. »Det finns alldeles för många poeter«, skrockade han.

»Jag instämmer«, svarade Edith.

Edith hade vid det laget publicerat sammanlagt nio större diktsamlingar, fem av dessa, samt en samlingsvolym, efter *Façade*. Hennes stil hade mognat, blivit mindre experimentell utan att för den skull förlora sin sitwellska ton av musikalitet. Hennes första betydande prosaverk, en biografi över Alexander Pope, publicerades 1930, och två år senare kom en bok om staden Bath. Edith hade inte skrivit den senare med någon större entusiasm. Med ett undantag vägrade hon att besöka staden under arbetet, och när den väl publicerades beskrev hon den som »den uslaste boken någonsin«.

Hon dedicerade den till sina föräldrar.

Det gick att ana ett drag av brist på respekt för prosa. Allt skrivande var plågsamt för Edith, men hon tog för den skull aldrig några genvägar i sin poesi. Detsamma gällde inte prosan, ens när den handlade om poesi. Senhösten 1934 publicerades *Aspects of Modern Poetry*, Ediths analys av den moderna diktningen. Till skillnad från Bathboken tyckte hon att det var ett lysande verk, där hon »halvmördade« några av de poeter och poesikritiker hon tyckte sämst om. Hon såg fram emot en stormig debatt. Så blev det också, men inte på det sätt hon hade tänkt sig. Bokens första del var en frätande elak och genuint sitwellsk avspisning. Vad gällde den andra delen, som bestod av en rad kapitel om enskilda poeter, kunde en recensent påpeka att den brast i originalitet. Mer än så. Hela meningar, rent av resonemang, verkade vara lyfta ur andras texter. Vad som gjorde det hela verkligt pikant var att åtminstone en av de dödsfiender som hånades i bokens första del fanns bland de plagierade.

Edith, assisterad av Osbert, bemötte kritikstormen med obruten stridslust. »Om jag skulle ha börjat nämna namnen på varenda kritiker som har redovisat sakförhållanden som är allmänt kända skulle jag aldrig ha blivit klar«, skrev hon i ett brev till *Times Literary Supplement*.

Episoden avslöjade en vårdslöshet som inte höjde Edith Sitwells trovärdighet, men den höjde hennes humör. Hon trivdes med att åter vara i centrum för en litterär konflikt. Hon kunde dessutom glädja sig åt att en annan prosabok, som givits ut på senvåren samma år som hon tilldelades sin silvermedalj, 1933, hade blivit hennes första verkliga försäljningssuccé.

English Eccentrics skrevs mestadels i Paris. Helen Rootham hade fått cancer och beslutade sig för att flytta till sin syster,

Evelyn Wiel, som bodde i Frankrike. Edith följde med, delvis av ekonomiska skäl. Hyran skulle höjas på Moscow Road, och Edith hade alltid ont om pengar. Tiden i Paris blev inte en av hennes lyckligare, men Frankrike hade ett och annat att erbjuda, vilket ett brev till Cecil Beaton gjort klart:

> *Här [...] har livet varit en blandning av matförgiftning, poesiskrivande, att träffa Picasso och att bråka med infödingarna i frågan om huruvida det är bättre att ha ben som ekstammar (som deras) eller som vinthunden och kapplöpningshästen (som jag föredrar). Deras oförskämdhet var sådan att jag till slut köpte en leksakskamera och låtsades fotografera deras ben och fötter. De flydde för livet, och jag stod kvar i ensamt majestät på slagfältet.*

I samma brev berättar hon att Picasso varit utom sig av glädje eftersom hans svärmor just dött.

Liksom nästan alltid då hon tog sig an något annat än poesi klagade Edith över hur tråkigt det var att arbeta på *English Eccentrics*. Men resultatet slog an en sträng både hos brittisk och amerikansk publik, kanske därför att det var uppenbart att boken inte bara handlade om excentriker utan dessutom var skriven av en.

Det är en slingrande, besynnerlig katalog av udda existenser, beskrivna med ömsint ironi. Många av excentrikerna tillhör den lantadel Edith själv kom från, och hon hade en tydlig idé om ämnets väsen:

> Excentricitet är *inte*, som tråkiga människor vill ge sken av, en form av galenskap. Det är ofta en sorts oskyldig stolthet, och geniet och aristokraten är ofta ansedda som excentriker eftersom geniet och aristokraten är helt och hållet orädda för och opåverkade av massans åsikter och nycker.

Påtagligt ofta verkar de dessutom vara oanfrätta av självbevarelsedrift. Grevinnan av Desmond, får läsarna veta, dog 1732 då hon 140 år gammal »mitt i ett regn av glänsande äpplen« ramlade ned från ett fruktträd som hon klättrat upp i. Charles Waterton var så fascinerad av djurliv att han inte kunde motstå tjusningen att rida barbacka på en krokodil eller att sova med sin fot utanför myggnätet i hopp om att en vampyrfladdermus skulle suga blod från hans stortå. Squire »Mad Jack« Mytton drack åtta flaskor portvin om dagen och botade en gång en envis hicka genom att sätta eld på sin nattskjorta. När han knackade på hos en torpare och bad att få komma in och värma sig tog han till deras förvåning med sig sin favorithäst Baronet genom dörren, och det omaka paret försjönk i gemensam meditation framför brasan.

Ett kapitel i *English Eccentrics* handlar om en fäbless bland engelska adelsmän under 1700-talet för att förgylla sina parker med dekorativa, långskäggiga eremiter iklädda säckväv och helst placerade i grottor. Så sent som 1810, berättar Edith, kunde man i brittiska tidningar läsa annonser som efterfrågade sådana och rent av annonser från eremiter som sökte anställning:

> En ung man som önskar dra sig tillbaka från världen och leva som eremit på någon lämplig plats i England är villig att upprätta kontakt med en adelsman eller gentleman som önskar skaffa en sådan eremit. Varje brev adresserat till S Laurence (porto betalt) – att avlämnas hos mr Otton, nr 6 Coleman Lane, Plymouth – som nämner vilken ersättning som erbjuds och alla andra villkor kommer att granskas i vederbörlig ordning.

Även om en av hennes förfäder nämns bara i förbigående – Osbert och Sacheverell citeras däremot uppskattande och flitigt – är själva temat i *English Eccentrics* en sorts hyllning till hennes egna rötter. Här fick hon fritt utlopp för sin humor och sin kärlek till orädd egenhet och en mindre tillrättalagd värld. Men för Edith var hennes poesi ojämförligt viktigast, och bland de diktsamlingar hon gav ut under åren efter *Façade* finns en som intog en särställning.

När långdikten *Gold Coast Customs* publicerades 1929 sade Edith att allt hon skrivit dessförinnan »mer eller mindre var en förberedelse« för detta. British Museums samling av afrikanska masker hade gjort henne intresserad av stamritualer, särskilt på Guldkusten, i dag Ghana. Samtidigt hårdnade samhällsklimatet i England. Storstrejken 1926 hade blottlagt motsättningar och rent hat som gjorde att Edith kände sig illa till mods i de eleganta kretsar som hon, trots sin relativa fattigdom, själv umgicks i. *Gold Coast Customs* var resultatet.

Dikten blandar beskrivningar av hårresande ritualer i Ashantistammen med skildringar av det fashionabla Londons sällskapsliv. På så sätt blottlägger hon den grymhet och det barbari som hon såg strax under en polerad yta. Stroferna har en rytm som för tankarna till djungeltrummor och jazz, och bilder målas upp av tiggare i trasor, av smuts, råttor och kannibalism. Mitt i allt detta håller lady Bamburgher – en karikatyr av societetsvärdinnan lady Cunard – fest.

Gold Coast Customs var ett brott med de motiv Edith Sitwell tidigare behandlat. Fram till 1929 hade många av hennes dikter haft barndom och sagor som motiv. Nu var det snarare döden som stod i centrum:

This is his god:
The cannibal sun
On bones that played
For evermore,
And the dusty roar

Of the ancient Dead
And the squealing rat,
The soul's ghost fat.

Hon hade arbetat med dikten under större delen av ett år. Liksom T. S. Eliots modernistiska portalverk *The Waste Land*, som hade publicerats 1922, ekar *Gold Coast Customs* förtvivlan över det moderna livets tomhet. Det var också ett verk som var lika viktigt för Edith Sitwell personligen som *The Waste Land* var för Eliot. Men *Gold Coast Customs* fick inte alls samma uppmärksamhet som *The Waste Land*, delvis därför att Eliot var först och mest respekterad. Kritiken var ljummen, och Edith led av att läsarna inte tycktes förstå vad hon skrivit. Hon beskrev vad hon påstod var en typisk situation, citerade en språksam läsare: »Jag har läst er finfina afrikanska satir, miss Sitwell, och jag tyckte den var väldigt skojig.«

En tröst var att Yeats läste *Gold Coast Customs*, jämförde det hon skrivit med Jonathan Swift och slog fast att »något som saknats i all litteratur i en generation är tillbaka«.

Ett år efter publiceringen hade diktsamlingen sålt mindre än 200 exemplar. Edith bestämde sig för att skriva prosa för att försörja sig, och böckerna om Pope, Bath och de engelska excentrikerna blev till. Men det fanns länge ett tomrum i hennes skapande efter *Gold Coast Customs.* Hon hade lagt ned allt hon för tillfället förmådde i den dikten. Det skulle ta tio år innan hon på allvar skrev poesi igen.

Den legendariska Gertrude Stein och Edith Sitwell hade träffats första gången i Paris 1924 och försiktigt närmat sig varandra. Edith beskrev Stein som »en tysk hausfrau«, konstaterade att denna inte förstod lidande och var diktatorisk men att hon ändå var imponerande och hade ett »utsökt ansikte« som gjorde att Edith »inte kunde låta bli att tycka om henne«.

Alice B. Toklas, Steins partner, var betagen av den resliga engelskan. För en gångs skull fick Edith till och med beröm för sin näsa, »vackrare än någon kvinnas«, och hennes långa dubbelknäppta rock fick henne, enligt Toklas, att se ut »som en *gendarme*«.

Liksom ofta för Edith fanns litet utrymme för nyanser och inget för kompromisser när Stein väl accepterats som allierad. De som inte uppskattade Steins författarskap beskrevs snart av Edith som »vulgära små klädmalar«. Stein belönade Ediths lojalitet med att 1926 ställa upp på en föreläsningsturné till Cambridge och Oxford. Det blev märkliga föreställningar. Harold Acton beskrev föreläsaren som anlände till Oxford:

> En satt, aztekisk figur i obsidiansten som blev alltmer monumental från det ögonblick hon satte sig ned. Med sin högresta livvakt av Sitwells och sin zigenarnovis [Toklas] gjorde hon en entré värd att minnas. Efter föreläsningen, som hon utförde med klanglös röst, avslutade hon med att läsa ett ordporträtt av Edith som hette »Sitwell, Edith Sitwell«.

Den typen av aningen genanta uppträden var en ständig del av Ediths och Steins bekantskap. Men vänskapen fick en allvarlig törn en kväll 1931 då Edith inte besvarade Steins tidigare hyllning i Oxford. Edith hade bjudits in till Sylvia Beachs berömda Parisbokhandel Shakespeare and Company. Stein fanns i publiken, och det hade sagts att Edith skulle tala om hennes verk. Istället läste hon först elisabetansk och sedan sin egen poesi, utan att ens nämna Stein. Stämningen blev alltmer tryckt, och när drinkar serverades efteråt valde Stein att gå hem. Edith fick motta en skarp diplomatisk protest av Stein dagen efter, och Sylvia Beach, som ansåg sig ha blivit komprometterad, hämnades genom att inte nämna Edith med en rad i sina memoarer, som annars mest är en enda lång lista av författare hon träffat.

Att Edith Sitwell gav den i författarkretsar fruktade Gertrude Stein ett välriktat rapp över fingrarna hade att göra med en man vid namn Pavel Tjelitjev. Tjelitjev ägnade sig åt måleri, tillhörde en lägre rysk adelssläkt, var ättling till sultanen av Turkiet och hade i kölvattnet av den ryska revolutionen tvingats i exil. Han hade tagit sig till Paris efter år av europeiska strövtåg, bland annat som kulissmålare för ett kringresande teatersällskap. I Steins hem på Rue de Fleurus träffades Edith och Pavel Tjelitjev för första gången, 1927. Tjelitjev hävdade genast att Edith måste vara ryska eftersom hon var en dubbelgångare till Fader Zosima, helgonet i Dostojevskijs *Bröderna Karamazov*, vars förlaga hade varit biktfar åt Tjelitjevs egen far. Alla kvinnor skulle inte uppskatta att liknas vid en skäggig, ryskortodox präst, men för Edith var det rena förförelsen.

Det är svårt att på några decenniers avstånd förstå Tjelitjevs charm. Han var självupptagen, självömkande, ärelysten och bitter. Men han hade en övertygelse som för Edith var oemotståndlig: Han visste att han var ett geni och spelade ut det med slavisk dramatik. De flesta andra tvivlade, men Edith förblev lojal fram till hans död 1957 och även därefter.

Stein, som till en början varit Tjelitjevs främsta välgörare, hade i början av trettiotalet bestämt sig för att dra tillbaka sitt stöd. Det upprörde Ediths utvecklade sinne för lojalitet, och därför hade hon känt sig tvingad att sätta Stein på plats. Hon såg Tjelitjev som sitt livs kärlek.

Huruvida han besvarade kärleken är en öppen fråga. Han utnyttjade henne så mycket han kunde för att främja sin karriär och för att låna pengar, även om Edith inte hade några att låna ut. Han tycktes mer fäst vid henne på avstånd, när de umgicks via brev. När de träffades slutade det inte sällan i häftiga gräl, initierade av honom. I en biografi över Tjelitjev påstås han i Edith ha sett »en vacker, skyddad erotik, den rent passiva kvinnliga känsligheten med evigt liv, en blomma under glas, bakom en dunkel fasad, anmärkningsvärd i sig själv«. Det är en beskrivning som rimligen borde få den mest aningslöse att rysa. Och mycket riktigt: »Hon har varken intelligens eller hjärta. Jag skulle vilja ge henne en örfil och tvinga henne att knäböja vid mina fötter och kräla som en mask«, väste Tjelitjev när Edith vid en middag fått mer uppmärksamhet än han. Då och då lät Edith ana att hennes verkliga bild av sin stora kärlek inte är fullt så idealiserad: »Ryssar tycker egentligen bara om idioter, prostituerade och sömmerskor«, skriver hon efter en av många besvikelser.

Att Tjelitjev var homosexuell kan förstås ha spelat viss roll. Under alla omständigheter går det att konstruera ett mönster: Edith fäste sig på ett djupare sätt vid den likaledes homosexuelle Siegfried Sassoon och den bisexuelle konstnären Álvaro Guevara. Man skulle kunna ana någon som föredrar kärlekar lika hopplösa som den till påfågeltuppen Peaky. Men det vore att göra det lätt för sig.

Ett av de vanligast återkommande orden för att beskriva Edith Sitwell är »jungfrulig«. Det är mer än en symbolisk term. Det råder bred enighet om att Edith Sitwell aldrig hade några sexuella relationer med män. Det råder lika bred enighet om att hon inte heller hade det med kvinnor, trots att hon under en så lång period levde tillsammans med Helen Rootham. Allt tyder på att Edith Sitwell, av bristande intresse eller av mer nödtvungna skäl, valde bort sex.

Att hon var kysk i avantgardistiska kretsar – då liksom alltid fascinerade av sina könsorgan och deras placering – var något som verkligen gjorde henne udda. Mer än så. Man kan ana vad som närmast är en rädsla för henne, med grund just i hennes kyskhet. Hennes jungfrulighet uppfattas som en utmaning, kanske till och med ett hot. Att det fanns en logik i hennes avsaknad av sexliv gjorde saken starkare. Edith Sitwells redan majestätiska utstrålning och reservationslösa hängivenhet till litteratur och konst blev än mer påtagliga av hennes avhållsamhet. Hon blev en varelse som inte kunde röras och fick därigenom en nästan överjordisk dimension. Det är ingen slump att ord som »helig«, »vördnad« och »högaltare« har använts för att försöka fånga hennes person. Edith Sitwell utvecklades till ett slags litterärt helgon eller åtminstone till en litterär abedissa med ett och annat drag av hämndängel.

Trots alla andra egenheter är detta kanske den sida hos Edith Sitwell som många har svårast att acceptera. En handfull anekdoter försöker bortförklara saken genom att antyda att Edith Sitwell helt enkelt var ett offer för viktoriansk okunnighet: Ingen hade informerat henne om hur barn blev till. Hon ska till exempel ha betraktat en målning av ett älskande par vid en strandkant och häpet frågat »Men vad *gör* de?« och av den lätt generade konstnären ha fått svaret att målningen skildrade ett upplivningsförsök med konstgjord andning.

Men sådana historier är påhittade eller åtminstone missvisande. I ett brev till en ung amerikansk författare, som försökte utmärka sig genom en för trettiotalet chockerande frispråkighet, skrev hon »att kalla saker vid sitt rätta namn har hittills aldrig gjort saker intressanta. Mitt råd är att du ska lämna 'saker' ifred.« Så skriver en person som begriper sexuella anspelningar, men är trött på sexualiseringen av allt. Ibland tröt hennes tålamod och beskeden blev rakare. När författaren till en tidig bok om preventivmedel frågade om han fick använda en bild av Edith på omslaget fick han till svar:

Jag har aldrig hört talas om att någon anständig kvinna utsatts för en så plump och oanständig förolämpning. Och det faktum att jag även är en framstående konstnär gör bara tilltaget än värre från er sida. [...] Jag har inget mer att säga er. Det finns ingen ursäkt ni kan ge mig. Ni måste inse att från och med detta ögonblick har jag glömt att ni någonsin har presenterats för mig.

Edith Sitwells avsaknad av sexliv hindrade inte heller ett intensivt kärleksliv i bredare mening. Tvärtom upprätthöll hon livet igenom starka relationer till en lång rad personer som hon ofta aktivt sökte upp och band sig vid med en hängivenhet utöver det vanliga. Som redaktör för *Wheels* upptäckte hon och publicerade Brian Howard, förlagan till esteten Anthony Blanche i Evelyn Waughs *Brideshead Revisited*, när han ännu var en sextonårig skolpojke på Eton. Howard brann snabbt och slocknade sedan, men det gällde inte alla hennes skyddslingar. Hon var i åratal en av den allt annat än kyske poeten Dylan Thomas främsta vänner och välgörare. Det var en udda kombination. Sällsamma konversationer kunde utspelas mellan Sitwell och den 27 år yngre Thomas, till exempel om Thomas fru, dansaren Caitlin MacNamara, som precis som sin man var sexuellt lössläppt:

Han kunde sitta bredvid mig och bara titta på henne. »Visst är hon vacker?« kunde han säga. »Ja, min käre pojke, det är hon.« »Vet du, Edith, promiskuitet spelar ingen roll.« »Naturligtvis inte, min käre pojke. Bort den tanken!«

Att Edith Sitwells asexualitet var utmanande i de kulturella kretsar hon rörde sig i blev tydligt när hon i början av trettiotalet fick en förfrågan av det nybildade Sexual Reform Society om att stödja deras kamp för en legalisering av homosexualitet. »Jag har svårt att tro att någon skulle behöva uppmuntran«, svarade hon i ett brev, »och vi har faktiskt nog av det, utan att vi lär upp nya rekryter.«

Hennes avspisande svar speglar det mer generella faktum att hon aldrig kunde uppbåda något intresse för ideologiska tvångströjor och politisk korrekthet. Hon tvivlade på att politik och god poesi kunde samexistera och valde i så fall tveklöst det senare. I det alltmer politiserade trettiotalet var detta ett skäl till att hennes stjärna dalade. Ständiga ekonomiska problem tycktes bekräfta hennes nederlag. Kanske hade hennes plötsliga framgång bäddat för ett lika snabbt försvinnande.

Sommaren 1944, samma år som hans barnbok *Det blåser på månen* först publicerades, klev Eric Linklater in i Castello di Montegufoni genom en glasad terrassdörr. Han bar uniform. De allierade hade, efter att slutligen ha vunnit slaget om Monte Cassino och tagit Rom, avancerat norrut genom Italien, och Linklater råkade vara den förste allierade officeren i Montegufoni.

Det han såg var en anmärkningsvärt bra reproduktion av Botticellis *Venus födelse*, som stod lutad mot väggen i rummet. Han lät blicken svepa vidare och noterade en lika bra reproduktion av samma konstnärs mästerverk *Primavera*. I ett hörn stod något som verkade vara Giotto di Bondones altartavla *Ognissanti Madonna*. En rund duk, lik något av Michelangelos lärare Domenico Ghirlandaio, låg med bildsidan upp på en plint och såg ut att ha använts som matbord.

Eric Linklater började ana att det han såg inte var reproduktioner.

Ett gott stycke in i andra världskriget, 1942, hade en motvillig sir George tvingats lämna sitt italienska slott, vilket i praktiken varit hans permanenta hem i flera år. Slottet togs i beslag av den italienska staten, som använde det som säker lagerlokal för de främsta konstverken från Uffizierna och Pittipalatset i Florens. Flyktingar, tidvis upp till 2 000 personer, hade också haft slottet som en tillflykt, tills den tyska armén slängt ut dem och upprättat ett högkvarter. Det var de tyska officerarna som byggt sig ett så exklusivt matbord.

Sommaren 1944 var det uppenbart att axelmakterna var på slutgiltig reträtt. De allierade hade i juni landstigit i Frankrike. Men kriget var långt ifrån vunnet. I London hade ett nytt, spöklikt hot just tillkommit: de förarlösa V1-bomberna. När deras karaktäristiska surrande motorljud tystnade visste alla att bomben var på väg att falla. Edith Sitwell och hennes båda bröder stod, ungefär samtidigt som Linklater klev in i Montegufoni, på scenen i Churchill Club i London, en officersklubb som drevs av Winston Churchills svärdotter Pamela. Lokalen var fullsatt, de skulle läsa ur egna verk, och Osbert började. När det blivit Ediths tur kom hon snart in på den dikt som åter gjort henne till en poet mitt i samtiden. Den heter »Still Falls the Rain« och publicerades ursprungligen i *Times Literary Supplement* hösten 1941 som en kommentar till de tyska bombräderna mot London 1940.

Still falls the Rain
Dark as the world of man, black as our loss
Blind as the nineteen hundred and forty nails
Upon the Cross.

Still falls the Rain
With a sound like the pulse of the heart that is changed to the
hammer-beat
In the Potter's Field, and the sound of the impious feet

On the Tomb:
Still falls the Rain ...

Upprepningen av titelfrasen förmedlade den uppgivet olycksbådande känsla dikten syftade till, och som en bekräftelse hördes flyglarmet när hon kommit några rader in i dikten. Edith fortsatte att läsa.

Strax växte det välkända ljudet av en V1-bomb utanför lokalen och civilförsvarets flygspanare blåste i sina visselpipor för att varna alla som hörde signalen att ta skydd. Edith fortsatte att läsa.

Still falls the Rain
Still falls the Blood from the Starved Man's wounded Side:
He bears in His Heart all wounds, those of the light that died,
The last faint spark ...

I publiken, mestadels brittiska, amerikanska och samväldesofficerare, märktes en rastlös nervositet, men ingen reste sig. Det var en varm dag. Fönstren var öppna, och ljudet kom närmare. Edith fortsatte att läsa.

Still falls the Rain
Then – O Ile leape up to my God: who pulles me doune –
See, see where Christ's blood streames in the firmament ...

Bomben var mer eller mindre direkt ovanför lokalen när den tystnade. Publiken lät undslippa sig en kollektiv suck, för den visste att bomben inte föll rakt ned utan först glidflög en sträcka. Edith hade precis läst den sista raden – »Still do I love, still shed my innocent light, my Blood, for thee« – när ljudet av explosionen hördes en kilometer bort. Publiken gav henne stormande applåder. Det var en uppvisning i engelsk återhållsamhet. Edith själv var inte fullt lika högtidlig i ett brev där hon beskrev incidenten: »Jag måste säga att jag kände mig ganska gammeldags när tingesten var precis ovanför taket och fortsatte puttra genom hela dikten!!!«

Edith Sitwell skrev åter poesi och fick positiva recensioner. Mottagandet var inte en ren slump. Osbert hade givit Edith rådet att hon måste ompröva sin diktning, för att inte hamna helt i skuggan av den samhällstillvända vänsterpoesi som för tillfället dominerade. Hon följde hans råd och började skriva på mer allmängiltiga teman. Hennes stil var fortfarande hennes egen, och det påpekades att hon hade en markerad tendens att återkomma till samma symboler – solen, lejonet, det vitnande benet, guld, honung, rosor – och till och med samma fraser. Även tidigare kritiker erkände att hennes krigsdiktning hörde till tidens bästa. Edith Sitwell hade lyckats återskapa och rent av höjt sin status i den litterära världen.

Som vanligt hade det inte skett utan visst buller. Edith lät publicera en antologi 1940, och i en recension i *Reynolds News* passade en Hamilton Fyfe på att inte bara kommentera boken, utan även Sitwellsyskonen:

> Bland tjugotalets litterära kuriosa kommer vi att återfinna familjen Sitwells popularitet, en syster och två bröder, vars kraft och självsäkerhet pressade dem till en plats som deras förtjänster inte kunde ha givit dem. En bror skrev roande politisk vers. Systern framställde en biografi över Alexander Pope. Nu är de skattade åt förgängligheten och erinras oss med ett vänligt om än aningen cyniskt leende.

Det skulle herr Fyfe inte ha gjort. Edith mobiliserade Osbert och en aningen mindre entusiastisk Sacheverell, övertygade ett juridiskt ombud om att här fanns ett ärende och stämde tillsammans med syskonen tidningen för förtal. Att Edith skulle vara bortglömd ansåg hon vara ett skriande sakfel, något hon gjorde klart i korsförhör:

– Ni menar inte att ni och era bröder är i närheten av att vara så framträdande i dag, som ni var under tjugotalet?
– Jo, det gör jag.
– Jag hävdar att er popularitet och den uppståndelse ni skapade har falnat?
– Jag håller inte med.
– En fullständigt rättvis kritiker kan ha tyckt det?
– Verkligen inte.

Tidningens advokat påpekade att Edith själv inte var främmande för skarpa omdömen. Hade hon inte liknat Alfred Noyes poesi vid »billigt linoleum«? Jovisst, svarade Edith. Men billigt linoleum är mycket användbart.

Edith skrev dagen efter till en vän: »Jag gav vad jag anser vara en vacker tolkning av en älskvärd, mildsint gammal dam, stinkande av lavendel och omslingrad av gammal spets, i vars mun smör, även under de blomstrande dagar då smör stod att få, inte skulle ha smält.«

Sitwells vann och tilldömdes 350 pund vardera i skadestånd. Segern var inte bara juridisk, för glömskan stod knappast runt hörnet. Det skulle komma mer från den nya, hyllade Edith Sitwell som skrivit »Still Falls the Rain«. Hennes popularitet verkade samvariera med oroskänslor i samhället.

Hösten 1945 satt Edith på ett tåg till Brighton. Hon skulle hålla en uppläsning i Royal Pavilion och bar en vid, dramatiskt svart klänning, mörk päls, purpurröd turban och, naturligtvis, gigantiska smycken. Osbert satt bredvid henne – han skulle också uppträda – och läste *Times*. Han visade henne en artikel som innehöll en ögonvittnesskildring från Hiroshima. Edith blev djupt skakad. På våren året därefter hade chocken mognat till inspiration, och tre dikter om atomåldern blev resultatet, med »The Shadow of Cain« som början. Diktverket handlade, med Ediths egna ord, om »det andra syndafallet«, och kritiker hyllade verserna som de bästa om det krig som just avslutats. Cyril Connolly konstaterade att de yngre »progressiva« diktarna inte klarat av att ta sig från politisk journalistik till riktig litteratur och att man därför måste vända sig till mer självständiga diktare för att finna något av värde. Bland dessa stod syskonen Sitwell främst.

Vänsterradikaler som tidigare hånat Ediths världsfrånvända diktning gjorde helt om på ett komiskt vis. En programmatisk marxist, Jack Lindsay, ägnade betydande energi åt att leda i bevis att »The Shadow of Cain« var en revolutionär, marxistisk dikt. Den hade uppenbart kristna metaforer, tydliga redan i titeln, men enligt Lindsay betecknade dessa egentligen »sociala konflikter« och klasskamp. Han övertygade sin fru, som i sin tur läste upp den nästan tjugo år gamla *Gold Coast Customs* på ett vänstermöte i Hampstead och fick generalsekreteraren i det brittiska kommunistpartiet, Harry Pollitt, att gå i god för Ediths politiska sundhet: »Aye, jäntan har ett gott hjärta.«

Edith tog tacksamt emot allt beröm och såg ingen anledning att överpröva extremvänsterns tolkningar. Men hennes ointresse för politik, ett ämne hon diplomatiskt sade sig »inte förstå«, var knappast brutet.

Oförändrat var också det faktum att poesi, även då den uppskattades, inte gjorde poeten rik. Sedan *English Eccentrics* hade Edith publicerat en framgångsrik biografi över drottning Victoria och sin enda roman, *I Live under a Black Sun*. Redan vid krigets början hade hon inlett arbetet med ytterligare en drottningbiografi, *Fanfare for Elizabeth*, denna gång om Elizabeth I:s uppväxt. När den publicerades 1946 blev den en försäljningsframgång i både Storbritannien och USA. För Edith innebar det ett välbehövligt ekonomiskt tillskott, men boken blev också betydelsefull på andra sätt. Edith identifierade sig så till den grad med Elizabeth att hon näst intill var övertygad om att vara den döda drottningen reinkarnerad. Hon delade trots allt födelsedag med jungfrudrottningen. Hennes majestätiska hållning blev än mer uttalad.

Under Ediths arbete med boken, då kriget fortfarande pågick, besökte författaren Anthony Powell och hans fru Violet Renishaw Hall. Endast Osbert och Edith fanns på plats, och Edith och Violet ville åka till Sheffield för att besöka en hårfrisörska. Powell bestämde sig för att åka med, och precis när sällskapet var på väg ut tog Osbert honom avsides och sade: »Vi har lite ont om mat. Besvära inte Edith med det, men om det skulle bli tillfälle titta in hos herr den-och-den, fiskhandlaren, som ibland får tag på en lax. Han kanske har en idag.«

Laxen diskuterades i bilen på väg till Sheffield, och Edith, som aldrig lärde sig något om matlagning, frågade Violet Powell hur man skulle tillaga lax om det nu fanns sådan att få. Violet Powell beskrev utförligt hur man kunde gå tillväga och avslutade med att rekommendera att fiskstjärten användes till *kedgeree*, en enkel fiskrisotto med ägg som brukade serveras för att inget skulle gå förlorat i ransoneringstider. Edith lyssnade uppmärksamt, och väl framme i Sheffield svepte hon ut ur bilen och in i fiskaffären. Hon hade inte för vana att tränga sig förbi köer men hade huvudet fullt av de märkliga instruktioner hon just hört. För de köande måste hon ha framstått som en dignitär på statsbesök. Särskilt som hennes klädsel för dagen inkluderade en version av hög cylinderhatt, en huvudbonad »någonstans mittemellan en grekisk överabbots och en tatarryttares«.

Edith klev rakt fram till fiskhandlaren, som stod gapande i sin traditionella halmhatt, och fattade vänskapligt hans hand:

> Herr den-och-den, så länge sedan det var jag hälsade på er. Hur står det till? Och familjen? Ni ser själv pigg ut. Herr den-och-den, jag är här för att fråga er något, nämligen om ni råkar ha en lax. Vi behöver en lax för att göra kedgeree.

Anthony Powell noterade att fiskhandlaren bleknade och måste ha trott att huset Bourbon återvänt: »Lucullus själv skulle antagligen ha tvekat att använda en hel nyfångad lax till att göra kedgeree, åtminstone medan Rom låg i krig.« Men trots ransonering, skändliga matplaner och åsidosatta köer producerades raskt en lax. Det är svårt att säga nej till en drottning.

Perioden kring andra världskriget var paradoxalt nog en av Ediths lyckligaste. Men obeaktat krigets fasor var allt inte solsken. Helen Rootham hade dött i cancer i maj 1938. Det var en känslomässigt svår händelse för Edith, inte bara därför att Rootham och hon i praktiken varit oskiljaktliga sedan Ediths tonårstid utan också därför att Rootham under många år hade varit ytterst besvärlig att leva med. Edith led, ironiskt nog, av att hennes vän börjat bete sig som en kunglighet och till och med trodde sig vara en återfödd serbisk prinsessa känd för att ha stoppat turkarnas framfart. Roothams död var därför en lättnad för Edith, ett faktum som hon hade svårt att hantera. Därtill kom en biomständighet som gjorde situationen ytterligare komplicerad. Roothams syster, Evelyn Wiel, blev kvar i Paris under kriget. Edith trodde på goda grunder att Wiel hade svårt att klara sig, kanske att hon till och med svalt. Hon försökte skicka pengar, men det var ett svårt projekt i krigets Europa.

Rootham var inte den enda som dog. Redan 1937 hade lady

Ida dött av lunginflammation på ett vårdhem i London. Hon och sir George hade just kommit hem på besök från Montegufoni. Lady Ida begravdes i Northamptonshire i närheten av det hus Sacheverell bodde i. Edith förmådde inte gå på begravningen. Mer anmärkningsvärt var att inte heller sir George gjorde det, med motiveringen att han var för svag. Strax därefter reste dock en pigg och frisk sjuttiosjuårig sir George tillbaka till sitt italienska slott. »Hypokondri var en av sir Georges alla hobbies«, skriver en levnadstecknare, och den hobbyn flammade lägligt upp när tråkigheter nalkades.

Hypokondri eller ej skulle även sir George dö innan kriget var över. Det var att döma av hennes egna texter en mer omtumlande tilldragelse för Edith än hennes mors död. En del av förklaringen var förstås prosaisk: sir George skulle efterlämna ett arv, och även om Osbert var nästa baronet och skulle få Renishaw borde något finnas för de två andra syskonen. Men till detta kom de omständigheter under vilka sir George dog.

Alla vädjanden till sir George att lämna Montegufoni hade i det längsta varit förgäves. »Jag antar att han tror att det här bara är ett litet internationellt missförstånd som snart blåser över«, skrev Edith till en vän när världskriget redan var ett faktum. Sommaren 1940 började sir George ändå inse allvaret i situationen, och med sedvanlig nervositet bytte han över en natt sitt stoiska lugn mot kvidande panik. Om hans barn inte kunde se till att skicka honom medel före december skulle han svälta, meddelade han. »Vilket slut och klimax på ett liv där man varit till konstant besvär för sin avkomma«, konstaterade Edith torrt. När sir George till slut tog sig ut ur Italien hamnade han hos avlägsna släktingar i Schweiz. För en man på 82 var riskabla resor genom fiendeterritorium inte att rekommendera, så i Schweiz blev han kvar.

På försommaren 1943 kom beskedet att sir George dött.

Edith och Osbert hade redan börjat misstänka att de schweiziska släktingarna lurade av honom pengar; nu verkade misstankarna bekräftas. Barnen hade anledning att bli djupt besvikna över testamentet. Nästan 80 000 pund, nära 30 miljoner kronor i dagens penningvärde, hade försvunnit från sir Georges schweiziska konto. Edith skulle ha fått 1 000 pund i årlig pension men fick istället ynka 60 pund om året. Det kapital som fanns kvar testamenterades till Sacheverells söner. Som den femte baroneten ärvde Osbert Renishaw och de inkomster som genererades från ägorna men inget kapital. Han hade dock året innan ärvt 1 000 pund av societetsvärdinnan Margaret Greville, som även testamenterat 20 000 pund till prinsessan Margaret, den blivande Elizabeth II:s syster, och ett halsband som varit Marie Antoinettes till prinsessornas mor, dåvarande drottningen.

Inget kunde bevisas om förskingringen, men det gjorde bara Edith säkrare på sin sak. Hon blev övertygad om att sir George inte bara bestulits utan också mördats. På Ediths uppmaning lät Osbert mediet mrs Nell St John Montagu avläsa »vibrationerna« i ett brev från sir George och ett annat från den schweiziska släktingen. Damen ifråga konstaterade att schweizaren var ohederlig och att sir George hade svävat i fara, men längre än så kom aldrig ärendet.

Till detta kom spänningar i den under lång tid så sammanväxta syskonskaran. Sacheverell hade gift sig 1925. Osbert hade svårt att acceptera att hans lillebror skaffat sig en ny förtrogen. Sir Georges död och besvikelsen över arvet gjorde nu saken värre. Bröderna, som tidigare varit så nära, fick allt svårare att tala med varandra – och mellan dem stod Edith. Den värld hon litat på ända sedan tonåren tycktes vara på väg att splittras. Det var tur att en ny värld fanns, redo att välkomna henne.

Edith Sitwell, snart sjuttio, satt och stickade en tröja till Marilyn Monroe. Vänskapen mellan den högkulturella poetjungfrun och Hollywoods främsta sexikon var, om än relativt flyktig, så fantasieggande att pressen trampade ned sina egna för att få något att rapportera. En dag 1956 skulle reportrar och fotografer storma in på Sesame and Imperial Club i Mayfair, där Edith hade bosatt sig, när de fått veta att Edith, Monroe och Monroes nye man Arthur Miller åt lunch tillsammans. Francis Sitwell, yngste son till Sacheverell, och hans tax Klaus satt också vid bordet och häpnade.

Edith och Monroe hade först träffats i Hollywood i februari 1954. Bildtidskriften *Life* hade fått den kittlande idén att föra de två storheterna samman. Edith fattade genast tycke för Monroe. Hon var tystlåten, utstrålade »stor värdighet« och var »extremt intelligent«. Iförd en grön klänning och med sitt blonda hår »liknade hon en påsklilja«, och Edith mindes i sina memoarer hennes ansikte som »profetiskt tragiskt« och hela hennes uppenbarelse som en »oskyldig fruktbarhetsdemons«. *Life*s redaktörer hade undrat hur i all världen de två skulle finna något att tala om, men det visade sig helt oproblematiskt. Edith och Monroe talade länge om Rudolf Steiner, vars filosofi Monroe intresserat sig för och som var bekant för Edith eftersom Helen Rootham under en period varit en brinnande anhängare av antroposofin.

Lojaliteten med Marilyn Monroe var djup. Edith försvarade henne med eftertryck när hon skandaliserades av att en gammal nakenkalender dök upp. Pressens febriga intresse för den märkliga kombinationen Sitwell och Monroe gick henne däremot på nerverna:

Upphetsningen – (trakasserierna har nu pågått i två månader) – är så stor att den nu nått Frankrike, Indien och Egypten. En tidning i Cal-

cutta påstår att min enda mening med livet är att »vara mor åt miss Monroe«. En egyptisk tidning påstår att jag ska »undervisa henne i filosofi«. De här människornas beteende är oacceptabelt.

Ediths förtjusning i Monroe samspelade med hennes nyvunna och bredare förtjusning i Amerika. Hon hade, tillsammans med Osbert och hans partner, klivit på *Queen Mary* i oktober 1948 för att genomföra en föreläsningturné. Hon var nervös för att möta amerikanerna, som hon hade vaga idéer om, men fast besluten att anlända i full paraduniform. Skräddaren Nina Astier på Kings Road hade anlitats för att sy upp en ny och tillbörligt slående garderob. Astier hade fått förhållningsordern att leta igenom Libertys kollektion av brokadtyger och att inte skära urringningarna så lågt att linnet riskerade att titta fram. Väl i New Yorks hamn byttes Ediths nervositet i beundran för Manhattan. New York, skrev hon, måste vara »en av de fyra vackraste städerna i vår nuvarande civilisation«. Hon förklarade sig överväldigad och fylld av känslan att alla var unga, för det var omöjligt att föreställa sig att gamla människor kunde vara så levande.

Amerika verkade vara lika imponerat av Edith som Edith var av Amerika. En publik på 10 000 personer kom till New Yorks stadshus för att höra och framför allt se Osbert och Edith läsa sina texter. Ett framträdande i Boston såldes omedelbart slut, och i Yale köade rader av amerikaner i hopp om att bli insläppta för att få se det engelska undret. Evelyn Waugh råkade vara i New York samtidigt och rapporterade i ett brev till Nancy Mitford:

[Osbert] har låtit sitt hår (annars så välansat av Trumper) växa så att han ser ut som Einstein. Han och Edith [...] har sjuhelsikes roligt. Varenda tidskrift har tryckt fotografier av dem på sex helsidor med rubriken »De fantastiska Sitwells«. Man har hyrt in den filharmoniska

orkestern, som är en verkligt stor sak i den här staden, att spela till deras diktrecitationer. Herre Gud som de njuter av det.

Edith reciterade *Façade*, 25 år efter föreställningen på Aeolian Hall, på Museum of Modern Art. Societetsvärdinnan Nancy Astor såg till att hon fick en ny klänning i guldbrokad, för denna gång var det inte fråga om att publiken inte skulle få se henne. Det var heller inget tvivel om att uppträdandet var en succé. Det var slutsålt – biljetterna kostade i dagens penningvärde närmare 2 500 kronor. Recensionerna innehöll inga oförskämda lustigheter, de var istället lyriskt underdåniga. Den amerikanska publiken kunde inte få nog av Edith. Hon var »så gotisk att man skulle kunna hänga klockor i henne«, sade en kvinna beundrande.

Besöket i Amerika bjöd på många intressanta bekantskaper. Edith fick möjlighet att till slut träffa Jean Cocteau, vars *Parade* – »barnkammarpoesi som drabbats av en tekniker« – hade varit inspirationskälla till *Façade*. Cocteau höll en lång monolog om en film om Jeanne d'Arc som han planerade med Ingrid Bergman i huvudrollen. »Ett faktum utlänningar sällan begriper«, avslutade Cocteau, »inte ens frankofila utlänningar som ni, mademoiselle, är att fransmän faktiskt inte gillar Jeanne d'Arc.« »Käre monsieur Cocteau«, svarade Edith som äntligen fick en syl i vädret, »det gläder mig att höra. För det slumpar sig så att det var en av mina förfäder som brände henne ...«

De följande åren skulle Edith resa en hel del, ofta till Amerika och än oftare till Montegufoni, där Osbert bodde under långa perioder. Stränga exportrestriktioner var ännu i kraft, och hon tvingades ansöka om exporttillstånd för sina egna smycken om hon skulle ta dem med sig. En ansökan, ifylld inför en semester i Italien, finns kvar och ger en aning om vad Edith betraktade som ett absolut minimum:

2 stora ringar med akvamariner – en rund och en oval.
Stort fyrkantigt hänge med akvamarin omgiven av små jadepärlor innefattade i mässing.
Stor brosch i rosenkvarts omgiven av jadepärlor.
Stor brosch i jacintzirkon.
Jadebrosch i form av en lotusblomma.
Mycket stor gul topas.
Ring med blek akvamarin (nästan vit) i form av två björnar.
Två slavarmband i guld [armband länkade till var sin ring med kedjor].
Stort förgyllt silverarmband som liknar manschett.
Stor ring i blekgrön massa som liknar peridot.

På resorna till Amerika räckte knappast sådan nödtorft. Hösten 1950 reste Edith och Osbert åter över Atlanten på föreläsningsturné. Turnén var större denna gång, och de skulle dessutom till västkusten, för Columbia Pictures ville diskutera filmrättigheterna till Ediths *Fanfare for Elizabeth*. Mottagandet i New York var lika varmt som förra gången, och precis som då råkade Evelyn Waugh vara i staden och kunde rapportera till Nancy Mitford:

Stackars Osbert är ett stapplande lik, Edith spelar Macbeth på Museum of Modern Art den 16 nov. Glenway Westcott som Banquo, David Horner [Osberts partner] i skotskrutig smokingjacka som Macduff. Lady Ribblesdale som häxorna. Biligaste platsen $ 5. Jag önskar att jag kunde gå.

Det var inte ett av Waughs bisarra skämt. Edith hade ombetts att välja något som kunde nå upp till, helst överträffa, läsningen av *Façade* under den senaste turnén. Hennes första tanke var att hon skulle spela drottning Elizabeth I och vara huvudpunkten i en balett med musik av Benjamin Britten, möjligen Igor Stravinskij, och med texter av Rimbaud. Hon skulle sitta på en tron, klädd med blommor och juveler och läsa en dikt om England med titeln *The Great Seal*. Det visade sig, till Ediths förvåning, ogenomförbart. Istället valde Edith en recitation av scener ur *Macbeth*. Det föll sig naturligt, menade hon, eftersom lady Macbeth »är en av mina förmödrar«.

Edith uppträdde i en mantelliknande klänning av mönstrad italiensk sammet, som enligt programmet var skänkt av Scalamandre Silk Inc. På generalrepetitionen var både Tennessee Williams och Gore Vidal i publiken, och Edith var övertygad om att allt blev mycket storslaget. Få, ens bland hennes medarbetare, delade den uppfattningen, och recensionerna var undvikande. Den allmänna meningen, även om den inte uttrycktes i skrift eller direkt till Edith, var att det hela var en grotesk katastrof. Men Edith hade gillat sin roll och skulle propsa på att uppträda i den vid senare besök i Amerika.

I januari 1951 anlände syskonen Sitwell till Hollywood. Edith älskade genast Los Angeles, med all glamour på Sunset Boulevard och »daggen i mimosaträden«. Hon träffade stjärnor som Mary Pickford, Ethel Barrymore och Harpo Marx och återknöt kontakten med Aldous Huxley, som flyttat till Amerika 1937. George Cukor på Columbia förklarade sig villig att bekosta en bearbetning av *Fanfare for Elizabeth* till film, och Edith gav en recitation, inklusive rollen som lady Macbeth. Väl hemma i England igen hölls några månader senare en presskonferens när det blev officiellt att *Fanfare for Elizabeth* skulle bli film. Edith, iklädd en hatt som förde tankarna till Tudorepoken, förklarade att hon hade för avsikt att skriva hela manuset i sängen och att det inte var hennes första film. Tjugofem år tidigare hade nämligen någon ställt en kamera framför Edith, Osbert och Sacheverell då de läst sina dikter.

Resorna över Atlanten upprepades och följde samma mönster: först New York och sedan Hollywood. De gav alltid Edith någon ny impuls. Mötet med Monroe var en sådan. En annan var när Aldous Huxley tog med sig Edith till Forest Lawn-kyrkogården, förlagan till Whispering Glades i Evelyn Waughs *The Loved One*. Edith blev särskilt förtjust när hon fick veta att det romantiska bröllopskapellet fick sin värme från det närbelägna krematoriet.

Filmmanuset, som bearbetades av amerikanerna och skickades till Edith för fortsatt justering, var däremot inte till förtjusning. »Filmen börjar nu med vad som verkar vara ett slags kuddkrig i 'studentkorridoren' i sjätte klass på St Winifreds«, klagade Edith och fortsatte: »Det är massor av 'hårda tag'. George Boleyn kliver in i Annes rum när hon bara har en handduk på sig! Henrik är antingen stupfull på golvet eller så stryker han omkring i pyjamas eller så snarkar han i sängen ... Elizabeths guvernant säger: 'Ge flickan några kakor!'«

Manusförfattaren som Hollywood givit i uppdrag att bearbeta Ediths bok diskuterade materialet på ett sätt som inte lugnade henne:

> *Och nu kommer vi [...] till den där scenen där du låter de där kardinalkillarna hota kungen [...] med evig förtappelse. Och du låter kungen säga till dem: »Det är helt OK, grabbar, kör på ni! Och ni tjommar kan sticka och tala om för er chef påven att jag är kung av England! Och åt helvete med hans eviga förtappelse!«*

Det blev inte bättre med fler omarbetningar: »Man är helt beredd på att se kung Henrik klippa gräsmattan i skjortärmarna efter arbetstid«, ondgjorde hon sig: »Anne Boleyn äter snask bakom en pelare och nyper Jane Seymour i stjärten bakom kardinal Wolseys rygg.«

Till råga på allt hade Hollywoods skvallerreportrar börjat bli en plåga. Edith gav dem inget material, så de hittade på dylikt själva och antastade henne då hon visade sig offentligt. Edith utfärdade en generell, allvarlig varning till skvallerpressen: »Det är klokt att minnas att det är ofarligare att reta upp en svart mamba under parningssäsongen än att irritera mig.« Den gjorde ingen skillnad. Till sist smittade irritationen av sig på det Hollywood som hon till en början älskat: »Jag vill aldrig se stället igen, jag avskyr det verkligen.« Columbia Pictures meddelade 1955 att filmen skjutits upp på obestämd framtid.

Inte heller i London var allt som det borde. Grannfastigheten till Sesame Club renoverades, och som vanligt inledde Edith en vendetta mot fridstörarna: »Jag tänker sysselsätta mig med att köpa huggormar från Harrods husdjursavdelning, föda upp dem i mitt rum tills de är fullvuxna och sedan sända dem i postpaket till grannen.« Men det fanns också glädjeämnen, för parallellt med Ediths upptäckt av Amerika erkände det etablerade England till slut sin upptäckt av Edith. Leeds universitet var 1948 först med att tilldela henne ett hedersdoktorat i litteratur. Durham gjorde detsamma 1949, och i mars 1951, när Edith kom till sitt hotell i New York, väntade ett brev på henne som meddelade att Oxford ämnade ge henne doktorsvärdighet samma sommar. Det var hennes vän Maurice Bowra, på väg att tillträda som rektor för Oxford, som drivit igenom beslutet, och Edith förklarade snart för alla som ville lyssna att den enda andra kvinna med ett hedersdoktorat från Oxford var drottningen. Redan med doktoratet från Leeds hade hon börjat signera brev med tillägget D.Litt. efter sitt namn. Nu skrev hon »D.Litt. D.Litt. D.Litt«, tre gånger i följd, särskilt i brev till personer som hon ansåg förtjänade en näsbränna.

Till Bowra skrev hon ett översvallande tackbrev och förklarade att hennes resa, som börjat med diktsamlingen *The Mother*

1915, i och med hedersdoktoratet från Oxford nått sitt mål. Hon uppskattade särskilt de magnifika ceremoninier med vilka engelska universitet firade utnämningar av sina hedersdoktorer och skrev, efter att ha varit i Durham och där mottagit sin titel, att det grämde henne att hon inte kunde bära sin doktorsutstyrsel till vardags:

Den var underbar. Blekt jordgubbsfärgad siden, tyngd av riktig guldbrokad med en konsistens som mandelmassa, med dunkelt guldgnister över sig. Och en mössa i mjuk svart sammet, diamantformad, som såg ut att vara på väg att skjuta skott i form av fjädrar i hörnen.

Den offentliga upphöjelsen var inte bara en välsignelse. Den ökade publiciteten gjorde åter Ediths person till föremål för stilövningar bland skribenter med en känsla för det udda. »Hennes reslighet, hennes imponerande hållning och hennes Junolika proportioner gav henne framtoningen av en hermafroditisk livregementsofficerare, förklädd till madonna i en religiös parad i 1700-talets portugisiska Goa«, skrev en särskilt inspirerad författare, till Ediths uttryckliga ogillande. Högar av post följde från beundrare, hoppfulla poetaspiranter och alldeles vanliga galningar som fångats av hennes egenartade uppenbarelse. Med hjälp av Sacheverell konstruerade Edith till slut ett standardformulär som skickades som svar till de enerverande brevskrivarna:

A. Fullständigt namn ...... (Texta genomgående!)
B. Prov på namnteckning ......
C. Passnummer ...... (Till detta måste bifogas sex fotografier i storleken 2 ¼ x 4 tum och dessa måste vara signerade av såväl en präst som en fredsdomare. De måste, dessutom, ha tagits under de senaste sex månaderna. Äldre fotografier är inte giltiga.)

D. Fingeravtrycksnummer ...... (om sådant finns)

E. När föddes ni ......

F. Var föddes ni ......

G. Hur föddes ni ......

H. Om ej, varför inte ......

I. Av vilket skäl reser ni dit ......

J. Om så, vart ......

K. Vilket kön har ni ......

L. Er frus ålder, kön och vikt ......

M. Er fars fullständiga namn ......

N. Er mors fullständiga namn som ogift ......

O. Har några av era släktingar någonsin varit inskrivna på mentalsjukhus ......

P. Om ej, varför inte ......

Q. Om så, uppge fullständig information inklusive bifogat fotografi ......

R. Mötte ni någonsin Burgess och Maclean eller någon som någonsin kände dem? Till detta sista svar måste bifogas ett intyg utfärdat i närvaro av representant för edsmyndighet ......«

Universitetet i Sheffield tilldelade Edith ett fjärde hedersdoktorat 1955, men då var doktorstitlarna redan överspelade, för i juni 1954 kom beskedet att hon skulle bli Dame Commander of the Order of the British Empire. En bekant som artigt kallade henne »doktor Sitwell« strax efter att hedersbetygelsen dame delats ut blev välvilligt upplyst om att tituleringen uppgraderats: »I själva verket använder jag dame i år.« En amerikansk reporter som undrade varför hon kallade sig »dame« – antagligen därför att han bara hört begreppet ur Raymond Chandlers privatdetektiv Philip Marlowes mun – fick svaret: »*Jag* kallar mig inte det. Drottningen gör det.«

Men de brittiska hedersbetygelserna kom lägligt, för Ediths

tålamod med sitt hemland hade länge varit på upphällningen. Hennes vana att gång på gång återanvända symboler och hela fraser i sin poesi hade lett till vassa kommentarer. Edith försvarade sig som hon alltid gjort: Om hon nu hittat det perfekta sättet att uttrycka något vore det dumt och irrationellt att beskriva samma sak på ett sämre sätt. Men det hjälpte inte. Samtidigt som det officiella Storbritannien samlade sig för att erkänna henne började det litterära Storbritannien, som sedan »Still Falls the Rain« hållit henne högt, åter tvivla. Samlingsvolymer av hennes poesi i aningen olika form och med aningen olika innehåll gavs ut på båda sidor Atlanten. I Amerika fick de vederbörlig uppmärksamhet, men i England möttes de med mindre och ljumma recensioner. Samma år som universitetet i Durham gav Edith doktorstitel hade hon varit så upprörd över bristen på uppmärksamhet och entusiasm i England att hon lovade: »Jag ska aldrig, *aldrig*, låta den brittiska allmänheten se någon mer dikt av mig.« Hon var, för ett ögonblick, fast besluten att bara publicera sig i Amerika.

Ediths mer begränsade litterära genomslag berodde i någon utsträckning på framväxten av nya litterära ideal, främst inom the Movement. Det var tredje gången Edith blivit part i en strid mellan litterära generationer. Första gången, då motståndarna var georgianerna, hade hon själv varit den unga, föraktfulla kritikern. Nu, precis som under trettiotalets politisering men i mycket högre grad, var hon en representant för det gamla etablissemanget. Debatten efter den dåliga recensionen av *Gardeners and Astronomers* i *Spectator* visade hur hala hennes motståndare var.

Edith hånade i sitt första brev entusiasmen över vad hon ansåg vara mediokert: »Jag kommer, utan tvivel, att upplysas om att Little mr Tompkins (eller vad han nu kan heta), denna veckas store, nye poet, inte arbetar in tidigare använda fraser i sina verk, skruvar till dem och ger dem en ny mening.« En av the Movements företrädare svarade, under pseudonymen »Little mr Tompkins«. Edith fortsatte korrespondensen i ett brev där hon suckade över den okände »tröttsamme person« som skrivit under pseudonymen, samtidigt som hon öste beröm över Kingsley Amis debutroman *Lucky Jim*, som visade att det åtminstone kunde komma bra prosa ur the Movement.

Det var inte ett okaraktäristiskt försök att släta över en motsättning. Edith hade uppskattat *Lucky Jim* till den grad att hon skrivit till Amis och berättat att hon redan läst hans roman två gånger tio dagar efter att den kommit ut: »Ni är en född författare. Era gåvor, er observationsförmåga, era insikter är synnerligen anmärkningsvärda, och ert sätt att hantera språket är helt enkelt briljant.« Hon skrev också till honom och kommenterade vad hon nu döpt till »Spectatoraffären«: »Inte en enda av dem som varit oförskämda nog att angripa mig har minsta spår av talang för poesi. De kan helt enkelt inte skriva.«

I nästa nummer av *Spectator* publicerades ett brev från just Kingsley Amis: »En författare i början av sin karriär kan sällan hoppas på så generöst beröm som det som återfanns i det sista stycket av dr Sitwells brev. Samtidigt känner jag att jag borde påpeka att det är jag själv som är 'Little mr Tompkins'.«

Hedersbetygelserna fortsatte att regna över Edith. På hennes sjuttioårsdag 1957 ordnade *Sunday Times* en högtidslunch med påföljande seminarium där hon hyllades av olika storheter, och *Daily Express* föreslog att hon skulle sitta i överhuset. Året efter valdes hon, i sällskap med Somerset Maugham och Winston Churchill, till en av tre nya viceordföranden i Royal Society of Literature. Upphöjdheten gjorde inte att småsaker tilläts passera okommenterade. När en artikel i *Times* 1959 berättade att en poet tagit fasta på något nyskapande han hade hört i ett amerikanskt radioprogram och hade för avsikt att recitera sin poesi till jazzmusik blev ett brev till redaktören oundvikligt:

År 1922 (för 37 år sedan) producerade sir William Walton och jag tillsammans ett verk, Façade. *[...] Jag har inget emot att mr Logue och hans vänner fortsätter att recitera sina dikter till jazz om det roar dem. Men jag vore tacksam om deras ansträngningar inte hyllas som en ny experimentell konstart och om de inte hävdar att de är dess uppfinnare.*

Trots hyllningarna kunde Edith inte heller frigöra sig från känslan av att vara »en impopulär elektrisk ål i en damm fylld av guldfiskar«. Osbert hade drabbats av Parkinsons och var rullstolsbunden. Ediths egen kropp förföll. Hon drack alltmer och fördrev tiden med att läsa billiga detektivromaner. Om man tidigare kunnat spåra drag av sir George fick Edith nu allt tydligare drag av lady Ida.

Liksom för lady Ida, om än i mindre skala, var ekonomin ett ständigt problem. Boendet var dyrt. Edith levde inte direkt på stor fot men hade ingen talang för hushållning. Då och då behövde hon till exempel köras någonstans, och det självklara var då att ringa Londons främsta uthyrare av Bentleys med chaufför. Edith hade anställt en sekreterare, Elizabeth Salter, som i själva verket blev en personlig assistent. Salter hade delvis fått jobbet just därför att hon skrev detektivromaner, men hennes omsorger skapade reda i Ediths liv. I början av sextiotalet, när skattekrav åter fick de ekonomiska problemen att torna upp sig, reste Salter till Ediths gamla lägenhet i Paris där Evelyn Wiel ännu bodde kvar. Hon skulle hämta de ägodelar Edith lämnat där före kriget. Det hon fann överträffade alla förväntningar: bakom en bokhylla stod flera målningar av Tjelitjev, och i en skrubb, vars dörr hade tapetserats över för att tyskarna inte skulle komma åt den under kriget, hittade hon 56 gamla anteckningsböcker som Edith fört genom åren. Allt såldes med god förtjänst på auktion, utom ett av Tjelitjevs porträtt av Edith som hon behöll. Han hade dött 1957, samma år som Edith fyllde sjuttio, och trots deras ansträngda förhållande saknade hon honom mycket.

När hon en kväll stapplade in på Sesame Club frågade nattportiern om hon önskade något särskilt till morgonen. »En kista«, svarade hon. »Svart eller vit?« undrade portiern.

Med några årtiondens perspektiv är Edith Sitwell inte lika förbryllande som hon var för flera av sina samtida. Det fanns ett tydligt mönster i egenheterna. Det fanns där redan 1923 när Edith försvarade sin modernism med att den var del av en tradition. Det fanns både i hennes poesi och i hennes prosa, som hämtade ideal ur historien, inte från en inbillad framtid. Det fanns i hennes förmoderna ointresse för politik. Det fanns i hennes uppläxningar av ohyfsade och oförskämda. Det fanns i hennes krav på lojalitet. Det fanns i hennes livslånga stolthet över att kunna spåra sin släktlinje till Plantaganets, Macbeth och Robert Bruce. Men det fanns framför allt i hennes djupt romantiska syn på poesi och konstnärer och hennes övertygelse om deras rätt och skyldighet att skapa det nya och unika.

Hennes samtid såg det senare som modernism. Men hon hade själv, i sin definition av excentricitet som något som förenar adelsmannen och geniet, givit en ledtråd: I förakt för ljum medelmåttighet och kärlek till anarkistisk självständighet möts konstnärlig avantgardism och aristokratisk livssyn. De kan förväxlas. Som etablerad poet skrev Edith Sitwell: »Poesi ska aldrig vara medelklass. Den ska antingen vara 'aristo' eller bonnig.« Hennes poesi var påtagligt »aristo«. Under Edith Sitwells tunna skal av modernism fanns en hård kärna av nästan feodala värden.

Det var också det som gjorde henne så djupt engelsk.

Programmet inleddes med svepande bilder av ett par jättelika barockkandelabrar, ett smickrande fotografi av programledaren, John Freeman, och ett inte lika smickrande men fascinerande porträtt av Edith Sitwell. Feliks Topolski hade målat porträttet särskilt för intervjun i *Face to Face* våren 1959. Det fångade Ediths fågellika skörhet, med den vassa näsan och de beniga händerna, men också hennes magnifika pondus. På den tunna kroppen hängde en tung, vidärmad, mantellik klädnad. På hennes utmärglade kranium satt en hatt, lik en krona av fjädrar. Edith fyllde det signalement hon själv givit Peaky nästan sjuttio år tidigare: stolt, krönt och vacker.

Målningen hade ett tydligt drag av karikatyr, men när kameran istället fångade den verkliga Edith framstod porträttet nästan som fotografiskt realistiskt. Hatten hon bar påminde verkligen om en krona – hon kallade den själv sin »fågelkungshatt« –, och över axlarna var en hermelinpäls draperad, nyinköpt på Regent Street. John Freeman, känd för sin förhörslika intervjuteknik, gick rakt på Ediths klädval. Varför klädde hon sig så egenartat? Edith förklarade att hon inte hade något val:

> Jag kan inte bära moderiktiga kläder. Jag är en atavism av avlägsna förfäder. Jag skulle verkligen se extremt underlig ut om jag bar kappor och kjolar. Jag skulle bli förföljd i kilometer, och människor skulle tvivla på den allsmäktige om de såg mig i en sådan utstyrsel.

Trivdes hon numera på landet? Det gjorde hon. Vad var det hon uppskattade där? »Tystnaden och att inte behöva svara på löjliga frågor.«

Den halvtimmeslånga intervjun uppfyllde inte bara alla visuella förväntningar på Edith Sitwell, hon gav även publiken den strängt bitska, lätt vansinniga och ändå godmodiga dam de räknade med. Hon berättade med ett gillande leende att grundarna av Castello di Montegufoni brukade hälla kokande olja från slottsmurarna över ovälkomna gäster. Hon försökte inte dölja sin stolthet när Freeman citerade ett särskilt drivet omdöme om henne: »En farlig bolsjevik, överstarnas skräck, golfklubbarnas fasa och orsak till panik bland hundälskare överallt.«

Hennes fruktansvärda barndom behandlades: »Jag såg alldeles för mycket av min mor.« Och: »Hade jag varit kines skulle jag ha blivit utlagd i skogen med lindade fötter.« Hon slog fast att hon avskydde publicitet, men då och då måste man kliva fram för att sätta ohyfsade människor på plats. Skulle det inte vara lättare att undvika ohyfsade människor om hon uppträde obemärkt i regnrock och slokhatt? »Jag förstår inte varför jag skulle göra det, bara för att folk är oförskämda.« Freeman försökte få henne att gå med på att unga människor var mer oförskämda nu än förr. Han nämnde inte the Movement vid namn, men det var uppenbart vad han syftade på. Edith lät sig inte fångas så lätt. I ett avseende, sade hon med ett roat leende, gick hon med på att hon var mycket avskräckande: »Ingen ung människa skulle någonsin våga uppföra sig opassande i mitt sällskap.«

Det var lätt att tro henne.

Som så ofta kom intervjun att handla mer om hennes person och utseende än om hennes poesi, »recitatörens personlighet invaderade dikterna«. Hon uppskattade »enormt« alla hedersbetygelser hon erhållit men tillhörde verkligen inte etablissemanget på grund av sina titlar. Det viktiga var Konsten. »Poesi är en sorts religion för mig«, sade hon i en passage då den distanserade syrligheten gav vika för rak innerlighet. Under hela intervjun höll hon sin smala, slående graciösa vänsterhand i bild. Akvamarinringarna satt i dubbla rader på fingrarna. När bilden tonade bort av Edith, mullvadslikt blinkande med sina plirande ögon i det starka ljuset, gick många tittare direkt till sina skrivbord för att skriva henne kärleksfulla brev. Prinsessan Margaret, Elizabeth II:s yngre syster, skickade från och med det året julkort till Edith, och Edith tackade i småputtriga brev som hon, enligt korrekt form, avslutade: »Jag är, Madam, Ers Kungliga höghets ödmjuka och lojala tjänare, Edith Sitwell.«

Hon hade blivit en nationalskatt.

Ansträngningen gjorde Edith så utmattad att hon var sängliggande i två veckor efter intervjun. Hon skulle göra ett sista TV-framträdande: I november 1962 var hon huvudperson i den brittiska versionen av *Här är ditt liv*. Hon ställde egentligen upp bara för att BBC gick med på att flyga över den hemhjälp hon haft under tiden i Hollywood. Velma LeRoy hade visat Edith Los Angeles svarta slum, en reell version av *Gold Coast Customs*. Den upplevelsen glömde hon aldrig.

Just hösten 1962 var, med tanke på Ediths allt svagare hälsa, nästan plågsamt aktiv. Strax efter *Här är ditt liv* höll Cecil Beaton sin lunch för drottningmodern. Och strax dessförinnan hade Edith suttit i den kungliga logen på Royal Festival Hall och låtit en publik på 3 000 personer hylla sig på sin sjuttiofemårsdag. Föreställningen inkluderade *Façade* och *Still Falls the Rain*. Iklädd en röd sammetsklänning, ritad av Tjelitjev, en hatt av medeltida snitt och en tjock guldkrage läste hon själv några dikter sittande i rullstol. Vid föreställningens slut stod hela publiken upp och applåderade henne. Edith blev så rörd att hon grät.

Hon hämtade sig snart och beskrev tillställningen »som något makabert ur Proust« och lät meddela att recitatören av *Façade* hade varit »outsägligt fruktansvärd«. Icke desto mindre, filosoferade hon, har »mycket få människor haft förmånen att närvara på sin egen minneshögtid«.

Det var sju år sedan hon hade konverterat till den katolska kyrkan. Förslaget hade varit Osberts, och Edith hade till sin egen förvåning funnit att det var en bra idé. För dem som läst hennes poesi kunde det knappast ha varit helt oväntat. De religiösa motiven fanns där från början, inte bara som symboler utan som en hel verklighet. Hennes grundläggande tro på tradition och samhörighet över tid likaså. Ändå var det ett beslut som väckte frågor. Evelyn Waugh ställde upp som hennes gudfader, och inträdesceremonin förlöpte utan några större incidenter, undantaget att Evelyn Wiel tappade en mängd armband som Waugh och Alec Guinness tvingades krypa efter mellan kyrkbänkarna i kapellet på Farm Street i London. Waugh hade oroat sig för att det i första hand var ceremonierna och scenografin som lockat Edith till kyrkan och skrev till den ansvarige prästen för att varna honom för extravaganser: »Det finns så många illvilliga människor som bara vill göra en Sitwell till åtlöje. Det vore tragiskt om detta hennes största ögonblick i livet på något sätt skulle besudlas ...«

Som det nu blev fanns inte ens en antydan till detta. Men om hennes konvertering till katolicismen inte handlade om prakt och ceremonier är det inte alldeles lätt att göra klart för sig vad den istället hade för drivkraft. Kanske var den ett försök att bli av med ilskan och nå försoning, men i så fall misslyckades det. Hennes sista publicerade brev, skrivet på dödsbädden, var ställt till *Times Literary Supplement* och handlade om en belgisk ponny som berövas en hov i slakthuset så att ägarfamiljen kan få »ett minne av dess trofasthet«:

»Min faders hus har många rum«, och jag hoppas att den lilla varelsen har funnit frid där. Vad gäller dess herre och hans familj: Jag har bara en önskan beträffande dem, och det är att de aldrig ska få ett ögonblicks sömn, vare sig i detta liv eller i det eviga helvete som alldeles säkert väntar dem.

När *English Eccentrics* blev opera i maj 1964 gjorde Edith sitt sista publika framträdande. Det var en närmast bisarr tilldragelse. Edith och Osbert kom till föreställningen i var sin ambulans och rullades in i var sin rullstol. Under operans slutscen, när en halvgalen och ensam Beau Brummell spelar kort med sig själv, blev de båda så rörda att de fick rullas ut ur salongen.

Strax därefter lade Edith sista handen vid sina memoarer. Snart, slutade hon boken, skulle allt vara över »utom ropandet och maskarna«.

En av de sista dikter hon skrev, »The Death of the Giant«, publicerades 1957, och hon meddelade en vän: »Förresten – men avslöja inget för Guds skull – [...] jag är jätten ifråga.«

Edith Sitwell dog den 9 december 1964. Hon begravdes i den lilla byn Lois Weedon i Northamptonshire, i närheten av sin yngste brors hem. Den lokale kyrkoherden gjorde den katolske prästen sällskap, och gudstjänsten var den första ekumeniska i England sedan Henrik VIII. I *Times* nekrolog kunde man läsa: »Under alla hennes förnäma åtbörder och koketterier och fantasier fanns, i livet och i litteraturen, en kärna av enkel och naturlig god uppfostran.«

En gammal familjevän, lady Aberconway, anlände sent till Ediths begravning, och i vad som verkade vara en sista uppläxning från Edith höll hon på att falla i den öppna graven då hon skulle lägga ned en blomma.

Edith bar i kistan den största akvamarinen i sin smyckessamling. Många andra av hennes smycken finns på Victoria & Albert Museum i London.

Av misstag lades Edith till vila bredvid »monstret« lady Ida. Familjen fick tillstånd att öppna graven och flyttade kistan till en annan del av kyrkogården. *Times* skrev svävande finkänsligt att Edith begravts i fel grav, men nu »vilade i närheten av sin mor«.

Flera artister, bland andra Morrissey och Shakespear's Sister, har på olika sätt använt Edith Sitwells verk i sin musik.

Renishaw Hall ägs sedan 2009 av Alexandra Hayward, dotter till Ediths brorson Reresby. Från och med 2010 kan allmänheten besöka både huset och parken.

Castello di Montegufoni är numera ett exklusivt lägenhetshotell.

När Evelyn Waugh på femtiotalet summerade Sitwelltrions storhet skrev han: »De förklarade krig mot tråkigheten.«

Den av Edith Sitwell avskydde D. H. Lawrence arbetade 1910 som lärare i Croyden. Där inledde han ett förhållande med en ung lärarinna, Helen Corke. Hon hade just haft en kärleksaffär med en gift man som tog livet av sig. Lawrence baserade sin roman The Trespasser *på hennes erfarenheter, och hon skulle själv bli författare och skriva flera biografiska texter om D. H. Lawrence. En av Helen Corkes förstaklassare det året hette Malcolm Muggeridge. Han blev med tiden känd TV-journalist och gjorde en dokumentär om sin gamla lärarinna. Han var också en av få kulturpersonligheter som engagerade sig i Mary Whitehouses kampanj för moralisk uppryckning.*

MARY WHITEHOUSE
(1910–2001)

BBC:S GENERALDIREKTÖR sir Hugh Greene hade sin beskärda del av den litterära talang som gjorde hans storebror Graham berömd. Om någon hade tvivlat på den saken så skingrades dubierna av tidskriften *Spectator*. Den lät utlysa en tävling som gick ut på att författa ett utdrag ur en icke existerande Graham Greene-roman. På tredje plats kom en Katharine Onslow, som visade sig vara en pseudonym för Graham och Hugh Greenes syster Elisabeth Dennys. Men på första plats återfanns Sebastian Eleigh, som efter en del undersökningar avslöjades som just sir Hugh. Graham Greene själv, som skrivit ett stycke under namnet Colin Bates, lyckades inte ens ta sig in bland de fem främsta bidragen.

För dem som kände sir Hugh var inte resultatet förvånande. Han var visserligen svag för kraftord och inte främmande för direkta oförskämdheter. Det påstås att han vid en familjemiddag muttrade: »Skicka saltet« till sin fru. Hon svarade, antagligen med tanke på att parets barn också satt vid bordet: »Säg det magiska ordet.« Sir Hugh tittade upp, fångade sin hustrus blick och sade med klar stämma: »Skicka det *förbannade* saltet.«

Men sir Hugh var ändå en bildad och beläst man. Det är inte alls osannolikt att han någon gång läste Guy de Maupassants novellsamling *Miss Harriet* och då fick sig till livs den här beskrivningen av en särskild sorts engelsk dam:

> Hon var, rent faktiskt, en av dessa människor med höga principer, en av dessa åsiktsstinna puritaner som England producerar i sådan mängd, en av dessa goda och outhärdliga gamla ungmöer som ansätter *tables d'hôte* på varje hotell i Europa, som förstör Italien, förgiftar Schweiz, gör de charmiga medelhavsstäderna obeboeliga och som överallt bär med sig sina befängda manier, sina uttryck av förstenade tempeljungfrur, sina obeskrivbara toaletter och en viss odör av kautschuk, som får en att tro att de om nätterna förvaras i gummifodral.

Det är inte heller osannolikt att sir Hugh, i det fall han läste detta, gjorde det med ett igenkännande flin. Även om de inte träffades vid pensionatsborden i Europa var denna enfaldigt pryda, engelska urdam precis vad sir Hugh såg i Mary Whitehouse. Han avskydde henne hjärtligt. Så hjärtligt att han hade låtit beställa en målning som föreställde en naken mrs Whitehouse utrustad med fem bröst. Den hängde på hans vägg därhemma, kanske som ett försök till revansch. För trots att hans idé om vad BBC skulle sända för slags TV-program i allt väsentligt segrade, så segrade ändå personen Mary Whitehouse på ett märkligt sätt över sir Hugh.

Det är svårt att föreställa sig en mer osannolik rebell än Mary Whitehouse. Hon var femtiofyra år gammal då hon inledde det korståg som skulle ge henne titeln »den farligaste kvinnan i Storbritannien«, och inget i hennes yttre ledde tankarna till en upprorsledare. Året var 1964, och varken medelålders kvinnor eller medelålders män hade ännu lagt sig till med vanan att gå i en andra ungdom efter fyrtio års ålder. Herrar bar ofta hatt, och damer förvandlades i all stillhet till tanter med början redan i de övre trettioåren. Mary Whitehouse var inget undantag. Hon bar klänning eller sedliga kjolar, ofta polotröja eller scarf för att täcka en redan blygsam urringning. På fötterna satt rejäla skor utan avsevärd klack, hon rullade sitt lagom korta, gråsprängda hår på papiljotter om kvällarna och såg ut över världen genom ett par tjockskalmade, kattlikt hornbågade glasögon. Hennes smycken var av den sort som inte kommer i vägen vid bullbak och naglarna välskötta men nedfilade för att inte brytas när tvätten skulle hängas.

Det fanns inte heller något i hennes ansiktsuttryck som antydde ett ilsket missnöje med tingens ordning. Hon hade den vänliga men bestämda blick och det förtröstansfulla leende som tusentals andra skolfröknar världen över burit genom historien. Hon utstrålade trygghet, ämnad inte bara för de barn som hon undervisade utan även för sina tre söner och en brorsdotter som flyttat in hos familjen Whitehouse efter att hon förlorat sin mor. Kanske fanns en ovanligt spänstig energi i Mary Whitehouses steg och något nästan flickaktigt i hennes snabba rörelsemönster, trots handväskan. Men så hade Mary Whitehouse också i tonåren varit en verkligt lovande tennisspelare och vandrade mycket och gärna på naturstigarna i sin hemregion Midlands.

Mary Whitehouse var helt enkelt en omisskännlig representant för det anonyma och skötsamma medelklassliv som hon delade med hundratusentals andra britter, långt ifrån den stora världens elegans, cynism och rastlöshet. Man skulle kunna säga att hon var den ökände rucklaren Jeffrey Bernards absoluta motsats. Det fanns visserligen en och annan intressant detalj i familjehistorien. Hennes farfarsfar var en förmögen affärsman från Glasgow, men hans son, Marys farfar, blev konstnär och gifte sig med en fattig flicka från de skotska högländerna. Familjen levde ur hand i mun, och Marys far, som också ville måla, förbjöds ett sådant karriärval och skickades istället iväg för att utbildas i herrekiperingsyrket. Med tiden och inte utan bitterhet blev han handelsresande i djurfoder. På Marys mors sida hade det en gång funnits både mark och pengar och dessutom ett mindre bryggeriimperium. Men förmögenheten sinade på 1800-talet, och Marys förfäder fick finna sina egna vägar. Många emigrerade, och en gifte sig med en maoriprinsessa på Nya Zeeland.

Av sådan fantasieggande exotism fanns inget under Marys egen uppväxt. Hennes föräldrar arbetade hårt för att försörja familjen, och de bodde i ett fuktigt gammalt stenhus utan charm, vilket balanserade ovanpå den medeltida stadsmuren kring Chester, vid gränsen till Wales. Marys lillasyster drabbades av polio, och hennes mor var sjuklig, vilket tärde på kassan. Mary gick i enkla kommunala skolor, och skälet till att hennes tennistalang aldrig fick blomma ut var att familjen av ekonomiska skäl tvingades tacka nej till ett erbjudande om att ge henne träning på distriktsnivå.

Ändå var det en trygg och harmonisk uppväxt, präglad av den sortens aktiviteter och institutioner som förenade skötsamma engelskor ur medelklassen. Samtidigt som jämnåriga flickor ur överklassen hade överdådiga debutantbaler i London och deltog i tjugotalets vilda nattliv var Mary aktiv i flickscouterna, campade med sina vänner och gjorde cykelutflykter på den ännu relativt oförstörda landsbygden med en bit ost, äpplen och saft i matsäcken. Hon var inte en anmärkningsvärt duktig elev men lyckades tillräckligt väl för att tilldelas ett stipendium som innebar att hon kunde utbilda sig till lärarinna, förutsatt att hon under två år arbetade gratis när hon fått sin examen. Det gjorde hon, utan att klaga. De flesta fotografier från hennes tid som obetald lärarinna visar tvärtom en ung kvinna fylld av oskuldsfull men okynnig livsenergi, en som inte verkar ha det minsta otalt med världen omkring sig.

Vill man finna något rebelliskt i Mary Whitehouses tidiga historia är det enda kända exemplet att hon under sin examensskrivning medvetet struntade i biologin, eftersom det var tillåtet att bli underkänd i ett ämne och ändå godkännas som lärare. Den uppenbara kalkylen – Mary fick 0 av 300 möjliga poäng i biologi – upprörde hennes examinator, men denne hade inget annat val än att styrka hennes examen.

Sin make, Ernest, träffade Mary när hon i mitten av trettiotalet, efter en olycklig men platonisk kärleksaffär, gick med i den då omtalade Oxfordrörelsen. Den hade inget att göra med universitetsstaden Oxford och ska inte förväxlas med 1800-talets högkyrkliga anglikanism kring Oxfordprästen John Henry Newman, senare katolsk kardinal. 1900-talets Oxfordrörelse var istället en amerikansk väckelse som startades av den lutheranska pastorn Frank Buchman. Den var inte en egen kyrka och hade inte heller någon avancerad sammanhängande teologi. Istället underströk den vikten av individuellt ansvarstagande för den egna själen, mycket som en reaktion på att många kyrkor blivit alltmer inriktade på sociala och politiska frågor. Den hade som grundidé att moraliska kompromisser förvred människans karaktär och förespråkade fyra absoluta värden – ärlighet, renhet, osjälviskhet och kärlek – i en sorts managementversion av bergspredikan. Anhängarna samlades i »house-parties«, där de förväntades berätta öppenhjärtigt om sina erfarenheter, brister och synder.

Oxfordrörelsen satte betydande spår i historien, inte minst därför att den attraherade många förmögna och intellektuella. I Sverige är det mest kända exemplet Sven Stolpe, som rent av drog med sig den blivande ledamoten av Svenska Akademien Bertil Malmberg. Ur Oxfordrörelsen växte också Anonyma Alkoholister, vars behandlingsmetod har stora likheter med

Oxfordrörelsens sätt att fungera. För Mary Whitehouse blev mötet med Oxfordrörelsen avgörande, oberoende av att det var där hon fann sin make. Hon lade sitt liv i Guds händer och förblev djupt troende fram till sin död. Rörelsens enkla och kompromisslösa levnadsregler stärkte hennes redan djupt rotade medelklassmoral, som anknöt till den skotska och engelska puritanismen. Det var passande att Oxfordrörelsen, inspirerad av tidsandan, döptes om till *Moral Rearmament*, moralisk upprustning, under andra världskriget. Mary var fast övertygad om att det inte var likgiltigt vilka lockelser och influenser en människas, särskilt ett barns, själ utsattes för.

Det var den övertygelsen som till sist skulle göra Mary Whitehouse till en osannolik rebell mot etablissemanget, lika välkänd som tågrånaren Ronnie Biggs och av många betydligt mer avskydd. Det hon slogs mot hade gjort ett blixtkrigsliknande intåg i efterkrigstidens brittiska vardagsrum: televisionen.

Times kallade sammankomsten »det märkvärdigaste möte som någonsin hållits i Birminghams stadshus«. Det var starka ord med tanke på att det var på just detta ställe den blivande premiärministern Lloyd George drygt sextio år tidigare livligt argumenterat mot det andra boerkriget i ett tal som slutat i kravaller. Lloyd George hade fått lov att smugglas ut iklädd polisuniform, och en person dog i oroligheterna.

Några dödsfall inträffade inte den 4 maj 1964, men det råder inget tvivel om att känslorna svallade. En man kastade sig upp på scenen just när Mary Whitehouse börjat tala och försökte vrida mikrofonen ur hennes hand. Marys make Ernest och två av hennes söner lyckades övermanna honom. Häcklare som placerat sig strategiskt runt om i lokalen försökte då tysta henne genom att skandera: »Vi vill ha sex! Vi vill ha sex!« BBC:s kameramän insåg att de bevittnade rent TV-guld och for som skadeglada illrar genom lokalen. Någon svarade med att bryta strömmen till BBC:s strålkastare, och mötet verkade riskera att sluta i totalt kaos innan det ens börjat. Då satte en grupp nunnor i foträta skor igång att rytmiskt stampa i golvet. Den stora majoriteten av de församlade föll in i takten genom att klappa händerna. Den högljudda minoriteten av häcklare stördes ut, och inom några minuter var ordningen återställd.

»Det har kanske aldrig hänt tidigare i Birminghams stadshus historia«, skrev *Times* morgonen efter, »att ett så framgångsrikt möte hållits av en så bräcklig organisation. Det finns inga styrelsemedlemmar, ingen kanslipersonal och inga fasta planer för framtiden, utom hoppet att människorna på detta möte ska sprida budskapet i andra delar av landet.« BBC:s TV-nyheter valde istället att fokusera på den inledande dramatiken. Det var inte så märkligt, för mötets nästan 2 500 deltagare, som tagit sig dit från hela landet i otaliga bilar och trettiosju bussar, pekade finger mot just BBC. Kallelsen från den tidigare helt okända *Clean-Up TV Campaign* hade rört en folklig nerv.

Mary Whitehouse hade inte haft en aning om vad hon satt igång. Förbi sin femtionde födelsedag med god marginal hade hon ingen erfarenhet av att umgås med eller ens träffa samhällets främsta. Det närmaste hon dittills kommit makten var att hon bott granne med den konservative parlamentsledamoten Enoch Powell. Den extremt bildade och tillbakadragne Powell skulle 1968 hålla ett tal, också det i Birmingham, där han varnade för de konflikter en fortsatt invandring skulle leda till. Han citerade den romerske poeten Vergilius strof från *Aeneiden* om de hemska krig som skulle få floden Tibern att skumma av blod och gjorde sig därmed politiskt omöjlig. Men paret Whitehouses relation med sin granne innefattade inga politiska diskussioner. Den innefattade inga diskussioner alls, bara artiga hälsningar. Mary Whitehouses bestående minne av Enoch Powell från denna tid var hans egenhet att inte plocka äpplena från sitt fruktträd utan att skaka trädet tills de föll.

Hon hade inte heller någon egentlig erfarenhet av att tala i offentliga sammanhang, utanför skolan. De enda undantagen var att hon 1945 hade tillåtits att i radio vädja om stöd för att hjälpa svältande barn på den krigshärjade kontinenten och att hon 1953 av en slump valts ut för att ge »en hemmafrus tankar« inför Elizabeth II:s kröning i radioprogrammet *Women's hour.*

Mötet i Birminghams stadshus var på sätt och vis en följd just av Mary Whitehouses bristande erfarenhet av offentligheten. En lokaljournalist hade frågat henne om hennes engagemang för ett mindre stötande TV-utbud bara var en åsikt eller om det skulle resultera i något. Ett möte, kanske? Javisst, svarade Mary. Och skulle detta möte hållas i Birminghams stadshus? sade journalisten till synes oskyldigt. »Det skulle jag tro«, svarade Mary, som inte ville verka feg och inte hade en aning om att lokalen, utan extrasäten, rymde hela 2 000 personer.

Hon var visserligen inte helt ensam. Under det knappa år som hon engagerat sig i TV-utbudets kvalitet hade hon kring sig samlat tre meningsfränder: sin man och sina vänner kyrkoherdeparet Buckland. Men för att fylla lokalen krävdes ytterligare 1996 personer. Varken Mary eller någon annan i hennes lilla grupp hade en aning om hur det skulle gå till.

Det vilade en påtaglig naivitet över Mary Whitehouses engagemang.

Det var ingen slump att 1963 var det år då hon först engagerade sig i TV-utbudet. Profumoskandalens berättelser om glamorösa eskortflickor och sex som tidsfördriv exploderade i pressen. Mary Whitehouses elever var lika fängslade av skandalen som alla andra. Modigare flickor kunde inte låta bli att tjusas av den eleganta Christine Keeler och justerade sina egna framtidsplaner och sitt beteende med henne i tankarna. Men det var bara toppen av isberget. Strax under vattenlinjen fanns ett ifrågasättande av alla etablerade moralregler och allt mer öppenhjärtiga krav på en »ny moral«.

Mary Whitehouse hade i skolarbetet redan kommit i kontakt med en mildare variant av detta. Som medansvarig för sexualundervisningen hade hon kunnat notera hur de centrala direktiven gradvis rensade ut resonemang som kopplade sexuallivet till moral, kärlek och vidare existentiella frågeställningar. Själv var hon av uppfattningen att sexualundervisningen var oerhört viktig, men den var det just därför att sådan undervisning kunde sätta in sexualiteten i ett större sammanhang. Det handlade om att öppet kunna tala om sexualitet för att skapa en förståelse för det ansvar som följde med sex, och hon lade ned betydande tid på att resonera om sådana ämnen med såväl sina elever som deras föräldrar. Sexualundervisningen skulle inte förstärka den avpersonifiering och exploatering som alltid hotade sexlivet utan utgöra en motvikt. Men tidsandan gick åt motsatt håll.

Ett av 1963 års mer omdebatterade uttryck för detta var den liberale anglikanske biskopen John A. T. Robinsons bok *Honest to God*, där han skissade en ny teologi, baserad på existentialismen. Hans budskap var att samtiden krävde en »sekulär teologi«, att »vår bild av Gud måste skrotas« och att moralregler måste vara relativa. Rätt och fel beror på situationen.

Robinsons inlägg var bara ett av många sådana tecken. Det brittiska utbildningsdepartementets hälsoansvarige förklarade samma år att »det inte var okyskt« med sex före äktenskapet. En välkänd läkare definierade i ett TV-program en »ridderlig pojke« som »någon som tar med sig preventivmedel då han ska träffa sin flickvän«. Det framstod som ett plötsligt skifte i ett land vars grundläggande konservatism var påtaglig. Något verkade ha hänt. Vissa var chockerade, andra åtminstone häpna. Det senare gällde även författaren Paul Johnson, som vid denna tid ännu var en tydlig vänsterman och ledande medarbetare i tidskriften *New Statesman*. I en recension av BBC:s TV-program *What Kind of Loving*, också det sänt 1963, skrev han:

> Fascinerande vilka råd unga människor får nuförtiden. Jag slog på BBC:s television och fick höra en panel experter diskutera sex före äktenskapet. Panelen bestod av en psykolog, hustrun till en biskop, en kvinnlig rektor och en präst. [...] Även om ingen vågade säga det i klartext verkade de alla vara för sex före äktenskapet, om vissa villkor var uppfyllda. Ingen var beredd att hävda den ortodoxa ståndpunkten enligt traditionell kristen moral. Prästen uppmanades två gånger att klargöra huruvida otukt är en synd men avböjde att ge något direkt svar.

Det var förstås ingen slump att diskussioner av detta slag sändes i BBC. Något *hade* hänt. Det britterna upplevde var de första uttrycken för den radikala kultur som skulle blomma ut i slutet av sextiotalet och början av sjuttiotalet. Vad som senare skulle kallas ett »kulturkrig«, mellan tradition och radikalitet, hade inletts. Det som under tidigare epoker hade varit avantgardism och subkultur hade nu letat sig upp i samhällshierarkin och kunde börja använda etablissemangets kanaler för att undergräva det etablerade. Sir Hugh Greene, som tillträdde sin position som generaldirektör för BBC 1960, var ett gott exempel. Han var utbildad vid Oxford, väl integrerad i den politiska, journalistiska och militära eliten, tog med glädje emot sin riddartitel 1964 och uppträdde i allt väsentligt med den självklara arrogans som alltid varit det brittiska etablissemangets. Men han såg också som sin roll att medvetet och ihärdigt se till att

BBC utmanade tabun, ifrågasatte gamla ordningar och störde enklare medborgares snäva moral. Sir Hugh var en representant för något som vi numera är vana vid: de radikala brukspatronerna, ett slags antielitistisk elit, som förenar förakt för populasen med en brinnande mission att omvända denna till moderna, vidsynta människor.

Mary Whitehouses naivitet visade sig i att hon till en början inte förstod att det fanns en tanke, man skulle till och med kunna säga en ideologi, bakom BBC:s utveckling. Hon verkade förutsätta, aningen suddigt, att kantringen i moralfrågor måste röra sig om något slags misstag eller missförstånd. I värsta fall kanske att någon inte riktigt förmådde sköta sitt arbete. Hennes första åtgärder speglade den naiviteten.

Hennes oro föddes ur att hon såg hur hennes elever påverkades av vad de sett på TV. Den öppenhet hon visat för att diskutera känsliga frågor, som till exempel sex, gjorde det naturligt att de vände sig till henne med sina bekymmer. Utbudet på TV dök allt oftare upp i de samtalen. Det gällde diskussionsprogram av det slag som *What Kind of Loving* var ett exempel på, som i sin vaga slapphet skapade förvirring om vad som kunde anses rätt och fel. Men det gällde kanske främst spelfilm och humorprogram, som allt öppnare visade sex och våld. Flickor blev rädda för pojkar efter att ha sett simulerade våldtäktsscener, och pojkar fick lära sig att de förväntades tafsa och glo så snart tillfälle gavs. Hon accepterade inte argumentet att den typen av påverkan rimligen bara kunde gälla »speciellt känsliga« personer:

> Sanningen är att alla människor är »speciella«, de flesta är mycket känsliga i ett eller annat avseende, och det är TV-producenternas oförmåga att försöka förstå hur djupt deras arbete påverkar människor som ger upphov till så stor, ofta förbittrad, frustration.

Mary Whitehouse bestämde sig för att förklara saken för dem. För första gången tog hon kontakt med sin tidigare granne Enoch Powell i ett ärende som hade att göra med hans politiska uppdrag, då som hälsominister. Powell lyssnade artigt och lovade att tänka på vad Whitehouse sagt. Hon kontaktade ITV, det kommersiella public servicebolag som hade upprättats 1955 för att ge BBC konkurrens. De tog emot den okända skolfröken och lyssnade också artigt. Hon skrev till BBC och bad om att få träffa sir Hugh, vid den tiden ännu mr Greene. Det gick inte, men hans andreman mr Grisewood kunde ta emot.

Mötet med Harman Grisewood blev en första ögonöppnare för Mary Whitehouse. Dels insåg hon att även han var bekymrad över BBC:s alltmer utmanande utbud men att han verkade osäker på om han kunde göra så mycket åt det. Dels stod det snart klart att mr Grisewoods uppfattning om vad ungdomar tyckte och tänkte skilde sig betydligt från den erfarenhet Mary Whitehouse hade från sin landsortsskola. Mr Grisewood, sällan i kontakt med den yngre generationen, förutsatte att moderna ungdomar helt kastat av sig gamla moralregler. Det var vad han fått lära sig av BBC:s medarbetare. Mary Whitehouse intygade att så inte alls var fallet.

Hon hade stött på något hon skulle uppleva många gånger: vuxna människor utan någon faktisk kunskap om vad som rör sig i ungdomars huvuden men med en övertygelse om att de måste tränga bort det gamla för att »hänga med«.

Med sin handfasta pragmatism fann Mary Whitehouse genast ett sätt att göra något åt saken. Hon bjöd in mr Grisewood och hans fru till en middag med några av sina tonårselever. Han tackade ja.

Det måste ha varit en lätt bisarr upplevelse för Harman Grisewood. Mötet verkar ha varit inspirerat av Oxfordrörelsens rättframma gruppdiskussioner. En fjortonårig flicka från ett splittrat hem berättade sin historia och lutade sig sedan fram mot BBC:s vicechef och sade: »Tycker ni inte att det vore underbart om BBC visade pjäser som skulle hjälpa familjer som vår att hålla ihop istället för sådana där folk så snart det blir problem kastar sig efter en cigarett eller en drink eller ut genom ytterdörren?«

Möjligen fungerade middagen, men i så fall på fel sätt. Strax därefter sade mr Grisewood upp sig från BBC.

Mary Whitehouse kände sig rätt nöjd med sin insats, som hade tagit större delen av sommarlovet 1963. BBC:s sändningsavtal skulle strax förnyas, och Mary hade gott hopp om att avtalet, nu när hon pekat på bristerna, skulle formuleras på ett sätt som korrigerade det som brast. Dessutom skulle säkert BBC bättra sig direkt. Det gjorde inte BBC. Hösten kom och med den nya TV-pjäser av det diskbänksrealistiska snitt som började bli BBC:s varumärke. De var grövre, mer cyniska och våldsammare än någonsin tidigare. Satirprogrammet *That Was the Week That Was* använde i systematisk provokation grovt språk som upprörde. Flera tidningar reagerade. *Time and Tide* kallade programmet »anstötligt« och »illavarslande«. Programmet väcker frågor om »smak, opartiskhet, anständighet och till och med förtal«, skrev konservativa *Daily Telegraph*, som menade att manusförfattarna använde BBC för att »sprida privata smädelser om och göra bittra attacker på alla former av auktoritet«. Oorganiserade protester kom från gräsrotsnivå i hela landet. Sir Hugh lät visserligen *That Was the Week That Was* dö efter höstsäsongen, men han klargjorde att han själv ansett att det var ett utmärkt inslag i BBC:s utbud och viftade bort kritiken med att den kom från opinionens »dårkant« av »antiintellektuella« och »antiliberaler«.

I januari 1964 förnyades BBC:s sändningstillstånd i ytterligare tolv år, utan några av de ändringar Mary Whitehouse hade hoppats på. Hon var uppriktigt förvånad men gav inte upp. Tillsammans med sin man och paret Buckland författade hon ett manifest och lät trycka det i 2 000 exemplar. Hur hon skulle få ut det till den brittiska allmänheten hade hon ingen aning om. Det var då en lokaljournalist ringde på dörren och frågade henne om hon tänkte ordna ett möte.

Manifestet, formulerat som ett upprop, var det första dokument där namnet *Clean-Up TV Campaign* förekom. Enligt en vandringssägen var namnet till att börja med *Clean-Up National TV*, men någon ska ha påpekat att akronymen CUNT kunde bli ett problem. Innehållet var skrivet på ett rakt och enkelt språk med en påtagligt ilsken underton, vilken visade att Mary Whitehouses naivitet var på väg att slipas bort. BBC ägnade sig åt »propaganda för misstro, tvivel och snusk«, bolaget anställde »folk vars idéer och råd riktar sig till det lägsta i den mänskliga naturen och lägger till det en ström av suggestiva och erotiska pjäser«. Brittiska kvinnor som tror på ett kristet liv krävde en förändring och ett innehåll som »bygger karaktär, snarare än raserar den.«

Artikeln i lokaltidningen roade Fleet Streets ärrade journalister till den grad att flera av deras tidningar publicerade omskrivningar av den. »TV-mammor kampanjar för högre TV-moral«, var en småflinande rubrik. Men resultatet blev att Mary Whitehouse översvämmades av brev från vänligt intresserade britter. Hundratals brev kom varje dag, och den 4 maj 1964 anlände alltså en så stor församling att den inte bara fyllde de 2 000 ordinarie platserna i Birminghams stadshus utan dessutom hundratals extraplatser som i all hast fick ordnas på själva scenen. Många som kommit var medelålders kvinnor, precis som Mary Whitehouse. En hel del var lärare, andra socialarbetare, med erfarenhet av ungdomsproblem. Så snart häcklarna tystnat hölls en diskussion om vad som kunde göras. Mary Whitehouse fick applåder när hon konstaterade att BBC agerade »som en tonåring« och att televisionens mål borde vara att leda folk »framåt och uppåt«, inte »ner och ut«. Mötet avslutades med att alla sjöng »Jerusalem«, den tonsatta version av William Blakes dikt – baserad på myten att Jesus en gång besökte England – som alltid avslutar sammankomster inom den lantliga husmodersföreningen Women's Institute.

Många journalister, inte minst på BBC, såg det hela som en skrattretande parodi. Skrattet stelnade när det blev känt att de namnlistor som hade givits till alla mötesdeltagare innan de lämnade Birmingham började komma tillbaka till Mary Whitehouse, fulltecknade. Den 3 juni 1965 kunde hon visa upp 365 000 namnteckningar under sitt manifest. Hon reste till London för att överlämna namninsamlingen till parlamentet. Något senare hade 120 000 namnteckningar tillkommit.

På några få månader hade Mary Whitehouse skaffat sig en offentlig position. De som först hade skrattat samlade sig snabbt till motattack.

I ett brev till lord Hill, BBC:s ordförande, var alla bokstäver utom det inledande b:et i ordet »bloody«, förbannade, ersatta med streck. Effekten var slående:

Käre lord Hill,

Skulle ni vara snäll att ägna några f-------- minuter åt att läsa dessa två f-------- brev.
I fredags räknade min f-------- make och jag hur många f-------- gånger det f-------- ordet »förbannade« användes i den f--------

Till Death Us Do Part. *Det kan mycket f--------- väl förvåna er att få reda på det f--------- antalet: 44 gånger, 16 under de första få f--------- minuterna. Som ett f--------- resultat av detta blev jag f--------- besatt av det f--------- ordet och vred mig, f--------- mig, i sängen hela den f--------- natten.*

Jag tänkte: »Om det kan ha den här f--------- effekten på mig, vad ska det inte då f--------- mig göra med f--------- barn och unga?« Det måste ändå ses som ett f--------- uttryck för f--------- hjärntvätt och borde f--------- mig stoppas.

Jag anser att jag f--------- mig inte skulle uppfylla min f--------- plikt som kristen om jag inte höjde min f--------- röst, hur f--------- liten den än är och bad er som en f--------- auktoritet att höja Er f--------- röst i protest mot sådana f--------- program.

Jag bör påpeka att jag f--------- mig inte följer detta f--------- hemska program eller några andra som liknar det, vilka jag anser vara en f--------- skam för det f--------- BBC och ett f--------- slöseri med tid, men jag har f--------- mig sett de senaste tre f--------- programmen och tycker att det f--------- första som handlade om den f--------- hjärttransplantationen, judar, färgade blodgivare, lord Snowdon – som kallades byracka – var minst, f--------- sagt, f--------- obehagligt, förnedrande och en f--------- skam för allt och alla som kan bära det f--------- epitetet brittisk.

Jag hoppas att detta kommer att plåga ert f--------- sinne såsom det har f--------- plågat mitt och att ni gör allt ni f---------- kan för att upphöra med sådana f--------- program.

Med vänlig hälsning

Brevet var undertecknat av en hustru till en skollärare som bodde granne med Mary Whitehouse. Hon hade frågat Mary om det gick att skicka ett sådant brev till lord Hill. Mary tillstyrkte, övertygad om att lord Hill hade nog med humor för att inse poängen. En version utan alla f-ord skickades också, så att lord Hill själv kunde jämföra.

Mary Whitehouse saknade inte kvickhet i sitt kampanjande. Hon tog sig an den uppgift hon mer eller mindre snubblat över med ett obrutet gott humör. Det behövdes, för hon hade rört vid en mycket öm nerv hos kretsar som var betydligt mäktigare än hon själv. Hennes envetenhet gjorde inget för att mildra irritationen, och den nystartade kanalen BBC 2 höll henne sysselsatt.

BBC:s andra kanal påbörjade sina sändningar ungefär samtidigt som mötet i Birminghams stadshus. För de som minns lanseringen av Sveriges Radios TV 2, vintern 1969, är händelseförloppet bekant. I Sverige sades det att vänstern marscherade direkt från Gärdet in i TV-huset. I Storbritannien hölls visserligen en mässa i Westminster Abbey för BBC 2, där en särskild bön uttryckte förhoppningen att den nya kanalen skulle förmedla »Guds sanningsord« och »uppenbarade skönhet«, men det faktiska innehållet blev modernare än så.

Daily Express beskrev BBC 2:s första dramaserie: »En kättare brännmärks med ett brännjärn i form av ett kors. [...] Franska revolutionärer hämnas en bonderevolt genom att skända en kyrka och våldta en ung flicka på altaret.« Det var uppenbarligen mycket religion men i ett actionformat av gammaltestamentlig råhet. »Vi ville ha något kraftfullt, riktig vuxen-TV – men med ett syfte«, kommenterade BBC. Vad det innebar beskrev *Sunday Telegraph* mer utförligt än *Daily Express*:

> Den slutliga listan på offer i Ken Taylors trilogi om människan och tron för BBC 2, *The Seekers*, består av en bajonettstucken, en krossad under järnskodd känga, en med skägg som sätts i brand, en självmördad genom intravenös injektion, en våldtagen,

en piskad och sex brännmärkta med ett korsformat järn. Vem kan nu påstå att BBC 2 inte erbjuder något annorlunda?

Det politiska anslaget låg ständigt strax under kanalens yta. Det var som om de som stod för innehållet febrilt sökte motståndare och högg så snart de identifierat sådana. En komediserie i den nya kanalen, *Swizzlewick*, gjorde bara någon månad efter mötet i Birmingham satir på den nyss helt okända Mary Whitehouse. Serien utspelade sig i en fiktiv liten stad i Midlands, var fylld av sexanspelningar och grovt språk, och mitt i detta fanns en löjlig liten kvinna, mrs Smallgood, som drev en »Freedom from Sex«-kampanj.

Det var verkligen en serie som inte drog sig för smaklöshet. Marys make hade nyligen varit med om en uppskakande olycka. En kväll när han körde hem på små, slingrande vägar hann han inte väja för ett bylte på vägen. »Byltet« visade sig vara en ung soldat som skrivit ett självmordsbrev och sedan lagt sig på vägen för att bli överkörd. Soldaten dog. I ett avsnitt av *Swizzlewick* någon vecka senare visade det sig att Ernests alter ego, brevbäraren Ernie, led av skuldkänslor. Han hade råkat sparka en fotboll på en hund.

Till och med vänsterpressen reagerade mot de grova och plumpa inslagen i serien, och någon på BBC såg till att Mary Whitehouse fick en förhandskopia av manuset till ett särskilt provocerande avsnitt. Avsnittet skulle sändas inom ett par dagar. Vid det här laget hade Marys handfast praktiska förmåga börjat överskugga hennes naivitet, och hon lyckades få fram ett tjänstepostnummer till den ansvarige ministern, ett postnummer som gjorde att brev levererades till honom i ilfart. Mary skickade manuset och frågade ministern om detta verkligen skulle få sändas utan strykningar.

När avsnittet sändes var det två och en halv minuter kortare än vad TV-tablåerna låtit meddela. Klippningar hade gjorts. Det som tagits bort var huvudsakligen några scener med den lokala prostituerade i Swizzlewick, Blousie, när hon lät en av seriens kommunpolitiker ta del av de tjänster hon erbjöd. »Vad hände med Blousie?« frågade tidningarna dagen efter, och på BBC, särskilt på dess nya kanal, spred sig raseriet. Manusförfattaren sade upp sig, och sir Hugh svor eder och inledde avancerade undersökningar för att få reda på vem som hade skickat manuset till Whitehouse. Om inte förr grundlades nu vad som i praktiken blev en personlig vendetta från sir Hughs sida mot Mary Whitehouse. Ett direktiv gick ut som inte bara förbjöd all BBC-personal att ge Mary Whitehouse någon plats i rutan utan dessutom förbjöd dem att ha någon som helst kontakt med henne, socialt eller på annat sätt. Under en period hände det till och med att lokalanställda på BBC i panik sprang ut genom bakdörren om Mary Whitehouse råkade dyka upp på en bjudning.

Det fanns enstaka exempel på BBC-anställda som öppet trotsade sir Hughs direktiv, men de gjorde det nästan undantagslöst i hans anda. En samhällsredaktion bjöd till exempel in Mary Whitehouse men bara för att få henne att recensera Kenneth Tynans omtalade teaterrevy *Oh! Calcutta!*, som drog publik tack vare nakna skådespelare på scenen. Syftet var uppenbart att göra Mary Whitehouse till en driftkucku, inte att ta hennes ståndpunkt på allvar.

BBC:s svartlistning av Mary Whitehouse är i efterhand lätt att betrakta som en skrattretande överreaktion, men det fanns ett isande totalitärt drag i det som skedde. Sextiotalets värld var en värld där etermedierna var förbehållna sändningsbolag som var ägda eller hårt kontrollerade av staten. Det fanns vid sidan av pressen inga eller få alternativa nationella arenor för Mary Whitehouse. Det skulle dröja decennier innan internet och en uppsjö kommersiella TV- och radiokanaler fanns på plats. Sir Hugh, som van representant för det etablissemang han underminerade, visste att använda sin makt också i andra sammanhang än på sin arbetsplats. I vissa fall gjorde han det utan tvivel direkt och målmedvetet. I andra fall räckte det antagligen med att han gjorde känt att Mary Whitehouse inte borde ges några möjligheter att ställa till besvär. Strax efter episoden med *Swizzlewick* erbjöds Mary en befordran på sin skola. Hon antog erbjudandet, men ingen formell bekräftelse kom. Snart stod det klart att hennes befordran var avhängig kravet att hon lade ned sin kampanj, vars stöd hade fortsatt att växa bland gräsrotsengagerade landet runt. Det stod en stank av Sovjetunionen kring kravet.

Mary var inte utan anhängare i den lokala skolledningen och kanske hade hon kunnat få sin befordran till slut, men i den mån hon ännu hade kvar något av sin naivitet tvingades hon nu kasta av sig de sista resterna. Att säga upp sig var ett dyrt alternativ för Mary; hon förlorade inte bara den för familjen så viktiga lönen utan också sin pension. Men i valet mellan arbetet och kampanjen valde hon den senare.

Det beslutet resulterade i ytterligare påhopp. Satirikern Ned Sherrin, som bland annat varit en av de ledande personerna bakom *That Was the Week That Was*, hånade Mary när han intervjuades. »Jag tror att vi har gjort folk avtrubbade«, sade han till *Daily Mail*: »Jag har fått höra att en kvinna redan har givit upp sitt arbete för att kunna granska programmen och vara redo att protestera. Vad som förbryllar mig är vilken typ av arbete hon har haft som höll henne sysselsatt under den tid på dygnet då vi sänder våra program. Jag antar att hon måste ha gått på gatan.«

Mary Whitehouse övertygades om att lämna in en stämning. Det första hennes advokat frågade henne var: »Ursäkta att jag frågar, mrs Whitehouse, men *har* ni någonsin gått på gatan?« Hon tillerkändes 500 pund i skadestånd, fick sina rättegångskostnader täckta och erhöll en ursäkt.

I brist på andra möjligheter blev Mary Whitehouses sätt att sprida sitt budskap i stor utsträckning det personliga mötet. Hon reste i åratal kors och tvärs över landet för att tala inför anhängare, en och annan grupp parlamentsledamöter eller studenter. Inte sällan mötte hon ett aggressivt motstånd, inte minst på universiteten. Det var vid en sådan debatt i Essex som hon stämplades som »Storbritanniens farligaste kvinna«, betecknande nog av en representant för BBC:s religionsredaktion som hade fått dispens från förbudet att ha med henne att göra. På Birminghams universitet försökte övriga debattörer genera henne genom att hela tiden föra in diskussionen på hennes eget sexliv. När hon debatterade i Oxford skylldes hon för att vara fascist och reaktionär. På flera universitet försökte talkörer tysta henne. Och studenter spärrade vägen till scenen och överöste henne med könsord. På Leicesters universitet började motdebattören med att citera obscent klotter om henne som han påstod sig ha läst på universitetets herrtoalett och fortsatte med att antyda att hon var medskyldig till de då omtalade barnamorden, *the Moors murders*, som Myra Hindley och en kumpan utfört. När det blev Marys tur var situationen hopplös:

> Obsceniteterna flödade snabbt och tjockt, både från enskilda munnar och i form av ständiga talkörer från studenter som stod upp och gestikulerade på balkongplats, medan andra studenter krälade i cirklar runt mina fötter. Ett dårhus? Javisst, det framstod verkligen som det där jag stod och kämpade på i ungefär

> fyrtio minuter, helt oförmögen att göra mig hörd, än mindre att lägga fram ett resonemang. Studentkårens ordförande kunde inte kontrollera mötet. [...] När jag berättar den här historien säger alltid folk: »Varför i hela världen stod du kvar tiden ut?« Jag var inte förmögen att tänka särskilt sammanhängande, jag hade bara magkänslan att så länge jag stod framför dem så förblev jag en utmaning. Jag var, trots allt, mer än gammal nog att vara deras mor.

I efterhand har Mary Whitehouses söner berättat att deras mor inte alls var opåverkad av de vildsinta angreppen. I avskildhet kunde hon gråta av förödmjukelse men utåt visade hon ständigt samma vänliga ansikte. I grunden fanns ett gott humör och en obändig tro på människors godhet, befintlig även hos sådana som drogs med i skanderande mobbar. Till och med hennes motståndare beskrev henne motvilligt som »varm, charmig och sympatisk«.

Till Cambridges studentkår återvände hon under flera år. Även om de mötena inte var fullt lika kaotiska som det i Leicester var de inte utan avsevärda störningar och naturligtvis åtskilliga provokationer. Jeremy Paxman, senare berömd som en av BBC:s tuffaste intervjuare i *Newsnight*, var student och rapporterade i kårtidningen från Whitehouses framträdande 1971. Debatten gällde pornografi, och Paxman tvingas konstatera att den blottade »intolerans och trivialitet«, men det från studenternas sida. De jublade åt varje barnslig provokation och lyssnade inte ens på Mary Whitehouse eftersom de redan bestämt sig för vad som var rätt och fel. Paxman lyssnade, och hans beskrivning av Mary Whitehouses argumentation är häpet positiv. Hennes kritik mot kommersialiseringen av sex borde tilltala studenter som anser sig radikala, skrev han och fortsatte:

En annan poäng Mary Whitehouse gjorde var att pornografi avpersonifierar sex, alldeles oavsett hur mycket öppnare vi blir när vi talar om sex. Alldeles oavsett hur mycket gruppsex vi ägnar oss åt förblir sex en privatsak, för det är fortfarande det sätt på vilket vi styrker vår identitet. [...] Och om vi, i all vår moraliska rättrådighet, vänder oss mot avpersonifiering på andra områden, varför då inte när det gäller pornografi?«

Motståndet mot Mary Whitehouse och hennes kampanj tog snart mer organiserade former. Vissa metodistkyrkor och liberala teologer inom den anglikanska kyrkan uppmanade sina församlingar att hålla sig borta från *Clean-Up TV Campaign*. »Humanisterna«, i mycket en organisation som liknar den senare svenska, bildade lobbyinggrupper som varnade parlamentsledamöter för att ha något att göra med Mary Whitehouse. Hennes religiösa tro låg henne i fatet i mer frigjorda kretsar. Även om inte alla uttryckte sig så extremt som den dåvarande chefen för BBC:s radioteater – som i en debatt slängde ur sig: »Hitler valdes på ditt budskap!« – fanns ofta påståenden om att hon var en »religiös fanatiker« och »fundamentalist«. Hennes rötter i Oxfordrörelsen och Moralisk upprustning gjordes till slagträn. En gammal kontrovers om Oxfordrörelsens förhållande till nazismen väcktes till liv. Detta förhållande hade egentligen inget att göra med Mary Whitehouse och var dessutom inte särskilt graverande. Rörelsen hade utan tvivel sett kommunismen som det största hotet och haft en hel del kontakter på alla nivåer i Tyskland, inklusive med det nazistiska ledarskapet. I botten hade en troskyldig tanke funnits om att med det kristna budskapet omvända den »fruktansvärda demoniska kraft« som hade tagit grepp om Tyskland. Representanter hade till och med försökt få de kända Mitfordsystrarnas far, lord Redesdale, att ordna ett möte med Hitler för att kunna

»förändra« diktatorn. Lord Redesdale svarade: »Nej, för helvete, jag tycker om killen som han är.«

Oavsett fakta hjälpte associationerna till för att mobilisera mot Mary Whitehouse. Ur Humanisterna och på initiativ av fem manusförfattare vid BBC bildades en motorganisation till Whitehouses kampanj, TRACK, som leddes av en av sir Hughs rådgivare inom företaget. Organisationen fick uppmärksamhet i medierna men aldrig särskilt många anhängare. Den hade en fin adress, 13 Prince of Wales Terrace i London. På samma adress återfanns andra radikala organisationer, inklusive en påtryckargrupp för dödshjälp och en täckorganisation för kommunistpartiet. En annan ännu mindre organisation, COSMO, hade samma syfte som TRACK. Dess ordförande, vänsterpolitikern Avril Fox, ställde upp i en diskussion med Mary Whitehouse som publicerades i *Daily Mirror*. Texten, som skrevs strax efter att teaterkritikern Kenneth Tynan blivit den förste att säga »fuck« i brittisk tv, ger en känsla för hur märkliga tongångarna hade blivit:

> Mrs Whitehouse log. »Jag antar att ni skulle gilla om ordet på fyra bokstäver kastades runt i rutan varje kväll. Till och med i nyheterna ...?«
>
> Mrs Fox log tillbaka. »Ni menar f***? Varför inte? Modern engelska har inget bättre ord för könsumgänge. Under saxarnas tid ansågs f*** vara respektabelt. Nu är det obscent därför att folk har knutit snuskiga betydelser till det.«
>
> Mrs Whitehouse flyttade sin stol närmare mrs Foxs. »Svara på detta«, sade hon: »Skulle ni tillåta era barn att se två människor som faktiskt har könsumgänge i TV-rutan – jag menar alltihop?«
>
> Mrs Fox: »Ja.«
>
> Mrs Whitehouse: »Skulle ni låta dem se ett mord, i närbild och

med detaljer?«

Mrs Fox: »Ja.«

Mrs Whitehouse: »Jösses.«

Avril Fox försökte senare hävda att *Daily Mirror* inte korrekt återgivit vad hon sagt, åtminstone inte vad hon menat, men dokumentationen från samtalet fanns kvar – och den brittiska pressombudsmannen konstaterade att det tryckta var det sanna.

Det hörde inte till ovanligheterna att Mary Whitehouse, genom sin blotta existens, fick meningsmotståndare att driva sin ståndpunkt in absurdum och sig själva över vanvettets gräns. Den sortens närmast hysteriska reaktion, liksom raseriet och mobbningen av Mary Whitehouse, hade förstås sina skäl. Somliga hade att göra med vad hon faktiskt ville.

Mary Whitehouses ståndpunkter var från början intuitiva och pragmatiska. Hon var en bekymrad skolfröken utan erfarenhet av högre akademiska studier, avancerade diskussionsklubbar eller intellektuella sällskap. Det hon förespråkade grundade hon i det svårdefinierade »sunda förnuft« som många anser sig ha men som ofta kan göras till en härva av motsägelser och oklarheter av den som så vill. Vad hennes »städning« av TV rent praktiskt skulle innebära, var inte alldeles klart. Den omedelbara slutsatsen bland hennes kritiker var att hon efterlyste censur.

Det hade de alldeles rätt i, även om hon underströk att hon inte ville tvinga någon att acceptera hennes åsikter. Det intressanta var att i takt med att Marys argument slipades blev det tydligt för den som besvärade sig med att lyssna att frågan inte var enkel.

Hon var mot all form av politisk censur. Däremot var hon kritisk mot att TV-mediet, som hon uppfattade det, alltmer blev ett propagandaverktyg. Om möjligt skulle hon velat ha en officiell märkning av de politiska program som uppenbart var propagandistiska, så att tittarna fick full information om vad de såg. Vad gällde våld, sex och liknande inslag var hon tveklöst för ett mått av censur. Men hon var noga med att förklara varför.

Det hon vände sig mot var det hon uppfattade som TV:s »dropp-dropp«-metod i syfte att urholka moralregler, etik och respekt för lag och rätt. Ett ständigt regn av små gränsöverskridelser och provokationer som hela tiden försköt gränsen för vad som var acceptabelt. Hon gjorde skillnad på våld och sex: »Våld är en mycket negativ företeelse i motsats till sex som kan vara en mycket positiv företeelse. Det är exploateringen av sex som bekymrar mig.« Med det som bas såg hon fyra typer av argument om censur. De första två var mot all form av censur men lätta att avfärda: De kom dels från pornografer och andra som ville tjäna pengar på exploatering av människor, dels från uttalade revolutionärer som ville undergräva den »borgerliga demokratin« genom att rasera alla normsystem.

Det senare kan låta som en småborgerlig skräckfantasi, men på sextio- och sjuttiotalen fanns en hyfsad skara självutnämnda revolutionärer som i klartext talade om sina mål i just sådana termer. Det italienska kommunistpartiet hade till exempel som officiell linje att uppmuntra filmer och pjäser med starka sexinslag: »Vi vill uppmuntra den här typen av konstnärlig produktion«, skrev en företrädare för partiet, »och måste locka folk att producera fler verk som är, i sexuellt avseende, än mer vågade och som innehåller scener som är direkt skandalösa. Som taktisk politik är vårt mål att försvara verksamhet som är pornografisk och helt fri från vanliga moralreglers begränsningar. De [regissörerna och skådespelarna] är i själva verket som myror som arbetar frivilligt och utan betalning för oss när de tuggar sönder själva rötterna till sitt borgerliga samhälle.« Det var inte en okänd ståndpunkt bland andra europeiska radikaler.

De två andra argumenten tog sin utgångspunkt i frihet. Det första försvarade friheten att uttrycka sig men ansåg att den friheten bara kunde försvaras genom att en gräns för vad som fick visas sattes någonstans, det andra hävdade att varje sådan gräns var en kränkning. Kärnan i Mary Whitehouses kampanj var att i ett samhälle som inte bara erkänner friheter och rättigheter utan också skyldigheter måste vissa gränser existera och upprätthållas även om själva gränsdragningen alltid kan diskuteras.

Det var den hållningen som av den radikala samtiden ansågs extrem, på gränsen till fascistisk. Sir Hugh varnade i BBC:s egen tidning *Listener*:

> Försöken till censur kommer inte bara från de gamla väktarna (övre prästerskap, ledarskribenter, ordförandena i nationella frivilligorganisationer) som anser sig vara försvarare av kulturell kvalitet, även om de i många fall saknar intellekt och fantasi för att kunna fylla en sådan roll. Försöken till censur kommer numera från grupper [...] som inte ger sig ut för att vara väktare utan påstår sig tala för »vanligt, hederligt folk« och påstår sig vara »tvingade att ta ställning mot« onödigt snusk, meningslöst sex, överdrivet våld och så vidare.

Det är lätt att höra den fina salongens underton av förakt för en osofistikerad lägre medelklass. Resonemanget lever fortfarande; Sverige har just haft en längre debatt om »verklighetens folk«. Men något låg förstås i det sir Hugh uttryckte. Sextiotalets Storbritannien var i många stycken ännu mycket konservativt i sina värderingar, och det är inte svårt att förstå att det fanns en vilja att spränga normer som upplevdes som kvävande. Men om man accepterar att striden stod mellan att dra en gräns någonstans och att tillåta vad som helst och därefter åter läser diskussionen mellan Avril Fox och Mary Whitehouse i *Daily Mirror* är det svårt att peka ut Whitehouse som företrädaren för den extrema ståndpunkten. Det var inte heller hon som satt på den makt och de kontakter som krävdes för att göra sin vilja till lag eller ens för att göra ett TV-program. Om man bara ser till sakfrågan finns därför något orimligt och oproportionerligt i det offentliga hatet mot Mary Whitehouse.

En förklaring ligger i att Mary Whitehouse, till en början oavsiktligt, satte fingret på något som var alltför känsligt att tala om. Hennes hållning gick stick i stäv med den antielitism som var den nya elitens kännetecken. Antony Jay, länge anställd på BBC och en av skaparna bakom komediserierna *Yes, Minister* och *Yes, Prime Minister*, beskrev problemet efter att han lämnat företaget. BBC, menade han, är fullt av folk:

> vars sociala, politiska och moraliska antaganden strider mot vad landets majoritet tror på, och det finns en sorts enighet mellan dem i ett stort antal frågor, ett samförstånd som i bästa fall är ensidigt och i värsta fall bara accepterar åsikter hos en liten, utbildad medelklassminoritet på vänsterkanten.

Mary Whitehouse kom med tiden att skapa sig en liknande uppfattning. Hon höll med en TV-kritiker som beskrev TV-världen som ett »mysigt hemligt sällskap« och tillade:

> Det som gör just detta problem svårhanterligt är att det är självgående. Lika föder lika. Nya rekryter lockas – och väljs – därför att de har åsikter, värderingar och attityder som liknar dem som redan finns inom TV-yrket, medan de som har mer traditionella – eller mindre radikala – livsstilar har en tendens att uppleva atmosfären inom mediet som ovänlig och kompromisslös.

Ur den insikten föddes också det som med tiden blev ett av Mary Whitehouses huvudsakliga krav: att tittarna skulle få en formaliserad möjlighet att ge sina synpunkter på det TV-utbud som de trots allt finansierade. Motståndet var till en början stort, men med tiden mötte hon viss framgång.

Frågan är dock om ursinnet mot Mary Whitehouse egentligen alls hade särskilt mycket att göra med de sakfrågor hon diskuterade. Det fanns en djupare och samtidigt trivialare förklaring. Hon kunde göras till en välbehövlig symbol för allt det de nya radikalerna avskydde under just den period då de var på väg att etablera sig. Samhällets nya och blivande eliter genomgick ett slags kollektivt tonårsuppror. De hade flyttat in i sin sofistikerade, moderna och ideologiska värld, och Mary Whitehouse fick bli den hopplöst efterblivna morsan som fastnat ute på landet. Ingenstans blev det tydligare än vid hennes direkta möten med kulturmänniskor och studenter. De försökte i åratal genera henne genom att använda grovt språk och uppträda på ett sätt som var avsett att avslöja hennes prydhet. Ändå finns inte en enda beskrivning av att Mary Whitehouse lät sig chockeras, knappt ens att hon rodnade. Hon var uppenbarligen inte den lättgenerade och sippa moralist de inbillade sig, men de fortsatte ändå. Mary Whitehouses verkliga person var ointressant för dem. De behövde henne som stereotyp. I stereotypen ingick också som en självklarhet – och i någon mån motsägelsefullt, om Whitehouse nu verkligen antogs vara en sipp och pryd person – att hon var en hycklare. För de nya radikala eliterna var det helt enkelt otänkbart att någon på fullt allvar och helt ärligt kunde ha de ståndpunkter hon hade.

På sätt och vis gjorde Mary Whitehouse dem en tjänst, för utan henne skulle de inte på samma sätt ha kunnat stärka sin identitet som fritänkare. Att det sedan var de som rörde sig i flock och hon som vågade stå upp ensam i motvind var en annan sak.

Författaren och torytänkaren T. E. Utley var blind sedan barndomen. Det visade sig inte vara något större problem när han hamnade i en kommitté som skulle utreda pornografi. Med i kommittén fanns nämligen Mary Whitehouse, och hon beskrev med ogenerad lätthet den svenska importporr – antagligen rörde det sig om Vilgot Sjömans *491* – han hade framför sig. »Det är två män, det är en kvinna, det är en schäfer …«, började hon.

Åren som gick gjorde förstås Mary Whitehouse alltmer härdad, men de fick henne inte att slå av på takten, snarare tvärtom. Hon vande sig vid ett rasande tempo med ständiga resor – under sextio- och sjuttiotalen talade hon ofta offentligt mer än 250 gånger om året – som låg långt från en vanlig skolfrökens och snarare påminde om en toppolitikers. Hennes kampanj fick fastare former. En riksorganisation, National Viewers and Listeners Association, NVLA, ibland National VALA, bildades i början av 1966 med Mary Whitehouse som ordförande. Medlemsantalet steg med tiden till 165 000. Tusen TV- och radioprogram granskades löpande av 175 frivilliga från NVLA.

Hennes engagemang gällde inte uteslutande TV. När en växtgenetiker, dr Martin Cole, 1971 lät producera en film, *Growing Up*, som skulle användas i brittiska skolor återvände hon till det ämne hon börjat med: sexualundervisningen. *Growing Up* var slutpunkten i den utveckling hon sett redan tio år tidigare: sexualundervisning reducerad till en ren fråga om behov och biologi. Hon lät meddela att filmen »förvandlade barn till rena djur«. Samma år översattes den danska *Den lille røde bog for skoleelever* till engelska, och en ny utryckning blev nödvändig. Det var en bok som helt uppenbart skrivits i spekulativt och provokativt syfte. Utom explicita sexuella resonemang innehöll den bland annat förslag om att elever kan gå i säng med lärare för att manipulera dem och tips om olika droger. Boken skulle förstås aldrig ha fått publiceras i Maos Kina, som givit inspiration till titeln. Mary Whitehouse vidtog genast steg för att den inte heller skulle tillåtas i Storbritannien, men Scotland Yard hade på eget bevåg hunnit först och boken drogs in.

Den lätt absurt aggressiva attityd hon mötte bland de nya eliterna mildrades inte utan förvärrades snarare. Det gällde språkbruket, så typiskt för denna radikala tid: Mary Whitehouse skylldes för att vara »fascist« så ofta att hon till slut åter gick till rätten, stämde och vann. Journalister riggade överfallsintervjuer i hopp om att kunna »avslöja« henne. Beträffande vad förblev oklart. När det inte fungerade dök journalister upp på NVLA-möten under falska namn och med falska personhistorier i hopp om att kunna snappa upp något förgripligt. Det gav inte heller resultat och var dessutom en aning överarbetat. Mötena var öppna, och det var bara att kliva in. En tidning hyrde eskortflickor som försökte förföra Marys söner på en pub för att sedan kunna avslöja hennes »dubbelmoral«. Det gav inte heller resultat. Till det kom anonyma hatbrev och mordhot, tillräckligt allvarliga för att polisen skulle varna henne och till och med förse henne med livvakter då och då.

Å andra sidan belönades hennes ihärdighet med en och annan framgång. Sir Hughs sätt att sköta sitt uppdrag fick allt fler kritiker. Det berodde delvis på hans medvetna strategi att BBC skulle utmana allt vedertaget men än mer på hans sätt att hantera den kritik han fick. Sir Hugh ansåg sig inte alls behöva hantera kritiken. För honom var den bara ett symptom på att kritikerna brast i intelligens och tolerans. Kritiker skulle ignoreras och nedgöras, inte resoneras med.

För Mary Whitehouse blev förstås den attityden ett rött skynke, och den personliga vendetta sir Hugh tidigt inlett mot henne kom att besvaras. NVLA reste öppet kravet att sir Hugh borde entledigas från sin post eftersom han avvisade varje förslag om att den brittiska allmänheten skulle ha rätt att på något sätt lägga sig i BBC:s utbud.

NVLA:s krav verkade vara hopplöst verklighetsfrämmande. En parlamentsledamot från labour, Brian Walden, upplyste Mary Whitehouse om det dåraktiga i att gå i konflikt med sir Hugh. »Sir Hugh Greene *är* etablissemanget«, förklarade Walden och konstaterade att BBC-chefen »hade sett till att labour fick makten och att regeringen kommer att se till att han blir kvar«. Hur det nu än förhöll sig visade det sig att Brian Walden fick fel. Harold Wilson, premiärminister och labourledare, utnämnde till mångas förvåning lord Hill till ordförande i BBC 1967 och gav denne uppgiften att »få ordning på« bolaget. Lord Hill var en känd kritiker av BBC, och flera av sir Hughs uppbackare avgick ur styrelsen. En av dessa liknade valet av Hill som ordförande med att »bjuda in Rommel att ta befälet över åttonde armén på randen till slaget vid el-Alamein«. En högt uppsatt tjänsteman inom BBC fällde kommentaren: »Det här är löjligt – den enda person som kommer att glädja sig åt det här är Mary Whitehouse.«

Med lord Hill som aktiv ordförande i BBC hävdes direktivet om att Mary Whitehouse inte fick förekomma i rutan. Hon började få inbjudningar till TV, de flesta med armbågen och ofta med tvivelaktig framgång för henne själv som resultat, dels på grund av uppenbar partiskhet i klippning och frågor, dels på grund av hennes bristande erfarenhet. Ibland gjorde hon ändå näst intill succé, som när hon i oktober 1968 gästade David Frost tillsammans med Mick Jagger och godmodigt sade åt honom att »växa upp« och gifta sig med den då gravida Marianne Faithfull. Viktigare var dock att sir Hugh, med sin provokativa mission, lämnade sin post 1969. Han hävdade alltid att det inte hade något att göra med Mary Whitehouse, men den som beställer en oljemålning av en kvinna i sextioårsåldern, naken och med fem bröst anser sig antagligen ha en oplockad gås med modellen. Om lord Hill hade sir Hugh den korta men kärnfulla kommentaren: »Vulgär typ.«

Även på andra arenor skedde då och då överraskande framsteg. Vid en debatt på universitetet i walesiska Aberystwyth bekände kårordföranden Neil Hamilton, som senare blev skandalomsusad konservativ parlamentsledamot, vänd till Mary Whitehouse att han börjat debatten med övertygelsen att allt hon stod för var fel men att han nu var »lika övertygad om sundheten i dina argument, inte minst därför att du själv är en vandrande uppvisning av televisionens makt att vilseleda allmänheten – och jag lovar att jag ska göra allt jag förmår för att främja det du slåss för«. Än mer förvånansvärt var kanske att en debatt på det erkänt radikala universitetet i Birmingham slutade med en omröstning om påståendet att »det förekommer alltför mycket sex och våld på tv« och att 185 röstade för, 133 avstod och bara 58 röstade mot.

Den stora mängden studenter som avstod var signifikativ. Det fanns många britter som oroade sig för vad som var på väg att hända, men en stor del av dem var rädda att stämplas som reaktionära och höll tyst. För att etablera det grupptrycket spelade etermedierna en inte oväsentlig roll.

Några framstående britter vågade ändå försvara Mary Whitehouse, även om de inte i alla stycken höll med henne. Vid NVLA:s första konferens var Bill Deedes, journalist, tidigare minister och senare chefredaktör för *Daily Telegraph*, gästtalare. Han förklarade att han stödde organisationen just därför att han avskydde censur i egentlig mening. Utan ett mått av återhållsamhet och respekt för anständighet, menade han, skulle en politisk reglering av mediernas innehåll till slut bli oundviklig.

En än mer uppmärksammad anhängare var Malcolm Muggeridge. Muggeridge var en mycket välkänd och ytterst respekterad journalist. Han var känd för sina tuffa TV-intervjuer, hade i sin ungdom lockats av den sovjetiska kommunismen men hade efter besök på plats helt ändrat åsikt. Under en period var han chefredaktör för den klassiska satirtidskriften *Punch* – en utmaning, menade han, eftersom han påstod sig sakna humor. Med åren hade han intresserat sig alltmer för andliga frågor. Mary Whitehouse bjöd in honom som gästtalare på NVLA:s andra årsmöte utan att alls veta vad han skulle säga och hon var mycket nervös. Han kunde mycket väl ha levererat en bitande förkastelsedom över henne och hennes organisation. Men istället höll han ett tal om vikten av uppryckning i värdefrågor med sådan inlevelse att det skapade långvariga svallvågor i pressen.

Tids nog kunde Mary Whitehouse glädja sig åt att hennes synpunkter togs på allvar, till och med av dem som satt vid makten. När BBC:s avtal åter skulle förnyas 1976 gjordes utredningen som föregick beslutet av den högt ansedde akademikern Noel Annan. Han uttryckte öppet vikten av att respektera NVLA och den typ av folklig opinion organisationen representerade, något som också speglades i hans utredningsförslag. Från och med nu avkrävdes alla TV-kanaler besked om hur de skulle hantera tittarnas synpunkter på ett ansvarsfullt sätt. Och när parlamentet 1990 lade fast Broadcasting Act innebar det att obscenitetslagarna utsträcktes till att även gälla TV samt att en myndighet med uppgift att granska televisionens innehåll, Broadcasting Standards Council, inrättades. Det var precis den ordning Mary Whitehouse efterlyst mer än 20 år tidigare.

Men beröringsskräcken satt djupt i de kretsar som från början bestämt sig för att Mary Whitehouse var ett hot och en absurditet. Ibland tog det direkt bisarra uttryck. En porrtidning gavs ut under namnet *Whitehouse*. Rockband, från Deep Purple till Pink Floyd, använde henne som måltavla i sina texter. När Mary undsluppit sig att hon tyckte om humorserien *The Goodies*, *Godisarna* i svensk TV, blev programmets upphovsmän så nervösa att de ägnade ett helt avsnitt åt att förlöjliga henne.

Godisarna behövde inte anstränga sig särskilt mycket för det var, i ärlighetens namn, tacksamt att göra satir på Mary Whitehouse. Även den som förmådde se förbi den osanna stereotyp som så många försökte förvandla henne till hade gott om material. Det berodde främst på att Mary Whitehouse, hur van hon än blev att röra sig i offentligheten, aldrig blev en slipad strateg. Hon var otroligt flitig men inte effektiv. Alltför ofta tackade hon ja till framträdanden som lätt kunde redigeras till hennes nackdel, som när hon 1970 på inbjudan av ett filmteam följde med till Danmark för att granska den nya, liberala lagstiftningen vad gällde pornografi och sexbrott. Resultatet blev en hårt klippt dokumentär där hon skildrades som en lätt förvirrad tant.

Hon attackerade alltid de mål hon valde obarmhärtigt och frejdigt, men ibland blev just det ett problem. Brevet med alla »förbannade« till lord Hill var ett led i hennes kritik av komediserien *Till Death Us Do Part*. Serien, som utvecklats till en klassiker, sändes mellan 1965 och 1975 på BBC 1 och skildrar livet i en arbetarfamilj i Londons East End. Patriarken i familjen, Alf Garnett, är en lätt rasistisk, antisocialistisk patriot. Avsikten med serien var djupt politisk. Det stående temat är att Alf Garnetts gammaldags åsikter avslöjas som ogenomtänkt humbug, och språket är en, antagligen oavsiktlig, parodi på den grovhet med vilken brittisk arbetarklass talar (åtminstone i den brittiska övre medelklassens föreställningsvärld). *Till Death Us Do Part* blev en stor tittarframgång. Det är inte orimligt att anta att många tittare i själva verket kände sympati för Alf Garnett, snarare än höll med de radikala manusförfattarna, men för Mary Whitehouse överskuggade det grova språket allt. Hon inledde en veritabel kampanj mot just det programmet.

Manusförfattarna gav förstås igen. Ett avsnitt inleds med att Alf Garnett läser en bok av Whitehouse och ivrigt håller med. Det slutar med att boken slängs i elden med ropet: »Oren! Oren!« Händelsen gjorde Mary Whitehouse till den sannolikt enda britt som fått se sin bok bränd i regi av BBC. Oavsett det kloka i bokbränningen var Whitehouse långa kamp mot serien illa genomtänkt. Vad man än anser om det politiska innehållet och språket är manusen väl genomarbetade och skådespelarinsatserna mycket goda. Det totala avfärdandet av serien gav helt enkelt Marys motståndare effektiv ammunition.

Det finns många andra exempel på hur Mary Whitehouse var oförmögen att skilja stort från smått. Den förhållandevis oskyldiga ungdomsserien *Doctor Who*, nu återuppstånden med nya skådespelare, föranledde en bannbulla eftersom den innehöll »mardrömslika« sekvenser. Inför julen 1967, när BBC meddelade att Beatlesfilmen *Magical Mystery Tour* skulle sändas, protesterade Mary med hänvisning till att en av sångerna, »I am the Walrus«, innehöll textraden: »Boy, you've been a naughty girl, you've let your knickers down.« Det föranledde inga klipp och gjorde det inte direkt svårare för dem som ville parodiera Whitehouse, även om det också påstås ha satt igång den strid mellan lord Hill och sir Hugh som slutade med sir Hughs avgång.

På liknande, osorterade sätt dömde Mary Whitehouse ut en lång rad filmer och TV-serier. Martin Scorseses maffiafilm *Goodfellas* var »en av de mest obscena och hädiska filmer som någonsin visats i Storbritannien«. Den oförargligt småsnuskige komikern Dave Allen, känd för sitt avklippta finger och sitt whiskyglas, var »stötande, oanständig och genant«. En typisk Dennis Potter-pjäs drabbades av omdömet: »Sändning av material av det slaget i underhållningssyfte är ociviliserat.« En scenuppsättning om det romerska Britannien där en soldat våldtar en druid analt ledde till en kostsam och misslyckad rättsprocess. Det var själva akten Mary Whitehouse reagerade på, inte den avsedda symboliken, som gällde Storbritanniens närvaro i Nordirland.

En ofta framförd kritik mot Mary Whitehouse var att hon hade en förmåga att se något skadligt i snart sagt allt som sändes i TV. Det var inte helt sant. Hon tyckte om att titta på snooker, och hennes favoritserie var *Dixon of Dock Green*, en mysigt familjär berättelse om livet på en polisstation till tonerna av den gamla music-halldängan *Maybe it's Because I'm a Londoner*. Men även om man tar med i beräkningarna att mycket av det som sändes under denna period hade syftet att provocera finns ett mått av sanning i att Mary Whitehouse aldrig riktigt lärde sig att välja sina strider.

En del framgångar ledde också till att polariseringen kring Mary Whitehouse tilltog snarare än avtog. Som första målsägande på femtiotvå år lyckades hon 1977 driva fram ett åtal för smädande hädelse. Tilltalade var *Gay News* och dess chefredaktör Denis Lemon som hade publicerat en dikt av poeten James Kirkup. Diktens titel var »The Love that Dares to Speak its Name«, en hänsyftning på en textrad av Oscar Wildes älskare lord Alfred »Bosie« Douglas: »The love that dare not speak its name.« Dikten porträtterade bland annat hur en romersk centurion hade sex med Jesus efter korsfästelsen och hur den levande Jesus ägnade sig åt homo- och heterosexuella orgier dagarna igenom.

Det är en rätt saftig historia som inleds:

As they took him from the cross
I, the centurion, took him in my arms –
the tough lean body
of a man no longer young,
beardless, breathless,
but well hung.

Dikten fortsätter i samma anda. Centurionen lämnas ensam med Jesus kropp i graven:

For the last time
I kissed his mouth. My tongue
found his, bitter with death.
I licked his wound –
the blood was harsh
For the last time
I laid my lips around the tip
of that great cock, the instrument
of our salvation, our eternal joy.
The shaft, still throbbed, anointed
with death's final ejaculation.

Vid sidan av eventuella litterära kvaliteter är det svårt att tro att tanken med publiceringen var någon annan än att just väcka uppmärksamhet, men kanske hade utgivarna inte tänkt sig uppmärksamhet i just denna form. Mary Whitehouse vann. Tidningen dömdes till 1 000 pund i böter, Denis Lemon till 500 pund samt nio månaders villkorligt fängelse.

Utslaget var förstås en framgång för Mary Whitehouse, men det skapade nya, bittra fiender. Saken hade inte i första hand gällt homosexualitet. Hade dikten beskrivit ett heterosexuellt samlag med den ännu ej återuppståndne Jesus, skulle Mary

Whitehouse med all säkerhet agerat på samma sätt. Men debatten och de upprörda känslorna kring rättsfallet kom förstås att handla om just homosexualitet. Mary Whitehouse följde inte med sin tid i det avseendet heller. Hon var alltid noga med att understryka självklarheten i att homosexuella hade samma rätt till respekt som andra men betraktade homosexualitet som något onormalt och var övertygad om att den, åtminstone i sextio procent av fallen, kunde botas. Det fanns inget ilsket fördömande i hennes sätt att uttrycka denna ståndpunkt, men en kritiker påpekade, inte alldeles orätt, att hon verkade betrakta homosexualitet ungefär som andra betraktar akne.

Strax efter domen mot *Gay News* passerade Mary Whitehouse ett opinionsmöte och fick se två dockor brännas av en rasande folkhop. En föreställde Hitler, den andra Mary Whitehouse. Det var omskakande, men Mary behöll sitt inre lugn. Så sent som på nittiotalet överfölls hon, mer än åttio år gammal, av en gayaktivist utanför sitt hem. När hon berättade om händelsen för en bekant var hon mest bekymrad över att den attackerande »hade en så tunn skjorta på sig och bara bar shorts«. »Men lille vän«, hade hon bekymrat sagt, »gå hem och ta på dig mer kläder.« Med det kom överfallet av sig.

Barry Humphries lutade sig fram i de paljettstinna scenkläder som gör honom till dame Edna och höll upp en liten korg. »Det är gladioluslökar«, sade han och rättade till kattglasögonen under det lila håret. »Gladiolus är självpollinerande. De är bisexuella hermafroditer, så ha en hink kallt vatten redo.«

Mary Whitehouse hade just fyllt 77 när hon bjöds in till dame Edna. Gladioluslökarna var avslutningen på deras samtal, och fram till dess hade det nästan framstått som om Mary

Whitehouse var värdinna och dame Edna gäst. Efter 25 år som kampanjledare visste Mary Whitehouse hur man dominerade ett samtal. Men det mest slående med mötet var hur lika de två figurerna var. Whitehouse mindre glamorös – »Jag ser att du kommer direkt från arbetet«, välkomnade dame Edna – men i övrigt kunde de varit systrar.

Dame Edna framträdde första gången 1955 i Melbourne som mrs Norm Everage, så hon hade haft ett eget liv innan världen fick möta Mary Whitehouse, men när man såg de två tillsammans var det svårt att tro något annat än att Mary Whitehouse varit en av Barry Humphries inspirationskällor.

Att Whitehouse bjöds in som gäst hos dame Edna 1987 innebar inte att hon hade förlorat sin kontroversiella ställning, men den hade mildrats. Med tiden mötte hon mindre energiskt motstånd och ibland sympati där man minst väntade det. Året innan besöket hos dame Edna hade Mary Whitehouse talat på kåren i Oxford om vikten av att stävja spridningen av barnporr. En grupp unga lesbiska kvinnor i säckiga overaller hade uppmuntrande viftat med sina knutna nävar i luften och ropat: »Right on, Mary!« I andra änden av skalan av anhängare fanns Margaret Thatcher, som i och för sig kom från en liknande bakgrund. Hon tilldelade Mary Whitehouse en CBE redan 1980. Långsamt blev Whitehouse accepterad som en i det omfattande galleri av egensinniga personer som britter betraktar som ett viktigt inslag i sitt kulturarv, något som hennes gamle fiende sir Hugh aldrig kom i närheten av att göra. Då och då sprakade det åter till. När *Observer* kallade henne »en ond kvinna« stämde hon, vann och använde pengarna till att bygga en tennisplan utanför sitt lilla hus.

Tre gånger gav hon ut sina memoarer, varje gång med talande titlar: 1971 års version hette *Who Does She Think She Is?*, 1982 års *A Most Dangerous Woman* och 1993 års *Quite Contrary*. Det skulle dröja nästan femton år efter samtalet med dame Edna innan hon gick bort, 91 år gammal, men året efter framträdandet föll hon och skadade ryggraden, vilket gjorde det svårt för henne att vara lika aktiv som tidigare. När hon fyllt 84, 1994, gick hon i pension från den organisation hon skapat.

Dödsrunorna diskuterade i vad mån hon egentligen uppnått något av det hon ville åstadkomma. Huvudsakligen handlade det förstås om hennes inflytande, eller brist på inflytande, över TV-mediet, men också om att hon var en av de första att uppmärksamma sexuellt utnyttjande av barn och om den »Nationella ljusfestival« hon arrangerade tillsammans med Malcolm Muggeridge 1971. Den samlade över 100 000 deltagare som tände eldar mot den tilltagande exploateringen av sex och våld. På Trafalgar Square samlades över 10 000 människor.

Många av dödsrunorna var förvånansvärt positiva. »Varför vi behöver en ny Mary Whitehouse«, löd en rubrik i *Daily Mail*. »Varför Mary Whitehouse hade rätt ända från början«, kunde man läsa i *Independent*. Flera av dem som aktivt arbetat mot henne under många år trädde fram och tänkte om. Labourpolitikern Roy Hattersley, som under sextio- och sjuttiotalen »avfärdade Mary Whitehouse som ett dåligt skämt«, klev fram och meddelade att han hade haft fel. »Dumt nog trodde jag att TV-producenterna, om de gavs stor eller total frihet, skulle göra program vars kvalitet bara skulle bli bättre och bättre«, förklarade han men konstaterade:

> Motsatsen har skett. [...] När jag slogs för televisionens rätt att – så utförligt som regissörerna ansåg nödvändigt – visa förbjuden sex, olaglig passion och urskillningslöst våld tänkte jag på *Anna Karenina* och *Krig och fred*. Jag minns inte namnen på dem som skrev manus till *Big Brother*. Men jag är rätt säker på att Tolstoj inte fanns bland dem.

En annan men också typisk rubrik återfanns i *Sunday Telegraph*: »Mary Whitehouse var otroligt robust, men hon misslyckades«. Var och en som slår på TV:n, i Sverige eller i England, förstår poängen. Det var förstås ett hopplöst uppdrag Mary Whitehouse tog på sig. Ingen kunde stoppa den liberalisering och radikalisering som sköljde över västvärlden under hennes aktiva period. Ingen kan heller göra den ogjord när den väl inträffat. Det är – som den tjeckiske presidenten Václav Klaus sagt i ett annat sammanhang – enkelt att göra fisksoppa av ett akvarium men svårt att göra ett akvarium av en fisksoppa.

Det som fick Mary Whitehouse att hålla humöret uppe under alla år var antagligen att hon aldrig gav upp hoppet om att kunna göra ett akvarium av fisksoppan. Med det ställde hon sig i en lång rad av typiskt engelska rebeller. Precis som sina föregångare i den traditionen var hon romantiker och en som hittade sina ideal i det som hade varit snarare än i det som framtiden kan tänkas utlova.

Mary Whitehouse själv uttryckte det enklare: »Det är verkligen mycket häpnadsväckande hur Gud använder mig.«

Vid Mary Whitehouses död sade en talesman för BBC att hon hade »hållit TV-producenter alerta med sin pigga och envetna kampanjstil«.

BBC lät 2008 sända en dramadokumentär, *Filth*, om Mary Whitehouse. Julie Walters spelade Whitehouse, Hugh Bonneville sir Hugh – och många förvånades över att den gav ett relativt sympatiskt porträtt av huvudpersonen.

Sir Hugh Greene fortsatte att på olika sätt vara inblandad i såväl TV som det pågående »kulturkriget«. Han hann gifta sig sammanlagt fyra gånger och blev till sist ordförande för ett bryggeri, något han gladde sig mycket åt eftersom han var förtjust i öl. Han dog i cancer 1987.

NVLA är numera omdöpt till Mediawatch-UK och fortsätter sitt arbete, om än en aning mer undanskymt utan sin färgstarka grundare.

Mary Whitehouses namn lånades inte bara av en porrtidning utan även av ett populärt satirprogram, *Mary Whitehouse Experience*, som sändes både i radio och TV. Programmet producerades av kretsen kring docksatiren *Spitting Image*, som också tillverkade en av sina välkända karikatyrdockor i Mary Whitehouses skepnad.

Mary Whitehouse tilldelades 1980 hederstiteln CBE för sina insatser. Det var inte en slump att detta skedde året efter Margaret Thatchers första segerval. Thatcher var den första premiärministern som offentligt visade sin uppskattning för Mary Whitehouse. Labourpolitikern, författaren och Thatcherbeundraren Woodrow Wyatt hävdade att Thatchers mor, född Beatrice Stephenson, var oäkta dotter till politikern och redaktören Henry John »Harry« Cockayne Cust. Om detta stämmer har aldrig kunnat bekräftas, men att Cust hade ett förhållande med Violet Manners, hertiginna av Rutland, är välkänt. Deras relation resulterade i en annan oäkta dotter: Diana.

LADY DIANA COOPER
(1892–1986)

EN NOTIS i *Times* den 13 oktober 1922:

LADY DIANA COOPER BÖTFÄLLD

I Marlborough Streets polisdomstol bötfällde igår mr Mead lady Diana Cooper, Gower Street, W C, två pund för att på Bond Street ha utgjort ett hinder med en automobil den 21 och 22 september. Mr St John Hutchinson, företrädare för den tilltalade som inte fanns på plats, uttryckte ånger på hennes vägnar och förklarade att vid ett tillfälle handlade hon och vid det andra åt hon lunch.

Den 8 februari 1923:

LADY DIANA COOPER BÖTFÄLLD

I Marlborough Streets polisdomstol bötfälldes i tisdags lady Diana Olive Winifred Cooper, Gower Street, tio shilling av mr D'Eyncourt för att ha orsakat ett hinder med automobil på Stafford Street. Lady Diana, som vittnade, sade att hon tidigare hade fått problem då hon ställt sin bil utanför Embassy Club och att polisen då sagt henne att hon skulle ställa bilen på Stafford Street, något hon hade gjort vid flera tillfällen utan några klagomål.

Den 6 mars samma år:

LADY DIANA COOPER BÖTFÄLLD

I Bow Streets polisdomstol bötfälldes i går lady Diana Cooper, Gower Street, W C, fyrtio shilling av mr Graham Campbell för att ha låtit sin automobil utgöra ett hinder på Charing Cross Road på eftermiddagen den 13 februari. Bilen uppgavs ha lämnats utan övervakning mitt emot Wyndham's Theatre i över två timmar. Lady Diana sade att hon hade närvarat vid en repetition och inte visste var hon skulle ställa bilen om inte på körbanan. Det togs till protokollet att det finns fem tidigare fällande domar mot henne för liknande överträdelser.

Och den 20 oktober 1927:

LADY DIANA COOPER BÖTFÄLLD

Lady Diana Cooper, Gower Street, stod i går till svars på Marlborough Street för att ha orsakat ett onödigt hinder med en automobil på Sutton Street, W, den 19 juli. Den tilltalade, som inte var närvarande, representerades av mr Dean (från Royal Automobile Club), som erkände sig »skyldig« på hennes vägnar.

Mr Mead, magistraten, frågade om den tilltalade hade givit något skäl för att orsaka hindret, och en konstapel svarade att hon sagt: »Jag var för trött för att köra den längre.« Det togs till protokollet att det fanns tio tidigare domar mot lady Diana Cooper för trafikförseelser, och hon bötfälldes två pund.

När Evelyn Waughs roman *Scoop* gavs ut 1938 behövde ingen som under de senaste tio åren hade haft tillgång till *Times* undra varifrån inspirationen till mrs Stitch kom. Julia Stitch, skriver Waugh i *Scoop*, »körde alltid själv, i den senaste modellen av massproducerad småbil, alldeles ny två gånger om året, undantagslöst lackerad i strålande svart, liten och blänkande som en dvärgs likbil«.

Lady Diana Cooper körde vid den här tiden en liten svart Fiat som hennes man sett i ett skyltfönster i Venedig, omedelbart inhandlat och kört hem genom Europa. Även om lady Diana inte alltid var fullt lika drastisk i sin körstil som mrs Stitch – den senare körde ned i tunnelbanan om trafiken på gatan var alltför långsam – var likheterna slående. Lady Diana körde en gång på en mjölkbil. Hennes lösning var att kalla till sig föreståndaren för en närliggande zoobutik och be honom ta ut hundarna, så att de kunde slicka upp det som hade runnit ut. Likheterna mellan mrs Stitch och lady Diana gällde inte bara en dödsföraktande kör- och parkeringsstil. Efter att ha påbörjat arbetet med *Scoop* skrev Waugh i sin dagbok: »Gjorde en mycket bra början på första sidan av en roman genom att beskriva Dianas tidiga morgon«. Det Waugh hade skrivit var detta:

> Hon låg fortfarande till sängs trots att klockan var efter elva. Hennes vanligen så livliga ansikte, inslaget i lera, var stelt och hotfullt som en astekisk mask. Men hon vilade inte. Hennes sekreterare, miss Holloway, satt vid hennes sida med kassaböcker, räkningar och korrespondens. Med ena handen skrev mrs Stitch under checker, med andra höll hon telefonluren i vilken hon för ögonblicket dikterade detaljer angående kostymerna till en välgörenhetsbalett. En elegant ung man stod högst upp på en stege och målade slottsruiner i taket. Josephine, den åtta år gamla Stitchprotegén, satt i sängens fotände och tog ut satsdelarna ur

dagens stycke Vergilius. Mrs Stitchs kammarjungfru, Brittling, läste ledtrådarna till morgonens korsord för henne. Själv hade hon arbetat hårt sedan halv åtta.

Att hålla sängkammarregemente var en vana lady Diana lade sig till med redan innan hon var debutant, och hon förblev den trogen livet ut. De vänner som inte fick möta en febrilt arbetande lady Diana till sängs var mycket få.

Ytterligare en parallell till Waughs mrs Stitch stod att finna för den välinformerade. I *Scoop* bevekar mrs Stitch tidningslorden Copper att göra journalisten Boot till krigskorrespondent i afrikanska Ishmaelia för *Daily Beast*. Fel Boot skickas i väg. Lady Diana var mer framgångsrik: Hon lade ett gott ord för Waugh hos lord Rothermere, och Waugh kunde 1935 åka till Abessinien som krigskorrespondent för *Daily Mail*.

Det är inte alltid människor uppskattar att bli karikerade i romaner. Lord Beaverbrook, den egentliga förlagan till lord Copper, gjorde det avgjort inte. Men lady Diana var förtjust över att ha förvandlats till mrs Stitch. »Introduktionen av mrs Stich lästes högt och förklarades vara en 'slående' likhet«, rapporterar Diana stolt till Waugh. Bekanta som försökte vara artiga och påstod att de inte såg några likheter alls mellan den hyperaktiva och trafikfarliga mrs Stitch och lady Diana föll i onåd.

Waugh och lady Diana hade först träffats på försommaren 1932, någon månad innan det som skulle komma att kallas »Muranoincidenten« inträffade. Lady Diana Cooper skulle fira sin fyrtioårsdag den 29 augusti och befann sig, liksom stora delar av den brittiska societeten, i Venedig. En fest utlystes på Murano.

Bland gästerna fanns sir Richard Sykes och arvtagerskan till Lucky Strike-förmögenheten Doris Duke. Sir Richard hade tidigare gjort närmanden mot den nittonåriga Doris Duke då han åkt i hennes bil. Hon hade beordrat chauffören att stanna och slänga av honom. På festen kunde en något överförfriskad sir Richard inte motstå frestelsen att utkräva hämnd. Han brände avsiktligt Doris Duke på handen, för ironins skull med en Lucky Strike-cigarett. Winston Churchills son Randolph såg vad som hände, och med sin speciella kombination av ridderlighet och drumlighet kastade han sig över sir Richard. Ett livfullt slagsmål utbröt, fler anslöt, och ingen var mer entusiastisk än värdinnan och födelsedagsbarnet:

> Alla fruar klängde på sina män för att hindra dem att ge sig in i striden. [...] Oliver Messel och Cecil Beaton slogs som björnar och, tyckte jag, med verklig glans! [...] Dagen efter översköljdes jag av natthyacinter, vilket var vad man skickade om man hade betett sig oförsvarligt.

Waugh, som också var på plats, hittade genast på ett nytt ord, »sykesed«, som i åratal skulle användas så snart någon eller något slagits sönder. »Jag kommer aldrig att kunna känna doften av natthyacinter igen utan att tänka på ångerfulla unga män«, skrev han, och det var uppenbart att han uppskattat bråket lika mycket som värdinnan hade gjort.

Det var en gemensam bekant som i skiftet mellan maj och juni 1932 hade tagit med Waugh och lady Diana till det då populära Café de Paris i Bray, strax utanför London. De hade genast tyckt om varandra. Waugh var 28 år gammal och räknades som en lovande ung författare, Diana Cooper elva år äldre, dotter till en hertig och av allt att döma mitt i en framgångsrik karriär som skådespelerska. Sedan mer än tio år var hon gift med en konservativ politiker, Duff Cooper, som var ett framtidslöfte. Alla visste att Duff Cooper åtminstone hade två laster – spel och kvinnor – men paret Coopers äktenskap framstod ändå som märkvärdigt stabilt och inte alls kyligt. Tvärtom kunde alla se att de delade en varm och innerlig kamratskap.

Evelyn Waugh, å sin sida, hade sett sitt första äktenskap haverera 1929. Året efter hade han konverterat till katolicismen, och när han träffade lady Diana var han olyckligt kär i den lätt vansinniga festflickan Teresa »Baby« Jungman. Viktigare än något av detta för hur mötet utvecklade sig var kanske att Waughs nära vänskapsrelation med Diana Mitford, nu gift Guinness, hade svalnat efter att hon fött sitt första barn, Jonathan, 1930. Det fanns ett tomrum av annat slag än romantiskt att fylla för Waugh, och lady Diana Cooper passade nästan osannolikt väl.

Precis som Diana Mitford i slutet av tjugotalet hade ansetts vara den i särklass vackraste bland debutanterna hade Diana Coopers skönhet förklarats utan motstycke när hon var debutant, inte fullt tjugo år tidigare. Båda Dianorna hade som unga behandlats på ett sätt som vi numera är vana att se vad gäller rock- och filmstjärnor. Att båda Dianorna dessutom kom från betitlade familjer var knappast oviktigt för Waugh. Diana Cooper och Evelyn Waugh började nästan omedelbart efter sitt första möte att umgås och brevväxla flitigt. Waugh kallade till och med tidvis Diana Cooper för »Honks«, samma smeknamn han använt för Diana Mitford, på lån från hennes systrar.

De var aldrig älskande i vanlig mening, men deras vänskap var passionerad – och som Duff Cooper skulle påpeka om sin hustru: Hennes vänskaper var mer passionerade än de flestas kärleksaffärer.

Diana Coopers förtjusning över att hennes fyrtioårskalas förvandlades till ett gatuslagsmål var typisk. Det stilla och respektabla gjorde henne rastlös och deprimerad, oväntad dramatik livade däremot upp henne. Hon var knappast skapt för att vara panelhöna. Som fyrtioåring ansågs hon fortfarande vara häpnadsväckande vacker, även om hon själv beskrev sig som »vissnande, men inte – prisa Gud – uppsvullen«. Det var säkert ärligt känt, men lady Diana visste lika säkert att det vissnandet resulterade i inte var oberoende av hur blomman hade sett ut från början. Beskrivningarna av den unga lady Dianas skönhet är så många och ibland så plågsamt poetiska att de är svåra att upprepa. Hon var »som en svart tulpan i en gurkträdgård«, en varelse med ett så »änglalikt ansikte« att hon borde »bära ett svärd eller en trumpet«, hennes hår var som »antikt kinesiskt silke«, hon var »drottningen av Jeriko«.

I mindre målande termer hade hon en klassisk, nätt profil, stora blåa ögon och vackert, självlockigt blont hår. Hennes skönhet var inte av det inbjudande, sensuella slaget utan snarare kyligt stram, som hos en antik staty. För vissa var den alltför klassisk, och det hände att hon avfärdades av just det skälet. En del, möjligen gröna av avund, tyckte sig se något fåraktigt i hennes drag.

Hennes skönhet hade inte alltid varit en tillgång. Strax efter att hon 1910 hade kommit ut – hon använde själv den termen om sin debutantsäsong även sedan begreppet hade tagits över av gayrörelsen – kallades hon till den tyska ambassaden. Ärendet var något oklart, hon var bara tjugo år gammal, men det ryktades om krigsrisk, och hon ville göra sitt för avspänningen, så hon infann sig. Det visade sig vara den tyske ambassadörens hustru, prinsessan Lichnowski, som ville träffa henne – och det på ett mycket speciellt sätt. Den stadigt byggda bayerskan propsade med illa dold liderlighet på att få fotografera Diana naken. Diana såg ingen möjlighet, med tanke på världsfreden, att tacka nej.

Det tillfället var inte första gången som hon hade fått oönskad uppskattning för sin skönhet. Hennes mor, Violet, umgicks i den intellektuella och konstnärliga krets som kallades »the Souls« och som också inkluderade Margot Asquith, hustru till Herbert Henry Asquith, som 1908 blev premiärminister. Vid en middag, då Diana ännu var mycket ung, placerades hon bredvid Asquith. Han tog hennes hand under bordet och förde in den i sina byxor. Diana klagade efteråt för sin mor. Modern fnös och sade till sin dotter att hon skulle skatta sig lycklig att det var den trevlige mr Asquith hon attraherat och inte fältmarskalk Kitchener, hjälte från Boerkriget och omvittnat tvångsmässig sodomist, oavsett offrets kön.

För debutanten 1910 hade hennes skönhet ändå varit en avgörande tillgång. Friarna stod från första början i dubbla led. Publiciteten som följde på att pressen bestämt sig för att hon var den vackraste debutanten i mannaminne gjorde sitt till. Även okända friare hörde av sig per brev, en sådan presenterade sig som Jesus från Nasaret, Chorley Wood, Hertfordshire.

Bland de fysiskt närvarande och mer seriösa kavaljererna gjordes allt för att vinna lady Diana Manners, som hon då hette. Inte sällan yttrade sig försöken i form av gåvor, och Diana lärde sig att acceptera dessa gåvor med bibehållen stolthet. En sonson till hertigen av Bedford, som väntat på Diana sedan han sett henne som femtonåring, gav henne ett halssmycke med diamanter och rubiner och passade på att samtidigt fria. Hon tackade nej men behöll presenten. En amerikan från Detroit, George Gordon Moore, var en annan spekulant. Diana beskrev honom som »en ytterst ovanlig man på 36 år, som såg ut som en indian med stripigt svart hår, platt ansikte och atomdriven energi«. Han hade dessutom fru och barn, men dessa hinder, försäkrade han henne, kunde »likvideras«. För att övertyga Diana gav han henne »en hermelinpäls som räckte till vristerna

[...], en förskräcklig liten apa som hette Armide och bar ett diamantstrött bälte och koppel, Maupassants verk i helfranska band, otaliga praktverk, en crèmefärgad pudel som hette Fido, klippt *en papillon*. [...] Och två gånger i veckan, oavsett var jag befann mig, anlände en låda stor som en kista, full med madonnaliljor.« Dessutom skänkte han henne en jättelik safir som påstods ha tillhört Katarina den stora.

Diana fortsatte att kalla honom George Gordon Ghastly, övervägde aldrig en sekund att ge efter men tog emot allt som gavs.

Ytterligare en omöjlig men ihärdig uppvaktare var lord Wimborne, Ivor Guest. Han var tjugo år äldre än Diana, gift, lordlöjtnant av Irland under påskupproret 1916 och en välkänd lebeman, men också mycket generös. Det påstods om honom att han inte tvekade att slita blusen av vilken flicka som helst, men att han utan att tveka i gengäld skulle ge sin rock till förste behövande som bad om den. Lord Wimbornes metoder var av det handfasta slaget, och han tog sig till och med in i Dianas sovrum när de båda var gäster på ett lantgods, men det här var någon tid efter debuten, och Diana hade samlat tillräckligt mycket erfarenhet för att kunna freda sig. När de båda två skulle vara gäster på Blenheim Palace – lord Wimbornes morfar var den sjunde hertigen av Marlborough – oroade sig dock till och med Dianas annars svala mor. Hon gav sin dotter en armérevolver som hade blivit liggande hemma och rådde henne att ljudligt förklara vid tedags att hon alltid delade rum med sin kammarjungfru.

En bonusflicka avskräckte inte lord Wimborne, och han tog sig åter in i Dianas rum. Men när han lyckats och upptäckte att han stirrade in i en revolverpipa nöjde han sig med ett litet nervöst samtal på sängkanten. Diana kunde inte låta bli att känna viss sympati för lorden, och de blev trots allt vänner. I ett försök att distrahera lord Wimborne såg Diana till att en av hennes kamrater, iklädd en för tiden vågad baddräkt, fångade lordens öga. Det fungerade till hälften: Lord Wimborne började förfölja Dianas kamrat, men slutade för den skull inte att jaga Diana själv. På besök i Irland kunde Diana höra honom snubbla fram i hennes mörklagda sovrum under väsande eder då han slog tårna i möblerna. Han lyckades inte bättre den gången. »Hans dödsbädd«, skriver Diana Coopers biograf Philip Ziegler, »skulle bli det enda viloställe där han inte hoppades på att Diana skulle kunna övertygas att göra honom sällskap.«

Att också lord Wimborne överöste Diana med presenter gjorde säkert sitt till för att hon inte skulle tröttna. Även långt senare i livet uppskattade Diana liknande, för de uppvaktande männen frustrerande, förhållanden. Så sent som 1951, när Diana nästan var sextio, hade hon en fransk beundrare, Paul Louis Weiller, som regelmässigt ställde sin Rolls-Royce till hennes förfogande och gav henne en minkpäls från Dior som då kostade 4 500 pund. Diana bar den inte bara med glädje, utan talade alltid om vem hon fått den av. Hon hade, berättade hon för alla som ville höra på, döpt den till »skammens kappa«.

Cecil Beaton sammanfattade det som att Diana hade »talang för att utnyttja sina vänner och de bekvämligheter de kunde erbjuda med total avsaknad av själviskhet«.

Att friarna blev så många och märkliga berodde inte bara på lady Dianas skönhet. Hennes namne Diana Mitford skulle välja sin man bara några veckor efter sin debut, och det var inget unikt. Diana Coopers ovilja att välja en man ur det breda sortiment som stod till buds var däremot udda. Det var som om hon inte såg någon poäng med att bestämma sig. Skälen till det var flera, men ett hette Raymond Asquith och var son till premiärministern med byxorna.

Asquith var fjorton år äldre än Diana och lyckligt gift sedan

1907. Men Diana och Raymond Asquith hade fått ett nära vänskapsförhållande, och hon avgudade honom som den perfekte mannen. Han å sin sida beundrade Diana, inte bara för hennes skönhet. I en lätt överlastad hyllning beskriver han hur hennes »kvickhet lyser upp hennes hy som åskviggar lekande över en skål grädde, och hennes skönhet ger sötma åt hennes kvickhet som honung på en dolkegg«. Raymonds fru Katherine var väl medveten om Dianas kärlek till Raymond och Raymonds kärlek till Diana, men hon visste också att kärleken var av ett platoniskt slag och hade inget emot den. Diana och Katherine var tvärtom de bästa vänner. Men att välja någon som inte var Raymond Asquith var en alltför absurd tanke för Diana. Alla som kunde komma ifråga framstod som tråkiga pojkspolingar i jämförelse.

Då dök Alfred »Duff« Cooper upp. De träffades först på en bal anordnad av lady Dianas föräldrar, hertigen och hertiginnan av Rutland, 1913. Han var två år äldre än Diana, son till en läkare som gift sig med hertigen av Fifes syster, lady Agnes. Han ansågs inte tillhöra förstasorteringen. Det fanns ingen förmögenhet, och hans mor, lady Agnes, hade vad som kallades »en historia«. Duff Coopers far var hennes tredje man, och vid båda hennes tidigare giftermål hade hon rymt och gift sig på eget bevåg. En av de tidigare männen dog, och den andre övergav hon. Duff Cooper hade skickats till Eton och därefter till Oxford, i båda fallen med ljumma studieresultat. Hans främsta bedrift under Oxfordtiden var att bekanta sig med en grupp mestadels adelssöner som väckte hans smak för spel, vin och kvinnor. Till skillnad från sina vänner hade inte Duff Cooper en förmögenhet att finansiera dessa intressen med, så han sökte sig till utrikesdepartementet.

Liksom så många andra blev Duff Cooper blixtförälskad så snart han fick syn på Diana. För Diana var det en makligare process. De umgicks i samma kretsar och såg mycket av varandra. För Diana verkar inte minst de brev Duff skrev till henne ha varit en väsentlig del av hans attraktionskraft. Det första brevet från Duff till Diana skickades, strax efter balen, som ett svar på att hon skrivit till honom och meddelat att hon mottagit en check som täckte en pokerskuld:

Kära lady Diana

Jag är förtjust över hur ni skriver mitt namn. Var snäll att alltid skriva det så. Det ser ut som en teckning av en krokodil, i sig väl värd två guineas. Balen var värd ännu mycket mer för mig – tre åtminstone, även om det inte serverades middag. Den var epokavgörande i mitt liv och kommer inte att glömmas på dagar. […] Vi måste spela igen och dansa igen, är ni snäll.

Er Duff Cooper

– eller som ni mycket mer underhållande skulle skriva: Cooowper

I sina memoarer skriver Diana Cooper att hennes stavning är så hopplöst fonetisk att hon skriver bs snarare än ms när hon är täppt i näsan. Hennes handstil var också svårtydd, något Duff Cooper påpekade i ett senare brev:

Jag har alltid vetat att du skriver med dina fötter, men bara det är långt ifrån tillräckligt för att förklara hur ditt brev ser ut. Foten är organet, men vilket (i Konstens och Vetenskapens namn) är instrumentet? Koranen sägs ha skrivits av Muhammed på ett fårs skulderblad med en 1500 miles lång pärlemorpenna, men vad använder du? En stövelknekt, eller en kokosnöt, eller en ljusstump? Eller vad som helst som kan fås för ingenting på [Londons boskapsmarknad] Caledonian Market?

Breven visar att en alldeles särskild och öm intimitet snabbt uppstod mellan dem, men det skulle dröja sex år, till våren 1919, innan de till slut gifte sig. Det berodde på lady Dianas familj och på hennes egen tvekan men också på hur första världskriget vände uppochned på allas liv.

Lady Dianas far, i officiell mening, var Henry John Brinsley Manners, markis av Granby och näst i tur att bli hertig av Rutland. Att det i själva verket var en annan Henry John, Henry John Cockayne »Harry« Cust, som var hennes biologiske far gjordes det aldrig någon större hemlighet av. Den blivande hertigen av Rutland accepterade med en blandning av sangvinisk och flegmatisk fördragsamhet att hans fru fött ett kärleksbarn. Diana behandlades inte annorlunda än sina fyra äldre syskon, avlade inom äktenskapet. Den enda plumpen i protokollet var att hennes far »glömde« att formellt registrera henne.

Diana hade själv detaljerade och varma minnen av sin biologiske far. Harry Cust var, liksom hennes mor, en av de ledande medlemmarna i the Souls och en god vän till familjen. Han hade spåtts en lysande framtid. Han gav sig in i politiken, och många såg honom som en blivande premiärminister. Att de verkliga stordåden uteblev berodde delvis på hans egen rastlöshet, delvis på att han dog relativt tidigt. Som parlamentsledamot irriterades han över politikens omständlighet och långsamhet, och på 1890-talet gav han sig istället in i journalistiken. Som chefredaktör för *Pall Mall Gazette* nådde han framgång, den blev under en period den största kvällstidningen i landet. Det som satte stopp för den karriären var hans ovilja att publicera vissa texter som han ansåg inte höll tillräcklig kvalitet. De refuserade texterna var skrivna av tidningens ägare William Waldorf Astor.

Cust skrev poesi och ansågs vara en av samtidens bästa konversatörer men hade också rykte om sig att vara en hängiven kvinnokarl och inte främmande för mer udda tidsfördriv. Han var en av medlemmarna i poeten Wilfrid Scawen Blunts litterära herrklubb Crabbet Club och ägnade sig där bland annat åt att spela nakentennis med George Curzon, blivande vicekung av Indien. Cust dog av en hjärtattack 1917, endast 56 år gammal. Hans storslagna gravmonument i vit marmor, där han ligger med en trofast bulldog vid fötterna, kan ses i St Peter and St Paul Church i Belton, Lincolnshire. Det höggs av hans hustru, ytterligare en Soulsmedlem, skulptrisen Nina Cust, som hade tvingat honom till altaret under den falska förespeglingen att hon var gravid.

Att Harry Custs faderskap inte föranledde något större försök till mörkläggning innebar inte att det talades fritt om det inom familjen. Diana fick själv reda på det av en slump när hon var i tjugoårsåldern. En vän som förutsatte att hon visste vad alla andra visste nämnde saken för henne. Det verkar inte ha fått henne att känna sig nämnvärt förfrämligad i familjen Manners, och hennes livligaste barndomsminnen utspelar sig på deras släktslott Belvoir (uttalas »Beaver«) i Leicestershire. Det är ett gotiskt praktbygge, ritat av James Wyatt och inte olikt Windsor Castle. Det ligger anslående på en höjd över det omgivande landskapet, och när Diana Manners föddes 1892 hade slottet och dess normandiska föregångare varit släktens hem i fyrahundra år. Det är fortfarande i hertigens av Rutland ägo.

Under Dianas farfar var det en miljö nästan orörd av tiden. Slottet hade sin egen präst, mr Knox, som lydde direkt under hertigen, vilket gjorde honom till biskop över ett minimalt stift. Mr Knox var en hängiven rävjägare, och av mässans längd kunde man avgöra om det var jaktdag och i så fall var. Hölls jakten långt borta, hölls i gengäld mässan kort. Prästen var också kapten för slottets brandkår, som hade vackra hjälmar men antagligen inte skulle ha gjort mycket nytta om det hade tagit eld. Det fanns gott om tjänstefolk – från mjölkpigan, via den vitskäggige man vars enda uppgift var att slå på en gonggong inför middagen, till nattvakten som ropade: »Allt väl« varje heltimme – men inga bekvämligheter att tala om. Vatten bars i en evig procession av bredaxlade »vattenmän«, för annat än på bottenvåningen fanns inga kranar. Först när Dianas far 1906 ärvde titel och slott inleddes omfattande renoveringar.

Diana mindes att hon som liten kläddes i svart satäng med vackra spetskragar, »som på en målning av van Dyck«. Hennes uppväxt präglades över huvud taget av den estetiska fostran som är följden av att vistas i en historisk miljö, ritad som en scen och full av konstskatter. Att hennes mor, som vurmade för prerafaeliterna, var en erkänt skicklig konstnär underströk detta. Violet Manners skulpturer fick uppskattande omdömen av några av tidens stora, och när hennes äldste son Haddon, Dianas storebror, dog som nioåring drog hon sig undan och kom tillbaka med en livstrogen skulptur av det sovande barnet. Den höggs i marmor för att pryda Haddons grav, men förlagan i gips finns på Tate Gallery.

Även Diana drabbades tidigt av sjukdom.

> Farbror Edward åkte till Sverige (man undrar varför) och kom tillbaka till Belvoir med ryckningar i form av gymnastik. Unga och gamla radades upp i salongen för att bli undervisade i den fysiska hälsans hemligheter av den nye missbrukaren. [...] Jag gjorde mitt bästa men inte bra, för armarna kunde inte fås att nå högre än till axlarna.

Den tioåriga Dianas oförmåga uppmärksammades av de gymnastiserande familjemedlemmarna, och många läkarbesök senare stod det klart att hon led av en sorts förlamning. Det var nu Dianas sängkammarregemente grundlades, för hon fick inte gå i trappor och tog dagen igenom emot besökare i sitt sovrum. Hon utsattes för diverse behandlingar, ofta elektriska, och något måste ha gjorts rätt, eller åtminstone inte helt fel, för i femtonårsåldern var hon i stort sett återställd. Att klaga över sjukdom var inte tillåtet – det var sådant pigor ägnade sig åt – men oron var tidvis stor i familjen, som redan hade haft en smärtsam barnadöd att smälta. Allt gjordes för att hålla Diana vid gott mod, och även om hon aldrig fick någon formell utbildning var hennes mor en god lärare – och Diana upptäckte såväl konst som litteratur.

Hon tillskansade sig också ett betydande mått självförtroende och gladdes åt sin rappa tunga. Den kunde drabba de mest uppburna: Vid en intellektuell sällskapslek vid middagsbordet med the Souls kunde hon, ännu i tonåren, ropa åt en alltför långsam premiärminister: »Använd er hjärna, mr Balfour, använd er *hjärna*.« Diana använde utan tvivel sin, även när hon skrev. Philip Sassoon, halvsyssling till poeten Siegfried Sassoon, var välkänd för sin förbluffande förmåga att erhålla poster som handsekreterare till framstående personer. En påskdag skickade Diana honom ett telegram: »Kristus har uppstått och kommer snart att behöva en sekreterare.« Det skulle kanske uppfattas som en aning okänsligt i dag, med tanke på att familjen Sassoon var judisk och hade flytt antisemitismen i Indien, men träffade trots allt målet. När arkitekten Edwin Lutyens adlades fick också han ett telegram som få skulle ha funnit det naturligt att formulera på just det sättet: »Gratulerar. Kungen och jag är ense.«

Vissa vänskapsband som skulle vara livet ut knöts redan i barndomen. Främst bland dessa var kanske det med Iris Tree. Hon var drygt fyra år yngre än Diana och kom från Beerbohmfamiljen, som bland annat innehöll satirikern Max och upptäcktsresanden Julius. Iris far, sir Herbert, var skådespelare och teaterdirektör. Iris Tree var redan som barn ostyrig, okynnig och självständig. Hennes utseende – blek på gränsen till albino – väckte förundran och gjorde det i sig omöjligt att inte uppmärksamma henne. Omgivningen var delad i två läger vad gällde detta mjölkvita barn; en del ansåg henne besitta en alldeles egen, överjordisk skönhet, andra menade att den stackars flickan var så motbjudande att det inte gick att se på henne. Oavsett vilket vande sig Iris Tree tidigt vid att vara betittad och föremål för starka omdömen. Hon svarade med att utveckla exhibitionistiska och excentriska drag som med åren bara blev starkare. För Diana Cooper, som älskade det dramatiska, blev Iris en kär vän och en sorts föregångare, för trots att Iris var yngre var hon under deras uppväxt alltid bättre informerad om all form av synd. Som barn fick Diana och Iris följa med sir Herbert bakom kulisserna och fritt frossa i kostymförråden.

I den blandning av artisteri och aristokrati som hennes familj och deras umgänge innebar fann Diana större frihet än många i hennes generation. Hon använde den på sätt som i dag framstår som rätt typiska för en tonåring. Dramatiska och ibland bara rent märkliga inredningsidéer genomfördes med stort allvar i hennes flickrum, där väggarna var svarta, tvättalkoven målats för att se ut som om den låg under vatten. Hon sov i en illröd himmelssäng, hög nog att nå ända upp i taket. Hennes garderob, med en dragning åt det exotiskt österländska, syftade till att demonstrera hennes individualitet. Hennes relativa frihet innebar också att hon redan innan sin debutantsäsong hade väckt uppmärksamhet genom att synas på populära tilldragelser. Men hennes formella inträde i vuxenvärlden innebar ändå början på något nytt.

Dianas debut 1910, med den uppståndelse och popularitet som följde, gav ett eget umgänge. Hon fick rykte om sig att vara vågad och att pröva konventionen. Hon hängde simborgarmärken bredvid den föreskrivna kröningsmedaljen på mottagning hos kungligheter. På en välgörenhetsbal i Albert Hall, där debutanterna skulle uppträda som svanar i vitt, dök hon upp i helsvart, i syfte att sticka ut som den enda svarta svanen. Sådant väckte beundran och uppskattning bland jämnåriga, och en kärna av barn till medlemmar av the Souls bildade ett litet gäng som kallade sig »Det korrupta kotteriet«. »Vi stoltserade med att vara utan rädsla för ord, ej chockerade av sprit och utan skam vad gällde 'dekadens' och spel«, sammanfattade Diana.

Mycket har skrivits om tjugotalets dekadenta Londonliv bland »the Bright Young People«, och den generationen har ofta hävdat att den var först med att etablera en egen ungdomskultur. Ibland är det lätt att få intrycket att tidigare generationer aldrig hade hört talas om sex, narkotika och män med ögonskugga. Som nästan alltid när en generation förklarar sig vara först med att vara värst stämmer det inte.

Förkrigstidens London var ingen sömnig småborgerlig idyll. I Stephen McKennas roman *Sonia* – utgiven 1917, när blivande Bright Young People ännu gick i skolan – beskrivs England före första världskriget som en plats präglad av »en anda av orolighet och laglöshet, ett neurotiskt tillstånd som inte kan kopplas loss från den hektiska, långdragna karneval som [...] kan spåras tillbaka till kröningssommaren«. Med Edvard VII:s död och Georg V:s kröning 1911 hade inte bara viktorianismen utan även den mer avslappnade edvardianska epoken tagit slut. En allmän känsla av att något nytt väntade och en lika allmän oro över vad detta nya kunde vara spred sig. Oron gick inte tiotalets unga förbi. I *Wildes' Last Stand* beskriver Philip Hoare stämningen träffande:

> Landets moraliska tillstånd var oroande. Det var alldeles klart för den respektabla medelklasskvinnan i sin pälsstola och bredbrättade hatt när hon hastade fram längs the Strand. Ovanför anslagstavlor fullklistrade med annonser för den senaste Olympiautställningen, den nya sextimmarsfärjan till Frankrike och den sensationella miss Maud Adams Salomedans på Pavilion reste sig British Medical Associations fasad. Utsmyckad med mr Epsteins skriande moderna nakenstatyer, vars nedre regioner var oroväckande detaljerade, var detta inte en syn som var lämplig för en anständig dam. Det moderna London hade blivit ett märkligt ställe. Uppe på Regent Street läppjade unga män i åtsittande kostymer och nagellack crème de menthe på Café Royal, och i en mörk återvändsgränd konspirerade futuristerna på ett nytt, djävulskt slags ställe: en »nattklubb« hädiskt kallad *The Cave of the Golden Calf.*

Osbert Sitwell beskrev somrarna 1913 och 1914 som febriga, hysteriskt överlastade nöjesfält där de bättre bemedlade höll baler med tre olika orkestrar, champagne utan slut och berg av exotiska frukter och blommor. Harold Acton vittnade om utstuderad dekadens. Precis som under tjugotalet gick artistiska och aristokratiska kretsar hand i hand, och i centrum av detta fanns Det korrupta kotteriet. Deras favoritställen var just Café Royal, ett par decennier tidigare Oscar Wildes sociala hem, och Londons första nattklubb, The Cave of the Golden Calf.

Nattklubben hade öppnats 1912 av Frida Uhl, som under ett par år på 1890-talet hade varit Frida Strindberg, den svenske författarens andra hustru. Uhl hade efter sitt äktenskap med August Strindberg haft ett antal stormiga relationer i Wien.

Oroväckande ofta inkluderade dessa pistolviftande från hennes sida. På nyårsdagen 1908 tryckte hon på ett hotell i Wien faktiskt av, och även om skottet inte gjorde någon skada och möjligen var ämnat för henne själv blev det skandal. Hon flydde till London, och efter ett par år bestämde hon sig för att ge Café Royal konkurrens.

The Cave of the Golden Calf låg i en källarlokal på Heddon Street som tidigare huserat ett skrädderi. Det var lågt i tak och inrett med inspiration från Wiens Kabarett Fledermaus och Djagilevs ryska balett. Den långt senare skandaliserade skulptören och typsnittsformgivaren Eric Gill ritade klubbens symbol: en gyllene kalv med groteskt framträdande fallos. Jacob Epstein och Wyndham Lewis bidrog till utsmyckningen, och Ezra Pound var en av många litterära och konstnärliga gäster. Exotiska, experimentella och bohemiska uppträdanden arrangerades för att underhålla gästerna.

Diana och hennes vänner deltog med entusiasm i den sortens nattliv. Hennes barndomskamrat Iris Tree delade lägenhet med Nancy Cunard, dotter till societetsvärdinnan Maud »Emerald« Cunard, och de tre flickorna syntes ofta tillsammans. Men det fanns skiktningar, även inom kretsen. Nancy Cunard var från första början självförbrännande, hämningslös och fylld av hat mot sin mor. Hon och Iris Tree betraktades som verkligt dåliga, för att inte säga farliga, flickor. Dianas stygghet var av en mer barnkammaraktig natur och försedd med guldkant. Det vilda nattlivet var inte heller väsensskilt från det hon var van vid när hon ledsagades av sin mor.

Våren 1912 tog hennes mor henne till Venedig för första gången, tjugo år innan hon skulle fira sin fyrtioårsdag där. De bodde hos Emerald Cunard, som hade hyrt ett litet palats. Besöket gjorde inget för att dämpa förväntningarna på extravagans:

Den mytomspunna Louisa Casati bodde i det halvfärdiga Palazzo Vanier del Leoni. Jag såg henne driva nedför Canal Grande under ett parasoll av påfågelfjädrar, men den överraskningen var inget jämfört med den följd av underbara chocker som skulle följa. Vid en första fest tog hon emot oss i sitt taklösa palats belyst av en eldkorg på vilken en halvnaken slav kastade något slags bränsle som flammade upp med vit låga för varje ny gäst. En annan slav slog på en dånande gonggong för att annonsera varje anländ, medan hon själv, *the* Casati, lång och elegant i en lampskärmskjol som såg ut att växa ur en vid skål av natthyacinter gav var och en en vaxblomma.

Louisa Casatis andra stora fest 1912 var en maskeradbal där värdinnan uppträdde som djurtämjare: »På hennes axel satt en papegoja, på hennes arm en apa. Hon följdes tätt av en tjänare som ledde en motsträvig leopard, eller det kan ha varit en puma. Från hans hand droppade blod (antagligen färg).«

Året efter, 1913, var Diana tillbaka i Venedig. Även denna gång bodde hon och hennes mor hos Emerald Cunard, men en stor del av Det korrupta kotteriet var också där. Hur liten den värld de rörde sig i var illustreras av att premiärminister Asquith också var gäst hos lady Cunard. Diana nämner inte något om premiärministerns byxtrick när hon var yngre. Däremot att han var en älskvärd person som »ville hålla ens hand och känna sig jämlik och tröstad«. »Jag brukade smyga ner till Downing Street. Det smickrade min snobbiga sida, men jag älskade verkligen mr Asquith«, minns Diana, fantasieggande nog, i sina memoarer.

På premiärministerns födelsedag roade sig Diana och hennes sällskap med att som en hyllning klä ut honom till Doge. »Jag tror att han var extatiskt glad den dagen.« Men när hon kunde begav hon sig till Casa delle Feste där det yngre gardet höll hov »utan auktoriteter eller nykterhet«. Den nya bekantskapen Duff Cooper var där och dök i kanalen från palatsets balkong när Kotteriet inte var upptaget med att hitta på något nytt sätt att chockera lokalbefolkningen och andra britter.

Det var ett sorglöst liv och ett liv av fnittrande trivialitet, men det skulle inte bestå. Ett år efter hennes andra Venedigbesök bröt första världskriget ut. Då hade redan den händelse som verkligen skakade om Kotteriet skett på närmare håll.

I juli 1914 samlades man på en båt i Themsen. Tre på morgonen passerade båten, ännu i full fest, Battersea Park, och Raymond Asquith slog vad med Diana om att hon inte kunde få en av gästerna, den unge baroneten Denny Anson, att hoppa i vattnet. Exakt vad som skedde blev aldrig klarlagt, men Anson gav Diana sin klocka, tog av sig kavajen och hoppade i. Strömmen tog honom, och han drunknade. Av de två som hade uppfattat vad som skedde och hoppat i för att hjälpa Anson dog en. Diana lyckades hindra Duff Cooper från att följa efter. Hon hölls utanför den rättsliga prövning som följde, men hennes höga profil som underskön ung adelsdam i jakt på uppmärksamhet gjorde henne ändå till huvudperson i pressen. Plötsligt hade hennes popularitet vänts i sin motsats. Ansons familj var inte förlåtande. Hon skickade den dödes klocka till familjen per bud, för hon vågade inte och var inte ombedd att själv överlämna den.

Den sagoskimrande bubblan av nöjeslystna upptåg sprack. Med krigsutbrottet en månad senare glömdes skandalen bort, men Diana Cooper glömde den aldrig.

Det Ansons död påbörjade avslutades av kriget. Kotteriet hade efter sommaren 1913 lovat varandra att åter träffas i Venedig. De enda som kom tillbaka var Diana och Duff. Nästan alla andra män i Det korrupta kotteriet skulle dö i skyttegravarna. »Vår generation blir historia, istället för att växa upp«, konstaterade Diana.

Den fjärde augusti, när tidningarna basunerade ut att kriget hade kommit, befann sig Diana på landet med sin bror och några vänner. De spelade ett krigsspel med tennsoldater som Winston Churchill hade gjort populärt. Fram till dess hade Diana, liksom många i hennes generation, inte kunnat tänka sig att det verkligen skulle bli krig. Men när kriget väl var ett faktum tvivlade hon, till skillnad från många även i äldre generationer, på att det skulle bli en kort konflikt.

Plötsligt var det allvar, och Diana bestämde sig för att göra något. Tre dagar efter krigsutbrottet skickade hon ett brev till en kotterivän med diplomatiska kontakter:

> *Edward älskling, jag tror att det hänger på Kotteriet att stoppa det här kriget. Vilken rättfärdighetsgärning! Min plan är enkel nog för att kunna genomföras av dig genast. Den består i att få ett neutralt land, antingen Amerika, eller Spanien, eller Italien eller något annat du kan komma på, att be vart och ett av de krigande länderna att ge sitt ord – under förutsättning att* var och en *ger sitt ord – på att upphöra med fientligheterna, eller snarare ställa in dessa helt och hållet, tills ett fördrag eller en konferens kan fås till stånd. [...] För Guds skull se till att det blir gjort, med stöd av Patrick och premiärministern. Hur fantastiskt vore inte det? »Vem stoppade kriget?« »Va', har du inte hört det? Det var Edward och Diana, medlemmar av det där Korrupta kotteriet.« Du kanske inte tror det, men det här är skrivet med mer allvar än jag någonsin skrivit.*

Tyvärr blev det inget av den blandningen av pacifism och publicitetshunger. Istället bestämde sig Diana för att göra nytta som sköterska. Hon ville till fronten men stoppades av sin mor, som förklarade att sköterskor vid fronten alltid blir våldtagna. Motvilligt gick hennes mor ändå med på att Diana skulle få arbeta som sjuksköterska på Guys Hospital i London. Som förberedelse skickades hon ned i köket för att titta på när en hare togs ur. Det skulle vänja henne vid operationer.

Guys Hospital var inte en miljö Diana var van vid, och ingen där var särskilt intresserad av hennes glamorösa liv som civilist. Ändå visade hon sig vara en utmärkt sköterska när huvudsköterskan väl hade fått henne att begripa att hon inte fick prata om sina patienter med vänner och familj. Liksom de flesta av sina arbetskamrater kunde hon klaga över arbetstiderna och den torftiga miljön, men hon trivdes faktiskt. Hennes mor var däremot inte tillfreds. Dianas position, lät hertiginnan av Rutland förstå, krävde att dottern fick sitt eget sjukhus. Röda korset meddelades att det skulle skänkas ett sådant, och ett litet slott i närheten av Boulogne inhandlades och byggdes om. Då tackade Röda korset nej, och planen gick i stöpet. Ovillig att ge upp bestämde Dianas mor att släktens eget hus på Arlington Street i London skulle förvandlas till ett sjukhus för officerare. Guldsalongen blev sjuksal för tio och balsalen för tolv, och i salongen med glastak inrättades matsal och klubbrum. Diana flyttades dit.

Hon arbetade flitigt men lät inte det komma i vägen för det sociala liv som ännu pågick. Att gå direkt från en amputation eller punkteringen av en varfylld böld till en bal hos hertiginnan av Sutherland blev en del av vardagen. Om inte förr var det också nu som Diana började använda andra berusningsmedel än alkohol. Morfin var lättillgängligt, men Dianas favoritdrog var kloroform. Hon verkar inte ha sniffat det i sådana mängder att hon tog bestående skada eller blev beroende men tillräckligt mycket för att bekanta skulle reagera. Det var också en vana hon återkom till senare i livet. Kolumnisten Taki i *Spectator* är inte alltid att lita på, men som en av få mångmiljonärer som skickats i brittiskt fängelse på grund av kokaininnehav har han viss trovärdighet i frågor just av detta slag. Han minns att Diana Cooper bjöd honom på kokain i början av åttiotalet, då hon strax skulle fylla nittio.

Berusandet hade en annan karaktär än det hade haft när Det korrupta kotteriet sammanträdde. Kloroform var en väl vald drog, för nu var det mindre fråga om njutning och upptåg och mer om bedövning. Diana kunde till och med sniffa kloroform i ensamhet. Det var inte bara det emotionellt ansträngande arbetet som låg bakom. För i en ström som aldrig tycktes sina kom beskeden om att en efter en stupade hennes kamrater i kriget. Det verkliga slaget kom när det stod klart att Raymond Asquith hade dött, efter att ha träffats av en kula i bröstet vid slaget om Flers-Courcelette i september 1916.

Diana och Raymond hade brevväxlat flitigt. Bara en knapp månad innan han dog skrev han ett brev till Diana och berättade att han tvingats identifiera en annan av hennes många friare, underhållaren Basil Hallam, sedan denne fallit från nära två kilometers höjd ur en spaningsballong: »Chockerande hoptryckt, men möjlig att känna igen tack vare hans cigarettetui.« Asquiths sista brev till Diana förutspådde, okaraktäristiskt uppgivet, att han hade liten chans att överleva. Raymonds hustru Katherine var ännu mer förkrossad än Diana. Det var en smal lycka, för Diana kunde delvis trösta sig själv genom att trösta Katherine.

Det är möjligt att Raymond Asquiths död var vad som till slut fick Diana att tacka ja till Duff Coopers vid det här laget stående frieri. De hade umgåtts flitigt sedan de först träffats 1913.

Ibland hade de mötts i smyg, för Dianas mor hade tydligt markerat att hon inte ansåg att Duff Cooper var en lämplig kavaljer. Duff återkom gång på gång i sina brev till frågan. Hade hon bestämt sig? När skulle hon svara ja? Det var inte ett förhållande utan komplikationer. Till skillnad från mer lössläppta vänner som Iris Tree och Nancy Cunard höll Diana på sin dygd. Duff Cooper, å sin sida, var närmast tvångsmässigt beroende av erotik och tog sådan varhelst han kunde finna den. Det gjorde honom inte mindre förälskad i Diana, och i slutet av 1916 svarade hon ja till hans frieri, men bara i princip. Det inte oväsentliga förbehållet var att de först måste ha »tillräckligt« med pengar. »Ack, det verkar finnas liten chans till att så någonsin blir fallet«, skrev en modstulen Duff, som hade fullt upp med att dra in tillräckligt för att finansiera sitt spelande och socialiserande.

Dianas villkorade ja ändrade inte i grunden deras relation. Den präglades av tvära kast mellan passion och gräl. Fram till sommaren 1917 hade Duff varit stationerad på utrikesdepartementet, men då skrevs han över till armén. Han visade påtagligt mod som stridande och tilldelades en Distinguished Service Order, något som var ovanligt bland underofficerare. Det som plågade honom i det militära var inte faran utan att det var så obekvämt och sällskapet så ofta oinspirerande. Han saknade helt enkelt sitt vanliga klubbliv. Diana, som sett så många av sina manliga vänner dö, vågade knappt hoppas att Duff skulle klara sig, men när krigsslutet kom återvände han hem utan att ha fått en skråma.

Den 31 oktober 1918 möttes han av sin mor, lady Agnes, på Victoria Station. Hon hade tänt en brasa och placerat ut blommor i hans lägenhet. Så snart han klev in ringde telefonen. Det var Diana. När lady Agnes gått sprang han till frisören och återvände sedan hem, där han nervöst vandrade fram och tillbaka tills

Diana kom. »Hon kom«, skrev han i sin dagbok, »och all den lycka jag hade hoppats på de senaste sex månaderna blev verklighet. Vi hade så mycket att säga varandra och var så lyckliga.«

Ekonomiskt hade ingen förändring skett, men Diana lät nu ändå sitt principiella ja övergå i ett ja också i praktiken. Det innebar inte att frågan om giftermål var löst, för motståndet från Dianas mor var kompakt. Hon skulle hellre se, påstod hon, att hennes kvarvarande son dött i kriget än att Diana gifte sig med Duff. Riktigt vad denna hårdnackade vägran berodde på var inte alldeles lätt att komma underfund med. Duffs bristande ekonomiska resurser var med säkerhet ett skäl, men samtidigt gjordes det klart att han skulle vara oacceptabel som svärson även om det förhållandet förändrades. Ett längre samtal med Dianas far, hertigen av Rutland, gjorde inte Duff klokare:

> Han tog emot mig med stor artighet, lyssnade på allt jag hade att säga, gratulerade mig till det sätt jag sagt det på, lade till att han alltid hade tyckt om mig och avslutade med att säga att han under inga omständigheter kunde gå med på giftermålet och att han föredrog att inte diskutera saken.

Efter ett antal turer ändrade sig ändå hertigen, antagligen därför att hertiginnan i ren utmattning givit upp och beordrat sin man att göra detsamma. Diana fick audiens hos sin far, som gav sitt godkännande men bad henne att vänta med att gå upp till sin mor i tio minuter så att »hon inte tror att jag gav mig med en gång«.

För pressen blev bröllopet den 2 juni 1919 i St Margarets i Westminster säsongens tilldragelse, även om det inte var fullt lika tjusigt som brukade vara fallet före kriget. Folkhopar samlades utanför för att få se bruden i sin hemsydda klänning i ljus guldlamé, täckt av stora sjok av fin spets. Att klänningen inte kom från ett av de stora modehusen var inte nödvändigtvis en besparingsåtgärd. När Iris Tree gift sig 1916 hade Diana ritat även hennes klänning och fått goda betyg. Ibland ryktades det att hon tänkte öppna modehus. Vad gällde bröllopspresenter sparade ingen. Det var välkänt att paret hade fått slåss inte bara mot Dianas tövan utan också mot hennes föräldrar, och så nära inpå kriget fanns ett behov av att hylla romantiken. Listan över presenter fyllde åttioåtta sidor i en liggare och inkluderade en emaljbrosch från kungen och drottningen, en diamantring från prinsessan av Monaco, ett antikt smyckeskrin i guld av lord Wimborne och en sockerströare i guld av den portugisiske kungen Manuel II. Tidningslorden Beaverbrook, som hade haft ett gott öga till Diana i många år och ofta skänkt henne betydande checkar, bidrog med en bil som Diana de kommande åren alltså skulle felparkera överallt i centrala London.

Paret gav sig sedan iväg på bröllopsresa, som gick till Italien, men första anhalt var Philip Sassoons hus i Port Lympne i Kent, som han hade lånat ut. »Vår natt«, skrev Duff i sin dagbok när han äntligen fått sin brud,

> var liksom så många centrala tilldragelser i vår kärlekshistoria väldigt gammaldags och konventionell. Tårar, skrik, blodvite och stor lycka. Den enda oavsiktliga och lätt farsartade incidenten var när jag, i syfte att tända ljuset, ringde i klockan av misstag och miss Wade raskt men ytterst ovälkommet anlände för att assistera sin stackars lilla husmor.

Brev spelade alltid en viktig roll i Diana Coopers vänskaper. Det gällde även den vänskap som inför hennes fyrtioårsdag växte fram med Evelyn Waugh. Breven var under en period förlorade, men en stor mängd återfanns i slutet av 1980-talet, även om fler finns bevarade från Waugh än från Diana. Tonen är ofta skvallrigt underhållande, men korrespondensen avslöjar också det speciella i deras relation. Diana Cooper var en av få som Evelyn Waugh valde att blotta sina känslor för. Hon svarade med att ge honom samma förtroende. Han tilltalade henne, vid sidan av »Honks«, ofta »Pug«, mops, eller »Baby«, något han med skam erkände för en annan flitig brevvän, Nancy Mitford. Diana kallade honom »Bo«, kortform av Boaz, ett namn som hade en obskyr, påstådd koppling till frimurarritualer, eller »mr Wu«. De grälade och grät brevledes mellan skratten, och Diana Cooper drog sig inte för att säga vad hon tyckte om det Waugh skrev. När *Men at Arms*, den första delen av Waughs andra världskrigstrilogi *Sword of Honour*, publicerats meddelade hon honom, med en referens till en radioteaterserie i medelklassmiljö: »Jag trodde du skulle ge oss en modern *Krig och fred*, men den liknar mycket mer *Mrs Dales Diary*.« Hon tvekade inte heller att ge sig på Waugh personligen.

I ett av de skarpare breven går Waugh i svaromål efter att Diana kritiserat honom muntligt. Det gäller: »Dina klagomål på att jag (a) förutsäger ondska (b) fröjdar mig åt att uppröra andra genom att göra det (c) är okristlig i att förvänta mig ont och borde skjuta mig om jag inte tror på Guds försyn och så vidare.« All denna kritik mot hans person, förklarar Waugh trumpet men med för honom ovanligt tålamod, vilar på falska premisser:

> *Det är en plikt likväl som ett nöje att motsätta sig dårskaper och sticka hål på bubblor. Med olika vänner provoceras jag att sticka hål på olika slags bubblor. Med dig är det den Yankee-rotarianska-Priestley-kärleken till tron på »framsteg«.*

Det finns inget skäl, morrar Waugh, för människor att tro att de har rätt att förvänta sig mer av Guds nåd av det simpla skälet att de råkar leva 1941 istället för 741. Tonen är brutalt direkt, men brevet slutar ändå på ett sätt som det inte skulle göra om brevskrivaren ville bryta kontakten:

Jag älskar dig så mycket och du chockerar mig ständigt och jag tror att jag ofta chockerar dig och jag vet att jag har rätt och att du har obscent fel på varje punkt i tankens rike.

Evelyn

Å kära nån, det här är så oläsligt.

Ingen annan än Diana Cooper kunde vara så direkt med Waugh, ådra sig hans ilska och ändå behålla rollen som betrodd vän. Deras vänskap överlevde till och med att adelsdottern Diana förklarade för Waugh att hans vurm för »marmorklädda salar« var avgjort medelklassig, något som av Waugh måste ha ansetts som den grövsta av förolämpningar. Han, å sin sida, kunde förfasa sig över att Diana tyckte om att äta billig skräpmat på rökiga syltor.

De hade mycket av intresse att berätta för varandra. Som när Waugh var på en kryssning i Medelhavet hösten 1933 och Diana läxar upp honom för att han inte beskrivit sina medpassagerare. Han svarar med utförliga beskrivningar av samtliga reskamrater. En Marjorie Glasgow, får Diana veta, är

en mycket rik ung dam som jag har mött tidigare, eftersom hennes mor höll fester som jag brukade gå på innan jag blev kräsen. Hon var ledare för vänsternudisterna. Hon uppvaktades av tre nakna grevar: en polsk, en belgisk och en italiensk. En bar hennes grammofon, en annan hennes brädspel och den tredje hennes solmadrass.

Eller kortare, om en lady Dunsany: »Bar två hattar samtidigt. Trött vid Troja.«

I oktober 1932 skriver Waugh till Diana: »Jag måste skriva sex artiklar och två noveller. Det är många amerikaner på det här hotellet. Ett smekmånadspar bestående av blond man och negress och ett par lesbiska som delar en enkelbädd och kom till mässan i går morse.«

Waugh höll på att planera en resa till Brittiska Guyana, var verkligen hårt pressad att skriva för brödfödan men sände ändå flitigt telegram och brev till sin nya vän. Mer än så: Han visste att Diana behövde stöd och flängde över England och Skottland för att kunna hålla henne sällskap så ofta som möjligt. Birmingham och Manchester, Glasgow och Edinburgh – varhelst hon var tog han sig dit.

Lady Diana Cooper var på turné i den osannolika skepnaden av madonna. Det hade börjat nästan tio år tidigare, sommaren 1923, då Diana hade fått ett brev poststämplat i Wien. Det var undertecknat Max Reinhardt, den judiske regissören som senare skulle fly undan nazisterna och hamna i Hollywood. Han hade nu bestämt sig för att i Amerika återuppliva en pjäs som han först satt upp i Tyskland 1911. Året efter hade han satt upp den i London med betydande framgång. Diana mindes att hon hade sett den som tjugoåring.

Pjäsen hette *Miraklet* och var en pantomim med två kvinnliga huvudroller: en var nunna, som rymde från sitt kloster med en spelman, den andra madonna, som stod staty i en nisch. Reinhardt ville att Diana skulle spela madonnan.

Det kom inte som en blixt från klar himmel, för Diana var redan etablerad som skådespelerska. Strax innan hon och Duff gifte sig hade den amerikanske regissören D. W. Griffith, en av de största på regissörshimlen efter *The Birth of a Nation*, erbjudit henne huvudrollen i sin nästa film. Han hade stött på Diana under första världskriget när han producerat en propagandafilm.

Tanken att en engelsk lady skulle ägna sig åt något så vulgärt som skådespeleri och dessutom på film var för de flesta skrattretande. För just den här engelska ladyns närstående var tanken hårresande. Men det fanns, för att använda det mest passande uttrycket, en annan sida av myntet. Duff Cooper skrev i sin dagbok:

> Åt lunch med mor och berättade för henne om filmen. Hon var förskräckt över tanken på att Diana skulle tacka ja, tills jag nämnde summan – då blev hon förskräckt över tanken på att hon skulle tacka nej.

Erbjudandet var på 75 000 dollar för tre månaders arbete. Det var att betrakta som en mindre förmögenhet och mycket lockande, nu när Diana sagt ja till Duff trots att han inte hade fått ihop några pengar. Dianas egen mor veknade också betydligt när hon fick höra talas om betalningen. Ändå tackade Diana till slut nej. Det gick helt enkelt inte att kombinera erbjudandet med bröllopet och smekmånaden. Men det sådde en idé.

Pengar var ett problem, och hittills hade Diana inte lyckats särskilt väl med att lösa det. Att arbeta i någon mer konventionell mening var inte aktuellt, däremot hade det funnits möjligheter att kapitalisera på hennes välkända namn och person. Ett parfymföretag hade hyrt in henne som affischnamn och, oturligt nog, som styrelseordförande på papperet. Diana såg det som en utmärkt inkomstkälla utan att hon behövde göra ett dugg och föreslog att företaget skulle hyra in Iris Tree också. Det gjorde det. Men företaget visade sig syssla framför allt med lurendrejeri. Dianas namn hade använts för att svindla andra på pengar. Istället för en säker, arbetsfri inkomst blev det juridiska problem. Att skriva artiklar här och där gick bättre, och

Diana blev till och med inhyrd som redaktör på engelska *Femina*. Det var dock mest ett hedersuppdrag. Att tvingas skriva gjorde henne likväl nervös. Särskilt besvärligt var det att skriva om mode, för det intresserade henne inte alls, trots att hon hade uppenbar talang för formgivning. Duff fick skriva artiklarna, knappast med större sakkunskap om ämnet än sin hustru, och hon satte sitt namn under. Det gick ändå ingen större nöd på paret, inte minst tack vare Dianas förmåga att attrahera gåvogivare:

> Vi levde över våra tillgångar och var aldrig skuldsatta. Den underbara prestationen berodde på en försonad och älskande familj, goda vänner, presenter, utländska semestrar, visiter i Paris och klänningar utan räkningar.

Diana sponsrades av modehus som Molyneux, Ospovat, Chanel och Patou, som ansåg det vara bra för affärerna om hon använde deras kläder. Men gåvor och generositet räckte ändå inte, för Diana var ense med sin man om att han borde ta sig ifrån diplomatin och ge sig in i politiken. Det var inget som betalade sig i pengar, så det krävde kapital. Efter Griffiths bud var skådespeleriet den uppenbara lösningen.

Dianas första film var *The Glorious Adventure*, klar 1922, en kostymfilm som utspelas i London vid tiden för den stora branden 1666. I hennes andra, *The Virgin Queen*, klar 1923, spelade hon Elizabeth I. Regissören bakom båda, J. Stuart Blackton, är med rätta inte ihågkommen som någon av filmhistoriens större stjärnor. Diana var själv inte särskilt imponerad av regissören eller sin egen rolltolkning. Om sin Elizabeth skrev hon: »Trots en rödhårig peruk och rakade ögonbryn kunde mitt runda, unga ansikte inte antyda hennes oköttsliga örnlikhet.« Ändå väckte det blotta faktum att hertigen av Rutlands dotter blivit filmstjärna uppmärksamhet på ett sätt som var till hjälp för planen att bygga upp en kassa. Diana hade inga illusioner om att hon var en särskilt duktig skådespelerska, men det hade inte med saken att göra. Ytterligare filmer hade säkert kommit till om inte brevet från Wien hade anlänt 1923. Hon tackade ja till att spela madonnan i Amerika, och 1924 klev hon på atlantångaren.

Rollen i *Miraklet* var krävande på ett helt annat sätt än filmarbetet. I en halvtimme innan pjäsen började skulle hon stå, frusen som en staty, på en pelare över scenen. Sedan började pjäsen. Då skulle hon stå, lika orörlig, i fyrtiosex minuter till – innan hon kom till liv.

Det var besvärligt nog i sig, men dessutom tvingades hon resa från sin man. Det var visserligen spännande att åka till Amerika, något hon aldrig gjort tidigare, men miljön var främmande. När Duff, som följt med över som stöd, återvände hem, blev hon ensam.

Det blev succé i Amerika. Diana hade blivit Broadwaystjärna och hamnade på omslaget till *Time*. Pjäsen gick så bra att den i tre säsonger turnerade i USA. Diana åkte tillbaka och gjorde, med växande motvilja men ökande inkomster, sitt arbete. Att Iris Tree fick rollen som nunnan från och med höstsäsongen 1925 gjorde situationen något uthärdligare, men de långa perioderna av separation från Duff var svåra.

Erbjudanden om reklamkontrakt för skönhetsmedel och annat anlände. Diana tvekade, men Duff uppmuntrade henne: »Strunta i värdigheten när du är i New York och lägg vantarna på jänkarnas pengar så att du får möjlighet att återerövra värdigheten i Europa.« När så var möjligt hälsade Duff på. Om han hade oroat sig för att Diana skulle förändras till oigenkännlighet av sin amerikanska karriär kunde han snart lugna sig med att hon tvärtom var lätt att känna igen.

»Tog en åktur med Diana i hennes nya bil«, skrev han i sin dagbok från New York: »Det är nervöst att bli körd av henne just nu eftersom hon varken förstår hur bilen fungerar eller fullt ut begriper New Yorks trafikregler.«

Diana försökte hushålla under arbetsperioderna för att kunna ta med sig så mycket som möjligt hem. Hon blev euforisk när hon fann ett ställe i närheten av teatern där hon kunde äta spagetti till lunch för tio cent. Men allt var inte så påvert. Hennes stjärnstatus gav som vanligt många gratisfavörer. På ett hotell i Boston blev hon särskilt väl behandlad och filosoferade: »Ägaren är en ung, framgångsrik fjolla. Jag måste se till att ge honom ett lavemang med äkta guld eller något annat han verkligen skulle gilla.«

Miraklets brittiska turné 1932 var en, för Diana, sista upprepning av madonnerollen. Sällskapet började sin turné på en teater i West End, och när Evelyn Waugh och Diana träffades första gången var säsongen redan i full gång. Waugh hade sett pjäsen och hade inga höga tankar om den. »En avskyvärd sak«, skrev han i ett brev till en bekant. Han menade att *Miraklet* utom att sakna konstnärlig höjd också var hädisk. Men så mötte han Diana, och när höstturnén började 1932 reste han med henne och måste ha sett den avskyvärda saken ett betydande antal gånger.

Det var förstås inte pjäsen som lockade, utan sällskapet. Waugh tog med sig Diana på bilturer på landsbygden. Man får anta att hon körde, eftersom han aldrig skaffade körkort. Kanske var det nu beskrivningen av mrs Stitchs dödsföraktande körstil växte fram. Ett av Dianas kärare minnen var att Waugh läste Kenneth Grahames *Det Susar i Säven* för henne.

Att Duff inte fanns där vid hennes sida berodde på att han hade fullt upp med sin egen karriär. Med inkomsterna från *Miraklet* i sikte vågade han redan sommaren 1924 säga upp sig från utrikesdepartementet, och innan året var slut satt han i parlamentet för de konservativa. Han gjorde sig snabbt rykte som en man att räkna med även om hans vassa sätt och korta stubin inte alltid var till hans fördel. Han byggde vänskapsband med Winston Churchill och utmärkte sig som en pålitlig anhängare till premiärminister Stanley Baldwin. I januari 1928 blev han befordrad till underminister på krigsdepartementet, men året efter förlorade de konservativa valet och Duff sin parlamentsplats. Vid tiden för Dianas brittiska turné 1932 var han tillbaka i parlamentet igen, tillbaka vid krigsdepartementet och hade dessutom hunnit skriva en hyllad biografi över den franske diplomaten och politikern Talleyrand.

Att se paret Cooper på bild förklarar inte deras förhållande. Dianas skönhet är inte tidsbunden. Hennes vana att aldrig le på bild och istället anlägga ett teatraliskt uttryck av outgrundlig, prerafaelitisk melankoli – möjligen förstärkt av att hon led av dålig syn – är visserligen tidstypisk. Ändå skulle hon, om hon klev ur fotografiet och in i nutiden, inte uppfattas på annat sätt än som mycket vacker. Duff Cooper har inget av den varan. Fanns något av filmstjärneglamour över honom var det av den beklagliga sort som inte fastnar på bild. Han ser med sin hårdansade mustasch, sitt välpomaderade hår och sin nätta kroppsbyggnad helt enkelt ut som en liten farbror. Även med den tidens mått finns något aningen löjligt och inget av romantisk matinéhjälte över honom. Det närmaste man kan komma är kanske en Hercule Poirot ännu utan kalaskula.

Ändå är det alldeles klart att det fanns en elektricitet kring hans person. Hans spelande signalerade spänning och risktagande, hans hunger efter politisk framgång en maktlystnad och hans publika skrivande – senare bekräftat av hans publicerade dagböcker – en litterär och analytisk ådra av hög klass. Han var väl medveten om sin attraktionskraft och växlade, såväl före som under äktenskapet med Diana, in den i köttsliga nöjen. Diana var införstådd med det. Att säga att det inte berörde henne vore en överdrift, men på något sätt påverkade det ändå inte kärnan i deras förhållande. För det fanns alldeles klart en kärna, den var stark och bestod inte i att Diana var underdånig.

Att läsa deras brev är att ta del av en korrespondens mellan två starka men olika personer med en djup kärlek till varandra. Det finns sällan något tillgjort eller falskt i deras ömhetsbetygelser eller, för den delen, i deras gräl. Att Diana accepterade Duffs promiskuösa sida bottnade i det djup deras relation hade. Hans flickor »var blommor men jag trädet«, skulle hon säga. Ett brev, där hon först konstaterade att många av Duffs älskarinnor verkade ha konamn, avslutades med den oöversättliga raden: »Stay out of the dairy, dearie.« Inte heller det faktum att Dianas karriär som skådespelerska bara var ett sätt att finansiera Duffs lansering i politiken kan annat än med våld tolkas som ett tecken på underdånighet från hennes sida. Hon upphörde visserligen i stort sett med skådespeleriet efter turnén med *Miraklet* 1932, för då var Duff tillräckligt rotad i politiken för att vara självgående, men inte heller det var något hon upplevde som en uppoffring. De hade uttryckligen gjort en gemensam plan, och den planen innebar att de skulle bli ett framträdande politiskt par i Storbritannien, något som innebar en lika krävande roll för Diana, som värdinna, som det gjorde för Duff. Att uppträda på scenen hade bara varit ett nödvändigt steg på vägen dit.

Duff Cooper var i första hand en maktspelare, men han hade politiska övertygelser som han inte kompromissade med hur som helst. Diana var på det stora hela ointresserad av politik. Evelyn Waugh kunde visserligen klaga på att hon talade alldeles för mycket om just det ämnet, men det hon talade om hade ofta mer att göra med maktkamper inom regeringen, parlamentet eller i Europa som påverkade hennes och Duffs position. Diana Coopers biograf Philip Ziegler sammanfattar hennes politiska inställning som att hon »på det stora hela skulle ha föredragit att den rike mannen förblev i sitt slott och den fattige mannen vid grinden. Men om den fattige mannen genom flit eller fingerfärdighet tog över slottet skulle hon inte ha några problem med att tacka ja till en middagsinbjudan.«

De ville ha barn, men det visade sig problematiskt. Något år efter bröllopet genomgick Diana en operation för att korrigera somligt som kunde vara orsaken. Det hjälpte inte. Inte heller hjälpte behandling av den tidens mest framstående brittiske gynekolog eller ens en resa till Lourdes, där hon bad för sin fruktsamhet. Iris Tree verkade ett tag stå för räddningen. Hon hade rymt med en österrikisk, utfattig adelsman och dök 1927 upp i London, övergiven och gravid. Efter att ha ratat en planerad abort visste inte Iris vad hon skulle göra. Diana hade lösningen både för Iris och för sig själv: Barnet skulle födas i hemlighet och sedan lämnas på trappan till Dianas och Duffs hus. De skulle adoptera hittebarnet. På så sätt skulle ingen, inklusive Duff, behöva veta vem modern var. De två vännerna var överens och tyckte att det var en lysande idé, men när barnet föddes i februari 1928 ändrade sig Iris Tree. Hon ville själv behålla det. Strax därefter upptäckte Diana, till sin egen förvåning, att hon var gravid.

John Julius föddes i september 1929. Förlossningen var svår, och det fanns en risk att Diana inte skulle överleva. Kejsarsnitt utfördes – det var skälet till andranamnet Julius – och Diana repade sig. Väl medvetna om vikten av att ha rätt vänner utsåg

Diana och Duff en samling gudföräldrar efter taxeringskalendern: Lord Beaverbrook och Aga Khan var två. Paret Cooper hade blivit en familj.

Sonen föddes under den period Duff var utan plats i parlamentet, men i mars 1931 var han tillbaka igen. Karriären verkade gå på räls. Från sitt gamla uppdrag på krigsdepartementet befordrades han 1934 till underminister i finansdepartementet, en post som ansågs vara vikt för blivande kabinettsmedlemmar. Efter valet på senhösten 1935 utnämndes han till krigsminister och var därmed del av premiärministerns kabinett. Hans snabba karriär var inte okontroversiell. Duff hade tidigt besökt ett partimöte i Nürnberg och fyllts av avsky för det han sett. Från och med 1933 skrädde han inte orden i fördömandet av nazismen och återkom ständigt till Storbritanniens behov av att rusta upp. Det var inte populära politiska budskap annat än i de minoritetsgrupper som ännu lyssnade på Winston Churchill. Trots det fick Duff ännu en befordran och det av Neville Chamberlain, som Duff aldrig hade kommit överens med och som han väntade sig att få sparken av då denne tillträdde som premiärminister i maj 1937. Istället utnämnde Chamberlain Duff till marinminister, samma post som Winston Churchill hållit vid inledningen av första världskriget och skulle hålla igen när han återvände till regeringen 1939.

Med posten som marinminister kom Duff Cooper verkligen till sin rätt. Flottan var trots allt juvelen i Storbritanniens militära krona. Den var oomstridd som världshavens härskare. Duff kastade sig med iver över allt han ansåg behövde göras för att flottan skulle vara redo för en eventuell konflikt. Dessutom hade uppdraget andra fördelar som den njutningslystne Duff uppskattade. Främst bland dessa var att marinministern hade en officiell lustjakt, *Enchantress*, som han var fri att använda. Tillsammans gjorde paret Cooper kryssningar i både Östersjön och Medelhavet, inklusive ett stopp i det älskade Venedig. Den senare resan var inte alltför tyngd av officiella uppdrag. Den avslutades i Neapel, där Mussolini ställde sitt privata tåg till Duff Coopers förfogande för vidare transport till Engelska kanalen. John Julius, nu åtta år gammal, utrustades med sjömanskostym och guldbroderad matroshatt att bära då han seglade med.

Vid sidan av *Enchantress* fanns en annan stor fördel med marinministerposten. Ett av Londons elegantaste hus, Admiralty House, var fram till 1964 marinministerns officiella bostad. Denna vackra sjuttonhundratalsbyggnad, tvärs över Horse Guards Parade från 10 Downing Street, har utsikt över St James's Park och storslagna mottagningsrum. Nu fick Diana en verkligt passande plats att agera politisk värdinna på, och hon satte genast igång att ställa scenen i ordning. Parets gamle vän Philip Sassoon var minister med ansvar för statliga byggnader så hon hade inga problem att få fram det mesta av det hon ville ha. Inte för att det saknades vackra möbler. Den stora salongen dominerades av en fantastisk uppsättning förgyllda stolar och bord, vars ben, armar och ryggstöd utgjordes av delfiner. Det fick bli temat för hela inredningen. Neptunus och sjönymfer, treuddar och snäckskal fyllde snart varje rum. Med tanke på Dianas sängkammarregemente lades ändå mest arbete på hennes sovrum, som var större än matsalen. Sängen var en verkligt magnifik pjäs:

> Rummet hade en takhöjd på åtminstone sex meter, och från alldeles under taket hängde en krans av förgyllda delfiner och kronor. Blå sängförhängen, kantade med vit satäng, hängde ned till golvet och avslöjade i öppningen mellan sig en sänggavel med än fler delfiner, treuddar och snäckor. I fotändan av sängen varnades inkräktare av två delfiner i naturlig storlek, krökta med böjda ryggar – fisklika vaktposter. Det var ett fantastiskt rum i mina ögon.

Middagsservisen utgjordes av Wedgwoodporslin format som pilgrimsmusselskal, och John Julius skolrum fylldes med ankare, kompasser och nät. En anslående byst av Nelson grävdes fram ur något förråd, och värdefull konst med marin anknytning anlände med hälsningar från Philip Sassoon. Diana själv smugglade en skulptur av en sjöjungfru från Danmark och köpte en flygel, efter att ha misslyckats med att övertyga Sassoon om att staten borde stå för just en sådan.

Den tyske ambassadören, en diplomat vid namn Dirksen som inte hade något att göra med den ambassadörsfru som långt tidigare fotograferat Diana naken, gjorde stora ögon när han kom på besök. Det var inte en man med humor, och Diana försökte förklara:

> »Jag samlar på fisk nuförtiden«, babblade jag: »Snäckskal och Neptuner och sjöjungfrur på delfinryggar. Jag är på väg att utveckla ett fiskkomplex.« [...] Det stackars ansiktet såg ut att vara tyngt av oro och medkänsla: »Zo, ni zäger att ni har ett feeskkomplex?« Jag rös åt det jag var på väg att åstadkomma och hoppades att han inte skulle rapportera mitt tillkortakommande till Wilhelmshaven.

Tiden som marinminister skulle inte bli långvarig. Duffs kontroversiella hårdhet mot Tyskland och ständiga tal om behovet av upprustning gjorde honom allt mer isolerad, även i regeringens inre krets. Det fanns också annat som låg honom i fatet. Trots att dåvarande prinsen av Wales, den blivande Edvard VIII, var tyskvänlig och knappast en politisk allierad till Duff hade paret Cooper i mitten av 1930-talet börjat umgås med kronprinsen. Prinsens umgänge, till stor del amerikaner, ansågs vulgärt av många inom högadeln, och prinsen letade upp dem vars livsstil kunde smälta in i hans cirkel. Paret Cooper kvalificerade sig med sitt rykte av lätt fara, spel och spänning, samtidigt som de kunde ge ett visst mått av respektabilitet till andra av kronprinsens kamrater. Det fanns ytterligare kontaktytor: Diana hade blivit milt antastad på en middag i Blenheim Palace av mr Simpson, äkta man till den alltmer omviskade mrs Simpson.

I augusti 1936, några månader in i Edvard VIII:s korta regeringstid, bjöds Duff och Diana att följa med kungen på en kryssning i Medelhavet ombord på lustjakten *Nahlin*. De tackade ja, något annat skulle ha varit otänkbart. Det blev en märklig resa – med en mycket informell kung men samtidigt med en påtaglig spänning i luften. Wallis Simpson var förstås en annan gäst, och inget gjordes för att dölja hennes ställning, något som gjorde det mesta besvärligt, eftersom det just var hennes ställning som var problemet. I september återvände paret Cooper hem. I oktober ansökte mrs Simpson om skilsmässa, och i november förklarade kungen för premiärminister Baldwin att han hade för avsikt att gifta sig med mrs Simpson. Den konstitutionella krisen bröt ut.

För paret Cooper var relationen med kungen en belastning. Deras närvaro på lustjakten under sommaren hade noterats och tagits till intäkt för att de tillhörde »kungens läger« i den allt skarpare tudelning mellan kung och regering som växte fram. Det var inte alldeles sant, och kungens verkliga supportrar, som till exempel politikern och dagboksförfattaren Chips Channon, visste att Duff och Diana Cooper ansåg att kungen betedde sig oklokt. Sant var däremot att Duff, liksom Winston Churchill, ville hitta en lösning som innebar att en abdikation kunde undvikas trots att mrs Simpson fanns med i leken. Han insåg dock snart att det var hopplöst. Den 10 december 1936 abdikerade Edvard VIII.

Närheten till den abdikerade kungen gav dem som av helt andra skäl inte ville se Duff framgångsrik ammunition. Skadan visade sig i och för sig mindre än den kunde ha blivit. Paret Cooper stöttes inte ut av den nye kungen, Georg VI, och hans drottning. Befordran till marinminister kom. Ändå fanns historien kvar som en belastning.

Slutet på Duff Coopers korta tid som marinminister var inte en direkt följd av något av detta. Han valde istället själv att avgå. Den 1 oktober 1938, dagen efter att Chamberlain kommit tillbaka från München och lovat »fred i vår tid«, meddelade Duff premiärministern att han inte kunde sitta kvar och ta ansvar för en sådan politik.

Ekonomiskt innebar det inte ett allvarligt problem. Duff hade gjort sig ett namn och vunnit en hel del respekt genom att stå fast vid sin övertygelse. Han kunde ägna sig åt skrivande och få bra betalt för sina artiklar. Det innebar däremot, efter bara ett och ett halvt år, inget mer Admiralty House, ingen mer lustjakt och en vag känsla av att den politiska karriär som börjat så bra kanske redan var på väg att ta slut.

Den elegante Chips Channon, en amerikan som valt att bli britt, var känd för sin överdådiga smak. Hans omtalade rokokomatsal vid Belgrave Square var en kopia av Amalienburgpaviljongen vid Nymphenburgpalatset i München, och inte en yta saknade guld eller kristall. Nu, på våren 1942, försökte han försiktigt sätta ned sina handsydda skor från John Lobb utan att sjunka ned i leran till de välskräddade knäna på sina byxor. Han befann sig på en liten bondgård strax utanför Bognor i Sussex, och hans uppgift var att fösa grisar.

Det fanns inte många som skulle ha fått honom att utföra en sådan uppgift, men Diana Cooper var en av dem. Hon hade fått gården av sin mor, och när kriget kom tog hon med stor entusiasm sig an en ny karriär som amatörjordbrukare. Det finns ett fotografi av Diana, iförd halmhatt, hängselbyxor och en enkel tröja, när hon sitter på en trebent pall och mjölkar sin favoritko Princess. Jordbrukssysslorna var mer än ett tidsfördriv. Till sin son John Julius skrev hon när hon precis satt igång med dem:

Getter går fortfarande inte att få tag på, så jag har nöjt mig med att köpa en ko och dessutom fyra griskultingar, som heter familjen Hutchinson, de väntas i morgon. Jag ägnade en trevlig eftermiddag [...] åt att gödsla ängen med ammoniumfosfat så att den ska växa tjockare och grönare och ge mer mjölk till mina ostar. Vasslen ska göda mina fyra små grisar.

Brevet skulle gå till Amerika, för Joseph Kennedy, den amerikanske ambassadören, hade övertygat Diana om att Storbritannien skulle gå under och erbjöd sig att rädda hennes son. Hon hade tvekat, inte minst av patriotiska skäl, men kriget deprimerade henne, hon anade det värsta och gav med sig. John Julius skulle komma tillbaka sommaren samma år som Chips Channon föste grisar och då genast sättas på Eton.

Chips Channon var inte den ende av Diana Coopers vänner som plötsligt upptäckte att han hade rekryterats som dräng. Den nu femtioåriga Diana hade stort nöje av se sina stiliga vänner brottas med mindre tjusiga problem. Det fanns också en vän i närheten som var van vid att hantera lantliga göromål och som var den som lärde Diana det hon behövde kunna. Conrad Russell, kusin till hertigen av Bedford, utpekades ibland som John Julius verklige far. Det finns inget stöd för det antagandet; däremot var han föremålet för ännu en av Dianas passionerade vänskaper. De hade träffats under Dianas turné med *Miraklet* och fann varandra omedelbart. Han var en lång man med ett vänligt, barnsligt ansikte krönt av en stor mopp blont hår.

Efter en kort karriär på finansmarknaden hade han dragit sig tillbaka på landet och ägnade sig åt småskaligt jordbruk, mer som en livsstil än som försörjning. Att han, efter deras första möte, döpte den kalv hans favoritko producerade till Diana var ett verkligt tecken på uppskattning. Med Russells hjälp gav Princess mjölk snart flera kilo ost i veckan.

Diana hade försökt att göra sitt för krigsinsatsen, bland annat genom att sy kamouflagenät. Äldre, men bara aningen visare än vid första världskrigets utbrott, försökte hon också på andra sätt komma med goda idéer som kunde vara till nytta. Två idéer hon förde vidare till krigsdepartementet var att brittiska soldater skulle målas i ansiktet med olika färger, beroende på dag, så att de skulle kunna skiljas från tyska spioner och att stora magneter skulle placeras på öppna ytor för att oskadliggöra luftfällda minor. Hösten 1940, när blitzen slog in över London, kastade hon sig in i den lite större politiken. En vän från tiden med *Miraklet* som hade goda förbindelser i Amerika gavs i uppgift att ta kontakt med president Roosevelt, som i sin tur skulle be påven att uppmana de stridande att inte anfalla huvudstäder.

Jordbruksarbetet var också en form av terapi, för kriget skrämde henne. En del av krigets inslag tyckte hon dock mest var irritationsmoment. Det myckna talet om mat och särskilt bristen på sådan till exempel: »Jag förstår inte varför, för det verkar finnas massor. De fattiga vägrar fortfarande att äta alla de saker jag älskar: hare, kanin, hjort, forell och så vidare.« Bombningarna och invasionshotet fyllde henne däremot med fasa.

Duffs krig verkade bekräfta att hans politiska lycka var över. Att Churchill återkom i regeringen vid krigsutbrottet gav inget nytt arbete, istället åkte Duff på en föreläsningsturné i Amerika tillsammans med Diana. I maj 1940 utnämndes han emellertid till informationsminister sedan Winston Churchill blivit premiärminister, men det var inte ett tacksamt arbete. Pressen såg honom som fiende, och mycket litet av det han gjorde vann någon uppskattning. Han gjorde sig dessutom illa omtyckt av Evelyn Waugh – efter att ha attackerat dennes hjälte P. G. Wodehouse. Wodehouse, mycket politiskt naiv, hade stannat kvar i Frankrike efter krigsutbrottet och fann till sin förvåning att han plötsligt var internerad av tyskarna. Han gjorde några radiosändningar i deras regi. Dessa saknade politiskt innehåll, men handlingen i sig var förstås oklok. Som informationsminister slog Duff ned på tilltaget med en kraft som är begriplig i sammanhanget men i efterhand kan framstå som överdriven.

I juli 1941 fick Duff, till sin lättnad, kliva av posten som informationsminister och utsågs istället till Chancellor of the Duchy of Lancaster. Det är en ministertitel som traditionellt saknar avgränsat ansvar och som av premiärministern brukar användas som en post för särskilt händiga personer som kan utföra uppgifter som annars faller mellan stolarna. Churchill skickade Duff till Singapore med oklara order men med övergripande uppgift att se till att den brittiska kolonin inte löpte risk att falla om kriget spred sig. Diana följde med, mot inrådan från såväl vänner som utrikesdepartementet. Det var inte bara en fråga om att de oroade sig för hennes säkerhet, det var också en fråga om att de oroade sig för imperiets säkerhet om Diana drabbade Asien. Hon ansågs inte vara alldeles omdömesgill, även om de argument som användes snarare sköt in sig på att de stackars soldaterna, som inte fick ta med sina fruar, skulle bli avundsjuka. Diana lät inte invändningarna beröra henne, och Duff visste bättre än att ta strid om saken.

Singapore framstod som ett exotiskt nöjesfält för Diana. Allt var vackert, märkligt och doftade gott. Det var visserligen omöjligt att kommunicera med tjänstefolket, som därtill pratade olika språk och inte heller kunde kommunicera med varandra, men det gjorde inget. Diana inredde sitt sovrum med papperslyktor med kinesiska tecken, vars betydelse hon glatt erkände att hon inte hade någon aning om. De kunde »göra reklam för bråckbälten eller potensmedel eller priset för ett skjut utan att jag har en aning om det«. Något krig hann inte Diana starta, men när hon var på besök i Burma förklarade guvernören att hon riskerat att britterna kastades ut genom att ta av sig strumpor och skor och paddla ut i en helig damm medan Duff satt i möte.

Efter japanernas attack på Pearl Harbor i december 1941 befordrades Duff till kabinettsminister med placering i och ansvar för Fjärran Östern. Det var en hopplös uppgift, eftersom han varken hade givits makten eller tiden att kunna sköta den. En överbefälhavare för hela regionen utsågs, och Duff och Diana skickades hem efter bara dryga tre månader. Diana förutspådde Singapores fall och förklarade för sin son: »Tyskarna ser inte alltför pigga ut, och vi oroar oss inte för blattarna, men de där snedögda dvärgarna från Japan är en farsot.« Det var kanske inte de mest diplomatiska orden, men när Singapore på bara sex dagar föll i februari 1942 fick hon rätt.

Det var en omskakande händelse, för Singapore hade beskrivits som ett »ointagligt fort«. Skulden lades, om än inte officiellt, på Duffs axlar. Också i detta avseende var Dianas jordbruk terapi. I ett och ett halvt år efter Singapores fall fanns Duff visserligen kvar i regeringskretsen men mer som en rest utan egentlig uppgift. Trots att nästan ingen längre kunde förneka att han haft rätt i sina varningar för Tysklands upp- och Englands nedrustning hade inte kriget givit honom tillbaka den politiska lyckan.

Det var inte med någon entusiasm Diana tog emot beskedet i december 1943 att Duff skulle posteras i Algeriet och att hon skulle följa med:

> Jag hade åldrats. John Julius måste stanna i England under kriget och gå i skola. Nordafrika var långt borta och gick bara att nå via luften. [...] Jag rös vid tanken på att förlora min självständighet, att tvingas bära konventionella kläder igen, min stapplande barnkammarfranska, att vara ledsagad av chaufförer, att lämna Conrad.

Därtill kom sorgen över att tvingas överge den lilla bondgården och särskilt kon Princess. Men kriget krävde sina offer, och det var knappast så att Duff hade mycket att välja på, så det fick gå.

Den omedelbara uppgiften för Duff var att utgöra brittisk representant i den fria franska kommitté som hade Charles de Gaulle som naturlig ledare. Den lite längre planen var att Duff skulle bli ambassadör i Paris, som de allierade räknade med att befria inom kort. Inte heller den utsikten gladde Diana särskilt. Franska kvinnor fick henne alltid att känna sig som en »otvättad, olärd, osofistikerad, trög bondlolla«.

Ankomsten till Alger i januari 1944 lyfte inte hennes humör. Deras hus var inget Admiralty House: »Det fanns ingen spis, ingen värme, ingen bil, ingen telefon, inget sänglinne, inga handdukar, inget porslin och inte något fat.« Det sades henne att det hade gjorts försök att finna italienska krigsfångar som kunde fungera som tjänstefolk men ännu utan framgång. Huset var vackert på utsidan – »en charmig arabeskvilla«, skulle Evelyn Waugh sammanfatta saken då han var på besök – men insidan var nedgången och påminde mest om en »solkad skrothandel«. Dessutom skulle huset delas med ett annat par.

Den enda ljuspunkten var Harold Macmillan, som bodde i närheten i rollen som minister vid de allierades högkvarter. »Han är en utmärkt man. Han ger oss mat, värmer oss och tvättar oss. En dag kommer han att bli premiärminister«, skrev Diana profetiskt till Conrad Russell.

Det blev bättre. Churchill, som var i Marrakech för att träffa de Gaulle, fick höra om paret Coopers prövningar och skickade genast iväg en svärm telegram. Lådor materialiserade sig snart med porslin, glas samt lakan och handdukar med den broderade texten »Empire Hotel, Bath«. I mars kunde Diana skicka ett strålande glatt brev till Conrad Russell:

Mycket, mycket skojigt! Jag har köpt en ko. Jag kallar henne Fatima. [...] Den ena dagen är mer underbar än den andra, munkhättor och freesia slår ut i vild blomning i trädgården och på fälten.

Med huset i någorlunda ordning kunde hon också bjuda in gäster, och med kriget i full gång passerade förvånansvärt många bekanta. Bland de mer framträdande besökarna var Randolph Churchill och Evelyn Waugh. Från Duffs och Dianas algeriska oas kunde Waugh rapportera hem:

Duff och Diana härligt oambassadöriska, fransmän och amerikaner och judar in och ut hela tiden, uppenbart att de tycker mycket om det, D & D mycket populära och lyckliga, bra mat, en toalett, ett badrum, alla i pyjamas hela morgonen, som i Venedig före kriget.

Paret Coopers villa hade antagit skepnaden av ett franskt, informellt hov snarare än av en brittisk postering. Påfåglar struttade runt på gräsmattan, och Randolph Churchill struttade runt i skuggan, tömde två flaskor gin om dagen och solkade Dianas sänglinne med cigarettaska och smutsiga skor.

Dianas avslappnade stil fick åtskilliga att fantisera om att hon hade ett intressantare privatliv än vad som var fallet. Var och varannan fransman, däribland Nancy Mitfords olyckliga kärlek Gaston Palewski, antogs vara hennes älskare, men allt sådant var just fantasier. Däremot utmärkte Diana sig på andra sätt, som inte alltid uppskattades av andra britter. Att entusiastiskt springa efter Charles de Gaulles bil för att hylla Frankrikes frälsare passade kanske meniga franska soldater men definitivt inte en brittisk ambassadörsfru.

Den brittiska ambassaden i Paris hade en liten Simca som ambassadörens fru kunde använda. Den hade också en chaufför som hon skulle använda. Det gjorde Diana, men inte på det sätt som var avsett. Chauffören fick sitta i baksätet. Han var för den skull inte overksam, för även om gatorna i Paris strax efter kriget var förhållandevis fria från andra bilar fanns det gott om fotgängare och cyklister. Chauffören hängde ut genom den nedvevade rutan och skrek panikslaget: »*Méfiez-vous, messieurs!*« i hopp om att det skulle rädda några medtrafikanter mot den uppenbara fara Diana Cooper i en Simca innebar. Hon struntade i trafiksignalerna, sneddade över trottoarer och tog i största allmänhet fågelvägen på marken. Mrs Stitch hade varit baserad på Diana Cooper, men Diana Cooper verkade nu snarare baserad på mrs Stitch.

Duff och Diana hade lämnat Algeriet i september 1944, och hon hade åkt lika motvilligt som hon hade kommit. I Algeriet hade hon ändå kunnat skapa sig en egen värld, fri från alltför många konventioner. Men i Paris skulle det knappast finnas plats för en ko.

Åter visade sig Dianas oro ogrundad, för tiden som ambassadör i Paris skulle bli krönet på Duffs karriär. Den brittiska ambassaden blev Paris mest eftertraktade samlingspunkt, och inget privilegium kunde slå det att stå på Duff och Diana Coopers gästlista. Det var nästan helt och hållet Dianas förtjänst.

Den brittiska ambassaden på Rue du Faubourg St Honoré var ett mycket vackert litet 1700-talspalats, men inget fungerade, det var slitet och dessutom fyllt av ägodelar som ett trettiotal brittiska familjer försökt skydda från tyskarna. När uppstädningen väl var klar och Diana ställt huset i ordning med hjälp av Cecil Beaton var hon själv mycket nöjd. Som vanligt var hennes sovrum viktigast för henne. Det hade en gång tillhört Pauline Borghese, yngre syster till Napoleon, och var verkligen kejserligt i stilen:

> Hennes sovrum var det mest fantastiska som jag någonsin har funderat på att inta. [...] Väggar, gardiner, soffor och stolar var klädda i det tjockaste Lyonsiden med kaducéer och lagerblad i mönstret. Borden och den stora spegeln var stämplade av mästare. Över sängen, uppburen av egyptiska karyatider, fanns en himmel från vilken förhängen hängde och som kröntes av en heroisk förgylld örn som satt så till att den bara kunde ses av den som låg i sängen genom den jättelika spegeln på väggen mitt emot.

Allt gick i djuprött, och Diana bodde in sig efter att ha inrättat ett badrum som gav intryck av att vara ett pampigt tält i rummet bredvid.

Alla var inte övertygade om att Diana skulle göra ett gott arbete som ambassadörsfru, och en representant för utrikesdepartementet skrev till en bekant: »Jag fruktar det värsta av henne, den där lata onyttiga kvinnan som knappt talar franska.« Den främsta oron gällde vilka gäster den nya ambassadvärdinnan kunde förväntas bjuda in. Det var inte bara en fråga om att det skulle kunna bli för mycket glamour och för lite substans utan också om att hon kanske inte skulle ha vett att hålla gamla nazimedlöpare kort.

I båda dessa avseenden visade sig farhågorna välgrundade, men konsekvenserna av Dianas val av umgänge blev inte katastrofala, snarare tvärtom. Hon samlade kring sig i den gröna salong, *salon vert*, som var ambassadens bästa sällskapsrum, de främsta och kvickaste i franskt kulturliv, oavsett deras rykte från kriget. Cecil Beaton hjälpte till med introduktionerna och tog bland annat med sig poeten och dramatikern Jean Cocteau, som var ett exempel på just den typ av människor gaullister och britter ogillade: Han hade inte engagerat sig i motståndsrörelsen utan istället dinerat med den tyske officeren och författarkollegan Ernst Jünger. Diana struntade i kritiken, och kretsen av eleganta kulturpersonligheter kring henne blev så etablerad att den fick sitt eget namn, »*La Bande*«.

Upptåg av en karaktär som kanske inte är de normala på en ambassad men som påminde om dem i Det korrupta kotteriet var aldrig långt borta. Vid den kanadensiska ambassaden fanns en ung tjänsteman som hette Charles Ritchie. Han skulle senare bli Kanadas ambassadör till Förenta Nationerna och göra sig ett namn när han publicerade sina dagböcker. I mitten av fyrtiotalet hade han fortfarande låg rang, men hade tagit plats i utkanten av *La Bande*. En kväll gnällde han för Diana i ungdomlig frustration över att ingen lyssnade på honom och tog hans briljanta idéer på allvar. Diana, som för tillfället hade lite tid över, bestämde sig för att organisera en »Ritchievecka«. Fester hölls till hans ära, medlemmar i Dianas cirkel uppmanades ringa runt och fråga: »Har du hört om Ritchie?« Nancy Mitford, nu boende i Paris, textade »Minns Ritchie!« på femhundra ballonger som vid en officiell ceremoni släpptes från ambassadens innergård. Var och en av ballongerna bar med sig ett vykort som upphittaren ombads skicka till Ritchie. Svar kom från hela norra Europa.

Gamla vänner förstod att något särskilt skedde på ambassaden i Paris och kom gärna på besök. Iris Tree hälsade på på väg hem från Amerika, där hon befunnit sig under kriget. Evelyn Waugh dök upp direkt från åskådarplats på de nu inledda Nürnbergrättegångarna. Han var besviken på skådespelet och beskrev hur Ribbentrop framstått som inget mer än en »sjaskig magister«. Flera andra gäster på ambassaden, däribland Waughs avskydde svåger Auberon Herbert, riskerade att försänka honom i djupaste depression, men han ansträngde sig för att sköta sig: »Jag letade upp Auberon på bottenvåningen [...] och sade till honom att jag tyckte om honom. Han trodde mig.« Författaren Aldous Huxleys bror, biologen Julian, fanns också på plats. Han hade just blivit Unescos förste generaldirektör, men Waugh envisades med att låtsas att Huxley – en radikal vänsterman, ateist och internationalist – var direktör för en djurpark och förde gång på gång in samtalet på frågan om det inte var svårt att få fram tillräckligt med bambuskott för att mata alla pandor i parken. Diana läxades välvilligt upp för ofoget att bära byxor.

Relationen mellan Duff och Evelyn Waugh var aldrig varm, men vid just detta tillfälle gick det bra. Några år senare skulle Waugh lyckas reta upp Duff, över vad som var tänkt att vara ett stillsamt glas portvin, till den grad att en hjärtattack tycktes ligga runt hörnet.

Under tiden i Paris gjorde paret Cooper också en annan bekantskap som skulle följa dem i många år. Författarinnan Louise de Vilmorin hade definitivt teatraliska talanger. »Hon brukade träda in i rummet med en lätt, dramatisk hälta«, skriver Daphne Fielding:

Hon gjorde en nästan omärkbar paus på tröskeln med en långfingrad hand mot hjärtat. Läpparna halvt öppna och ögonen uppspärrade och blanka. Hennes klädsel var utstuderat romantisk och vagt ungersk i sitt utförande, bestod av korta, juvelfärgade sammetsjackor med sobel eller minkkrage, svarta kjolar, vita blusar och broderade band i halsen.

Alla var inte betagna i henne. Evelyn Waugh kallade henne »den där kvinnan« eller ännu hellre »Filth-Marine«. Det var inte så märkligt, för Louise de Vilmorin hade blivit Duffs stadiga och halvofficiella älskarinna. Den som verkade ha minst att invända mot arrangemanget var Diana. Hon kallade Vilmorin, eller Lulu, för »vår bästa grodätarvän« och skrev i ett brev:

Duff är djupt förälskad i den förtrollande Lulu, vilket är trevligt för honom och bra för hans prestige, eftersom hon är erkänd som den mest anmärkningsvärda och attraktiva kvinnan i Paris, den mest talföra och kvicka.

Diana hade till och med än varmare lovord att ösa över sin makes älskarinna:

Så fantastiskt att ett sådant inslag kan dyka upp i ett pars liv vid vår ålder! Detta fyrtioåriga geni (för hon är ett geni, tro mig) älskar oss båda med sådan passion, ömhet, monomani att hennes vänner tror att hon är galen. Vi är egentligen ganska tråkiga, om än gamla godingar, grumligt vatten i jämförelse med hennes regnbågsfontän.

Det lyckliga trepartsförhållandet skulle förstås inte vara för evigt, och Duff var, lika förutsägbart, den som tröttnade först. Diana tröstade älskarinnan och köpte henne en mopsvalp för att muntra upp henne. Det var inte en särskilt diskret affär, och många hade åsikter om saken. Hertiginnan av Windsor, mrs Simpson, konstaterade att det främsta skälet att inte ha en kärleksaffär med Duff Cooper var att man då dag som natt skulle tvingas stå ut med att Diana Cooper var trevlig mot en.

Nya älskarinnor tillstötte i liknande öppna trepartsförhållanden. Främst bland dessa var Susan Mary Patten, gift med en amerikansk attaché som låg för döden i svåra plågor. Hon avgudade Diana, och förhållandet skulle vara i många år.

I juli 1945 förlorade Winston Churchill det första valet efter kriget i Europa. Några dagar senare var Duff och Diana på gården i Bognor på semester. Randolph Churchills fru Pamela – senare som Pamela Harriman amerikansk ambassadör till Paris – hälsade på med sin och Randolphs femårige son. »När sonen fick frågan om han visste något om de aktuella händelserna«, skrev Duff i sin dagbok, »svarade han att han förstått att han fått en ny farfar.«

De konservativas överraskande förlust var mer olycksbådande än så. Duff, som gammal konservativ politiker, räknade med att få sparken. Han var 55 år och hade inga planer på vad han kunde göra istället. Den nye utrikesministern Ernest Bevin hade ingen utbildning att tala om. Hans fader var okänd. Han hade börjat som kroppsarbetare vid elva års ålder innan han blev lastbilschaufför och facklig förtroendeman. Han var grov och gigantisk. Det framstod som omöjligt att ett närmare samröre mellan paret Cooper och Ernest Bevin inte skulle resultera i en klasskonflikt.

Återigen var det antagligen Diana som Duff kunde tacka för att det gick bättre än väntat. Inget beslut togs omedelbart, och i april 1946 var Bevin gäst på ambassaden. Han förtrollades av Diana från första stund. Hon blev också positivt överraskad av den glade och rejäle Bevin. Efter första kvällens middag började en förfriskad Bevin sjunga gamla music hallörhängen på bred cockney. Diana svarade med likartade sånger på samma breda cockney. Nästa gång han kom på besök antydde han att han skulle se till att göra Duff till viscount, så han kunde ta plats i överhuset. Diana bad honom låta bli: Som dotter till en hertig hade hon högre rang än frun till en viscount. Bevin kallade vid det laget Diana »love«, eller på hans arbetarklassengelska »luff«, och försökte övertala henne att komma och hälsa på gruvarbetarna när de hade sin årliga gala i Durham. I väntan på en hiss passade han på att också göra några närmanden. Sådana var Diana inte ovan vid, och de var lätta för henne att hantera. Sämre omdöme visade Bevin när han lockades att åka med Diana i hennes Simca. »Snälla luff«, pep han oroligt, »kör lite långsammare. Du kör så bra, men du skrämmer mig mer än den värsta terrorist.«

I september 1947 kom ändå beskedet att Duff Cooper skulle få en efterträdare. Hösten blev ett långt farväl, krönt av en avskedsbal i december. När Duff och Diana skulle kliva på tåget vid Gare du Nord fylldes perrongen av vänner ur *La Bande* som vinkade av dem. Louise de Vilmorin var där, och i sista minuten hoppade hon på tåget och ropade att hon valde att följa paret Cooper om de inte fick stanna. Det var en fin teatralisk gest och skulle ha framstått som mer spontan om hon inte redan hade sett till att hennes packning fanns i kupén.

De tre åren i Paris blev ett sådant tydligt klimax för Duff och Diana att de helt enkelt inte kunde komma på vad de nu skulle ta sig för. Det enda som tedde sig attraktivt var att återvända till Paris, där de också sedan några år privat hade hyrt ett litet lantgods i Chantilly. Det stred mot den diplomatiska seden;

gamla ambassadörer är oftast ett besvär för de nya, särskilt om de hållit så hög profil som Duff hade gjort med hjälp av Diana. Väl medvetna om detta återvände ändå Duff och Diana inom några veckor.

De kommande åren levde de i Chantilly och gjorde inga försök att gömma sig. En konkurrens uppstod mellan det nya och det gamla ambassadörsparet, och ingen gav sig så entusiastiskt in i striden som Diana. Nancy Mitford använde temat i sin roman *Don't Tell Alfred*, där hon beskrev hur en tidigare ambassadörsfru i Paris, lady Leone – en mycket tunt maskerad Diana – bosätter sig i ambassadens grindstuga och ställer till besvär. Det är inget tvivel om att rollen som ovälkommen konkurrent roade Diana, men Chantilly hade också andra fördelar: Diana kunde åter skaffa gris och börja småjordbruka.

När Churchill åter kom till makten 1951 fick Duff sin titel som viscount. Frågan var vad han skulle bli viscount över. Diana föreslog viscount Ladydiana, men Duff valde viscount Norwich. Det rimmar på gröt, »porridge«, konstaterade Diana torrt och lät sätta in en annons i *Times* där hon meddelade att hon behöll sitt tidigare namn och sin titel.

Brevväxlingen med vänner fortsatte och var omfattande. Evelyn Waugh skrev till Diana efter Georg VI:s död:

> *Märkte du sammanträffandet att kungen dog (så vitt någon vet) i exakt samma ögonblick som prinsessan Elizabeth bar byxor för första gången? Jag hoppas att du noterar varningen och skänker dina nedre klädesartiklar till trädgårdsmästarens fru.*

Snart skulle ett dödsfall på betydligt närmre håll inträffa. Duffs hälsa försämrades, något var fel med hans mage, och på nyåret 1953 klev paret på ett kryssningsfartyg till Jamaica i hopp om att lite vila skulle stärka honom. När skeppet lade ut blev Duff tvärtom sämre. Sent på nyårsnatten, till ljudet av övriga passagerare som festade, föll han i koma, och halv fyra på morgonen nyårsdagen 1954 var han död.

Diana hade ingen aning om hur hon skulle bemästra situationen. I trettiofem år hade hon och Duff haft en gemensam plan som byggde på hans karriär. Hon var 61 år och utan fast punkt i livet.

En kväll i februari 1966 ringde det på dörren hemma hos Diana Cooper på Warwick Avenue i London. Iris Tree var där. Diana och hon var på väg till Operan, och Iris öppnade. In stormade tre män med nylonstrumpor över huvudet. Iris Tree förutsatte att hon var föremål för ett practical joke och började högt gissa vilka i hennes aningen udda bekantskapkrets som kunde dölja sig bakom strumporna. Men det var inga vänner. Betjänten, som just kom upp ur källaren, slogs medvetslös, och Iris drogs upp till Dianas sovrum, där de båda bakbands med skärp. Både Diana och Iris förhöll sig lugna, och Iris började förhöra männen med stort intresse: Vad hade drivit dem in på brottets bana? Hon fick inget svar. Rånarna tog vad de hittade av pengar, smycken och därtill Dianas älskade »skammens kappa«. Så gav de sig av. Diana lyckades ta sig loss och ringde polisen. Sedan snyggade de två damerna till sig och skyndade ut för att hinna till Operan. Till Dianas stora förtret, men möjligen till polisens lättnad, visade det sig då att rånarna även hade lagt beslag på hennes bil. När de väl kom fram till Operan var de kraftigt försenade. »Sorry, but we got rather tied up«, ursäktade sig Diana. Hon verkade närmast uppspelt av det som skett.

Evelyn Waugh skickade ett brev där han uttryckte sympati och oroade sig för att den nu snart sjuttiofemåriga Diana inte längre skulle känna sig säker hemma. Han hade själv haft en liknande erfarenhet, påpekade han:

När lord Noel-Buxton och miss Spain gjorde en räd mot mig i Gloustershire bestämde jag mig genast för att sälja huset. Jag kände mig förorenad. Jag hoppas att du inte har samma känsla.

Diana försäkrade att hon inte hade det. Inte heller kommenterade hon att Waughs »liknande erfarenhet« bestod i att två journalister knackat på objudna.

Bara några veckor senare, på påskdagen 1966, dog Evelyn Waugh hastigt. Det var en svår förlust för Diana. Waugh hade blivit alltmer isolerad och butter med åren, men så länge han levde var han ändå en källa till glädje för henne, ibland utan avsikt. Det var Diana som hällde ett glas champagne i Waughs edvardianska hörlur, som han hade skaffat sig för att spela döv och irritera omgivningen. Conrad Russell hade dött redan 1947, samma år som paret Cooper tvingades lämna ambassaden i Paris. Katherine Asquith hade funnits vid hans sida. Fler kära vänner, bundna till så många minnen, försvann. Emerald Cunard dog 1948, intill slutet alltid beredd att formulera de mest häpnadsväckande fraser: »Jag tycker att Jesus Kristus har ett verkligt obehagligt ansikte. Och Johannes Döparen är inte särskilt mycket bättre.«

Av Dianas passionerade vänskaper fanns allt färre kvar.

Tre månader efter det första rånet dök nya rånare upp och följde samma rutin. »Om ni skulle ha besvärat er med att konsultera era kolleger skulle ni veta att det här inte var värt besväret«, hörde Dianas sekreterare henne säga.

Därefter dröjde det två år, till 1968, innan nästa intrång skedde. Då var det istället polisen som stormade in efter ett anonymt tips om att den sjuttiosexåriga Dianas hus var en knarkgömma. Det var kanske inte så långsökt med tanke på hennes vanor. Men inget hittades, och av det hela blev en pinsamhet för polisen. *Times* ägnade skandalen en huvudledare. Inrikesministern tvingades agera, och insändarsidorna fylldes med ilskna brev om den polisstat England blivit. Diana gjorde vad hon kunde för att underblåsa indignationen. »Jag har inte haft roligare sedan min ungdoms nöjen«, strålade hon.

Det var ändå ett år som bjöd på mer sorg än nöjen: I slutet av april dog Iris Tree.

Men bilkörningen fanns alltid kvar. Hennes Mini var »som en svala«, sade hon förtjust, men bilens framfart påminde fortfarande mer om en skadad kråkas. Med en vän i bilen krockade hon med en lastbil, och Minin kanade ned för några trappor. Både Diana och hennes vän klarade sig utan skador, men när en ambulans dök upp insåg Diana att den erbjöd bästa sättet att komma hem i tid. Ett sällskap väntade. Hon tryckte ned sin protesterande vän på en bår. Först då fick Diana klart för sig att ambulansen bara gick till sjukhuset, inte hem till henne. Hon ryckte åter vännen från båren och ropade på en taxi.

Parkeringarna var fortfarande lika egenartade, men här försökte hon åtminstone dra nytta av sin ålder. Hon tog för vana att sätta små lappar under vindrutetorkarna i ett försök att blidka trafikvakterna: »Käraste lapplisa!«, kunde de börja: »Visa nåd. Tar ett ledset barn till bion.« Eller: »Käraste lapplisa! Framtanden bruten. Ser ut som 81-årig pirat, så hos tandläkaren på 19 a. Mycket gammal – mycket halt – inga parkeringsmätare.« När hon var över åttio, på väg till en elegant lunch, kom hon på att det vore fantastiskt att tvätta Minin i en av de nya automattvättarna. Hon körde in med en kamrat i passagerarsätet. Cecil Beaton träffade henne efteråt:

> Diana och »Nose« var mycket förtjusta över upplevelsen tills de insåg att smutsigt, löddrigt vatten rann ned på dem från det läckande taket och in genom de läckande dörrarna. [...] De skrek och tjöt till ingen nytta. De blev genomsura, och deras hattbrätten fylldes som handfat och kollapsade över deras ansikten, vilket måste ha utgjort en sorglig, tråkig syn.

Händelser av det slaget muntrade mest upp Diana. Det hon inte stod ut med var ålderdomen. Barnbarn var en tröst, även om John Julius förbjöd sin dotter att åka i farmors bil. Det gjorde sondottern Artemis ändå: »Jag tyckte att det var ett stort äventyr. Vi brukade åka åt fel håll på enkelriktade gator och parkera olagligt. Det var riktigt kul.« Diana blev till och med gudmor åt en pojke, Cyril Connollys son Matthew. Tyvärr stavade Diana såväl för- som efternamn fel på den graverade silverbägare hon gav sin gudson i doppresent.

Kroppen gav efter. Diana började ramla och skadade sig ofta. Att hon, långt innan Paris Hilton var född, hade lagt sig till med vanan att bära runt på en succession av chihuahuor bidrog till de olyckliga fallen. Hundarna – som alla bar namnet Doggie, följt av ordningsnummer – skyddades i första hand då hon föll. De egna benen kom i andra hand.

År 1972 hade Michael Davie påbörjat arbetet med att redigera Evelyn Waughs dagböcker för publicering. Han besökte den då åttioåriga Diana för att få hjälp att tyda vissa noteringar:

> Hon låg till sängs i en rosa peignoir: vitt ansikte, lysande röda läppar, armen i gips, överkastet begravt under kataloger, böcker, morgontidningar och julkort. [...] När telefonen inte

ringde och lady Diana inte letade efter sina glasögon eller förklarade grundreglerna vad gäller blomsterarrangemang för sin kinesiska uppassare eller talade med Randolph Churchills andra hustru förtydligade hon oklarheter i dagböckerna.

Mrs Stitch var trots allt fortfarande aktiv och det på mer än ett sätt. Sommaren 1974 noterar Cecil Beaton i sin dagbok om den åttiofyraåriga Diana:

> Diana, fruktansvärd bilförare, skrämde slag på mig genom att köra mot rött. Två minuter senare stoppades hon av polisen. Om hon får ytterligare en anmärkning måste hon sluta köra.

Och strax senare:

> Hon anlände hos Clemmie Churchill för lunch och bad om ursäkt för att hon var sen men sade att hon hade haft en ursinnig polis som satt gränsle över hennes motorhuv vid Kensington Palace och att han vägrade kliva av.

Åtminstone två gånger efter sin åttioårsdag kallades hon till rätten för trafikförseelser men spelade svag, döv gammal dam och frikändes eller slapp undan med böter. 86 år gammal körde hon på egen hand fram och tillbaka från London till Skottland, mirakulöst nog utan kända dödsfall.

Ett par dagar efter att Diana fyllt 90 år, 1982, träffade en reporter henne. Hon tog förstås emot i sängen, iklädd en gul peignoir och omsluten av sängförhängen i spets. Ur hennes ärm kröp en chihuahua, Doggie IV. Med sin speciella blandning av Marie Antoinette och praktisk småbrukare förklarade hon att energikrisen inte oroade henne: »Jag stannar i sängen med min chihuahua som mexikaner brukade göra för att hålla sig varma. Blir det kallare köper jag bara fler chihuahuor.«

Den 16 juni 1986 dog Diana Cooper. Hon skulle snart fylla 94.

Det engelska uttrycket »loo« för toalett kan spåras tillbaka till ett brev som Diana Cooper 1936 skrev till Duff från Tanger, ett brev där hon meddelar: »Vi har kommit till ett väldigt bra hotell – din stil med ett gulligt moriskt bad i varje rum och en *lu-lu à côté*.«

Bill Patten jr, en församlingspräst i Worcester, Massachusetts, fick i vuxen ålder reda på att hans biologiske far var Duff Cooper. Hans mor var Susan Mary Alsop, tidigare Susan Mary Patten. Han skrev en bok om sin upptäckt där han beskriver sin mors förhållande med Duff Cooper som »nästan en medborgerlig gärning, en utrikespolitisk handling i sin ädlaste och mest självuppoffrande form«.

Skådespelerskan Anjelica Huston, dotter till regissören John Huston, växte upp med en halvsyster, Allegra. Allegra fick som tonåring veta att hennes biologiske far egentligen var John Julius Cooper, som hade haft en kort kärleksaffär med hennes mor.

John Prescott, vice premiärminister i Gordon Browns regering, bodde i en av tre lägenheter i Admiralty House. En seg förhandlingsfråga mellan koalitionsparterna i David Camerons regering har varit vilken minister som ska få ta över lägenheten.

När Duff Cooper hade det otacksamma arbetet som informationsminister i Churchills krigskabinett hade han under ett år en parlamentssekreterare med bakgrund inom Utrikesdepartementet. Parlamentssekreteraren hette Harold Nicolson och var sedan 1913 gift med Vita Sackville-West.

VITA SACKVILLE-WEST
(1892–1962)

En tomatröd liten skåpbil, omisskännligt en av Royal Mails specialbyggda Morris Minors, stannade en höstdag i början av femtiotalet framför Sissinghurst Castles entréportal. Posten kom vanligen med brevbärare på cykel, så uppenbarligen var det fråga om en särskild leverans. En uniformerad man klev ut, öppnade skåpdörrarna och började lasta av.

Det var inte ett paket han hade att leverera. Det var säckar med hundratals brev. De handlade alla om samma sak: Vita Sackville-Wests senaste trädgårdskolumn i *Observer*, som hon hade ägnat åt en del frågor om en viss sorts vinranka.

Alldeles oförberedd var inte skribenten. En kolumn om snigelbekämpning hade redan tidigare föranlett sådana brevmassor att en sekreterare fått anställas temporärt för att hantera korrespondensen. Sådant var förstås ett besvär, men läsare med skrivklåda kunde också vara till viss nytta. Våren 1950 bad Vita Sackville-West om hjälp i sin kolumn: »Hur skyddar man finare sorters jordvivor mot sparvattacker? [...] Detta är ett verkligt SOS.« Tipsen strömmade in och förmedlades i nästa kolumn:

> Peppar verkar vara favoriten bland avskräckare, fastän en ganska dyr sådan; men senapspulver, svavelflagor, Keatings powder [ett insektsbekämpningsmedel], sot, krossade malkulor, bittervedsväxter, mjuk tvål, paraffin och vatten, saffran, Jeyes Fluid, Izal [två desinfektionsmedel] och basisk slagg nämns också [...]

även spegelskärvor eller gamla, krossade grammofonskivor, »helst Bing Crosby«. [...] Mest skonsam av samtliga är kanske rekommendationen att pröva Kristen vetenskap, något våra befjädrade fiender uppenbarligen är väldigt mottagliga för.

Vita Sackville-West skrev sin trädgårdskolumn i *Observer* i femton år, med början strax efter andra världskriget. Den blev hennes mest lästa och älskade verk och dessutom det i särklass mest inflytelserika. Än i dag planteras tusentals engelska trädgårdar efter hennes mycket bestämda åsikter: buskrosor, snarare än moderna hybrider; klängrosor i fruktträden; samlade, täta bestånd av likfärgade blommor, snarare än raka, ordnade rader; struktur i trädgårdens grundläggande arkitektur, gärna i form av olika »rum«, men inom strukturen ett fritt och sparsamt ansat överflöd.

Hennes idéer kom inte ur intet. Spåren av den engelska trädgårdens egen Demeter, Gertrude Jekyll, är tydliga. Det var förverkligandet av idéerna i Sissinghurst Castles trädgård som gav Vita Sackville-West en särställning. När hon och hennes man – diplomaten, författaren och politikern Harold Nicolson – köpte egendomen 1930 var den näst intill en ruin. Vid sidan av några uthus fanns bara ett torn i fyra våningar, likt några gamla teburkar staplade på varandra, flankerade av två åttkantiga tureller. Det fanns inga bekvämligheter alls, däremot enorma mängder bråte. När trädgården grävdes upp växte högarna av skrot: tomma sardinburkar, gamla plogbillar, ståltråd och till och med flera sängramar. Åtta år senare öppnade Vita Sackville-West trädgården för allmänheten för första gången. Året efter kom 800 besökare på en enda helg. I mitten av femtiotalet hade antalet besökare vuxit sig så stort att det förorsakade trafikstockningar och en offentlig toalett fick byggas. I dag, snart femtio år efter hennes död, sköter National Trust trädgården, och publikintresset är så stort att biljetterna måste säljas i begränsad upplaga för givna klockslag, annars skulle allt det vackra trampas ned.

Vita Sackville-West var inte alltid förtjust i den uppskattning hon fick. I ett brev kommenterade hon en lyssnare som efter att hon hade talat i ett av BBC:s program berömt hennes »ojämförligt underbara« radioröst: »Idiot. Men trevlig idiot.« Vad gällde trädgården var hon stolt över det hon åstadkommit och gick ofta själv runt bland besökarna och talade med dem, men det var inte för sin trädgårdskonst, än mindre för sina trädgårdskolumner, som hon främst hade velat bli ihågkommen.

Vita Sackville-West var poet. Inte av modern, experimentell sort, utan i klassisk tradition. Hennes mest lästa dikt, den drygt 2 500 rader långa *The Land*, gavs ut 1926. Fyra år tidigare hade T. S. Eliots modernistiska långdikt *The Waste Land* förelegat. Kontrasten mellan titlarna är talande, även om ingen sådan tanke fanns bakom Vita Sackville-Wests namngivning.

Om *The Waste Land* frammanar bilden av ett sterilt, öde landskap är *The Land* istället en rustik hyllning av jordbruksåret i det fruktbara Kent såsom det hade sett ut i hundratals år:

I sing once more
The mild continuous epic of the soil,
Haysel and harvest, tilth and husbandry;
I tell of marl and dung, and of the means
That break the unkindly spirit of the clay;
I tell the things I know, the things I knew
Before I knew them, immemorially.

Dikten är full av uråldriga ord och begrepp kopplade till traditionellt odlande och husdjursskötsel. Det är »poesi i gummistövlar«, som en kritiker uttryckte det. Redan när *The Land* publicerades suckade en del kritiker över att ord som *sneath*, *stelch*, *gavelkind* och *boggart* – alla lantliga termer, i vissa fall specifika för grevskapet Kent – var löjligt antikverade. Men sanningen var den att de fortfarande var i bruk under Vitas uppväxt, för jordbrukets industrialisering hade då knappt påbörjats. Hästar drog ännu redskapen, hö slogs med lie och det var ingen ovanlighet att se såningsmän målmedvetet stegande på åkrarna.

Vita Sackville-Wests traditionella stil och ämnesval var inte följden av någon litterär, än mindre politisk, ideologi eller teori. Den var snarare något oundvikligt. I ett brev till sin man skrev hon att hon hade en läggning som gjorde det omöjligt för henne att fångas av moderna poeter som W. H. Auden och T. S. Eliot: »Det är något som saknas i min konstitution.« Hon skrev att hon »saknade intresse för sådant som alltid måste vara flyktigt.« Till detta flyktiga räknade hon inte bara modern poesi, som hon dessutom ansåg skrevs på ett sätt som var obegripligt för de flesta, utan även politik.

Idén till *The Land* fick Vita först när hon hörde poeten och historikern J. C. Squire förundra sig över att det skrevs så få dikter om yrken trots att sådana tar upp en så stor del av de flestas liv. Det tog fem år från idé till publicering, och en vanlig kommentar, som underströk Vitas klassiska stil, var att *The Land* kunde betraktas som en modern version av *Georgica*, Vergilius lärodikt om jordbruket. Harold Nicolson gjorde den reflektionen i sin dagbok redan 1921, samma dag som Vita fått sin idé, men sanningen var att Vita aldrig hade läst *Georgica*. Hon gjorde det först mitt i arbetet, då någon påpekat likheterna för henne. Likheterna var en slump. *The Land* var också, trots det föråldrade språket och den traditionella formen, en dikt av *sin* tid. I själva verket skulle man kunna säga att *The Waste Land* och *The Land* båda behandlar samma tema: det moderna livets tomhet. Det var angreppssätten som skilde sig åt: Eliot beskrev det spöklikt sterila, medan den mer romantiska Vita Sackville-West hyllade det som var på väg att försvinna i mekaniseringens och standardiseringens spår. Bilderna av det uråldriga sättet att leva med jorden och årstiderna fick oundvikligen en melankolisk nyans när de lästes på 1900-talet.

The Land blev en stor framgång. Diktverket såldes i 100 000 exemplar, tilldelades Hawthornden Prize 1927 och lästes till och med från predikstolar, tack vare språkets bibliska enkelhet.

Tjugo år efter *The Land*, 1946, lät Vita publicera en tvilling till sin första och största lyriska framgång. Då var Sissinghurst trädgård redan etablerad som en prunkande oas och verket hette passande nog *The Garden*. Med samma stilgrepp och i ungefär samma omfång som i *The Land* beskrev Vita årets arbete i trädgården. *The Garden* nådde inte samma framgång som *The Land* men är knappast sämre. Säsongerna i trädgården blir symboler för livets skiften, och Vita Sackville-Wests biograf, Victoria Glendinning, har kallat verket en »dikt om klimakteriet«. I *The Garden* finns också ett direkt svar på *The Waste Land*. Det senare verkets berömda inledning »April is the cruellest month« citeras och avfärdas som ett uttryck för tillkämpad dysterhet: »Would that my pen like a blue bayonet/ Might skewer all such cat's-meat of defeat.«

Vita Sackville-Wests framgångar som poet hade inte upphört efter *The Land*. Hon hade 1933 en andra gång tilldelats Hawthornden Prize, nu för utgåvan av sina samlade dikter. Men att de samlade dikterna hade det optimistiska tillägget »del 1« trots att det aldrig blev någon ytterligare del är symptomatiskt. Vita lyckades aldrig riktigt ta plats som en erkänd stor poet, och tiden och samhällsförändringarna arbetade mot henne. Hennes poesi hamnade i skuggan av trädgårdshantverket och blev till slut inte ens vad hon i andra hand blev ihågkommen för. Det som efter hennes död tog den platsen var istället avslöjandena om hennes stormiga kärleksliv, vilka förvandlade henne till en lesbisk ikon.

På de vanligast förekommande fotografierna av Vita Sackville-West bär hon sin egenhändigt komponerade trädgårdsmundering. Den består av ett par ridbyxor i kraftigt, tvinnat bomullstyg från herrekiperingen Simpsons på Piccadilly, ett par vadhöga snörkängor med skaft av segelduk, ofta med en sekatör stickande ur ena skaftet, tjocka arbetshandskar och en grov, löst sittande jacka över en storkragad blus. Den ger, till och med i dag, ett demonstrativt maskulint intryck, om man bortser från att kreationen ofta piffades till med ett halsband av äkta pärlor och matchande örhängen.

Fotografierna är alla tagna när Vita Sackville-West var kring 40 år gammal eller däröver, för det var när trädgården i Sissinghurst skulle rensas upp som hon plockade ihop sin arbetsklädsel. Hon bar upp kläderna väl. Hon var lång som en gardesofficer, och även om få fotografier är tillräckligt närgångna eller skarpa för att avslöja en sådan sak var hennes mustasch nästan lika omtalad som Kaiserns. Håret bar hon i en kort och lättskött, men ändå ofta oskött, page.

Trots allt detta finns inget klumpigt över den avbildade, snarare tvärtom. Även fotografierna från trettiotalet och framåt skvallrar i någon mån om en sorts graciös styrka och en egenartad skönhet. Avbildningarna av den yngre Vita Sackville-West, oavsett om de är målningar eller fotografier, leder tankarna via de tunga, mörka ögonen, de fylliga läpparna och de svartbruna lockarna till en mindre plufsig Oscar Wilde.

Från och med den tidiga puberteten var hon påtagligt androgyn.

Att Vita Sackville-West kunde passera som man visade hon redan som tjugosexåring. Iklädd herrkläder och under alter egot »Julian« gick hon en kväll längs Piccadilly utan att väcka uppmärksamhet. En tidningspojke kallade henne »sir« när hon stannade för att handla av honom, och glädjeflickorna erbjöd henne sina tjänster. Hon hade stämt möte med en kvinnlig kamrat, och tillsammans tog de en taxi till Charing Cross Station och klev på tåget. Ingen tog notis om paret. De tog in som gifta på ett pensionat i den lilla staden Orpington, i dag en förort till London, utan att pensionatsägarinnan anade något ovanligt.

Det var mer än ett ungdomligt hyss. Kvinnan som Julian delade rum och säng med var hennes älskarinna, Violet Keppel.

Violet Keppel var dotter till Alice Keppel, Edvard VII:s favoritmätress. Violet kunde när hon var på det humöret påstå att hennes far var kungen eller »Kingy« som hon kallade honom. Det finns det inget belägg för. Å andra sidan finns inget, vid sidan av det formella födelsebeviset, som talar för att hennes verklige far var Alice Keppels man George. Den mest sannolika kandidaten är istället William Beckett, bankir, parlamentsledamot och brorson till konstruktören av urverket i Big Ben.

Violet och Vita träffades först i mrs Woolffs exklusiva flickskola, på en sidogata till Park Lane, när Vita var tolv och Violet tio år gammal. Där fanns också en släkting till den stormrika hertigen av Westminster, den då sextonåriga Rosamund Grosvenor, som skulle bli Vitas första älskarinna. Sommaren 1911 – en händelserik sommar då Vita både lärde sig att köra bil och fick en björnunge i present av en manlig beundrare – delade

Rosamund och Vita säng för första gången. Även Violet och Rosamund hade en tidig kärleksaffär. En guvernant som fann dem i säng tillsammans utbrast: »Men kära ni, var snälla och tänk på era ärorika namn.«

Violet och Vita blev vänner, men det var inte förrän i april 1918 som deras vänskap övergick i fysisk handling. Då var Vita gift sedan fem år, hade två söner och bodde i Kent i ett 1300-talshus, Long Barn, som hon och Harold hade köpt. Första världskriget gick mot sitt slut, och London utsattes för ineffektiva men skrämmande bombräder. Violet Keppel sökte skydd i Long Barn.

Vita hade ofta känt sig klumpig i sällskap med den yngre men mer sofistikerade Violet. Nu blev rollerna omkastade. Det berodde just på Vitas klädsel:

> Jag hade precis fått kläder av den typ som lantarbetande kvinnor bar, och i den ovana frihet som knäbyxor och benläder gav bröt jag ut i vild livslust: jag sprang, jag skrek, jag skuttade, jag klättrade, jag hoppade över grindar, jag kände mig som en skolpojke utsläppt på lov. Och Violet följde mig över fälten och skogsdungarna med en ny foglighet, sade väldigt lite men kunde inte ta ögonen ifrån mig.

Byxor gav Vita, åtminstone på ytan, den dominanta rollen i deras förhållande, och det var gnistan som fick båda att tända. Den kvällen blev Violet »helt kraftlös och passiv« i Vitas armar, och deras kärleksaffär började.

Sommaren 1918 blev passionerad, det var nu Vita spatserade längs Piccadilly som Julian. Harold Nicolson anade vad som var på väg att ske och försökte övertyga sin fru om att hon lekte med elden. Det hade ingen effekt, kanske därför att Vita var övertygad om att hon, i Julians skepnad, hade full kontroll över sitt äventyr. Det var i så fall en illusion, för Violet var en mästermanipulatör och drog skickligt i trådarna. I november 1918 reste Vita och Violet på vad som var meningen att vara en tre veckors utflykt till södra Frankrike. De blev borta i fyra månader. Vita dök upp som Julian i Paris och på Monte Carlos casino. Paret dansade tätt sammanslingrade och spelade bort stora summor pengar. Rykten började gå. Harold Nicolson blev alltmer frustrerad, den ensamma julen med de två små sönerna hade varit ett lågvattenmärke. I början av januari 1919 skrev han ett ilsket brev till Vita:

> *Jag vet hur extremt upptagen du är och hur mycket av din tid som går åt till att spela tennis och prata med din snuskiga lilla vän [...] men du kunde åtminstone skicka ett vykort till mig, när du inte har tid att skriva.*

Samma dag, efter att ha postat det första brevet, skrev han ett nytt:

> *Min egen älskling, älskade, sötaste*
>
> *Jag skickade ytterligare ett surt brev till dig i dag, och åter känner jag skam. Men, älskling, var snäll och bry dig inte om breven – tänk inte på dem – det är bara det att jag då och då verkligen torteras av längtan efter dig. [...] Älskling, jag vill inte vara en tråkmåns – men jag älskar dig så.*

Till slut kom Vita ändå hem, men kärleksaffären var ännu inte över. Alice Keppel hade bestämt att hennes dotter skulle gifta sig med en officer av god familj, Denys Trefusis, och så snart Violet följt i Vitas spår tillbaka till England meddelades det att förlovningen hade ägt rum. Situationen komplicerades ytterligare. Violet skrev förtvivlade brev till Vita, men också till Harold, som ogillade henne kraftigt men inte kunde låta bli att ömka hennes öde. Samtidigt var Vitas omdöme om Denys Trefusis mycket positivt: Hon »gillade honom verkligen«. Det mesta verkade upp och ned, och ju närmare bröllopet kom, desto mer kaotiskt blev allting. Vita bestämde sig för att fly undan Violets bröllop till Paris, där Harold deltog i fredsförhandlingarna. Inte heller det var ägnat att förenkla situationen, för Vita visste mycket väl att Violet och Denys direkt efter bröllopet skulle påbörja sin smekmånad just i Paris. De nygifta hade inte mer än anlänt innan Vita drog med sig Violet till ett hotell och mer eller mindre våldtog henne i rasande svartsjuka.

Brudparet fortsatte söderut. Vita återvände, känslomässigt utmattad, till Long Barn. När paret Trefusis kom tillbaka till England hyrde de ett hus ett par mil från Vitas och Harolds, och under trycket av ständiga brev och telegram återupptog Vita förhållandet med Violet. I februari 1920 nådde passionen sitt crescendo. Vita meddelade Harold att hon skulle lämna honom för gott och rymma med Violet.

Att vi vet precis hur allt gick till beror främst på att Vitas och Harolds yngste son Nigel 1973 lät publicera *Portrait of a Marriage*. Boken består av ett efterlämnat självbiografiskt manuskript, skrivet av den då tjugoåttaåriga Vita Sackville-West, med inskjutna kommenterade kapitel av Nigel Nicolson själv. När Vita skrev manuskriptet hade hon precis förmått slita sig från Violet, efter den gemensamma rymningen i februari 1920. Slutet, på ett hotell i Amiens i Frankrike, hade varit dramatiskt och obehagligt men för utomstående närmast farsartat. Trots att Vita meddelat att hon skulle lämna sin man för gott skrev hon hela tiden till honom och berättade var hon var. Till slut hyrde Harold Nicolson och Denys Trefusis ett privatplan och gav sig av mot Amiens på en gemensam räddningsexpedition.

En bisarr scen utspelade sig på Vitas och Violets hotell, med kulmen då Vita greps av misstanken att Violet hade delat säng med sin äkte man. Det blev för mycket. Vita och Harold reste därifrån tillsammans.

Det var, åtminstone i Harold Nicolsons fall, inte fråga om en luftlandsatt heterosexuell mission. Han var själv homosexuell. Vita visste om det, för han hade berättat allt för sin fru i november 1917 när han trodde att han hade dragit på sig en venerisk sjukdom. Det var antagligen något som i sig sporrade Vita att granska sin egen sexualitet och kanske föste henne i armarna på Violet Keppel. Men Harold var också djupt fäst vid Vita, och hon var djupt fäst vid honom. De hade två barn och ett liv tillsammans, och den som läser korrespondensen dem emellan från denna period kan utan besvär få intrycket att Vita nästan vädjar om att bli räddad från sin egen romantiska impulsivitet.

På väg för att möta sin älskarinna på andra sidan Engelska kanalen skrev hon redan i Dover till den man hon sade sig ha lämnat: »Å älskling, det är fruktansvärt ensamt här.« Om något är Harold Nicolson närmast frustrerande långsam i reaktionerna på sin frus rymning.

Hans nedslag i Amiens blev inte den absoluta slutpunkten för Vitas och Violets förhållande men ändå en vändpunkt. Något som för Vita från början hade varit en spännande och romantisk lek förvandlades till en pinsam och plågsam katastrof. Rymningen var inte en smickrande historia för henne, om man inte propsar på att hennes sexuella läggning ger henne hjältens immunitet mot krav på ansvar och medkänsla. Hon hade helt enkelt uppfört sig hänsynslöst och visste om det.

Vita Sackville-West bestred att hon var feminist. När Virginia Woolf publicerat den pacifistiska skriften *Three Guineas*, som härleder krig och elände ur vad som kommit att kallas »patriarkala strukturer«, tillät Vita sig att allvarligt tvivla på att världen skulle vara bättre om den styrdes av kvinnor. Det innebar inte att hon såg kvinnans plats som underordnad mannens. Det gjorde hon uttryckligen inte. Hon levde inte heller på det sättet. Hon använde konsekvent sitt eget namn och avskydde att bli kallad »mrs Harold Nicolson«. Harold Nicolsons diplomatkarriär tog honom bland annat till Teheran, Konstantinopel, Berlin och Paris. Med undantag för Konstantinopel följde Vita inte med honom som diplomatfru, även om hon gärna reste och hälsade på honom. I fallet med Teheran gav det upphov till två intressanta reseskildringar: *Passenger to Teheran* och *Twelve Days*.

Hon var inte heller en typisk politikerfru som stod bredvid sin man och log när Harold gav sig in i politiken. Tvärtom drog hon sig för att delta i hans valkampanj, något som inte var alldeles lätt att hantera i mellankrigstidens England.

Att feminismen avskräckte Vita hade flera skäl. Ett var att hon inte såg poängen med att skilja kvinnors rättigheter från mänskliga rättigheter i övrigt. Ett annat att hon själv identifierade sig med just sådana »maskulina egenskaper« – stamkänsla, aggressivitet, tävlingslust – som samtida feminister brännmärkte. Ett tredje att hon avskydde den klaustrofobiskt smetiga mjukhet som istället framhölls som »feminin egenskap«.

Vid sidan av poesin skrev Vita ett drygt dussin romaner och novellsamlingar. I en av hennes mest framgångsrika romaner, *All Passion Spent*, publicerad 1931, gör hon en uttryckligt negativ omtolkning av företeelsen feminism som »det frimureri bland kvinnor som alltid blir snokande och personligt och på något sätt en aning obscent«. Romanen är samtidigt en paraduppvisning i kvinnlig frigörelse. Huvudpersonen, lady Slane, har blivit änka efter en vicekung av Indien, och istället för att finna sig i sina barns förväntningar väljer den åttioåttaåriga damen att äntligen gå sin egen väg. Ett stort arv dimper oväntat ned hos henne, men istället för att föra rikedomarna – främst konstskatter – vidare till sina barn skänker hon dem till staten. Av olika skäl blir resultatet att hennes barnbarnsbarn Deborah får möjlighet att ta sig ur ett stundande olyckligt äktenskap och istället ägna sig åt musik, en seger för lady Slane som själv skulle ha velat bli konstnär.

Om lady Slane – »inte någon feminist« – skriver Vita:

> Hon var en alldeles för vis kvinna för att skämma bort sig med sådan lyx som ett inbillat martyrskap. Sprickan mellan henne och livet var inte sprickan mellan mannen och kvinnan utan sprickan mellan arbetaren och drömmaren. Att hon var kvinna och att Henry var man var egentligen bara en slump. Hon var inte villig att gå längre än att erkänna att det faktum att hon var kvinna gjorde hennes situation en grad besvärligare.

Det Vita Sackville-West gestaltade i sin roman var inget manifest och ingen ideologi. Den typen av politiserade uttryck var främmande för henne. Det hon gestaltade var en robust livssyn som avkrävde alla människor, oavsett kön, eget ansvar för sina liv och en vilja till personlig integritet.

Nigel Nicolsons publicering av sin mors manuskript i *Portrait of a Marriage* blev omdiskuterad, inte minst därför att han hade funnit manuskriptet i en låst väska i hennes kvarlåtenskap utan några klara instruktioner om huruvida hon någonsin hade tänkt sig en publicering. Boken resulterade också i en ganska dålig TV-film, och resultatet blev alltså att Vita, näst efter rollen som trädgårdsmästare, tilldelades rollen som lesbisk banbrytare. Kärleksaffären med Violet Keppel fick sitt eget publika liv trots att den i sig är ganska banal, om än med särskilt pikanta och melodramatiska detaljer. Det rör sig om oerfarna och relativt unga människor som söker sin identitet och försöker hitta en balans mellan frihet och trygghet. Låter det bekant beror det antagligen på att de flesta av oss har upplevt något liknande, möjligen iscensatt med mindre storvulna gester.

En väsentlig del av historien är förstås såväl Harolds som Vitas sexuella läggning. Det var delvis en juridisk fråga. Att leva ut manlig homosexualitet var formellt olagligt i England ända fram till 1967, och ännu på femtiotalet sökte polis och domstolar aktivt efter överträdelser. Kvinnlig homosexualitet var aldrig föremål för någon lagstiftning, men det berodde inte på att den var accepterad. Till en början berodde avsaknaden av lagstiftning antagligen på att tanken att två kvinnor kunde ha ett gemensamt sexliv framstod som ren fantasi. Något senare ansågs sådan lagstiftning alltför riskabel. När ett förslag om att kriminalisera även lesbiska akter väcktes i parlamentet 1921 avvisades det med motiveringen att en sådan lag »skulle berätta för hela världen att det fanns en sådan överträdelse« och »göra kvinnor som aldrig hört talas om det, aldrig tänkt på det, aldrig drömt om det, uppmärksamma på saken«.

Utom det juridiska inslaget fanns givetvis social skam och rädsla för skandal som komponenter. Här var såväl Harold som Vita sårbar.

Idag är det viktigare att påpeka att historien mellan Vita, Violet och Harold inte bara var en fråga om sexuell läggning. Senare omtolkningar av Vitas och Violets kärleksaffär utmynnar ofta i att den verkliga kärleken fanns dem emellan och att

Vita tvingades in i heterosexuell konvention tillsammans med Harold som i sin tur var alltför feg för att stå för sin läggning. Sådana tolkningar säger ofta mer om de tolkande och vår samtid än om de faktiskt inblandade och deras samtid. Tolkningarna utgår ifrån att den uppenbara självdestruktivitet som förhållandet mellan Vita och Violet uppvisade helt och hållet berodde på att passionen råkade vara lesbisk och att destruktiviteten var en följd av ett intolerant samhälle. Det är ett helt orimligt antagande för den som besvärar sig med att skaffa sig någon som helst inblick i Vita Sackville-Wests och Violet Keppels respektive psyken. Hundratusentals liknande episoder har dessutom utspelats mellan heterosexuella älskare av liknande snitt och varit lika ohållbara då. Människors personlighet bestäms inte uteslutande av deras sexuella läggning.

Oavsett allt detta är episoden avgörande om man vill förstå Vita Sackville-West, för självupplevda känslostormar är aldrig banala. Resultatet av Vitas första verkligt omvälvande kärleksaffär blev att hennes äktenskap kom ut ur prövningen starkare än det hade varit dessförinnan. Den förde samman henne och Harold Nicolson i en relation som var symbiotisk. De förblev gifta i 49 år, tills Vita dog, och det var långt mer än ett konvenansäktenskap mellan två homosexuella, även om de inte delade säng efter de första åren. De hade skilda sovrum och brukade hälsa varandra på morgnarna med det glada ropet: »Hej granne!« Båda hade älskare och älskarinnor utanför äktenskapet men var helt öppna med det för varandra. Efter episoden med Violet Keppel var det till och med så att de båda vinnlade sig om att bli goda vänner med sina respektives älskare och älskarinnor så att deras äktenskap inte skulle hotas igen. Det var inte bara en fråga om att upprätthålla skenet eller att ta hänsyn till barnen. Av deras efterlämnade brev är det alldeles uppenbart att Vita och Harold var själsfränder och fyllde behov hos varandra som ingen annan lyckades fylla. Att det till eftervärldens glädje skedde i brevform berodde främst på att Harold Nicolson var så blyg att han hellre berättade för sin hustru om sina innersta känslor och föreställningar på så sätt, och att Vita anpassade sig. Deras brevväxling var varm, innerlig och mycket direkt. De delade i denna mening allt med varandra, så långt det är mänskligt möjligt.

Det var förstås ett äktenskap som inte följde de vanliga normerna, och de var själva övertygade om att deras relation var unik. Vännen James Lees-Milne, själv i ett bisexuellt äktenskap, menade till och med att de båda var »besatta« av sin okonventionella relation och överdrev hur udda den var. Men Vitas och Harolds närhet var tydlig också för andra, så tydlig att de 1929 ombads av BBC att i radio diskutera hur man åstadkommer ett lyckligt äktenskap. Det gjorde de, efter viss tvekan, och det blev en sådan framgång att de flera gånger ombads uppträda med samma diskussion på scenen. Av naturliga skäl kunde de då inte ta upp alla delar av sin relation, som till exempel att de hade aktiva sexliv utanför äktenskapet och att de båda var homosexuella, eller åtminstone bisexuella, men de underströk i allmänna termer vikten av att inte ha några hemligheter inom äktenskapet och att tillåta individuell utveckling och erfarenhet.

Deras romanser utanför äktenskapet var många och speglade deras olika personligheter. Harold lät med stor diskretion en älskare följa en annan i en relativt sansad takt. Under tiden som Vita och Violet levde ut sin passion hade han till exempel ett förhållande med den brittiske modeskaparen Edward Molyneux i Paris. Vita kastade sig aldrig in i en relation som verkligen riskerade hennes äktenskap igen, men hon följde livet igenom samma mönster: plötsligt uppflammande passion som tilläts brinna med självförstörande hastighet. Lika plötsligt som passionen kom var den över. Harold kallade det hennes små »röror«, och de skapade inte sällan verklig oreda. Vita hade en imponerande förmåga att attrahera kvinnor. Det är lätt att få intrycket att varje ny kontaktyta ledde till minst en ny romans. Började hon skriva artiklar för en viss tidning hade hon snart en romans med den kvinnliga redaktören. Redan efter sin första radiosändning inledde hon en kärleksaffär med den kvinnliga chefen för BBC:s talprogram. Det hände att hon underhöll flera älskarinnor samtidigt, vilka antingen blev svartsjuka på varandra eller – märkligt nog – kära i varandra, förenade i sin kärlek till henne. Eftersom hon ändå var mån om att hålla kontakten med tidigare älskarinnor, som inte sällan förblev olyckligt kära i henne efter att hon avslutat romansen, växte med åren gruppen av kvinnor som, oftast i brevform, skulle ges regelbunden »känslomässig pension«.

Det förekom också mindre passionerade förhållanden i förbifarten, med individer och på sätt som förvånade Vita själv. Efter att ha givit diplomaten och politikern Duff Cooper lift i sin bil 1924 skrev hon: »Till min häpnad älskade han med mig [...] En mycket märklig kväll.«

Duff Cooper kommenterade också händelsen. »Jag har länge velat älska med henne, och denna kväll gjorde jag det. Jag kysste henne på munnen. Hon var mycket överraskad – men inte missnöjd«, skriver han i sin dagbok. Två veckor senare tillägger han: »Träffade Vita på eftermiddagen. Jag satt och pratade med henne en halvtimme och kände mig väldigt blyg. Sedan följde jag henne till tunnelbanan. Jag tror inte att det är en särskilt lovande affär.«

Kvinnor var ändå regeln för Vita, och bland alla älskarinnor fanns utom Violet Keppel ytterligare en som kräver sin egen historia: Bloomsburygruppens översteprästinna Virginia Woolf.

Den modernistiska Bloomsburygruppen, som i själva verket var en rätt lös samling personer, fick tidigt rykte om sig att vara snobbig och nedlåtande i övertygelsen om sin egen intellektuella överlägsenhet. Det var inte oförtjänt. Nigel Nicolson, som i pojkåldern fick följa med till deras bjudningar, minns att festerna på ytan verkade bohemiska och spontana men också att det fanns en påtaglig »underström av tävlingsanda, som om alla var tvingade att försvara sin närvaro på nytt vid varje tillfälle«. Om paret Vita Sackville-West och Harold Nicolson skrev Virginia Woolf i sin dagbok strax efter att de träffats för första gången: »Vi bedömde dem båda som obotligt korkade.«

Den intellektuella högfärdigheten, motiverad eller ej, var ändå inte hela historien om Bloomsburygruppen. En av de tidigaste tilldragelser som gjorde flera av centralgestalterna kända var »the Dreadnought Hoax« eller »slagskeppsspratttet«. Bakom tilltaget låg Horace de Vere Cole, poet och professionell skämtare, vars syster senare skulle gifta sig med Neville Chamberlain. Cole lyckades 1910 lura i brittiska flottan att han ledde en delegation abessinska kungligheter som fått tillstånd att inspektera flottans flaggskepp *HMS Dreadnought*. Redan på Paddington Station hade stationschefen fallit för Coles välsmorda munläder och ställt i ordning ett särskilt tåg som tog delegationen till hamnen i Weymouth. Väl där mottogs gruppen av en hedersvakt som hissat Zanzibars flagga och spelade det landets nationalsång, eftersom den abessinska flaggan inte kunnat återfinnas i flottans gömmor. Därpå följde en noggrann inspektion av skeppet.

Det märkliga var att ingen stoppade Cole, för de fyra »abessinska kungligheterna« var i själva verket unga britter, en av dem Virginia Woolf, med svärtade ansikten och lösskägg. Inte ens att maskeringen var så dålig att skäggen lossnade och den svarta huden färgade av sig fick någon att reagera. Besökarna talade med varandra på en blandning av klassisk grekiska och latin och utbröt ibland i det gillande ropet: »Bunga, bunga!«

Cole lade ned åtskillig tid och omsorg på spratt av det slaget. Han köpte en gång teaterbiljetter på parkett och gav dessa till vänner med flint, vilken preparerades. När de tunnhåriga tagit plats kunde besökarna på teaterns balkong se att de blottade skalperna tillsammans stavade ordet »SHIT«. Cole var inte egentlig del av det som kom att kallas Bloomsburygruppen, men Dreadnought Hoax avslöjades av *Daily Mirror*. Och därmed dök Bloomsburygruppen upp som begrepp för en bredare allmänhet. Tilltaget tolkades som en pacifistisk demonstration. Den typen av skämtsamhet var, åtminstone till en början, också en del av Bloomsburygruppens signum.

Vita Sackville-West träffade Virginia Woolf för första gången i december 1922, då Woolf redan var etablerad som kulturperson och hennes och hennes make Leonards förlag, Hogarth Press, hade startat sin utgivning. Trots de till en början svala relationerna mognade en vänskap sakta fram. Vita Sackville-West började ge ut sina böcker på Hogarth Press. Tre år efter deras första möte, när Virginia Woolf var på besök i Long Barn, inledde de en fysisk kärleksaffär. Förhållandet fortsatte med varierande intensitet under tjugotalet och övergick sedan åter till vänskap fram till Woolfs självmord 1941. För Vita var det smickrande att vinna den tio år äldre och synnerligen litterära Woolfs kärlek. För Woolf var Vita fascinerande som person, och ingenstans blir det tydligare än i hennes roman *Orlando*, publicerad 1928. Redan på de första raderna ger Virginia Woolf en antydan om vad som fascinerar henne med Vita Sackville-West:

> Han – för det kunde inte vara minsta tvivel om hans kön, även om tidens mode gjorde en del för att dölja det – var sysselsatt med att hugga efter ett moriskt huvud som hängde ned från

> takbjälkarna. Det hade samma färg som en gammal fotboll och nästan samma form, med undantag för de insjunkna kinderna och ett eller två strån av grovt, torrt hår, som håret på en kokosnöt. Orlandos far, eller kanske hans farfar, hade skilt det från skuldrorna på en kolossal hedning som rusat på honom i månskenet på Afrikas barbariska slätter.

Huvudpersonen Orlando är ingen annan än Vita Sackville-West. Allt av betydelse som händer Orlando har motsvarighet i Vitas liv; Orlandos hundar har till och med samma namn som Vitas. Romanfigurens sanna identitet var ingen hemlighet: Bokens originalutgåva innehöll flera fotografier på Vita i diverse kostymer, alltid klädd som Orlando.

Att den unge pojken Orlando, född och uppväxt under elisabetansk tid, lever genom århundraden och 1928 har förvandlats till en medelålders slottsfru är en hyllning av Vitas androgynitet. Könsbytet i sig skulle inte kräva en så orimligt lång livstid. Att romanen spänner över fyra sekel ger dock nyckeln till det som verkligen fängslade Virginia Woolf med Vita, det som i inledningen representeras av historien om det »moriska huvudet«: Vita Sackville-West kom från en lång linje adelsmän och var ända sedan barnsben uppslukad av sitt eget storslaget färggranna arv. Så modernist hon var blev Virginia Woolf uppslukad av Vitas släkthistoria och den atavistiska miljö hon växt upp i. En inte obetydlig lockelse låg i Vitas ärvda feodala instinkter, hennes längtan till det förmoderna och hennes grundläggande konservatism. Även det slott Orlando ärver är i minsta detalj en kopia av något som faktiskt existerade: slottet Knole i Kent, som för Vita var hennes livs största kärlek men också orsaken till hennes största besvikelse.

Vita Sackville-Wests morfar var också hennes farsfars bror. Annorlunda uttryck: Vitas far gifte sig med sin kusin. Det var inte fullt så inskränkt som det först låter.

Vitas morfar Lionel, den andre baronen Sackville, var diplomat och hade under tjugo år i slutet av artonhundratalet ett lyckligt och fast förhållande med en spansk danserska, Josefa Durán y Ortega, internationellt känd under artistnamnet Pepita. Tillsammans fick de fem oäkta barn, bland dessa Vitas mor Victoria, född 1862.

Pepitas egen bakgrund är något oklar. Hennes mor var änka efter en barberare från Malaga, men det ryktades om att Pepitas verklige far var den spanske hertigen av Osuna. Vita, som i sin mormors nationalitet såg en förklaring till sin egen passionerade sida, skulle 1937 skriva en biografi över just sin mormor. Själv satte Vita stor tilltro till ryktena om hertigen av Osuna som hennes mormors far. Ett av skälen till det var att det skulle göra henne till ättling till renässansens berömda giftmörderska Lucrezia Borgia.

Vem som var far till Pepitas egna barn var dock bortom tvivel, och när Pepita oväntat dog 1871 såg Lionel Sackville-West till att hans oäkta avkomma togs om hand. Pojkarna skickades på internatskola och flickorna till klosterskola. Victoria stannade i sitt kloster i Paris tills hon fyllt arton och följde sedan med sin ensamstående far till Washington D.C., där han hade tillträtt som ständig minister, motsvarande ambassadör. Victoria var vacker och charmfull och blev en stor framgång som sin fars värdinna. Friare började anmäla sig i mängd.

Mest påstridig bland dessa var en baron Carl »Buggy« Bildt, chargé d'affaires på den svenska legationen i Washington. Han var son till riksmarskalken och statsministern Gillis Bildt och farfars farbror till sin nutida namne Carl Bildt. Den äldre Carl Bildt skulle bli kabinettssekreterare, ledamot av Svenska Akademien och generalkonsul i Rom, där han fick en gata uppkallad efter sig. Han gifte sig två gånger och fick en dotter, Blanceflor, som levde större delen av sitt liv i Rom och lånade sitt namn till den nuvarande Carl Bildts dotter.

Ingen av baron Bildts två fruar var Victoria, som avböjde hans propåer, men trettio år senare, vid första världskrigets utbrott, hade Victoria och baron Bildt återknutit en intim kontakt som bara förmörkades av baronessan Bildt, enligt Victoria en »oresonlig« och »dum kvinna«. Hur som helst ställde »Buggy« Bildt upp som en av gudfäderna till Vitas och Harolds äldste son, Benedict.

Men detta låg ännu i framtiden, och vid hemkomsten till England kring årsskiftet 1888/1889 fann Victoria sin make. Han hette också Lionel Sackville-West, precis som Victorias far, och var dennes brorson. Eftersom Victorias far saknade legitima arvingar stod han dessutom näst i tur att ärva titeln som baron Sackville och medföljande gods. Paret gifte sig sommaren 1890, kastade sig in i en köttslig yra som Victoria med stor vällust dokumenterade i sin dagbok – och i början av mars 1892 föddes Vita.

För Victoria var giftermålet med Lionel en triumf, inte bara på det sensuella planet. Även bortsett från att hon var född utom äktenskapet ärvdes familjen Sackvilles titlar och egendomar, liksom de flesta motsvarande i England, uteslutande av manliga arvingar. I stort sett allt det som hennes far förfogade över skulle med andra ord ha gått henne förbi, om hon inte hade gift sig med sin kusin.

Den äldre Lionel Sackville-West dog 1908, och den yngre Lionel Sackville-West tog över, inte utan visst besvär. Victorias syskon – de övriga oäkta barnen – försökte hävda sin arvsrätt. Enligt dem hade den äldre Lionel Sackville-West och Pepita gift sig i hemlighet, och därför skulle arvet gå till den äldste sonen född efter det påstådda giftermålet. Det blev en dyr och långdragen process, men den yngre Lionel och Victoria, som vid det här laget betraktade sina syskon som oputsat vulgära, gick 1910 segrande ur striden.

Nya problem stod emellertid för dörren. Med åren hade Victorias och Lionels äktenskap börjat bli luddigt i kanterna, båda hade andra kärleksaffärer. Victoria hade en särskild fallenhet för att välja mycket rika älskare, och 1912 dog en av dessa, sir John Murray Scott, och testamenterade en stor del av sin betydande förmögenhet till Victoria. Den bestod, bland annat, av ett stort hus i London fyllt med de konstskatter som senare skulle bli museet Wallace Collection, en gigantisk våning i centrala Paris och Marie Antoinettes lustslott, Château de Bagatelle, i Bois de Boulogne. Scotts släktingar bestred testamentet men förlorade.

För Vita hade ändå den första rättsprocessen varit den viktiga, och den handlade inte heller om småsaker. I potten låg inte bara titeln baron Sackville, utan också det jättelika Knole House, med sina omfattande ägor.

Här är vi framme vid Vita Sackville-Wests verkliga kärna. För vill man dyrka upp den egenartade och motsägelsefulla Vita Sackville-West är Knole House den enda framkomliga vägen. Det duger inte att bara studera hennes trädgårdskonst, sexuella läggning, äktenskap eller klädsel.

Knole är en jättelik tudorbyggnad, stor som en mindre medeltida stad. Den påminner mer om ett av de gamla universitetskomplexen i Oxford eller Cambridge än om ett enskilt lantgods. Under tegeltaken, förvirrande i sina många olika höjder, skepnader och vinklar, tronar sådana mängder av grå sten att man undrar varifrån allt kommit. Ingen har någonsin bekräftat det, men Knole sägs vara ett så kallat kalenderhus, med 365 rum, 52 trappor, 12 ingångar och sju innergårdar. Tinnar, torn och flerpipiga skorstenar sträcker sig mot himlen, och i hjortparken utanför går ättlingar till samma djur som planterades in där för mer än 400 år sedan.

Den dåvarande ärkebiskopen av Canterbury byggde husets första version på 1400-talet. Henrik VIII drog in det till kronan under reformationen, och Elizabeth I gav det till en Sackville. Familjen har bebott Knole lika länge som hjortarna utanför har betat i sin park. Sackvilles heraldiska leoparder finns överallt, både utanpå och inuti huset.

Här växte Vita upp, och hennes kärlek till Knole var mer passionerad än någon annan förälskelse. Knole är, skrev hon:

> framför allt, ett engelskt hus. [...] Jag dristar mig att säga att det inte nedlåter sig till något pretentiöst eller pråligt. Det finns här ingen arkitektonisk sirlighet, inga ornament utom leoparderna. [...] Knole är ingen oönskad utväxt, ingen främmande fabrikation, ingen iögonfallande främling som skymtar mellan björkar och ekar. Inget annat land utom England kunde ha givit upphov till det, och i inget annat land skulle det kunna slå sig till ro med sådan harmoni och stillhet. [...] Det är ingen absurd orimlighet som Blenheim eller Chatsworth, främmande för den engelska anden. Det är snarare en större släkting till de små herrgårdar som gömmer sig i sådan mängd runt om i grevskapen.

I varje hörn av Knole finns påminnelser om släkten Sackvilles historia. Utsiktsplatsen Duchess' seat har fått sitt namn efter Richard Sackvilles, den tredje earlen av Dorset, olyckliga hustru, lady Anne Clifford. En målning visar sonen till den fjärde earlen av Dorset, Edward Sackville, mördad av Cromwells trupper. Den sjätte earlen av Dorset, rucklaren Charles Sackville, lämnade efter sig stora mängder värdefulla möbler som han mer eller mindre ärligt fått med sig från det kungliga hushållet. Han lämnade också efter sig mängder av skabrösa historier och var älskare till apeslinförsäljerskan Nell Gwynn innan hon fick Charles II att fatta tycke för sig. Och så fortsätter det genom historien.

För Vita, som var ensamt barn, var det som att växa upp i en sagovärld, helt konstruerad runt det egna arvet. Den fjärde earlens spräckliga gunghäst var också hennes. När hon som barn letade på en av de stora vindarna hittade hon en trumma att leka med. Den visade sig vara kvarlämnad av Cromwells trupper, som under inbördeskriget rekvirerade Knole. Det är inte märkligt att hon av sådana upplevelser blev besatt av sin historiska bakgrund. Besattheten tog sig tidigt uttryck i flitigt skrivande: Som fjortonåring skrev hon en roman om sin favoritförfader, kavaljeren Edward Sackville. Den var ingen engångsföreteelse. I åldern mellan fjorton och arton år skrev hon åtta fullbordade men opublicerade romaner och fem pjäser, där nästan alla verk på ett eller annat sätt handlade om hennes egna förfäder. Gång på gång återkom hon till sitt älskade arv. Och när Harold och Vita gifte sig hösten 1913 skedde det i kapellet på Knole. Brudtärnor var för övrigt Rosamund Grosvenor och Harolds syster Gwen. Rosamund hade fram till nyligen varit Vitas älskarinna, och Gwen skulle senare bli ytterligare en i den långa raden.

Med sig från barndomen på Knole, där mer än hundra personer arbetade, fick hon den naturliga arrogans som följer av att vara prinsessa i ett eget kungarike. En del av detta hängde kvar livet ut. Långt upp i åren kunde hon använda termen »bedint« i sina brev om sådant hon ansåg vara vulgärt. Det var Sackvillefamiljens kodord för tjänare men också för medelklassen, när en sådan uppstått. Men gradvis började hon också förstå det obegripliga: att hon, som älskade Knole mer än någon annan, var en prinsessa utan arvsrätt. Knole skulle aldrig kunna bli hennes. Hon var kvinna, och Knoles näste arvinge var därför hennes fars bror och därefter hennes kusin.

Inget i hennes liv smärtade henne lika mycket. Större delen av hennes litterära produktion var direkt eller indirekt ett försök att bearbeta oförrätten. Att hennes första publicerade roman, utgiven 1919, har titeln *Heritage* talar sitt tydliga språk. Tre år senare gav hon ut två böcker, den ena en novellsamling med titeln *The Heir*, arvingen, som uppenbart var ett försök att gestalta sin besvikelse, den andra en bok om det arv hon inte till fullo kunde ta del av, *Knole and the Sackvilles*.

Det var inte bara i sin litterära produktion hon lät sig styras av sin kärlek till Knole. Ett av skälen till att hon och Harold köpte Long Barn var att det låg på gångavstånd från Knole. Sissinghurst låg visserligen längre bort, men fortfarande i Kent, och köpet av det förfallna slottet var antagligen ett sätt att försöka återskapa en miljö som gav henne samma känsla av historisk kontinuitet som Knole. Upptäckten att Sissinghurst en gång hade ägts av en familj som gifte in sig i Sackvilles led fyllde henne med glädje.

Att Virginia Woolf lade ned sådan möda på att i detalj beskriva Knole i sin *Orlando* var för Vita minst lika viktigt som att hon själv förärats huvudrollen. Två år efter utgivningen av *Orlando* försökte Vita sig på att göra detsamma, och hon gjorde det med stor framgång. Hennes mest populära roman, *The Edwardians*, gavs ut på paret Woolfs Hogarth Press och blev omedelbart en bästsäljare. Vita intalade sig att hon skrivit romanen som ett skämt och ett sätt att tjäna pengar. Den är fylld av edvardianska aristokrater med lös moral och obegränsade resurser. Steget är inte långt till såpoperan, och bokens framgång gjorde till slut Vita närmast generad. Hon uppskattade senare i livet inte att bli påmind om den.

Ändå är det uppenbart att den är skriven med stark känsla.

Varenda detalj – inre och yttre – i romanens gods Chevron är hämtad från Knole. I inledningskapitlet sitter den unge adelsmannen Sebastian på husets tak:

> Ett moln av vita duvor kretsade ovanför honom på den blå himlen. Tunnland av rödbrunt tak omgav honom, med heraldiska djur, huggna i sten, i varje gavelhörn. På andra sidan den stora innergården vajade flaggan, röd och blå och loj, från ett torn. Nere i trädgården, på den lysande gröna gräsmattan, kunde han se sin mors gäster utströdda här och där, några satt under träd, några spatserade runt; han kunde höra deras skratt och krocketklubbornas försiktiga knackningar.

Sebastian är Vitas alter ego, men med en viktig skillnad. I ett annat kapitel i boken betraktar Sebastian Chevron Knole från hjortparken. Huset är »utspritt som en medeltida by, med sina fyrkantiga tureller och sina gråa fasader, sina hundra skorstenar som skickar blå rökslingor mot himlen. Det var hans.«

Sebastian är den Vita önskar att hon hade varit: en manlig arvinge. Men han är inte den enda personen i boken som företräder Vita. Genom hela sitt liv slets hon mellan sin kärlek till det traditionella och sin längtan efter frihet. Upptäcktsresanden Leonard Anquetil, som försöker övertyga Sebastian att rata sitt arv och göra sig fri, är också ett alter ego för Vita. Han representerar hennes andra sida, den som intalar henne att hennes frihet att skapa och forma sitt eget liv aldrig skulle ha funnits om hon hade ärvt Knole.

Romanen är ingen avancerad psykologisk studie, men den ger en tydlig bild av den kluvenhet Vita Sackville-West tvingades leva med hela sitt liv. En enda gång, i tre dagar, fick hon i praktiken styra Knole. Det var när hennes far dog och begravningen skulle arrangeras. Trots sorgen gjorde maktupplevelsen stort intryck på henne. När sedan hennes farbror tog över blev det ännu svårare att acceptera rollen som arvlös. Farbrodern gav henne en egen nyckel till Knoles trädgård. Hon använde den några gånger, men efter att hennes kusin i sin tur tagit över godset återvände hon bara en enda gång. Det var alltför plågsamt. När det 1946 hade blivit omöjligt att hålla Knole i skick för en privatperson och National Trust fick ta över bad hennes vän James Lees-Milne henne att skriva den officiella guideboken. Det gjorde hon, men utan att besöka Knole, som hon då inte hade sett på åratal. Hon skrev boken helt ur minnet. Inget behövde ändras.

Frågan är om inte Knole och det faktum att Vita Sackville-West gjordes arvlös på grund av sitt kön förklarar mer än vad man först kan tro.

Att hennes feodala instinkter, hennes kärlek till gamla ordningar och spegelvänt hennes växande avsky för det moderna var ett arv från Knole är svårt att betvivla. Men det slutar inte där.

Mycket har till exempel skrivits om Vitas och Harolds äktenskap som något unikt. Deras tillåtande hållning gentemot varandra och ständiga affärer utanför äktenskapet tolkas då och då som något utpräglat modernt, och paralleller dras till Bloomsburygruppen, »fri kärlek« och paret Woolf. Det är förstås sant att det finns likheter, men till skillnad från de modernitetens apostlar som konstruerade en ideologi och sedan försökte leva i den saknade Vita och Harold alla sådana förtecken. I själva verket påminner deras äktenskap snarare om ett ganska typiskt edvardianskt äktenskap i överklassen. Vitas föräldrar hade levt på liknande sätt, om än med mindre framgång, och hon var sedan barndomen på Knole van vid att umgås fritt med sina föräldrars älskare och älskarinnor.

Hennes sexuella läggning var säkert i någon mån given och konstitutionell. Men hennes förkärlek för att klä ut sig till Julian, eller för den delen hennes demonstrativt maskulina klädsel senare i livet, var antagligen inte oberoende av att hon skulle ha ärvt Knole om hon hade haft ett annat kön. Hennes vildsinta framfart bland horder av älskarinnor hade inte märkt ut henne som särskilt ovanlig om hon hade varit adelsman under sekler före det tjugonde.

Inte heller kluvenheten mellan de två alter egona Sebastian och Leonard Anquetil i *The Edwardians* och som blivit en stapelvara i analysen av Vita Sackville-West är egentligen särskilt märklig om hennes arv tas in i balansräkningen. Att en i grunden konservativ person – inte nödvändigtvis i politisk bemärkelse, även om Vita Sackville-West till exempel avskydde Beveridgeplanen – inte kan ha uttalade anarkistiska drag är ett modernt missförstånd. Antagligen kommer det av att en konservativ livssyn under 1900-talet blev förknippad med småborgerlighet och medelklass. Men Vita Sackville-Wests grundläggande konservatism var aristokratisk. Den har inget att göra med puritanism eller påbud om att foga sig. Den har att göra med önskan att få bära något värdefullt vidare utan att malas ned av politik, industri, ekonomi och allmän räddhågsenhet. Det finns givetvis en spänning mellan Leonard Anquetils uppmaning att lämna Chevron åt sitt öde och Sebastians kärlek till sitt arv, men det Anquetil föreslår är samtidigt att Sebastian ska gå i sina förfäders fotspår. Liksom Orlandos farfar borde han söka äventyret på »Afrikas barbariska slätter«.

I någon mån lyckades Vita Sackville-West göra båda delarna. Hon lämnade i en mening aldrig Knole men lämnade efter sig verk, både tryckta och planterade, som i alla delar var hennes egna.

Vita Sackville-West dog på Sissinghurst i sviterna efter en canceroperation i juni 1962. Hon hade under senare år fått som vana att dricka alldeles för mycket sherry. Hennes sista älskarinna var Alvide Lees-Milne, själv trädgårdsarkitekt och gift med James Lees-Milne. Vitas aska lades i en rosa marmorurna som hon hade haft på sitt skrivbord och placerades i släkten Sackvilles familjekrypta i Withyham i Sussex.

Bredvid hennes urna står en urna som innehåller askan av en hund som tillhört en annan gren av släkten. När Nigel Nicolson en gång föreslog för Vita att han kanske skulle vila bredvid henne i kryptan fick han det självklara svaret: Det är omöjligt, eftersom du inte är en Sackville.

Harold Nicolson dog 1968 och begravdes på kyrkogården i Sissinghurst.

Violet Keppel, efter sitt giftermål Trefusis, dog 1972 av svält. Hon var handikappad efter en olycka 1950 och kunde mot slutet inte smälta maten. En av hennes sista gäster vid dödsbädden var François Mitterrand.

När *HMS Dreadnought* under första världskriget rammade och sänkte en tysk ubåt skickade en anonym avsändare ett hyllningstelegram med texten: »BUNGA BUNGA!«

Familjen Sackville bor ännu i en försvarlig del av Knole House, även om National Trust äger och sköter egendomen. Parken tillhör National Trust, men trädgården är fortfarande släkten Sackvilles privata. Det är Storbritanniens största privata muromgärdade trädgård. Den omfattar 26 tunnland.

När Beatles lät filma musikvideorna till »Strawberry Fields

Forever« och »Penny Lane« 1967 gjordes det i parken på Knole.

Violet Keppels syster Sonia är mormor till prins Charles hustru Camilla, hertiginna av Cornwall.

Vita Sackville-Wests litterära arkiv såldes på auktion hos Sotheby's 2003.

Vita Sackville-Wests och Harold Nicolsons sonson, författaren Adam Nicolson, arbetar tillsammans med National Trust för att förvandla jordbruket kring Sissinghurst till en ekologisk odling som ska förse National Trusts restaurang med mat.

Grundmaterialet till porträtten i denna bok kommer från de porträtterades egna skrifter, från samtidas anteckningar om dem, samt från biografier och memoarer. Samtliga använda verk finns i litteraturförteckningen. Vid sidan av dessa böcker har tidningsklipp från ett stort antal brittiska dagstidningar och tidskrifter använts.

LITTERATUR

Acton, Harold, *Memoirs of an Aesthete*, London 1948

Acton, Harold, *More Memoirs of an Aesthete*, London 1970

Amory, Mark (red), *The Letters of Evelyn Waugh*, London 1980

Argyll, Margaret, Duchess of, *Forget Not*, London 1975

Argyll, Margaret, Duchess of, *My Dinner Party Book*, Topsfield 1986

Barley, Nigel, *White Rajah – A Biography of Sir James Brooke*, London 2002

Beaton, Cecil, *The Unexpurgated Beaton Diaries*, London 2002

Bedford, John, Duke of, *How to Run a Stately Home*, London 1971

Bloch, Michael, *James Lees-Milne – The Life*, London 2009

Bradbury, Oliver, *The Lost Mansions of Mayfair*, London 2008

Brooke, Margaret, *My Life in Sarawak*, London 1913

Brooke, Sylvia, *Queen of the Headhunters*, London 1970

Byrne, Paula, *Mad World – Evelyn Waugh and the Secrets of Brideshead*, London 2009

Cannadine, David, *Class in Britain*, London 1998

Cannadine, David, *The Decline and Fall of the British Aristocracy*, New Haven 1990

Carpenter, Humphrey, *The Brideshead Generation – Evelyn Waugh and His Generation*, London 1989

Castle, Charles, *The Duchess Who Dared – The Life of Margaret, Duchess of Argyll*, London 1994

Caulfield, Max, *Mary Whiteohuse*, London 1975

Channon, Sir Henry »Chips«, *Chips: The Diaries of Sir Henry Channon*, London 1967

Charmley, John, *Duff Cooper – The Authorized Biography*, London 1986

Connolly, Cyril, *Enemies of Promise* (revised ed), London 1948

Cooper, Artemis (red), *A Durable Life – The Letters of Duff and Diana Cooper 1913–1915*, London 1983

Cooper, Artemis (red), *Mr Wu & Mrs Stitch – The Letters of Evelyn Waugh and Diana Cooper*, London 1991

Cooper, Diana, *The Light of Common Day*, London 1959

Cooper, Diana, *The Rainbow Comes and Goes*, London 1958

Cooper, Diana, *Trumpets From the Steep*, London 1960

Cooper, Duff, *Old Men Forget*, London 1953

de Courcy, Anne, *Diana Mosley*, London 2003

de Courcy, Anne, *Society's Queen – The Life of Edith, Marchioness of Londonderry*, London 1992
de Courcy, Anne, *The Viceroy's Daughters – The Lives of the Curzon Sisters*, London 2000
Courtauld, Simon, *To Convey Intelligence – The Spectator 1928–1998*, London 1999
Dalley, Jan, *Diana Mosley – A Life*, London 1999
Davenport-Hines, Richard, *Ettie – The Intimate Life and Dauntless Spirit of Lady Desborough*, London 2008
Davie, Michael (red), *The Diaries of Evelyn Waugh*, London 1976
Deedes, W.F., *At War with Waugh – The Real Story of Scoop*, London 2003
Deedes, W.F., *Brief Lives*, London 2004
Devonshire, Deborah, Duchess of, *Round About Chatsworth*, London 2005
Devonshire, Deborah, Duchess of, *Counting my Chickens ... and Other Home Thoughts*, London 2001
Devonshire, Deborah, Duchess of, *Home to Roost and Other Peckings*, London 2009
Dickson Wright, Clarissa, *Rifling Through my Drawers*, London 2009
Dickson Wright, Clarissa, *Spilling the Beans*, London 2007
Donaldson, William (red), *Brewer's Rougues, Villains & Eccentrics*, London 2002
Dorril, Stephen, *Blackshirt*, London 2006
Eade, Philip, *Sylvia, Queen of the Headhunters*, London 2007
Elborn, Geoffrey, *Edith Sitwell*, London 1981
Eliot, Elizabeth, *Heiresses and Coronets*, New York 1959
Fielding, Daphne, *Emerald and Nancy – Lady Cunard and her Daughter*, London 1968
Fielding, Daphne, *The Face on the Sphinx – A Portrait of Gladys Deacon, Duchess of Marlborough*, London 1978
Fielding, Daphne, *The Rainbow Picnic – A Portrait of Iris Tree*, Plymouth 1974
Gerzina, Gretchen, *Carrington – A Life of Dora Carrington 1893 – 1932*, London 1989
Glendinning, Victoria, *Edith Sitwell – A Unicorn Among Lions*, London 1981
Glendinning, Victoria, *Vita – The Life of Vita Sackville-West*, London 1983
Goldsmith, Annabel, *No Invitation Required – The Pelham Cottage Years*, London 2009
Gordon, Lois, *Nancy Cunard – Heiress, Muse, Political Idealist*, New York 2007
Grahame, Kenneth, *The Wind in the Willows*, London 1908
Greene, Richard (red), *Selected Letters of Edith Sitwell*, London 1997
Gross, John (red), *The New Oxford Book of Literary Anecdotes*, Oxford 2006
Guinness, Jonathan, *The House of Mitford*, London 1984
Hagen, Cecilia, *De osannolika systrarna Mitford*, Stockholm 2002
Halliburton, Richard, *The Flying Carpet*, New York 1932
Hastings, Selina, *Evelyn Waugh – A Biography*, London 1994
Hastings, Selina, *Nancy Mitford – A Biography*, London 1985

Hattersley, Roy, *The Edwardians*, London 2004
Hoare, Philip, *Wilde's Last Stand – Decadence, Conspiracy & the First World War*, London 1997
Hopkirk, Peter, *The Great Game – On Secret Service in High Asia*, London 1990
Ingrams, Richard, *Malcolm Muggeridge – The Biography*, London 1995
Jenkins, Simon, *England's Thousand Best Churches*, London 1999
Jennings, Charles, *Them and Us – The American Invasion of British High Society*, London 2007
Jolliffe, John, *Eccentrics*, London 2001
King, Greg, *A Season of Splendor – The Court of Mrs Astor in Guilded Age New York*, Hoboken 2009
Lamont-Brown, Raymond, *Alice Keppel and Agnes Keyser*, Thrupp 1998
Leaska, Mitchell A (red), *Violet to Vita – The Letters of Violet Trefusis to Vita Sackville-West*, London 1989
Lees-Milne, Alvilde (red), *The Englishman's Room*, London 1986
Lees-Milne, Alvilde (red), *The Englishwoman's House*, London 1984
Lees-Milne, James, *Another Self*, London 1970
Lees-Milne, James, *Diaries 1: Ancestral Voices 1942–43*, London 1975
Lees-Milne, James, *Diaries 2: Prophesying Peace 1944–45*, London 1977
Lees-Milne, James, *Diaries 3: Caves of Ice 1946–47*, London 1983
Lees-Milne, James, *Diaries 4: Midway on the Waves 1948–49*, London 1985
Lees-Milne, James, *Diaries 5: A Mingled Measure 1953–72*, London 1994
Lees-Milne, James, *Diaries 6: Ancient as the Hills 1973–74*, London 1998
Lees-Milne, James, *Diaries 7: Through Wood and Dale 1975–78*, London 1998
Lees-Milne, James, *Diaries 8: Deep Romantic Chasm 1979–81*, London 2000
Lees-Milne, James, *Diaries 9: Holy Dread 1982–84*, London 2001
Lees-Milne, James, *Diaries 10: Beneath a Waning Moon 1985–87*, London 2003
Lees-Milne, James, *Diaries 11: Ceaseless Turmoil 1988–92*, London 2004
Lees-Milne, James, *Diaries 12: The Milk of Paradise 1993–97*, London 2005
Lees-Milne, James, *Fourteen Friends*, London 1996
Lovell, Mary S, *The Mitford Girls*, London 2001
MacColl, Gail och Wallace, Carol, *To Marry an English Lord – Or, How Anglomania Really Got Started*, New York 1989
MacKenzie Stuart, Amanda, *Consuelo and Alva Vanderbilt*, London 2005
Massingberd, Hugh, Simon Sykes, Christopher (foto), *Great Houses of England and Wales*, London 1994
Massingberd, Hugh, Simon Sykes, Christopher (foto), *Great Houses of Ireland*, London 1999
Massingberd, Hugh, Simon Sykes, Christopher (foto), *Great Houses of Scotland*, London 1997
Massingberd, Hugh, *The Daily Telegraph Books of Obituaries* (5 volymer), London 1995, 1996, 1997, 1998, 1999
Masters, Brian, *Great Hostesses*, London 1982

Milsted, David, *Brewer's Anthology of England & the English*, London 2001

Mitford, Jessica, *Hons and Rebels*, London 1960

Mitford, Nancy, *Don't Tell Alfred*, London 1960

Mitford, Nancy, *Love in a Cold Climate*, London 1949

Mitford, Nancy, *The Pursuit of Love*, London 1947

Mosley, Charlotte, *A Talent to Annoy*, New York 1986

Mosley, Charlotte, *In Tearing Haste – Letters Between Deborah Devonshire and Patrick Leigh Fermor*, London 2008

Mosley, Charlotte, *Letters of Nancy Mitford and Evelyn Waugh*, London 1996

Mosley, Charlotte, *The Mitfords – Letters Between Six Sisters*, London 2007

Mosley, Diana, *A Life of Contrasts*, London 2002

Moyne, Lord, *Atlantic Circle*, London 1938

Muggeridge, Malcolm, *Chronicles of Wasted Time*, London 2006

Mullally, Frederic, *The Silver Salver – The Story of the Guinness Family*, London 1981

Mulvagh, Jane, *Madresfield – The Real Brideshead*, London 2008

Nicholson, Virginia, *Among the Bohemians*, London 2002

Nicolson, Nigel (red), *The Harold Nicolson Diaries 1907 – 1964*, London 2004

Nicolson, Nigel, *Portrait of a Marriage*, London 1973

Nicolson, Nigel, *Vita & Harold – The Letters of Vita Sackville-West and Harold Nicolson 1910 – 1962*, London 1992

Norwich, John Julius (red), *The Duff Cooper Diaries*, London 2005

Osborne, Frances, *The Bolter*, London 2008

Paterson, Jennifer, *Jennifer's Diary*, London 1997

Pearson, John, *Façades – Edith, Osbert and Sacheverell Sitwell*, London 1978

Pryce-Jones, David (red), *Evelyn Waugh and His World*, London 1973

Sackville-West, Robert, *Inheritance – The Story of Knole and the Sackvilles*, London 2010

Sackville-West, Vita, *The Garden*, London 1946

Sackville-West, Vita, *Constantinople – Eight Poems*, London 1915

Sackville-West, Vita, *The Heir*, London 1922

Sackville-West, Vita, *Knole and the Sackvilles*, London 1922

Sackville-West, Vita, *Pepita*, London 1937

Sackville-West, Vita, *Collected Poems vol. 1*, London 1933

Sackville-West, Vita, *In Your Garden*, London 1951

Sackville-West, Vita, *Heritage*, London 1919

Sackville-West, Vita, *All Passion Spent*, London 1931

Sackville-West, Vita, *Passenger to Teheran*, London 1926

Sackville-West, Vita, *The Edwardians*, London 1930

Sackville-West, Vita, *The Land*, London 1926

Sackville-West, Vita, *Twelve Days in Persia*, London 1928
Sale, Florentia, *Lady Sale's Afghanistan*, London 2009
Sarawak, Sylvia, Ranee of, *The Three White Rajas*, London 1939
Scriven, Marcus, *Splendour and Squalor*, London 2009
Sinclair-Stevenson, Christopher (red), *Enjoy! A Celebration of Jennifer Paterson*, London 2000
Sitwell, Edith, *Collected Poems*, London 1957
Sitwell, Edith, *English Eccentrics: A Gallery of Weird and Wonderful Men and Women*, London 1933
Sitwell, Edith, *I Live Under a Black Sun*, London 1937
Sitwell, Edith, *Street Songs*, London 1942
Sitwell, Edith, *Taken Care of – Edith Sitwell's Autobiography*, London 1965
Sitwell, Edith, *Victoria of England*, London 1936
Sitwell, Osbert, *Left Hand, Right Hand!*, London 1945
Souhami, Diana, *Mrs Keppel and her Daughter*, London 1996
Stannard, Martin, *Evelyn Waugh – No Abiding City 1939–1966*, London 1992
Stannard, Martin, *Evelyn Waugh – The Early Years 1903–1939*, London 1986
Sykes, Christopher, *Evelyn Waugh*, London 1975
Taylor, D.J., *Bright Young People – The Rise and Fall of a Generation 1918–1940*, London 2007
Trefusis, Violet, *Don't Look Round*, London 1952
Vanderbilt, Balsan, *Consuelo, The Glitter and the Gold*, London 1953
Waugh, Evelyn, *Scoop – A Novel About Journalists*, London 1938
Waugh, Evelyn, *Sword of Honour 1 – Men at Arms*, London 1952
Waugh, Evelyn, *Sword of Honour 2 – Officers and Gentlemen*, London 1955
Waugh, Evelyn, *Sword of Honour 3 – Unconditional Surrender*, London 1961
Waugh, Evelyn, *The Life of the Right Reverend Ronald Knox*, London 1959
Waugh, Evelyn, *Waugh in Abyssinia*, London 1936
Whitehouse, Mary, *»Who Does She Think She Is?«*, London 1971
Whitehouse, Mary, *A Most Dangerous Woman?*, London 1982
Whitehouse, Mary, *Mightier Than the Sword*, London 1985
Whitehouse, Mary, *Quite Contrary*, London 1993
Whitehouse, Mary, *Whatever Happened to Sex?*, London 1977
Vickers, Hugo, *Cecil Beaton*, London 1985
Vickers, Hugo, *Elizabeth, The Queen Mother*, London 2005
Vickers, Hugo, *Gladys, Duchess of Marlborough*, London 1979
Wilson, A. N., *The Victorians*, London 2002
Ziegler, Philip, *Diana Cooper*, London 1981
Ziegler, Philip, *Osbert Sitwell*, London 1998

PERSONREGISTER

Kursiverade sidhänvisningar avser huvudkapitel för nämnda person